ハヤカワ文庫 NF
〈NF580〉

反逆の神話〔新版〕

「反体制」はカネになる

ジョセフ・ヒース＆アンドルー・ポター
栗原百代訳

HAYAKAWA NONFICTION

早川書房
8734

THE REBEL SELL

Why the Culture Can't Be Jammed

by

Joseph Heath and Andrew Potter

Translated by
Momoyo Kurihara
Published 2021 in Japan by
HAYAKAWA PUBLISHING, INC.
This book is published in Japan by
arrangement with
HARPERCOLLINS PUBLISHERS LTD., TORONTO, CANADA
through THE ENGLISH AGENCY (JAPAN) LTD.

両親に――AP

アストリッドに――JH

目次

第2章　フロイト、カリフォルニアへ行く　90

第3章　ノーマルであること　133

＊訳者による注は小さめの〔　〕で示した。

反逆の神話〔新版〕

「反体制」はカネになる

序　文　二〇二〇年フランス語新版に寄せて

『反逆の神話』の最初の版が出てから一五年になる。その間、変わったことは多いが、変わっていないことも多い。このことから自然に問題となるのが、もしも今日書きだすとしたら別の本を書くのかどうか、撤回または修正したいという希望があるかどうかだ。

もちろん、いまこの種の本を書くなら、出発点はかなり違っていなければならない。なぜならば、政治的・革命的なエネルギーを伴うカウンターカルチャーの基本的な影響はほとんどすっかり、ストリートからオンラインのコミュニティへと移ってしまったからだ。「実世界」とオンラインでは影響力の力学、そして地位《ステータス》をめぐる争いの力学がかなり異なっている。いくつかのケースにおいては、そうした力学が単に激化・加速し、本書で僕らが中心的に論じた傾向がなおも見られるが、それははるかに劇的な形態をとっている。別のケースにおいては、新しい力学が出現している。

おそらく最も予期せぬ展開は、右派のカウンターカルチャー運動をいみじくも言い表わした「オルタナ右翼」の台頭かもしれない。これは本書で展開した基本的な分析と軌を一《いつ》にしている――すなわち、カウンターカルチャーの反逆は左派的な特性を本来的に備えているわけではないということが、その分析の主な部分だ。だから右派のカウンターカルチャーという観念には、つじつまが合わないことはない。同時に、それが世界に現実に出現するとは、僕らは予測していなかった。

『反逆の神話』の中心をなす主張

以下にこれらの進展についてもう少し述べていこう。だがまずは、本書の中心をなす主張を再確認するのが有益だろう。僕ら著者二人とも、それを変えようというつもりはないからだ。僕らの見方では、『反逆の神話』はまずもって思想史に関する仕事だ。カウンターカルチャーという概念が一九五〇年代後半から六〇年代にかけていかに発達し、左派の運動にいかに影響を与え、そしてとりわけ二一世紀初頭の反消費主義運動にいかに感化を及ぼしたか――本書はそうした系譜を描いている。僕らの議論は二〇〇四年時点のものであり、その後議論に足る進展がいくつかあったのは確かだ。だが、この本の核をなす部分で変更すべきことは多くはない。本書は主には歴史劇だからだ。実際、僕らは執筆の準備として、古書店に行って六〇年代のペーパーバックをどっさり――たとえば『スモールイズ・ビューティフル』や『Growing Up Radical（ラディカルに成長して）』、『The Female Eunuch（去勢された女）』、『Black Power（ブラック・パワー）』、『The Sane Society（健全な社会）』、そしてもちろんシオドア・ローザックの『対抗文化《カウンターカルチャー》の思想』――買いこんで、二人で分けて読んだ。つまるところ、僕らの親世代が信じるようになった、そして僕らがその文化からじわじわと吸収した観念を、はっきりとした形で理論化しようとしていたのだ。その議論はいまなお大きな価値をもっていて、どこにも変える理由は見つからない。

ソーシャルメディアの作用

それとは別に、次のように問うこともできるだろう。『反逆の神話』は、二〇〇〇年代初頭当時の文化的状況をふまえて書かれた。同じようにいま、現在のための本を書こうとするなら、どんなアプローチをとるべきだろうか？　あまりにも多くが変わってしまった。何より明白なのは、いまでは反消費主義のレトリックがほとんど皆無になっていることだ。僕らが本書で展開した批判の動機となったのは、『ブランドなんか、いらない』などの書籍や『アドバスターズ』といった雑誌だった。それらは広告、ブランド化、体制による「クール」の取り込みに対抗していた。左派はこうしたことを長らく大真面目に取り扱ってきたのだが、いまや消え去ってしまった。なぜそうなったのかは複雑な問題だが、左派にとってカウンターカルチャーの政治はおおかた、ソーシャルメディアの作用によって、美徳シグナリング〔SNSへの投稿などで自分の政治的な正しさを主張すること〕の政治、「意識の高い」アイデンティティ政治に取って代わられたことは間違いない。

これは一つには、若者がモノを所有することに興味を見せる度合いが目に見えて減っているせいだ。僕らは二人とも、最近多くの人が吐露しているのと同じように、本当に何も、少なくとも物的な対象は何も求めないティーンエイジャーへのプレゼント選びに頭を悩ませてきた。この本の執筆当時、地位をめぐる多様な戦い（クールの探求や真正さの追求など）は消費、それもまず有形財の消費を介して行なわれた。財は本質的には手段であり、そこで人々が本気で求めているのは、その財が伝えている地位だった。これはソースティン・ヴェブレンの「有閑階級」に始まり、一九五〇年代の見栄の張り合いを経て、さまざまな形態の「反逆の消費主義」、すなわちクールの探求や真正さの追求へと続いているテーマだ。作家のジェームズ・トウィッチェルは、消費主義の大きな問題は物質主義にあるのではなく、物質主義の不徹底にあると言った。余暇活動、庭の芝生の見栄え、音楽の知識、着ている服、海外で過ごす休暇、などなどはすべて、僕らが実際に気にしているもの、すなわち地位の代替物にすぎない。

だが今日の人々にとって、地位はソーシャルメディアによって、より直接的な形で競われている。ある意味で、地位を求める人とその観衆の媒介として機能していた消費財は、排除されてしまった。社会的地位を獲得する方法は、ますますインスタグラムのフォロワーやツイッターのリツイートやフェイスブックの「いいね！」の形をとるようになってきている。あなたと仲間が変顔をしている画像で一時間に八〇〇シェアをとれるとき、新品のジーンズなど必要だろうか？　ドナルド・トランプがどんなふうに弾劾《だんがい》されるべきかを容赦なくツイートできるとき、ボランツーリズム〔旅先でボランティア活動をすること〕のように高くつく真正さの探求を通してあなたの美徳をアピールすることに意味があるだろうか？　さんざん指摘されていることではあるが、オンラインの「美徳シグナリング」はほとんど完全に、古くさい形態の政治的消費主義を駆逐してしまった。

そのうえ、影響力と名声をオンラインで定量化できることは、それらを競い、強迫的に求める傾向を劇的に強めた。古きよき時代には、あなたのクールな新品のジャケットが人々をどのくらい感心させたかを知るのは難しかった。いまでは誰もが一日二四時間、このような疑問に関する確かなデータにアクセスし、生活をアップデートしている。年配の世代が消費財に心を砕いたことに代わって、現代の若者たちがスマートフォンに執着していることは、ほとんど驚くにあたらない。

かくして消費主義は、少なくとも若い世代からは減退したというのが常識となった。これは一部にはモノが安くなったからだ。特に若い子たちが着たがる服、それから家電製品もだ。おしなべて、かつてはそれをめぐって地位の競争を大々的にくり広げていた種類の消費財は欠乏していないし、音楽や本や映画にお金を払う必要もない。社会現象としての消費主義が減退したのは、もはや買うものがはるかに少なくなり、買うべき残されたものは極端に安くなったからだ。

左派のその後

政治が消費主義に占領される傾向が弱まったことに関して、六〇年代以後の文化的・象徴的政治への強迫観念から左派を押し出すことに『反逆の神話』が少なくともいくらか役割を果たしたのであれば、それはうれしいことだ。二〇一一年のウォール街占拠運動の絶頂時、僕らの考えをすっかり知りたいと思ったジャーナリストたちからの取材に僕らは応じた。これはおおむね、『アドバスターズ』がそもそも抗議と占拠をけしかける役割を演じたことによるものだった。『アドバスターズ』のウィキペディアのページに行くと、そこは『反逆の神話』への参照と、僕らが『アドバスターズ』の政治について行なった批判でいっぱいなのだ。だからウォール街占拠運動を批判する人を探しているジャーナリストの多くが僕らに連絡してきたのだ。『アドバスターズ』への卓越した批判と同様に、ウォール街占拠運動についてあらゆる批判的なコメントを引き出せるだろうと。

結局、僕らは失望されるはめになった。なぜなら『アドバスターズ』が占拠運動をあおってしたことは、僕らが彼らに集中するように促しつづけていた、まさしく月並みな政治活動と組織的方法（「反消費主義」なランニングシューズの販売などではなく）だったから。そのうえ『アドバスターズ』のグループ企業は、運動を通じて自分たちの要求を政治家たちに突きつけることができる限りにおいては、ウォール街占拠運動のなかでもプラグマティックな派閥だった。彼らは結局、占拠者たちに少数派として敗れ、占拠者たちはさまざまな要求のごた混ぜへと化した。そうして占拠はだらだらと長引くばかりで、やがて冬がいやおうなく占拠者たちを退散させていった。

ともかく、『アドバスターズ』の側では戦略の方向転換がここにはっきりと見えた。少なくとも、どのように進歩的な変化をもたらすかという問題を真剣に受けとめていた。古い反消費主義──ナオミ・クライン〔『ブランドなんか、いらない』著者〕の仕事が代表的──の問題は、目に見えないレバーのようなもので活動家を街へと送りこむことだ。実際このレバーが何につながっているのか、「機械」の動く部分にどのように影響を与えるのか、もしくはこれをどうコントロールするか、それともただの飾りなのか確かめもせずに。

同時に、僕らが批判した左派の傾向の多くは消えることはなかった。それどころか、

「意識の高い」政治の時代にその傾向は強まった。僕らの批判の中心の一つとして、左派は国民の生活に大きな影響を与える重大な懸案事項、たとえば誰が国を支配するかという問題は無視するくせに、比較的小さな、または象徴的な重要性しかもたない文化的なテーマに時間をかけすぎるということがある。

この本の刊行後に僕らは北アメリカとヨーロッパで講演を行ない、多くの読者から反響を得られた。耳にした不平不満のなかで、読者が最も気分を害したらしいのは、僕らが有《オー》機《ガニック》栽培の野菜について何気なくした発言だった。とりわけ、本のなかで有機栽培のマンゴーの価格をジョークの種にしたことに、多くの読者がひどく怒っていた。それは時間を追うごとにくり返された。それから、「放し飼い」のニワトリは実際にはそんなに放し飼いされていないということを僕らはこの本でごく短くとりあげたのだが、これも多くの読者のひんしゅくを買った。ある読者は、僕らのこうした主張にものすごく長い反論を書いてきた。とにかく、僕らはふと気づけば、こうした怒れる読者に反論され、悪口を言われ、「有機食品について、よくもそんなひどいことを言えるな」と問いつめられるわけだ。僕らとしてはこう答えるしかない――「この本に書いたすべてのうち、あなたが批判対象としてこれを選んでいる事実がまさに、僕らの中心的テーマを例証しているのでは？　僕らは啓蒙というプロジェクトの地位について主張しようとしているのに、あなたがたはマンゴーについて話しているんですから」と。

もっとよくある反応はこういうものだった──「あなたがたの本が大好きです。あなたがたの分析はごもっともです。ただし例外は……」。そしてその「例外」とはいつも、その人が入れ込んでいるか正真正銘政治的だと考えている、反逆もしくは地位の探求だった。「観光、有機農産物、ショッピングについての見解にはまったく同意ですが、パンクロックについては完全に間違っています」とかなんとか。おかしいのは、これはもっぱら、自分の動機を受け入れるのがどれほど難しいかを示していることだ。他人の行動に地位の探求を見いだすのは、自分のそれを認めるよりはるかにたやすい。

これまた興味深いのは、アイデンティティ政治の進化を見てみると、ごく最近までカウンターカルチャー的左派に見られた行動の多くがもはや許されていないことだ。特権をもつ白人によるエキゾチックなもののフェチ化、先住民の慣行の実践、抑圧の美化は、完全にとんでもないこととみなされるようになった。二〇〇〇年代末に「Stuff White People Like（白人の好きなもの）」というブログが人気を博していた。二〇〇〇年から二〇一〇年にかけてのカウンターカルチャー的左派を特徴づけた反逆の消費主義、カウンターカルチャーの慣行、真正さを探求するポーズをカタログ化したものだ。このブログを見てみれば、現在ではそのうちどれほど多くが文化の盗用として、あるいは単に人種差別的として非難されているかがわかっておもしろいと思う。

右派のその後

オルタナ右翼の台頭に関して言えば、おそらくは『反逆の神話』の刊行以降で最も驚くべき進展だろう。一方では、この進展は僕らの分析の中心的特徴を確かなものにしている。これはドナルド・トランプの元首席戦略官、スティーヴ・バノンによって明示された。バノンによる現在の政治情勢の分析と、アメリカの左派および右派の追求する戦略は、いわば僕らのそれの裏返しだった。バノンはまた、左派が文化的政治に巻きこまれているのに対し、右派は旧来の政治活動のために動員されていると見ていた。主な違いは、僕らは左派がその戦略をとったことを批判したのに対し、バノンは左派が文化的政治を追求することを選んだことでむしろ優位に立ったと考えたことだ。「われわれがワシントンを支配しているあいだに、リベラルたちはハリウッドを支配するのに忙しかった」と彼は言った。つまり、右派は国を支配したが、左派は文化を生産する手段を支配した。バノンの考えでは、左派の戦略のほうが優れていた。それというのも、彼によれば「政治は文化の下流にある」からだ。文化が右派の思想にとても敵対的であるために政治的な戦術の余地がひどく狭められていて、これが保守にとって問題なのだとバノンは主張した。だから右派は、左派に奪われた陣地を回復するために、新しい文化的政治を行なう必要があるとバノンは考えた（ちなみに、この分析の大部分は、右派がゲイの結婚について「敗北した」ことによるものだ。そのことに彼らの多くはショックを受けたのである。この問題についての世論の風向きがいかに速く変わったか、そして彼らをどれほど政治的に妨げたかに驚いたのだ）。

それでは、バノンはどこにこの右派の新しい「文化的政治」が見いだせると見込んだのか？　ここでオルタナ右翼の台頭が重要になる。アンジェラ・ネイグルはこれについて偉大な本（『Kill All Normies（凡人を殲滅せよ）』）を書いて、オルタナ右翼が本質的にカウンターカルチャーの運動であることを多くの人は理解していないのだと指摘した。『反逆の神話』で僕らが示そうとした最も重要であろう点は、次のことだ。カウンターカルチャーの政治は、その中心となる特徴、すなわちルールを破るという行為をそれ自体が解放につながるものとして賞賛する点も含めて、本来的に左派のものというわけではない。左派から見れば、破られるルールは抑圧的なものであり、ルールを破るのは進歩的なことだ。しかし、もしも破られるルールが人々を危害や差別から守るためのものならば、ルールを破ることはまったく進歩的ではない。

この分析は、最近の政治再編によって完全に正当化されてきた。左派はポリティカル・コレクトネス（政治的正しさ）に回帰し、国民にますます多くの（公的な）行動のルールを課すことにこだわるようになった。その一方で、このことへの反応という面もあって、ルールを破ることを賞賛しだしたのは右派だった。この傾向はとりわけオンラインで顕著だった（左派が組み込みたいどんなルールも施行するのが不可能な場だ）。これがネイグルの主張していることだ――オンラインでは多くの（そして驚くほどにどこでも）人種差別的で侮辱的な言説が見られるが、それを発する若者たちは現実に差別的なのではなく、ルールを破っているだけなのだ。たとえば、生徒の言葉づかいを取り締まる学校が増えれば増えるほど、生徒は放課後にオンラインゲームのチャットではめを外しがちになる。これまた、ドナルド・トランプの暗黙の哲学というわけではないが、彼は「首席ルール違反官」に多かれ少なかれ自らを任命した――そしてその役割に選出されたのだ。多くの左派の考えでは、トランプの終焉がたしかに訪れたのは、彼が女性の攻略法についてただ「プッシー〔女性器〕をつかむこと」だけだと述べたところを録音されたときか、あるいは、関節拘縮症を患《わずら》っている『ニューヨーク・タイムズ』記者のサージ・コバルスキーの動きを茶化したときだった。多くのトランプ支持者たちにとって、この種の行動はトランプの要件であって、撤回すべきものではなかったのだとは、左派たちには思いもよらなかったのだ。

ともあれ、これは二〇〇四年時点ではまったく予期していなかった進展である一方で、僕らがカウンターカルチャーについて提供した基本的な分析と完全に一致している。だが

「右翼のカウンターカルチャー」は概念としてはありうると考えていたものの、それが実体化するとは思ってもみなかった。過去一〇年に起こったことについては、アンジェラ・ネイグルの『凡人を殲滅せよ』に概説された主張を土台として、ほかの本が丸一冊書けるだろう。しかし僕らはそれを書くには歳をとりすぎているし、若者文化を駆りたてているものになじみがあるとは言えず、その進展を本当に理解できるわけもない。どの世代もその世代の闘争をしなくてはならない。明白なことは、「アンダーグラウンド」から出現したほぼすべての政治はいまではオンラインに行ってしまい、単にアングラなだけでなく、今日的なオンラインのコミュニティに参加していない人には完全に見えないものになっていることだ。オンラインで起こる急進化の力学がある。特定の行動様式に固定された集団間で起こるフィードバックの関係は、ますます過激な信念と要求を生みだしがちだ。このようにして、さまざまに過激な社会的逸脱がオンラインで生まれ、直接に関係していない人の目にはまったく見えないまま、やがて政治領域に突入し、そのゲリラ隊員は「実生活」の要求をしはじめるのだ。これには誰もがどうしてこうなるのか不思議に思う（そしてしばしば、このごろの若者は一体どうしてしまったのかと問う）。これらのプロセスはカウンターカルチャーの政治の新しい形態を生みだしている。僕らは社会としてこれにやっと取り組みだした。まして学術的に理論化などできていない。

左派に関しては、いわゆる「支配する左派」に見いだせる新しい不寛容をめぐる一定の懸念が示されてきた。新しい「左派ファシズム」の警告までするようになった人もいる。一九八〇年代後半から九〇年代前半にかけての政治的正しさをめぐる学園闘争を生きぬいてきた身としては、これが大いに心配すべきことだとは思わない。だからといって左派の一般的な口うるささに、または左派が特に弱そうに見える、ソーシャルメディアが誘発するさまざまな精神病に、大いに悩まされていないというのではない。だが、それらは現実のファシズムとはほど遠い。他方、時とともに、なぜ一定の人たちが左派を、そして一定の左派思想を危険だとみなすのか以前よりもわかってきた。そして左派の一部がなぜこのことを理解できないのかも。ある人の意図が善良であれば、またはその人が社会正義の達成をめざしているのであれば、その人は悪いことをするはずがないと想像するのは、とても魅力的なことだ。だが、歴史は——特に最近の歴史は——一定程度の善意を抱いていたにもかかわらず、ひどい行為に及んだ人たちの例でいっぱいなのである。

この文脈でくり返し指摘する価値があるのは次のことだ。左派が夢中になっている多くのプロジェクトでは、「人間本性」をかなり過激に変化させようとしている。この大部分は、「人間本性」は固定された不変のものではなく、実は社会的に構築されたものだ――だから構築する方法がある――という主張で正当化されている。ある方法で構築できるならば、ほかの方法で破壊し再構築することもできるというわけだ。しかしながら、社会的構築はもともと強制的なプロセスである。どんな社会学者でも説明できるとおり、社会規範は強制されている。そんなわけで変化のプロジェクトは、ただ単に説得を行なうだけではなく、それに従いたがらない者には公式にも非公式にも多様な形態の処罰が伴う。気がかりなのは、人間本性の様々な側面がどれくらい「不変」で、どれくらい「構築」されるものなのか、よくわからないことだ。社会的構築に関する主張は本来、独断的なものだ――たとえばジェンダーとは「パフォーマンス」にほかならないと誰かが言うとき、それは二、三の逸話に基づくだけの断言にすぎない。エビデンスに基づくものではない。だから社会的構築を変えようとしだすとき、抵抗にあうか、壁にぶつかることになる。それは根源的で生物学的な限界の結果である。それでも左派は一般にこうした抵抗を、「人間本性」が想像よりも不変であることの証拠としてでなく、裏切り者や敵、社会の変化に抵抗している悪者がいる結果だと解釈する。これはしばしば、そうした人々を探しだして罰しようとする攻撃的な試みを行なうことと一体になっている。

いま起きていることについてこのように誤解するのは危険であり、左派が現代の魔女狩り、いわゆる「キャンセル・カルチャー」に走る傾向があることもこれで説明がつく。「問題のある」とみなされたオンライン上の個人（有名人が増えつつある）が、ボイコット、追放、免職といった刑に処されるのだ。「表現の自由は結果からの自由を意味しない」というまったく偽りの根拠から、これが正当化されることが多い。誰かの生活をめちゃくちゃにしたり、安全を脅かしたりするために大衆をあおることは、意見が合わないことへの正しい反応だとでもいうように。

だから、現代の左派に危険な思想や行動を見つけるのが難しいとは思わない。ただし、このことと暴力的または圧政的な政治運動とのあいだには、もっと距離がある――ほかの条件もそろう必要があるのだ。左派の独善ぶりや不寛容は近年ますます強まっているが、それは結局すぐに自己破壊へと向かってきた。たとえばアメリカの民主党は、得票率を四五パーセント程度にとどめる何らかの力学が内部で働いているように思われる。五〇パーセント以上になりそうな危険に陥るやいなや、数パーセントを失う結果になるように党内勢力が働きだす――そして共和党に僅差で敗れる。そうしておいてゲリマンダリング（恣意的な選挙区割り）のせいにするのだ（「どうして党の過失だと言えるだろう。クレイジーな人たちのせいでずっと負けてばかりいるのに？」）。

トランプとは何だったのか

この件から最後の話題に入っていこう。ドナルド・トランプがアメリカ大統領に当選したという驚くべき事態、そしてヨーロッパを席巻した右派ポピュリズムのより一般的な潮流について語らずには、時代の精神を言い尽くしたことにならないだろう。カナダ人として僕らは、おおむねこうした破壊の趨勢《すうせい》を逃れてきた。そのせいかもしれないが、これらの出来事を歴史の流れの一部というより、趨勢下の国の特定の状況として説明できる逸脱とみなしているところがある。たとえばトランプに関しては、その当選を理解するのに関連したアメリカの政治システムについて他国が理解していないことがたくさんある。アメリカ国外の人たちの多くは、じつに安易に情勢を読んでいる――「アメリカ人は愚かだ。トランプは愚かなうえにペテン師だ。だからアメリカ人はトランプを選んだ」と。もちろん、こうした評価には一理ある。しかしアメリカのリベラルが、トランプは宇宙からやってきたエイリアンだと言うのを聞かされるのにはうんざりする。実際は実にアメリカ的な人物で、トランプ支持派と反対派の双方に見られるアメリカ的特徴の重要な側面を体現しているのに。そう、トランプは多くの点で歴史上最もアメリカ的なアメリカ大統領だった（これを真実と認めるには、一九三五年のシンクレア・ルイスから一九九八年のリチャード・ローティまで、トランプ的な人物の登場を予測または警告した作品が毎年のように出ていたことを考えるといい。これらの作家が示した特別な洞察は、未来に対するものではなく、むしろアメリカに対するものだったのだ)。

同時にヨーロッパ人にとっては、アメリカの政治システムがどれほど深い欠陥をもち、強いストレスをもたらすかを認識することが重要だ。第一に、このシステムは「憲法による拘束」のせいで、基本的に改革できない。ヨーロッパ諸国でそんなことはない――ヨーロッパの政治システムの重要な側面は、改革可能であることだ。ヨーロッパの民主主義はまた、はるかに動的でもあって、新しい政党が出現したり古い政党が衰退したりする。アメリカ合衆国はその勢力を二大政党にがっちり握られ、原則的に新入りは締め出されてきた。選挙は一世紀以上にわたって、同じ古くからのライバル間の昔ながらの戦いだった。そして最後に、アメリカには唯一無二と言っていいほどに粗悪な行政と、法律尊重主義であまりにも強制的な政府しかなかった。もしあなたが幸せなヨーロッパの福祉国家に暮らしていたら、政府に愛着をもつことはたやすい。もしあなたがほとんどいつも威圧的で敵対的な政府に統治されるアメリカ人ならば、それはとても難しいことだ。また、もしアメリカほど多くの不法移民を抱えるところまで近づいたら、ヨーロッパ全体はとうの昔にラディカルな孤立主義の党に乗っ取られていたのではないだろうか。

そんなわけで、アメリカの政治システムにはあまりに多くの欲求不満の種がある。有権者として、英語の慣用句でいうところの「陶器店の牛」、すなわちとんでもなく破壊的な人を送りこもうとするのは、完全にクレイジーな考えというわけではない。オルタナティブはいつもながら商売にすぎず、事態を改善することは永遠にないのだけれど。トランプを送りこむのはたぶん名案ではないが、多くのきわめて理性的な人々が名案だと考えたのだ。これらはどれも全世界に対して、あるいは民主主義の運命に対して特別な「メッセージ」を含んではいない。政治のほとんどはその国ごとの政治であって、トランプの当選はまさしくアメリカの国内問題への反応なのである。

ジョセフ・ヒース、アンドルー・ポター

二〇一九年一一月

謝辞

ハーパーコリンズ・カナダのクリス・ブッチと、ハーパーコリンズUSAのマリオン・マンネカーとともに、『THISマガジン』前編集長のジュリー・クライスラーに格別の感謝を捧げたい。原稿に有益なコメントを寄せてくれたケヴィン・オルソン、ジューン・クラーク、ショーン・シルコフ、スーザン・ボードに、そして最終稿の用意のためにかけがえのない助力を与えてくれたヴィーダ・パニッチに感謝を。サルミシュタ・スブラマニアンはこの企画全体の進行を助けてくれた。さらには、財政支援をいただいたカナダ社会・人文科学研究機構に謝意を表したい。

われわれの知識はトマス・フランクに最も多くを負っている。「カウンターカルチャー思想」を最初にテーマ化し、それが「ヒップな」もしくは「反逆の」消費主義の広がりに果たした役割を強調した、その功績をたたえられるべき人物だ。フランクの最も重要な知見は、あまりにも深いため、ほとんどの読者には重要性が理解されてこなかった。そうした損失を正すことは、本書の狙いの一つである。

この共同執筆について一言お断りしておく。本書は合作ではあるが、序章のあとからは著者を示す人称として「われわれ（we）」を用いないことにした。「われわれ」がたいていもったいぶって聞こえるというのもあるが、著者たち両人とも、ささやかな逸話や回想から主張を組み立てることが多いので、一人称複数形を主語にするのは適切ではないためだ。そこで、自分たちを三人称で呼ぶよりはむしろ、もっと会話調の「僕（I）」をとることに決めたが、二人のうちのどちらが語っているかをあえて記すことはしていない。たぶん読者には、僕らのどちらが一九八八年には髪を紫に染めて鼻輪をしていたかとか、どちらの父親が軍人だったかとか、どちらがサスカチュワン州でどちらがオタワ出身かとか、どちらが小学校の合唱で「人はそれぞれ（Free to Be You and Me）」を歌ったかなんて、べつにどうでもいいことだろうから。どのみち本書の主張にたいして影響を及ぼすようなことではない。

序章

二〇〇三年九月、西洋文明の発展がターニングポイントを迎えた。雑誌『アドバスターズ』が、同誌の名を冠したブランドの「破壊活動的」ランニングシューズ「ブラックスポット・スニーカー」の受注を開始したのである。この日を境に、ものの道理をわきまえた人なら誰もが、「主流（メインストリーム）」文化と「反主流（オルタナティブ）」文化のあいだに緊張があるなどとは信じられなくなった。この日を境に、『アドバスターズ』に代表されるたぐいの文化への反逆は、体制《システム》にとって脅威などではないことが——それどころか体制そのものであることが、誰の目にも明らかになった。

一九八九年に創刊された『アドバスターズ』は、カルチャー・ジャミングの中核となる出版物だ[*1]。同誌の見方によると、多分に広告のせいで、社会にはデマと嘘がはびこってしまい、文化全般がもっぱら「体制」への信頼を再生産するよう意図した巨大なイデオロギー体系と化してしまった。カルチャー・ジャマーの目的は、その信頼の再生産に用いられるメッセージをくつがえし、それを広めるルートをふさぐことによって文字どおりに文化を「妨害《ジャミング》」することだ。これがひいてはラディカルな政治的影響をもたらすと考えられている。一九九九年、『アドバスターズ』編集長カレ・ラースンは、カルチャー・ジャミングが「一九六〇年代の公民権運動、七〇年代のフェミニズム、八〇年代の環境保護運動に匹敵する重要なものになる」と主張した。

ところが、それから五年後、ラースンは『アドバスターズ』ブランドを自らの登録商標品であるランニングシューズの宣伝に利用している。いったいどうしたというんだ？『アドバスターズ』は身売りしたのか？

断じてそうではない。これをきちんと理解しておくことは、きわめて重要だ。『アドバスターズ』は身売りなんかしていない。そもそもの始めから売るものなどなかったのだから。『アドバスターズ』は革命の教義など持っていなかった。彼らが持っていたのは、六〇年代以降、左派勢力を支配してきたカウンターカルチャー的思考の二番煎じにすぎなかった。そしてこの種のカウンターカルチャー政治は、革命の教義どころではなく、過去四〇年間にわたって消費資本主義の主な原動力となってきたのだ。

要するに『アドバスターズ』の誌面に並べられたものこそ、資本主義の真髄であったというわけだ。ランニングシューズのエピソードは、それを証明するものでしかない。ラースンは、この靴の販売企図をこう説明している。「ナイキをダサくするための画期的マーケティング戦略だ。もし成功すれば、資本主義に革命を起こす先例となるだろう」。[*2] しかし、いったいどうしてそれが資本主義に革命を起こすとみなせるのか？　リーボック、アディダス、プーマ、ヴァンズ、その他の十指にのぼる企業が、もう何十年もナイキを「ダサく」しようとがんばっている。これが市場競争と呼ばれるものだ。というか、それが要するに資本主義じゃないか。

こうした批判に対し、ラースンは次のように反論している。うちの靴は競合ブランドのものとは違って「労働搾取工場《スウェットショップ》」では製造しない、と。ただしアジアから輸入することに変わりはないのだが。それはけっこう。だが「フェアトレード」も「倫理的《エシカル》マーケティング」もとうてい革命的なアイディアではなく、資本主義システムにとってまったく脅威になっていないはずだ。もしも消費者がハッピーな労働者の作る靴に――あるいはハッピーなニワトリの産む卵に――より多くを支払うのにやぶさかでなければ、そうした商品を市場に出すことで金儲けができる。これはザ・ボディショップ〔「ナチュラル」を売りにするイギリス発の化粧品メーカー〕やスターバックスなどが採用して、すでに多大な成果をあげているビジネスモデルだ。

反逆者が履くナイキ

カルチャー・ジャマーは、消費者の反乱で体制を打倒しようとする初めての試みというわけではない。カウンターカルチャーの反逆が四〇年このかた同じ手を使ってきているが、有効でないことは明らかだ。ヒッピーにとって、アメリカ社会の「消費主義《コンシューマリズム》」に対する拒絶をこのうえなく象徴しているのが、愛と平和を表現したビーズネックレスと平底サンダルとフォルクスワーゲンのビートルだった。それでも、「ドラッグにしびれ、ライフスタイルに目覚め、ドロップアウトした」〔サイケデリックとLSD（幻覚剤）の導師、ティモシー・リアリーの言葉〕この同じ世代が、アメリカ史上最も顕著な荒っぽい消費の復活を牽引した。つまりヒッピーはヤッピー〔都会に住む若いエリートビジネスマン〕になったのだ。そして、ヤッピーの世界観を他の何よりも象徴したものがSUV――ある評者がいみじくも「車輪で動けるゲーテッドコミュニティ」*3と形容した車である。では、人はどうやってビートルからフォード・エクスプローラーへと乗り替えるというのか？　それが実はそう難しいことではない。

重要なポイントは、（うわさに反して）ヒッピーは寝返ってはいないことだ。ヒッピーとヤッピーのイデオロギーはまったく同一である。六〇年代の反逆を特徴づけたカウンターカルチャーの思想と資本主義システムのイデオロギー的要請には何ら対立はなかったのだ。カウンターカルチャー側のメンバーと旧弊なプロテスタント支配層とのあいだに文化の衝突があったのは間違いない一方で、カウンターカルチャーの価値観と資本主義経済システムの機能的要件はまったく対立することはなかった。カウンターカルチャーは元来営利的なものだった。『アドバスターズ』がそうであるように、資本主義の真髄を表わすものだった。

ヒッピーがフォルクスワーゲンのビートルを買ったのは、ただ一つの主な理由から——大衆社会を拒絶していることを示すためだった。デトロイトの三大自動車メーカーは当時、優に一〇年以上は不名誉な社会的批判の対象とされていた。自社製品の「計画的陳腐化」をしていると非難されたのだ。とりわけ顧客が世間に後れをとらないため数年おきに新車を買わざるをえないよう、モデルチェンジ、デザイン変更をしていると。車体後部のテールフィンはとりわけ嘲笑の的《まと》になった——アメリカ消費文化の無駄の多さの具体例としても、象徴としても。[*4] こうした背景のもと、フォルクスワーゲンはアメリカ消費市場に、いたってシンプルな売り文句とともに参入した。あなたはただの組織の歯車じゃないことを世間に示したい？　だったら、うちの車を買いなさい！

ベビーブーマーが子供を持ちはじめると、古いフォルクスワーゲンではもはや明らかに不充分になった。それでも、親たちが乗っていたような木目調パネル張りのステーションワゴンを買うなんて論外だ。たとえ子供ができても、心はまだ反逆者なのだから。そしてこの反逆者のスタイルへの欲求にぴたりとはまる車といえば、ＳＵＶにほかならなかった。オフロードの走行性が最大のセールスポイントだ——グレイトフル・デッドだって四輪駆動をたたえる歌をうたった。「体制」はおまえに権力者が敷いた「道」をまっすぐに走れと命じる。反逆者はそんなふうに縛られたりしない。自由を求めてやまない。いつでも脇へ逸《そ》れて、自分の道へと踏み出せることが必要だ。

なんておあつらえ向きの車だろう！ 通り過ぎる人たちにこう告げている。「私はよくいる郊外族の子持ちの負け犬なんかじゃない。わが人生は冒険なり」。あなたはカタブツじゃない、組織の歯車じゃない、と伝えている。

ベビーブーマーが車に執着しているとすれば、次代のジェネレーションＸは、靴に特別なこだわりがあるようだ。靴はもともとパンクの美学に不可欠の要素だった。軍用ブーツやコンバースのスニーカーから、ドクターマーチンやブランドストーンまで。ここで悪役を演じるのは、三大自動車メーカーに代わって製靴業者となる。まず何はさておきナイキだ。反グローバル化の活動家にとって、ナイキは台頭しつつある資本主義世界秩序のすべての不都合を体現するものになった。

しかし、こうしたナイキに対する敵意は、きまりの悪い場面を生み出すときもあった。有名な一九九九年のシアトル暴動のさなか、商業地区のナイキタウンを抗議者たちが破壊したが、現場を記録したビデオに、前面の窓を蹴りつけている抗議者数人がナイキの靴を履いているのが映っていた。多くの人が思った。ナイキこそ諸悪の根源と考えるのならば、それを履いちゃいかんだろう、と。だが何千何万という若者がナイキを履かないとなれば、当然「オルタナティブな」靴の市場が生まれる。ヴァンズとエアウォークはともに、スケートボードと結びつけた反逆者のスタイルか何かにでも梃子入れして、スニーカーの売上げを百万ドル単位で上げられたはずだ。これは何度もくり返される同じ話である。『アドバスターズ』はただ分け前にあずかろうとしているだけだ。

『マトリックス』を読み解く

問題は、どうしてランニングシューズの販売が破壊活動的になりうると考えられるのか、ということ。答えを理解するのに、映画『マトリックス』三部作の第一作をよく見ることが役立つ。「マトリックスの哲学」については多くの本が書かれたが、たいてい間違いだ。この第一作を理解するには、主人公のネオが白ウサギと出会うシーンに目を凝《こ》らすことだ。

ネオは友人に渡すものを本をくり抜いた中に隠している。本の背のタイトルが読める。ジャン・ボードリヤール著『シミュラークルとシミュレーション』だ。

多くの映画評論家が『マトリックス』の中心となるアイディアをこのように考えている。われわれの住む世界は精巧につくられた幻想であり、機械で脳に知覚をインプットされ、自分たちが物理的世界に住み、世界と交流していると思わされているだけ——ルネ・デカルトの「自分は夢を見ているのではないと、どうしてわかるのか？」という懐疑的な思考実験の現代版にすぎない。これは解釈が間違っている。『マトリックス』が意図したのは、認識論的ジレンマを表現することではない。この映画は六〇年代まで起源をさかのぼれる政治思想のメタファーなのだ。その思想はシチュアシオニスト・インターナショナル（国際状況主義連盟）の非公式の指導者ギー・ドゥボールとその後継者たるジャン・ボードリヤールの著作に顕著である。

ドゥボールは急進的マルクス主義者で、『スペクタクルの社会』の著者で、一九六八年の五月革命の理論的なバックボーンの一人。その主張は単純明快だ。われわれの住む世界は現実《リアル》ではないということ。消費資本主義はあらゆる人間の本物の経験を得て、商品に変換し、広告とマスメディアを通じて売り返してきた。そうやって人間の生活のあらゆる部分は、内在する独自のロジックに支配されたシンボルと表象のシステムにすぎない「スペクタクル」へと引きずりこまれていった。「スペクタクルとは、イメージと化すまでに蓄積の度を増した資本である」[*5]とドゥボールは書いた。かくしてわれわれは、完全なイデオロギーの世界に、人間の本質から完全に疎外された世界に生きている。スペクタクルは、必要になった夢だ。「結局のところ眠りの欲望しか表現しない、鎖につながれた現代社会の悪夢」なのである。[*6]

このような世界では、社会正義や階級社会の廃止への古くさい関心は時代後れになる。スペクタクルの社会では新しい革命家は二つのことを追求しなければならない。「欲望の意識と意識の欲望」である。[*7]すなわち、人には体制の押しつけてくるニーズと関係なく、自らの快楽の源を発見しようと努めることが、「スペクタクル」の悪夢から目覚めようと努めることが、必要だ。ネオのように、新しい世界を知る赤いカプセルを選ばなければならない。

裏を返せば、反逆と政治活動に関して、体制の細部を変えようとすることに意味はない。誰が金持ちで誰が貧しいかが重要なことだろうか？ 誰が投票権を持っていて誰が持っていないか、誰が仕事へのアクセスと機会に恵まれているかが？ すべてはかりそめのこと、幻想にすぎない。商品がイメージでしかないなら、誰の持ちものが多いか少ないかなど、どうでもいいじゃないか。必要なのは、文化全般、社会全体が白日夢であると、すっかり否定すべきものであると認めることだ。

もちろん、この考えはちっとも斬新なものではない。西洋文明でも特に古いテーマだ。プラトンは『国家』で、実人生を洞窟に閉じこめられた囚人たちにたとえた。彼らは火に照らされて壁に躍《おど》る影しか見ることができない。囚人の一人が脱出して地上に着いたとき、これまで自分が生きてきた世界は紡ぎだされた幻影にすぎないのだと悟る。それを知らせるために洞窟に戻ると、元の仲間たちはまだつまらない争いや口論にかかずらっている。このような「政治」は彼には重く受け止めがたかった。

数世紀後、初期のキリスト教徒たちは、このたとえ話に訴えてローマ人によるイエスの処刑を説明しようとした。その出来事に先立ち、救世主の到来は、神の王国の実現をこの地上に告げることだと考えられていた。イエスの死は明らかにその期待をついえさせた。だから、こうした出来事を、神の王国は現世ではなく来世で実現するしるしだと解釈することにした信徒もいた。プラトンの囚人が洞窟へ戻ったのと同じように、イエスはこの知らせを伝えるために復活したというのだ。

したがって、この世界が幻想のとばりのうちにあるという考えは、新しいものではない。しかし変わっているのは、この幻想をいかに振り捨てるかについての一般的な理解である。プラトンにとって、自由になるためには数十年の厳格な学問と哲学的省察を要することは疑う余地がなかった。キリスト教徒はもっと厳しいことだと考えた――死のみが向こうの「真実の」世界に達する道だった。これに反して、ドゥボールとシチュアシオニストたちにとっては、幻想のとばりはもっとずっと簡単に突破できた。かすかな認知的不協和さえあればいい。自分の周囲の世界はどこかおかしいというサインだ。これは一つの芸術作品でも、一つの抗議行動でも、一点の衣服によっても引き起こすことができる。ドゥボールの見方では、「束の間の命しかないごく小さな場所から到来した騒擾が、結局のところ世界の秩序を混乱に陥れた」のだ。*8

これがカルチャー・ジャミングの発想の源泉である。伝統的な政治行動主義は役に立たない。マトリックスの内部で政治制度を改革しようと努めるようなものだ。何の意味がある? 本当になすべきは、人々を目覚めさせ、プラグを抜き、スペクタクルから解き放つことだ。そして、それを実現する方法としては、認知的不協和を生み出すこと、世界がどこかおかしいと示す象徴的な抵抗行動に出ることだ。

ブラックスポット・スニーカーのように。

文化全般がイデオロギー体系にすぎないのだから、自己も他者も解放する唯一の方法は、文化にそっくりそのまま抵抗することだ。これがカウンターカルチャーの思想の源である。マトリックスにおけるザイオンの住民に、六〇年代以降のカウンターカルチャー的な反逆者の自己認識が具現化されている。彼らは目覚めた人間、機械の専横から自由な人間だ。この見方では、敵は、目覚めることを拒む人間、文化への順応に固執する人間だ。つまり、敵は**主流社会**なのである。

モーフィアスがマトリックスとは何かを説明するとき、カウンターカルチャーの分析を完璧に要約している。「マトリックスとは一つのシステムなんだよ、ネオ。そのシステムこそが私たちの敵だ。だが、そのなかにいるとき、あたりを見まわしたら何が見える？ ビジネスマン、教師、弁護士、大工。そういう人々の精神こそ私たちが救おうとしているものだ。ただし、救い出すまでは、この人たちは依然としてシステムの一部であり、敵というわけだ。ほとんどの人はまだプラグを抜く準備ができていないことを理解しておかないといけない。彼らの多くはシステムに慣れきっていて、仕方なく隷属している。だからシステムを守るために戦うことになる」[*9]。

カウンターカルチャーの快楽主義

一九六〇年代、ベビーブーマーは「体制」への執念深い抵抗を宣言した。物質主義と強欲さを捨て、マッカーシーの「赤狩り」時代の規律と画一性をはねつけ、個人の自由に基づく新しい世界の建設に乗り出した。さて、このプロジェクトはいったいどうなったか？

四〇年後、「体制」はさほど変わったようには見えない。かえって、カウンターカルチャーの反逆の数十年間から立ち現われてきた消費資本主義は以前より強大になった。もしドゥボールが六〇年代前半に世界は広告やメディアで飽和状態だと考えていたならば、二一世紀を見てどう思ったことだろう?

本書では、カウンターカルチャーの反逆の数十年は何も変革しえなかったと主張する。それはカウンターカルチャーの思想が依《よ》って立つところの社会理論が誤っているからだ。われわれの生きる世界は、マトリックスのなかでも、スペクタクルのなかでもない。実は、この世界はもっとずっと平凡なものだ。数十億もの人間から成っており、おのおのがまあもっともらしい善の概念を追求し、互いに協力しようとし、度合いはさまざまだが成功をおさめている。すべてを統《す》べる単一の包括的なシステムなどない。文化は妨害されえない。妨害すべき「単一文化」や「単一システム」なんてものは存在しないのだから。あるのは、ほとんどが試みに寄せ集められた社会制度のごた混ぜだけだ。それは、正しいと認められることもあるが、たいていは明らかに不公平に社会的協力の受益と負担を分配するものだ。この種の社会では、カウンターカルチャーの反逆は無益なだけではなく、確実に逆効果だ。人々の生活の具体的な改善につながる政策からエネルギーと努力を逸らせてしまうのみか、そのような漸進的変化を総じて軽んじる風潮を促す。

カウンターカルチャーの理論によれば「体制」はもっぱら個人を抑圧することによって秩序を達成する。快楽は元来、無秩序で無法で奔放なものである。労働者を管理するため、体制は彼らに規格化したニーズと大量生産した欲望を植えつけ、産業支配の秩序のなかで満たすことが必要だ。秩序は達成されるが、その代償として不満と疎外感とノイローゼを蔓延させてしまう。だから解決策は、自発的に快楽を得る力を取り戻すことにあるはずだ――性的倒錯行為でも、パフォーマンスアートでも、現代の原始回帰主義《プリミティヴィズム》でも、幻覚を起こさせるドラッグでも、何にせよハイにさせてくれるものによって。カウンターカルチャーの見方では、ただ単に楽しむことが究極の体制転覆的な破壊活動とみなされるようになる。快楽主義が革命の教義と化している。

ならば、この種のカウンターカルチャーの反逆こそが消費資本主義を新たに活気づけたことは、不思議でも何でもないだろう。そろそろ現実と対峙すべき頃合いだ。楽しむことは破壊活動的ではないし、体制を揺るがすこともない。それどころか、快楽主義が広まることで社会運動を組織することは難しくなり、社会正義のために犠牲を払わせることはなおさら困難になっている。われわれの見方では、進歩的左派がすべきことは、社会正義の問題への懸念をカウンターカルチャー的な批判から解放して、カウンターカルチャー的な批判を捨て去り、社会正義の問題を追求しつづけることだ。

社会正義の観点から言えば、過去半世紀でこの社会が大きく前進した部分は、いずれも体制内で計画された改革によるものだ。公民権運動やフェミニズム運動は不利な条件に置かれた人々の福祉に関して明らかに成果をあげたし、福祉国家の与える社会的セーフティネットはすべての市民の生活状態を著しく改善した。しかし、そうした改善は、人々の生活を支配する幻想の網の目から「プラグを抜く」ことで達成されたのではない。民主的な政治活動の面倒な手順を経て議論し、研究し、提携し、改革を法制化することで達成したのだ。もっとたくさん、これを見たいものだ。

反逆ほどおもしろくはなさそうだが、もっとずっと有益ではなかろうか。

第一部

第1章 カウンターカルチャーの誕生

誰がカート・コバーンを殺したのか

一九九四年四月八日の早朝、シアトルのすぐ北、ワシントン湖を見わたす高級住宅に、新しい防犯システムを設置しにやってきた電気工が、遺体を発見した。この家の持ち主のカート・コバーンは、血の海となった温室の床に倒れていた。致死量のヘロインを摂取していたが、さらに始末をつけようと意を決して、一二口径のレミントン散弾銃で左側頭部を撃ち抜いたのだった。

コバーンの自殺が報じられたとき、ほとんど誰も驚きはしなかった。なにしろ「自分が嫌いだ、死にたい《アイ・ヘイト・マイセルフ・アンド・ウォント・トゥ・ダイ》」という曲を残した人物なのだから。一九九〇年代のおそらく最も重要なバンド、ニルヴァーナのリーダーとして、コバーンの一挙一動はメディアに追われていた。以前起こした自殺未遂は大きく報じられた。遺体のそばに置かれていたメモにはたいした解釈の余地はなかった。「だんだんに消えていくより燃え尽きるほうがいい」。それにもかかわらず、彼の死は少数ながら陰謀説を生み出した。誰がカート・コバーンを殺したのか？

ある意味では答えは明白だ。カート・コバーンを殺したのはカート・コバーンだ。だが犯人であると同時に被害者でもあった。誤った考えの――カウンターカルチャーの思想の犠牲者だった。自分はパンクロッカーだと、「オルタナティブ」音楽の担い手だと思っていながらも、彼のアルバムはミリオンセラーとなった。主にコバーンのおかげで、かつては「ハードコア」と呼ばれていた音楽が「グランジ」と看板をかけ替えて大衆に売られた。しかし、この人気はコバーンにとって自慢の種になるどころか、つねに困惑のもとだった。自分はオルタナティブを裏切って「メインストリーム」になったのか、との疑いが脳裏につきまとった。

アルバム『ネヴァーマインド』でブレイクし、マイケル・ジャクソンを上回る売上げを記録しだすと、ニルヴァーナはわざとファンを減らそうと努めた。次のアルバム『イン・ユーテロ』は明らかに難解だった。だが努力は実らなかった。このアルバムはひきつづきビルボードのチャートの第一位を獲得した。

コバーンはオルタナティブ音楽へのこだわりとニルヴァーナの商業的成功の折り合いをつけることが、どうしてもできなかった。結局はこの袋小路から抜け出すために自殺した。誠実さがことごとく失われる前に、完全に裏切り者になる前にいま終わるほうがましだと。そうやって「パンクロックこそ自由」という己の信念を堅持することができた。すべては幻想かもしれないとは考えなかった。オルタナティブもメインストリームもない、音楽と自由との関係も、裏切りなんてものもない。ただ音楽を創造する人間と音楽を聴く人間がいるだけだ。そして素晴らしい音楽を創れば人は聴きたがるものだ、とは考えなかった。

では「オルタナティブ」という発想はどこから生じたのか？　本物であるために人気を落とさねばならないという、この発想の源は何なのか。

コバーンは彼の言い方で人生の「パンクロック入門コース」の卒業生だった。パンクの精神の多くは、ヒッピーを象徴していたものの拒絶に基づいていた。やつらがラヴィン・スプーンフルを聴くなら、おれたちパンクはG・B・Hを聴く。あっちにはストーンズがいたが、こっちにはヴァイオレント・ファムズが、サークル・ジャークスが、デッド・オン・アライヴァルがいた。向こうが長髪なら、自分らはモヒカン。連中がサンダルなら、ミリタリーブーツを履く。ヒッピーが無抵抗主義なら、パンクは直接行動だ。おれたちはなぜヒッピーにこんな敵愾心《てきがいしん》を燃やしたのか？　ヒッピーが過激だったからではない。過激さが足りなかったからだ。あいつらは寝返った。コバーンいわく「偽ヒッピー」だ。映画『再会の時』がすべてを語っている。ヒッピーはヤッピーになったのだ。コバーンは口癖のように言っていた。「おれが絞り染めのTシャツなんかを着るとしたら、そいつがジェリー・ガルシア〔ヒッピー文化を代表するバンド、グレイトフル・デッドの中心人物〕の血染めの場合だけだ」。

「非《アン》ヒッピー」なんだ。

一九八〇年代の初めには、ロックンロールは、かつての自分自身の色あせた拡大再生産と化していた。スタジアム・ロックになってしまった。『ローリング・ストーン』誌はくだらないアルバムの宣伝ばかりで、独りよがりな企業のセールス媒体になりさがった。コバーンの姿勢に鑑《かんが》みるに、『ローリング・ストーン』の表紙に出てくれと頼まれたときの、きまりの悪さは想像もつかない。妥協した結果が、「やっぱメジャーなロック雑誌はむかつく」とプリントされたTシャツ姿で撮影に臨むことだったのだ。そうすることでコバーンは、自分は裏切り者じゃない、敵地に潜入してるだけだと己に言い聞かせた。「敵の一員になりすまし、体制の組織内に潜入し、内部から腐らせていくんだ。やつらのゲームに参加してるふりをして帝国を破壊し、やつらが手の内を見せてくるぎりぎりのところまで迎合する。そして毛深くて、汗臭くて、マッチョな性差別主義の脳たりん野郎どもは、もうじき、革命児の蜂起から生まれた剃刀《かみそり》の刃と精液の池で溺《おぼ》れることだろう。武装し、洗脳を解かれた十字軍は、ウォール街のビルのあちこちに革命の残骸をまき散らす」*1。

コバーンをはじめ、おれたちパンクは、ヒッピーのカウンターカルチャーに発する考えのほとんどは拒否したかもしれないが、すっかりうのみにした要素が一つだけあることが、ここにはっきりと見てとれる。これはカウンターカルチャーの思想そのものだということ。つまり、ヒッピーが知らずにしていたのとまったく同じことを、おれたちもいつのまにかしていたんだ。ただし違うのは、連中とは違っておれたちは絶対に裏切らない、ちゃんとやると、そう思っていた。

あっさりとは廃《すた》れない神話がある。ヒップホップでも同じことのくり返しが見られる。ここではカウンターカルチャーの思想は、スラム生活とギャング文化へのロマンチックなまなざしという形をとる。成功したラッパーは巷《ちまた》の評判、つまり「本物であること」を保つために苦闘しなくてはならない。「スタジオ限定のギャング」ではないと示すだけのために銃を携帯し、服役し、撃たれることも辞さない。だから死んだパンクとヒッピーに加えて、いまや偶像化した死んだラッパーも着実に増えてきている。世間では、2パック（トゥパック・シャクール）が現実に体制の脅威だったとして「暗殺」されたとうわさする。

エミネムは武器を隠し持っていたかどで逮捕された件について、世間の評判を落とすよう仕組まれた「まったく政治的なこと」だったと主張する。同じことがくり返されている。これが音楽業界だけのことだったら、さほど重大ではなかったはず。だが残念ながら、カウンターカルチャーの思想はこの社会への僕らの理解に深く組みこまれており、社会および政治生活のあらゆる面に影響を与えている。最も重要なことには、それが現代のすべての政治的左派の概念のひな型となった。カウンターカルチャーはラディカルな政治思想の土台として、ほぼ完全に、社会主義に取って代わった。だから、カウンターカルチャーは神話にすぎないのだとしても、それは数知れない政治上の結果をもたらして、莫大な数の人を誤らせた神話である。

反逆思想の系譜

アーティストたる者、主流社会と対立するスタンスをとらねばならない、との考えは、まったく目新しいものではない。一八世紀に始まって、一九世紀中ずっと芸術的な創意を支配しつづけたロマン主義に起源を持つ。その最たるものは――そして最も息の長い商業的成功は――ジャコモ・プッチーニ作曲のオペラ『ラ・ボエーム』に見いだせる。パリのオルタナティブな「ボヘミアン」のライフスタイルへの賛歌だ。当時「本物の」アーティストは肺病（つまり肺結核）で死なないといけなかった。ヘロインの過剰摂取や走行中の車からの銃撃ではなかったが、まあ、そんなようなことだ。

初期のロマン主義を理解するカギは、新世界の発見、とりわけ太平洋諸島の発見がヨーロッパ人の意識に与えた影響を認めることにある。こうした出会い以前のヨーロッパ人は、人類は有史以来ずっと、階級制度に秩序立てられた社会に生きてきたとばかり思っていた。王政、貴族制度、階級支配はもっぱら自然な秩序だったのだ。聖トマス・アクィナスは、一三世紀の昔に受け入れられていた見識をこうまとめている。

自然に生じるすべては善である。というのも、自然はつねに最善の働きをなすからだ。ところで、すべての自然的統治は単一者によって司られている。たとえば身体の諸器官において、一つの器官、すなわち心臓がすべてを動かしているように。また霊魂の諸部分においても、一つの能力、すなわち理性が他を支配しているように。一匹だけ女王蜂がいる蜂にも、万物の創造主にして支配者である唯一神がいる全宇宙にも同じことがあてはまる。そして、このことは条理に適《かな》っている。すべての集団は単一者から派生しているからだ。したがって、人為によって生み出されるものが自然によるものを模倣し、類似してくるにつれて、いっそう完全なものになるとすれば、人間の集団も一人の人間に統治されるのが最善であることになる。*2

それから五〇〇年後、ジャン＝ジャック・ルソーはこの一節の最初の一文――「自然に生じるすべては善である」――には同意できたが、あとの全部に不同意だった。新世界の発見のおかげでルソーのような思想家は、社会的階層もなく、土地所有貴族も君主制も、ときには村落や町もなしに生活している人々がいることを知った。実際のところ、現状は人類の「自然」状態などではないし、複雑な社会階層制と特権制とを備えた世界の主要な文明は、自然な秩序をひどくゆがめているのだと推断するのに、長くはかからなかった。だからルソーは、あらゆる社会は巨大ないかさまだと、強者が弱者に押しつけた搾取のシステムだと結論した。ルソーの主張はこうだ。文明の出現は「弱い者たちには新しい軛《くびき》を加え、富める者には新たな力を与えるものだった。自然の自由をもはや取り返しのつかないまでに破壊し、私有財産と不平等を定める法を永久的なものとして打ち立てるものだった。巧妙な簒奪にすぎないものを、取り消すことのできない権利とするものだった。わずかな野心家の利益を守るために、人類の全体を労働と、隷属と、貧困に服させるものだった」。*3

徹底した社会批判としては、最大級のものだ。これを読んだヴォルテールはルソーに手紙を書くことにした。「人類に反抗する新著をいただき、感謝いたします。私たち人間が愚かであることを示そうとして、かつてこれほどの才気が用いられたことはありません。あなたの作品を読んでいると、四つ足で歩きたくなります。でも、その習慣を失って六〇年以上もたつ私は、不幸にして、それを取り戻すのは不可能と感じます。また宣告された病気のためにヨーロッパ人の医師が必要ですから、カナダの未開人を発見しにいくこともかないません」[*4]。

だが、この主張の範囲の広さにかかわらず、あいにくルソーが意図したのは「人類」の糾弾でも、未開状態への回帰のすすめでもなかった。社会契約論で明らかにしたように、社会秩序それ自体にも法の支配にも反対ではなかった。ルソーが反対したのは、あくまでこの秩序が彼の属する社会でとった階層制度の形態だ。怒りの矛先は、自然の秩序を階級支配へとねじ曲げたことに向けられた。

言い換えると、徹底して社会を糾弾しながらも、ルソーの批判は具体的な階級である敵――貴族――に向けられた。ルソーは一般の人民――大衆――を闘争における自然な盟友とみなした。そのうえ、ルソーの思想がかき立てたフランス革命に至るまでの社会的大変動は、社会全般に対する無秩序な蜂起ではなかった。はっきりと、支配階級を標的としていた（だから一八世紀末には、フランス貴族のほとんどは死ぬか、隠棲するかしてしまった）。

一九世紀のアナーキストたちも、現代の意味でいう真のアナーキストではなかった。社会秩序にも個人主義者にも反対していなかった。多くの場合、国家を打倒したかったのですらない。彼らはただ、社会秩序の押しつけと、初期近代ヨーロッパの国民国家の軍国主義に反対だっただけだ。政治的アナーキズムの基本文献であるミハイル・バクーニンの「革命家の教理問答書」は、国家組織の原則としての自発的連邦主義や、男女両性の普通選挙権よりも急進的なことは何も求めていない。有名なアナーキストのバクーニンだが、実は「ヨーロッパ合衆国」の創設を求めた先駆者でもあった。*5

だから社会は不正なゲームとして徹底的に糾弾されたかもしれないが、誰が誰に対して不正だったのかを疑う者はいなかった。一八世紀および一九世紀の急進主義的な政治活動家や思想家がめざしたのは、このゲームを排除することではなく競技場を公平にすることだ。結果として、近代初期の急進主義的政治は、とことんポピュリズム的な性格のものになった。目標は、人民を統治者に背《そむ》かせることだった。

ところが二〇世紀後半に、急進主義的政治はこの思考パターンから大きく転換した。大衆を盟友扱いするのでなく、かつてないほどに疑惑の対象としだすのだ。ほどなく一般大衆は——すなわち「主流」社会は——解決策ならぬ問題と見られるようになった。啓蒙時代の偉大な哲学者たちが「服従」を、暴政を許す卑屈な性癖だとののしったのに対して、急進派たちは「順応」をはるかに大きな悪徳とみなしだしたのだ。この驚くべき反転の物語は、カウンターカルチャーの神話の起源を理解するカギを与えてくれる。

カール・マルクスの診断

一八世紀のいわゆるブルジョワ革命によってヨーロッパと、とりわけアメリカ合衆国で貴族の特権が徐々に排除されていった。だが、こうした革命の影響はおおむね階級支配が完全になくなるというより、ある支配階級が別の支配階級に代わることにすぎなかった。大衆は徐々に、土地をすべて握っていた貴族に支配される小作農になる代わりに、工場と機械を所有する資本家に支配される労働者へとありようを変えていく。初期の市場経済が空前の規模の富を生み出すにつれて、お金はたちまち、特権の基盤として土地や家系より重要になっていった。

この新たに出現した社会の階層構造は、間違えようがなかった。一九世紀の資本主義は明らかに、社会を二つの対立する階級に分ける過程のようだ。富裕層と貧困層の分断は、現在の多くの発展途上国のように明白だった。たいていの人は生活のために働かなければならなかった。これは、工場では耐えがたい労働条件のもとで危険な仕事をして、家ではひどい貧苦にあえぐという暮らしを意味した。その一方で、他者の労働をくいものにして、投下資本に対する途方もない利潤を享受する者たちがいた。これらの中間にいる者は多くなかった。

しかし現代人から見れば、大衆はある搾取から別の搾取の対象に交換されただけなのは明らかなようでも、ブルジョワ革命から生じた階級支配とその前の貴族階級の支配とでは、重大な違いが一つあった。文字どおりに土地にとどまることを強制され、地主のために働いた小作農とは違って、労働者階級は形式上は、したいことを自由にすることができた。彼らはもはや土地に縛りつけられてはいなかった。好きなように移動でき、住みたいところに住むことができ、手に入る、あるいは心を引かれる仕事に就くこともできた。だから資本主義社会に存在する階級支配は、すっかり自由意志に基づくものに見えた。労働者が工場や採鉱所で怪我をしても、所有者はこう言って責任逃れをすることができた。「誰もこの仕事をしろと無理強いしちゃいない。あいつらは危険は承知で引き受けたんだ」。

初期の資本主義がもたらした搾取と苦難に対する批判には事欠かなかった。しかし、その批判は根本的な問題に直面せざるをえなかった。そんなに労働条件がひどいのならば、なぜ労働者階級は我慢したのか？　革命的社会主義者は、労働者はさっさと自分たちが働いている工場を掌握すべきだと主張しだした。だが意外にも労働者はそうしたがらなかった。これには多少説明が必要だ。だって、生産手段を支配すれば労働者階級の利益になるのが明らかだとしたら、なぜそうしないのか？

ここでカール・マルクスが有名な「イデオロギー」批判をひっさげて登場する。問題は、労働者階級が、「商品フェティシズム」とマルクスが呼ぶ幻想の犠牲者であるということだ。経済の本質は、個人どうしの社会的な関係と考えられるよりむしろ、市場の働きによって自然法の体系のごとき様相を呈した。価格と賃金はでたらめに上げ下げするように見えた。失業は嵐に見舞われるのと同じ、不運によることに思われた。市場の浮き沈みはまったく誰にも制御できない力によって決まっていた。だから賃金が下落するのも、パンの価格が上昇するのも、誰のせいでもないようだった。

マルクスの見方では、こうした社会的関係の客体化のせいで労働者は自身の活動からも疎外されてしまったという。労働者は自身の労働をほかの目的を達するための手段としかみなしていなかった。資本主義は、終業時刻ばかり気にする怠け者の国を創り出した。労働者階級が革命の政治に加わりたがらないのは、こうして結びつきあった誤った考えに囚われているからだとマルクスは主張した。商品フェティシズムと疎外された労働が資本主義のイデオロギーをもたらした。これらが、現世でまじめに働くことを条件に来世での楽園を労働者に約束するキリスト教の伝統的教義でまとめられた。こんなふうに、宗教は強いられた苦しみに耐えさせるための「アヘン」の働きをした。

この問題の診断から考えるに、マルクス主義の社会批判者の役割は、必ずしも労働者階級の組織化に直接かかわることではなかった。共産主義者や社会主義者は、しばしば労働現場では疑いの目で迎えられた。労働者を組織するためには、あらかじめ階級意識を涵養《かんよう》して「急進主義化」する必要があった。つまり、彼らをブルジョワのイデオロギーの束縛から解き放つことだ。労働者の考え方を改めさせて、自己の利益がどこに存するのか見えるようにしなければならない。彼らが囚われている思考の檻《おり》を抜け出せて初めて、社会が建てた本物の檻の鉄格子を切断しにかかれるのだ。

だが残念ながら、労働者階級はとんだ期待はずれだった。革命による資本主義の転覆に賛同するどころか、賃上げや医療給付などで利益を漸増することに心を傾けがちだった。マルクス主義から見ると、この種の「改革主義」は根本の問題への取り組みにはならない。労働者はただ自分が囚われていた檻を改装しているにすぎなかった。けれども自分たちの状況がもっとよく見えてくれば、否が応でも立ち上がるはずだ。

しかし二〇世紀が進むうちに、この問題の診断はますます説得力がなくなっていった。たとえば、労働者に当初なかなか投票権を与えなかったのは、欧米の支配階級にあまねく信じられていた思い込みに基づいていた。もし労働者にそれを許したら、いの一番に有産階級からの財産の剝奪に賛成票を投じるはずだ、と。つまり、彼らは富める者から財産を奪うために投票権を利用するというのだ。ところが、そうはならなかった。労働者が賛同したものは、革命ではなかった。改革だった。

ロシア革命のあとでは、労働者のこんな妙に利他的な行動を「商品フェティシズム」の影響だとして片づけることは、いよいよ難しくなった。ソ連という社会主義の連邦国が成立したことで、資本主義は任意のものだとはっきり示されたのに、どうして労働者はそれを自然で不変のものだと思えるのだろうか？ ロシア人は、もし労働者が望むならば、資本主義システムを排して他の選択肢に替えることも可能だと証明したのだった。そのうえ、一九六〇年代までは、どの経済システムがもっと有効かはまだはっきりしていなかった。ソ連の初期の歴史は、共産主義は資本主義より大きな富を生むかもしれないと多くの人に思わせた。だとすると、欧米の労働者階級がこうも弱腰なのはどうしたことだろう？

資本主義は、左派の多くが思っていたよりずっと手ごわかったことが明らかになった。労働者は実は資本主義が好きなのかもしれない、という結論を避けるべく、マルクス主義理論家たちはイデオロギー論を再編成しだした。たとえば、一九二〇年代にはアントニオ・グラムシが、こんな主張をしはじめている。資本主義は労働者階級に、経済運営についての特定の誤った信念を吹きこむのではなく、完全な文化「ヘゲモニー」を打ち立て、そして次には体制を強化することで、誤った意識を植えつけたのだ。要するに、文化全般が

――書籍、音楽、絵画も――ブルジョワのイデオロギーの形式を反映しており、これを捨てることが必要だ。でなければ、労働者階級は解放されない。したがって「新しい文化の創造が必要」だ、とグラムシは言い張った。*6

初めは、この主張に耳を傾ける者はいなかった。国家は「ブルジョワの経営委員会」でしかないというマルクスの主張は、妄想気味とされた。ブルジョワが文化全般を支配できるという考えは、いっそう突飛にも思われた。文化全般がペテンにすぎないなんてことがありうるだろうか？　それほどの規模でインチキがなされるなんて信じがたく思われた。しかし、ナチスドイツの台頭のあとでは、はるかに信じやすくなった。

ファシズムと大衆社会

ナチス政権が――そしてもっと重要なことには、ホロコーストが――西洋の政治思想に与えた重大な影響を把握しなければ、二〇世紀の歴史がどのように展開したかを理解することは不可能だ。ドイツで起こった出来事から誰もが思い知らされた。政治が道を誤ると、ただ単にダメな政体よりもはるかに悪い結果が生じるおそれがある。悪夢のような現実が生じかねないのだ、と。

これは、古代ギリシャやローマの先人がよく承知していたことだ。絶対的な権力は僭主

（独裁者）の並はずれた狂気を駆り立てる、と信じられていた。プラトンは『国家』で、そうした権力が、僭主がふだんは眠りのうちでしか目覚めることのない魂の部分をあらわにすると述べた。

魂の残りの部分――理知的で、穏やかで、支配する部分――が眠っているとき、他方で獣のような猛々しい部分が、食物や酒に飽満したうえで、跳びはねては眠りを押しのけて外へ出ようと求め、（…）そんなときに現われるのだ。このようなときには、きみも知るとおり、それはあらゆる差恥と思慮から解放され釈放されたかのように、どんなことも行なってはばかるところがない。すなわち、想像の上ながら母親と交わろうとすることにも、その他人間であれ神であれ動物であれ、誰かまわず交わろうとすることにも、何のためらいも感じない。どんな人殺しでもしようとするし、どんな食べ物にでも手を出して控えることがない。要するに、愚かさにも無恥にも何一つ不足するところはないのだ。*7

しかしヨーロッパ人がナチス政権に見いだしたのは、こうした古代の暴君よりはるかに身の毛のよだつものだった。古代の狂気が支配者自身に、さもなくばその側近グループに限られていたのに対し、ドイツは国全体が錯乱したようだった。ナチズムはいかにも集団精神病に見えた。強制収容所の官吏が、組織的に絶滅させられつつある収容者の歯の詰め物から取った金が何オンスといった詳細を綿密に記録しているような社会を、ほかに何と呼べるだろう？

群衆が危険になりうることはかねがね知られていた。暴動にのみ込まれると、ふだんは法に従う国民でも略奪や窃盗をやりだしかねない。おとなしい人たちも同じことを求める群衆に巻きこまれたら、血と報復を求めて叫ぶかもしれない。人間の感情はきわめて伝染しやすいのだ。笑っている人だらけの群衆のなかにいれば、何もかもがもっとおもしろく感じられる。怒っている人ばかりの群衆のなかにいれば、同じ感情が生じてくる。結果として、個人は群衆のなかに紛れたとき、いささか「クレイジー」に、さもなくとも自分の判断に反して振る舞うことがしばしばだ。

さらに、集団の判断や感情に逆らうのはきわめて困難だ。群集心理は順応を強いてくる。それはよくあるテレビのトークショーで観客から加えられる圧迫を見ればわかることだ。ある一定のやり方で表明される一定の考えしか、群衆の承認を得られない。参加者全員が強烈な心理的圧迫をこうむって、順応してしまう。一九世紀にベストセラーとなった著書『狂気とバブル——なぜ人は集団になると愚行に走るのか』で、チャールズ・マッケイがこう記している。「人間は集団で思考するとはよく言われてきたことだが、集団で狂気に走る場合もあり、良識を取り戻すには、ゆっくりと、一歩ずつ進んでいくしかない」。[*8]一九世紀の後半、ヨーロッパ人はこうした大衆行動の型に夢中になった。マッケイの著作やギュスターヴ・ル・ボンの『群衆心理』はとてつもない人気を博していた。[*9]だが、それにもかかわらず集団の「狂気」は一時的なものだと一般に考えられてもいた。大衆の妄想は「一時的流行」や「熱狂」という形をとった。感情は群衆に行き渡るが、訪れたのと同じ素早さで消え去っていく。人々は度の過ぎた振る舞いに及ぶかもしれないが、ほどなく自分の行動を悔やみだす。

ナチスドイツが公然と示したように見えたものは、空前のスケールというだけでなく、並はずれて長時間持続した、群集心理だった。ある卓越した解説によれば、ナチスがこの人類史に類を見ないことを達成できたのは、初めてマスメディアという手段を思うように操れたからだ。とりわけラジオ放送がナチスのプロパガンダを数百万の家庭に届けるのに利用された。

つまりナチスドイツは、のちに「大衆社会」と呼ばれるものの到来を画したのだった。古代の暴政の権力構造に組み込まれたのは、たいていエリートだけだ。ほとんどの国民は要らぬ口出しはしないで、ひたすら指導者に従うよう促された。これに対し、近代の全体主義国家は大衆を動員した。熱狂にのみ込まれた国民がそれ自身で暴虐の勢力となった。これを可能にしたのが放送メディアの発明であり、現代のプロパガンダ技術とあいまって、小集団に見られる類の熱狂と同調を社会全体の規模で国家に植えつけ、繁殖させたのだ。そうして大衆社会が生まれた。放送メディアと集団思考との私生児である。

メディアがどうしたら大衆の感情の伝染を促せるのかを見るには、テレビをつけるか、ラジオのトーク番組を聴けばいい。伝統的なホームコメディに笑いの効果音が入れられ、トークショーのスタジオに観客がいるのは、まさしく人の笑い声を聞くことが笑いを引き起こすからだ。人が同じ部屋にいるか、笑い声がメディアで流されるだけかにかかわらず、同様の効果をもたらす。同じように、ラジオのトーク番組では怒りや憤激を起こすためによく使われる手法がある。司会者と電話をかけてくるリスナーの応答パターンは、共通の感情的な反応を生み出し、持続させるのに特に有効だ。

もちろん、ナチズムはこのジャンルではいささか極端な変種を呈していた。だがソ連でスターリンは、プロパガンダ技術が別のイデオロギーのためにも使えることをはっきりと示した。ジョージ・オーウェルは小説『一九八四年』でこの全体主義の悪夢のおとなしめバージョンを描いて、社会は大衆の教化のためにあからさまな暴力を用いることは減らし、心理操作の利用を増やすかもしれない、と示唆した。ほかの多くの人は、全体主義はもっと巧妙なやり方で日常生活に忍びこんでくると考えた。

こうした懸念は、一九五〇年代の反共産主義ヒステリーで劇的に拡大した。一九五一年、捕虜になっていたアメリカ人兵士二一名が北朝鮮側へ寝返ったあとで、ジャーナリストのエドワード・ハンターは共産主義政権によって実行されたと思われるマインドコントロールと「再教育」の課程を表わす「洗脳」という言葉をつくった。[*10] この発想はとても広まっていたことがわかり、ナチスドイツが用いた技術の説明にも「遡及的に」敷衍《ふえん》された。そうしてウィリアム・サーガントは一九五七年の名著『人間改造の生理』で、ヒトラーは大衆動員のために「組織化された興奮と集団催眠」を用いたと主張した。[*11]

それからほどなく、アメリカ軍とCIA（中央情報局）が関心を持った。CIA長官のアレン・ダレスはとりわけ興味を示し、中国とソ連の洗脳技術に関する特別報告を命じた。CIAは自身の洗脳技術を完成させるために、朝鮮兵捕虜と何も知らないボランティアを使った実験も行ないだした。この種の調査が行なわれているのは周知の事実だったから、アメリカ社会の批評家はまもなく、この技術は敵と同様に自国民にも使用されるのではないかと疑いだした。ヴァンス・パッカードが一九五七年に発表した広告業界への攻撃の書『かくれた説得者』は、まさしくこのパラノイア文化に根ざしていた。[*12] 消費者は「サブリミナル広告」にさらされているとのパッカードの主張は、大衆にマインドコントロールの恐怖を注ぎこんだ。人々がこの忠告にいたく動揺したため、神話の正体がついに暴かれるまでには三〇年以上かかった。

そんなわけで、反共産主義ヒステリーの実際の効果は、勝利した連合軍の国民のほうが、忍び寄る全体主義の可能性をなおさら心配したということだった。現在の僕らから見れば、心配しすぎだと言うのは簡単だ。たしかに戦勝国側には、長期にわたる基本的自由の侵害はなかった。だが同時に、そういう結果になることは断じて明白ではなかったのだ。特に、侵害を可能にすると考えられたプロパガンダと心理操作の恐怖は、広告とマスメディアの恐怖にあっさり転化された。テレビはさておくとしても、図画、写真、ロゴ、デザインといったビジュアル要素を印刷広告に組みこむのは、まさにヒトラーのプロパガンダがそうしていたとおり、読者の理性の能力を回避して、感情レベルに直接訴えることを意図しているように見えた。この操作と支配の可能性は、不穏なことに思われた。

だから多くの人が、現代の資本主義とファシズムにつながりを見いだした（なにせナチズムはヨーロッパの文化と社会の「鬼子」だったのだ。ドイツとイタリアにファシズムを出現させたのと同じ勢力がイギリス、フランス、アメリカにも、もっと巧みに影響を及ぼしているかもしれないと匂わせても、あながち突飛なことではなかった）。多くの人が、西洋の民主主義を、根本はファシズム国家の機構の狡猾な変種にすぎないとみなすようになった。

この批判の大枠は、第二次世界大戦よりだいぶ前にすでに定着していた。一九三二年、オルダス・ハクスリーが小説『すばらしい新世界』を発表し、このうえない幸福が、徹底した操作で達成されたディストピア社会を描き出した。舞台はAF（フォード紀元）六三二年、ハクスリーが思い描いた世界では、遺伝子操作によって労働者階級はあてがわれた退屈な仕事にすっかり満足している。有閑階級は、感覚を鈍らせ、漠然とした幸福感を生み出し、余計な質問をさせないための薬、「ソーマ」を絶えず服用している。文字どおりの意味でも比喩的な意味でも、個性は殺されている。この社会では、全員がクローンなのだ。

戦後になり、左派の多くの者にとって、労働者階級に革命への気運がないのはこの種の操作のせいだと思われた。死後の楽園を約束する宗教と違って、広告はすぐそこに楽園があると請け合った。新しい車を、郊外の家を、家事を省力化する電化製品を買うことで。消費財は人々にとって新しい麻酔剤に――実在する「ソーマ」になったのだ。マルクス主義者から見ると、広告はただ単に特定の商品の販売促進というだけではない、資本主義体制のプロパガンダだった。やがて「消費主義《コンシューマリズム》」と呼ばれるものを、マスメディアによって伝達されるある種の体制順応的な集団思考を、もたらした。消費主義はまやかしの幸せを生み出したが、ひきかえに個性と想像力が奪われてしまって、労働者階級は人生にはもっといろいろな可能性があることもわからず、もっといい世界を想像することもできなくなった。

そうして一九五〇年代の広告の出現は、グラムシ流の「ヘゲモニー」理論に新たなチャンスを与えた。戦前には、文化がブルジョワにすっかり仕切られ、構想されているという主張には陰謀論の匂いがした。いったいどうやってブルジョワはそれを実現するのか？しかし、いまや答えは明白なようだった。労働者階級を広告攻めにして、安物の消費財で幸せになれると思うように洗脳するのだ。文化全般がイデオロギーの体系かもしれないという考えが、俄然もっともらしいものに見えてきた。つまるところ、ドイツ人はナチスにごっそり洗脳されていたじゃないか。僕らはそうならないとどうして言える？　それに、もし完全な洗脳のえじきになったとしたら、そうなっているとは自分ではわからない。

ミルグラムの「アイヒマン実験」

一九六〇年代前半、イェール大学心理学教授スタンレー・ミルグラムが行なった一連の実験は、多くの人が内心にかかえていた、ファシズムと現代民主主義の関係について最も恐れていたことが事実だと証明した。実験のプロジェクト名が示すとおり、ミルグラムは「服従と個人の責任」に関心を持っていた。目的は、普通の市民が権威システムに直面するといかに柔順になるかを測定することだ。ごく簡単な実験が設定された。二人の人物が、記憶と学習に関する研究に参加すべく、心理学の研究室を訪れる。一人が「先生」の役に指名され、一人が「学習者」の役となる。学習者は一室に通されて、椅子に縛りつけられ、手首に電極がつながれる。その一方で先生は、電撃発生器・型番ZLBなる大きな機械の前に座らされる。操作パネルにスイッチが並んでおり、左から右へ向かって「軽い電撃」「中位の電撃」「強い電撃」から「危険：過激な電撃」を経て最後の二つのスイッチには不気味にも単に「XXX」と書かれている。学習者はそこで対になった単語を覚えるよう求められ、答えを間違えるたびに、先生が短く鋭い電撃を与え、だんだんに強度を増していく。

この設定は、実は周到に仕組まれていた。本当の関心対象は「先生」のほうで、実験の目的は記憶に処罰が与える効果を調べることではなく、抗議している罪のない犠牲者に痛みを加えるよう求められた状況で、ごく普通の人がどこまでやるかを見ることだ。

結果は驚くべきものだった。学習者がたびたび明らかに痛がって見せた（苦悶の叫びをあげたり、胸が苦しいと訴えたり）にもかかわらず、先生は質問をしては電気ショックを与えつづけた。多くの場合、学習者（実は役者だった）がまったく反応しなくなったのを目の当たりにしてもだ。ミルグラム本人もびっくりした。コネティカット州ニューヘイヴンの住民から選ばれた被験者の半数以上は、白衣を着た男性がそうしろと指示したというだけで、同郷の市民に気絶させるほどの、へたをしたら死ぬほどの、電気ショックを加えることもいとわないようだった。

実験結果が公表されると、多くの人が実験の倫理性にもっともな疑問を持った（いまも持っている）こともあって憤慨した。だがそれ以上に、ミルグラムは僕らの人間の本質や悪の特性についての標準的な考えに、激しいショックを与えた。自らの実験から、こんな結論を引き出した。「特に悪意もなく、単に自分の仕事をしているだけの普通の人たちが、ひどく破壊的なプロセスの手先になりうるということだ。[*13] さらに、自分の作業の破壊的な効果がはっきり目に見えるようになっても、そして道徳性の根本的な基準と相容れない行動をとるよう指示されても、権威に逆らうだけの能力を持つ人はかなり少ない」。

これはハンナ・アーレントが一九六三年の著作『エルサレムのアイヒマン』で出した結論とほぼ同じことだ。「最終的解決」（ユダヤ人絶滅計画）の実行責任者だったナチス官僚アドルフ・アイヒマンの思考様式に対する比類なき観察の書だ。『ニューヨーカー』誌がアイヒマン裁判を報じているあいだに、アーレントは、アイヒマンをサディスト的な化けものとして描き出そうとする検察側の試みが根本的に間違っていると断じた。アイヒマンはむしろ、机に向かってせっせと仕事をし命令を実行した、凡庸で小心な官僚にすぎない。つまり彼は順応主義者だったのだ。ミルグラムは自分の実験を、アーレントの「悪の陳腐さ」という命題を検証する一つの方法であったと考えた。[*14]

当時アーレント自身は、あえてアイヒマンのようなナチ党員を悪の権化などではないという見解を述べたために、かなりの嘲笑の的とされた。ミルグラムの実験は、こうした批判を黙らせることに、そして「悪の陳腐さ」をこの文化で一般に受け入れられている人間性の理解の一部とすることに多大な貢献を果たした。ミルグラムはまた、多くの人たちがファシズムとアメリカの「大衆社会」に見てとっている類似に、かなりの確からしさを与えもした。順応は、たちまち僕らの社会の新しい大罪となった。

「システムからの解放」という目的

大衆社会は、人々の心のなかで一九五〇年代のアメリカと永久に結びついている。それは完璧な家庭、白い囲い柵、ぴかぴかのビュイックの新車、「ステディ（決まった相手）になる」ティーンエイジャーたちの世界。だが同時に、個性や創造性や自由といった犠牲を払って幸せを築く、完全な順応の世界でもある。パンクバンド、デッド・ケネディーズのジェロ・ビアフラが言ったように、求めた快適さが必ず実現されねばならない世界なのだ。

映画『カラー・オブ・ハート』は、いささか古風なシネマへの愛着をもって、この大衆社会批判をドラマ化したものだ。ここでは、現代の二人のティーンエイジャーが不思議なことに、五〇年代のテレビドラマの世界に入りこむ。うわべは、すべてが完璧な世界だ。太陽はいつも輝き、地元チームが負けることはなく、貧困も、犯罪も、汚職もない。いついかなるときも、何もかもが楽しい。だけど、そんな幸せは、完全な画一化とひきかえに実現されている。町民は幸せなことに、境界の向こうにも世界があるとは気づいていない。図書館の本のページはどれも白紙だ。みんな毎晩、夕食にミートローフをいただく。何も変わることはない。全世界が静止している。

映画はこの町の核心である妥協を、一九五〇年の世界を〔当時のTVと同じように〕白黒で描くことで表現している。現代から来たティーンたちが、住民に新しい考えや行動形態に触れさせることで必然的にこの町の平和と調和とを「汚染」してしまううち、世界に色が噴き出てくる。赤いバラ、緑色の車、色あざやかな絵画。この町の住民が一人また一人と頭のなかの檻から解放されるごとに、カラーに変わっていく。つまり、まさしく文字どおりに、どんよりした灰色の存在から自由になるのである。

ここに、存分に発展した形のカウンターカルチャーの思想を見ることができる。人々が解放されるべきなのは、自分たちを抑圧している特定の階級からでも、貧困を押しつけてくる搾取のシステムからでもない。人々は金《きん》の鳥籠に囚われてしまい、自身の隷属状態を愛おしむよう教えられてきた。「社会」は想像力を狭め、心の奥底にある欲求を抑えることで人々を支配している。彼らが逃れるべきなのは、順応からである。そしてそうするためには、文化をまるごと否定しなければならない。対抗文化《カウンターカルチャー》を形成しなければならない——自由と個性に基づく文化を。

シオドア・ローザック（一九六九年刊行の著書『対抗文化の思想』で「カウンターカルチャー」という言葉の一般的な用法を提示した）によれば、社会全体が完全な操作のシステム、「技術主導主義《テクノクラシー》」になってしまった。機械と工場の秩序が、人間の生活のあらゆる面を網羅するように広がった。そんな社会では、「政治、教育、余暇、娯楽、そして文化全般が、さらには無意識の衝動や（…）テクノクラシーそのものに対する抗議までもが、ことごとく純粋にテクニカルな吟味と、同じく純粋にテクニカルな操作の対象になる」[*15]。このような状況では、文化と社会をそっくりそのまま完全に否定するよりほかにしかたない。ローザックの見方では、共産主義者や労働組合員はもちろんのこと、伝統的な左派政党はテクノクラシーの手先になりさがってしまった。「この種の政治はテクノクラシーの立てこもる城砦の、砲塔の設計変更を促すだけに終わるのだ。狙いをつけねばならないのは、この建物の土台に対してだというのに」[*16]。

この批判が急進主義的な政治に、どれほど意味深い新たな方向づけを示しているかを理解しておくことは重要だ。いまや貧困、生活水準、医療の普及といった伝統的な左派の関心事は「皮相的」とされ、左派がめざすのは制度改革にすぎないと見られている。これに対し、カウンターカルチャーは、ローザックが「被抑圧者の精神的な解放」と呼ぶものに関心を持っている。*17 こうして、ジャズクラブで待ちぼうけをくらっているヒッピーが、投票者を得るように努めている公民権活動家や、憲法改正を訴えるフェミニストの政治家よりも、深遠な現代社会の批評家に見えるようになるのだ。

「体制」はなぜ崩壊しないのか

一歩下がって考えてみると、この形式のカウンターカルチャー的な批判に奇妙なところがあるのは明らかだ。なにしろ、旧来の資本主義に対する異議は、もちろんマルクスの唱えた主要な反対がそれだったが、資本主義は労働者階級を搾取し、貧困と苦しみを生み出すということだった。つまり、資本主義の問題は、労働者から有形財を奪うことだった。マルクスはこれを「プロレタリアートの貧困化」と呼んだ。

この脈絡からして、論を翻《ひるがえ》して労働者が裏切ったと、豊富な消費財は労働者をなだめるためのアヘンにすぎず、本当の関心のありかを見えなくしているだけだと言うのは、どうもおかしい。たとえば子供に食べ物を与えるとき、食べ物は本当に食べられるのでなく、空腹を忘れるよう子供を「懐柔している」だけだと言っているようなものだ。そもそも、体制を転覆する理由を与える財を労働者に与えたのは、資本主義体制の失策だった。だから消費主義批判は、資本主義が労働者を満足させすぎると批判することに危険なくらい近づく。労働者はお腹いっぱいになって、もう体制を転覆しにわざわざ出かけたくないのだ。だが、ここで疑問が生じる。労働者はなぜ体制を転覆したいのか？

実際ローザックは、一九六八年のパリ五月革命で学生がフランスの労働者と同盟を結ぼうとしたことを批判する。労働者は工業生産システムに既得権を持っているから、同盟者として当てにならないと。「この件の試金石となるのは、次の二点である。第一に、能率、生産性、大量消費以外の目的を達成するために必要となる場合に、産業諸部門を根こそぎ解体する気がまえを、労働者たちがどれだけ固めているかということ。第二に、テクノクラシーの優先事項は脇にどけて、新しい簡素な生活、社会の歩調の減速、活力にあふれた余暇などを重視する意思を、彼らがどれくらい持っているのかということだ[*18]」。

ここに、労働者階級の昔からの関心がどうやって「テクノクラシーの優先事項」にまで貶められたかが見てとれる。だがローザックは、ただ単に知識人と学生の階級的利害——想像力を解き放ち、「新しい簡素な生活」を見つけること——をとりあげ、ほかの国民に押しつけてしまう危険がある（反対する人はみなテクノクラシーの犠牲者なのだ、という理由で）。誰もが全体的イデオロギーの犠牲者だと考えることの問題点は、この主張が正しいか正しくないかを判断しようにも、何を証拠とみなせるかを明言できないことだ。

結局のところ、労働者は想像力を解き放つことにあまり関心があるようではなかった。機会があれば美術館や詩の朗読会に押し寄せるというより、スポーツやテレビや麦芽酒に病的な興味を示しつづけた。これで当然、一般大衆は実は資本主義が好きなんじゃないか、消費財を本心から求めているのでは、との疑いがつきまとった。資本主義が庶民の「心の奥底にある欲求」を満たせなくても問題はなさそうだ、どうせ庶民には心の奥底に秘めた欲求などないのだから、ということが暗示された。ひょっとしたら学生は、自分の階級的利害を一般大衆の興味と取り違えただけなのかもしれない。「自分にとってよい」ことはイコール「社会にとってよい」ことだと考えて（これをやったのは断じて彼らが最初ではない！）。

一般大衆が資本主義に心から満足しているとの秘かな疑いは、どうやらカウンターカルチャーはちっとも役に立たなかったという所見に裏づけられている。社会の変化が瞬時に起こり、極端で、はっきり目に見えた『カラー・オブ・ハート』と違って、現実世界では「想像力の解放」がプロレタリアートを奮い立たすことも、ましてや不正を糺《ただ》したり、貧困を除去したり、戦争を止めることもないようだ。それに、資本主義を支えるイデオロギー体系はカウンターカルチャーの反逆行為に特に悩まされたようでもない。『カラー・オブ・ハート』で風刺されたような順応主義的な大衆文化は、きわめて厳格だと思われる—

――ごくわずかでも個性を示すことが致命的な脅威となるくらいに。非順応主義は根絶しなければならないのだった。さもなければ、体制全体が揺らぐからだ。

それで第一世代のヒッピーは、一九五〇年代の社会のドレスコードを破るためにできることなら何でもやった。男は髪を伸ばし、ひげを生やし、スーツを着てネクタイを締めることは拒んだ。女はミニスカートをはき、ブラジャーを捨て去り、化粧をするのをやめた、などなど。だが、ほどなくこうしたアイテムやファッションが、広告や店のウィンドーのマネキン人形を飾るようになった。そのうちデパートが平和の象徴のメダルペンダントと愛の象徴のビーズのネックレスを売り出した。要するに「体制」はヒッピーを確立された秩序の脅威というより、マーケティング機会と見たようだった。パンクロックもまったく同じように受け取られた。セックス・ピストルズの解散よりはるか前に、ロンドンの小間物店でこのバンドのファッションを象徴する特製安全ピンが売られていた。

これをどう説明する？　カウンターカルチャーの反逆者は自分のしていることが本当にラディカルであると、社会を揺るがす挑戦だと信じていた。その反逆はとりわけ資本主義にとって――ひどく退屈な機械による統制を甘受していた、おとなしく飼い慣らされた大量の労働者に依存していた体制にとって――脅威だと思われた。それでも「体制」はこの手の反逆を軽く受け流した。このようにはっきり認められる影響がないことは、カウンターカルチャーの思想の重大な脅威だった。なにせカウンターカルチャーの反逆者によれば、伝統的な政治的左派の問題は、それが皮相的であり、「ただ単に」制度的な改革をめざしているだけということだ。これに対し、カウンターカルチャーの反逆者は、より深いレベルの抑圧に反撃していると思われた。それでも、そのラディカルな介入にかかわらず、具体的な成果を見つけにくかった。

この時点で、もしとびきりの天才的ひらめきがなかったなら、カウンターカルチャーの思想は深刻な困難に陥っていただろう。そのひらめきこそ「取り込み」理論であった。この考えによれば、体制から強いられる「抑圧」は、まあ、スペインの異端審問よりは隠微なものである。体制はまず反抗のシンボルをわがものとし、その「革命的」意義を抜き取ってから、それを商品化し大衆に売り戻すことで、反抗をただ**同化**させようとする。そうやって代償的な満足を高め、大衆が反体制側の新しい考え方の革命的核心になど目もくれないようにすることで、カウンターカルチャーを骨抜きにしようというわけだ。あからさまな抑圧が加えられるのは、この当初の取り込みの試みが失敗したときだけだ。そのときこそ「体制に特有の暴力」があらわになる。

この取り込み理論が機能すると、カウンターカルチャーそのものが「全体的イデオロギー」に、反証されることのない完全に閉じられた思想体系になって、そこでは例外に見えるあらゆるものが逆説的に、規則を強化していく。いまや数世代にわたってカウンターカルチャーの反逆者たちが「転覆的な」音楽、「転覆的な」芸術、「転覆的な」文学、「転覆的な」ファッションを世に送り出してきた一方、大学は学生に「転覆的な」思想を広める教授でいっぱいになっている。転覆的な破壊活動だらけなのに、体制はよく持ち堪えているようだ。これはもしかして体制は結局さほど抑圧的ではないということなのか？

「その逆だよ」とカウンターカルチャーの反逆者は言う。「体制はおれたちが思ってたよりずっと抑圧的だってことだ。これだけの破壊活動をなんとも巧みにすっかり取り込んじまうとはな！」。

一九六五年にすでに、ハーバート・マルクーゼはこの特殊な抑圧を表現する言葉を生み出していた。[*19] マルクーゼはそれを「抑圧的寛容」と称したのだ。この考えは当時と同じくらい現在も多くのことを説明づけている。

第2章　フロイト、カリフォルニアへ行く

フロイトの登場

もしも魚たちに海の底に棲《す》むのはどんな感じかと尋ねたら、水に濡れているとはいちいち言わないだろう。周囲の環境の最も重要な特徴があまりにありふれているせいで、注意を向けられないことはままある。知的な環境もまたほぼ同様だ。ある理論があまりに広く行き渡って、当然のように受け取られていると、それが理論であることにすら気づかない。ジークムント・フロイトの業績は僕らにとって、魚にとっての水のごときものになった。ほとんどそれが一つの理論だと、正しいか間違っているか証明できることだとみなされていない。それは僕らが現実のすべてをそこを通して見るレンズと化した。このことは特にアメリカで顕著だ。何曜日でも昼間のテレビのトークショーをつけてみるといい。そこで使われているポップ心理学の用語（批評家が「心理学のごたく」と呼ぶもの）――「自尊感情」

「否認」「終結《クロージャー》」「依存性」「内なる子供《インナーチャイルド》」などなど——はいずれも何らかの形でフロイトの仕事にさかのぼれる。その影響は、自分をどう語るかだけでなく自分をどんな人間と考えるかにも見いだせる。一つだけ例を挙げると、たいていの人は「潜在意識」と呼ばれるものがあると思っている。奇妙な夢を見たり、言葉を取り違えたり、説明のつかない行動に及んだとき、みんな潜在意識のせいにしてしまう。これは一つの理論にすぎないのだと、そんなものはないかもしれないと言っても、不信感とあざけりが入り交じった態度を返されるだけだ。だって潜在意識があるのは当然なのだから。それを否認する者はひたすら否認されるのだ。

しかし潜在意識が本当に意識下のものなら、どうしてそこにあるとわかるのか？　直接意識できるのなら、それはもはや潜在意識ではないだろう。だから明らかにこれは一つの仮説にすぎないのだ。事実、フロイトが『夢判断』を発表した一九〇〇年より前は一般に、人は意識の有無にかかわらず歩きまわることがあるなどと考えられていなかった。いまはそれが常識なのは、フロイトの遺産の一つだ。

もしもフロイトの存在がなかったなら、おそらくカウンターカルチャーの思想が花開くことはなかっただろう。マルクス主義の大衆社会批判がそれだけでアメリカ社会に多大な影響をもたらすこともなかった。だがフロイトの抑圧理論と合わさって、すごい人気を博したのだ。初めはマルクスとフロイトは奇妙な取り合わせに見えたかもしれない。根っから楽天的でユートピア的なマルクス主義と違って、フロイトの社会観はきわめて暗いものだ。フロイトによれば、文明とは基本的に自由へのアンチテーゼである。文化は人間の本能を服従させたうえに築かれる。したがって文明の進歩は、人間の根底にある本能的な性質に絶えず抑圧を加え、それに伴って幸福を味わう能力を低下させることで達成されるという。

フロイト自身は、文明か自由かのどちらかを選ばねばならないなら、文明を選ばないのは不合理だと信じて疑わなかった。この選択の悲劇的な性格にひたすら注意を向けることが彼の宿願だった。これに対し、一九六〇年代には多くの人々が反対の結論を出すようになっていた。自由と文明のどちらかの選択を与えられた場合に、この二つのうちで自由のほうが望ましいと考えた。人々がフロイトから学んだ教訓は、本能の抑圧から逃れるには、文化をそっくりそのまま斥《しりぞ》けることが必要ということだ。それがカウンターカルチャーの形成に必要だった。

イド・自我・超自我

カウンターカルチャーの思想は多くの点でフロイトの心理学理論から直接導かれている。

フロイトによる人間の意識の構成の解き明かし方に鑑みるに、文化が総体として抑圧のシステムであるとの結論はまず避けられない。そして社会の問題が――僕らがみなひどく不幸せである理由が――社会そのものであるならば、自由になるためには文化をまるごと、社会をまるごと拒絶するしかない。システム全体から「ドロップアウト」しなければならない。

しかしフロイトの分析は、どうしてこのような驚くべき結果をもたらすのか？　実のところ、それは誰もがよく知る、この社会に広く受け入れられているフロイト理論の要素に直結している。最重要項目ともいうべき抑圧理論である。ぴりぴりした人を「欲求不満」「肛門性格」と形容するたびに、現実を受け入れない人を「否認している」と言うたびに、扱いにくい人が「鬱憤」や「問題」をかかえているとほのめかすたびに、僕らは暗にこの理論に依拠している。

フロイトは人間の心が、イド（エス）、自我《エゴ》、超自我《スーパーエゴ》の三つの部分から成ると主張した。イド、もしくは無意識は、本能の欲求と衝動の座だ（ポップ心理学では「インナーチャイルド」と称されることが多い）。イドは快楽原則に支配されており、現実感覚や自制心を持っていない。奔放で抑えきれない欲望の組織立っていない塊にすぎない。おもちゃ屋の通路で「買って、買って、買って」とわめきたてる幼児のようなものだ。さらに、イドは価値を尊重することも、道徳的制約に縛られることもない。ごく基本的な衝動のなかには利他的で情け深いものもあるが、たいていはひどく残酷で暴力的なものだ。このことは、人間には他人を傷つける傾向があるだけでなく、そうすることに快楽を感じられるという事実に表われている。

フロイトはまた、イドの段階では男子は母親とセックスをしたがり父親を殺したがると、女子はその逆だとも考えた。だが、これはまた別の話である。

フロイトは『文化への不満』で人間の基本的な本能について以下のように述べている。

人間とは、攻撃された場合だけに自衛するような柔和で、愛を求める存在ではなくて、むしろ逆に、人間に与えられた本能にはたっぷりの攻撃衝動が含まれる。そのため隣人は、援助してくれそうな人だったり性的な対象となりうる人だったりするだけではない。この私に自分の攻撃衝動を向け、労働力を代償なしに搾取し、同意なしに性的に利用し、持ち物を奪い、辱め、苦痛を与え、拷問し、殺害するよう誘惑する存在なのだ。つまり、人間は人間にとって狼なのである。人間の生活と歴史のあらゆる経験から判断して、この格言を否定する勇気のある人がいるだろうか。*1

イドにある種の秩序と抑制を加えるのが、自我《エゴ》——僕らの持つ意識の役割だ。イドに、要求をもっと現実的なものにするよう、満足をすぐに求めるのでなく先延ばしを受け入れるよう、遊ぶより働くよう、自然さより安定を保つよう説得しなくてはならない。残念なことに、フロイトの見方では人間はとても理性的な動物と呼べるものではない。要するにエゴだけの働きでは、イドをコントロールしつづけるには力不足なのだ。愛、怒り、嫉妬、憎しみといった感情がかき立てられたとき、たいがい意のままに「説得して思いとどまらせる」ことは不可能だ。そのため人間社会は、人間の生のままの精神的資質だけを土台としていては成り立たない。人間はあまりに気まぐれで非協力的だ。化学作用のきっかけに即座に反応し、群れにとって最善の行動をとるミツバチのようにはできていない。人間が生物学的にどんなに「かっかしやすい」かを見るには、チンパンジーを観察すればいい。(ディスカバリー・チャンネルでどんな心温まる映像を流していようと)チンパンジーは快楽のために同じ種でレイプしあい、殺しあうのだ。

だから人間の初期の社会秩序は、オオカミの群れやチンパンジーの集団とよく似た形で打ち立てられる。秩序が協力的に機能するために、僕らの先祖は「原始遊牧社会」を服従させることで順位制を構築する「アルファ雄」つまりは猿山のボス猿を必要とした。このアルファ雄が父親像のひな型となる。こうして父親が出現することで、自我はイドを抑えるための戦いに、新たな味方を得る。懲罰的かつ威嚇的な父親に対する子供の恐れが内在化されることで、もう一つの精神構造――超自我《スーパーエゴ》が生み出される。イドと同じく超自我も無意識だ。ただし、超自我は自我に味方してイドを抑えるのに役立てられる。欲望の検閲官となって、最も基本的な本能を満足させることに羞恥心や罪悪感を結びつける。

「肛門」性格タイプという考えが生まれるのは、超自我とイドの相互作用からだ。親なら誰もが言うとおり、子供はウンチが大好きで、いつでもどこでも好きなようにしたがる。イドは、とことんスカトロ趣味であり、あらゆる排泄行為からすこぶる大きな快楽を得る。しかし社会での役割を果たすために、人はこの衝動を抑えることを学ばなければならない。これは最初はトイレのしつけを通じて行なわれる。そうして大人が子供にルールの体系を押しつけ、本能を満足させる機会を限っていく。子供の超自我は、大人の懲罰的な反応を内在化しながら成長する。一定の排泄行為に羞恥心と罪悪感を結びつけていき、ひいては排泄の衝動を抑えるのに必要な自制心がもたらされる。

子供がトイレのしつけの期間に厳しく扱われすぎると「肛門」性格障害が生じかねない。そうすると子供は、肛門の満足だけを検閲する超自我の代わりに、あらゆる身体の機能に批判的な超自我を育んでしまう。そうして、あらゆる肉体の快楽（最も重要なのが性的な快楽）を得ることに「緊張」や不安を感じすぎる大人になる。

フロイト理論の本当に重要な概念は、超自我の発達に伴って、根底にある本能の葛藤がいっさい解消されるわけではないということだ。最も原初的な欲望は、消え去りはしない。ただ、抑圧されるだけだ。フロイトは心をローマの古代都市にたとえた。[*2] そこでは、いにしえの地区が解体され取り替えられたのではなく、新しい地区が周囲に巡らされただけだ。外目にはとても近代的に見える都市だが、中心はいつまでも古代のままで残るだろう。

大人の心はこんなふうに子供の原初的な欲望をそのままでとどめている。ただ、欲望を抑えられるようになるだけだ。この目的に利用できる主な方法は二つ。本能を抑圧するか、昇華するか。抑圧とは、もっぱら超自我がイドに特定の欲望を満たす機会を与えないことだ。こちらを選ぶ人は「本能を内面に封じこめつづける」ことになる。これは欲求不満、不安、悲哀をつくり出す。もう一つの方法は、こうした衝動の社会に受け入れられるはけ口を、代償的な満足を見つけることだ。フロイト用語で言えば、人は欲望を「昇華する」すべを身につけることもできる。パパを殺すんじゃなく、腕ずもうで負かせばいい。ママとセックスするんじゃなく、誰かそっくりな女の子と結婚すればいい。人殺しになる代わりに、コンピュータゲームの『グランド・セフト・オート』をやればいい、などなど。

フロイトの見方では、人間の心はふたをぴったり閉じたあとの圧力鍋のようだ。蒸気の逃げ場がなく、どんどんたまっていく（社会で生きる僕らが味わう欲求不満のように）。昇華は、余分な蒸気をたまに逃がすための安全弁だ。強火にしすぎなければ安定が保たれ、ふたは外れはしない。だが、そうでなければ、すべてが吹っ飛んでしまう。神経症を発するのは、人が物事をまとめようと苦闘するうちに、欲望を昇華させる常軌を逸した方法を見つけたときだ。フロイトはこう述べている。「社会が文化的な理想を達成するためには、その成員に欲望を断念するよう強制するのであり、人が神経症にかかるのは、この断念に耐えきれなくなったからなのである」。*3

人がときに神経を病むことを疑う人はほとんどいるまい。だが、人が神経症になるなら、社会全体もそうなりうるだろうか？　これはフロイトが『文化への不満』で投げかけた、過激な問いである。もしもこの文明が、フロイトの言葉を借りれば「衝動の抑制のうえに築かれた」ものだとしたら、文化の発展はみんなをだんだん神経症にしていくプロセスになりうるのではないか？*4

心の「圧力鍋」モデル

フロイトの衝動理論はいまでは一般に信用ならないものと見られている。それにきっと、母親または父親とセックスしたいかと尋ねられた人は、むきになって否定するに違いない。しかし各論としての衝動理論は受けつけない人でも、フロイトの心の「圧力鍋」モデルは総じて認めている。この論によれば、人間が社会で受け入れられるために断念しなければならない欲望は、消え去りはしない。ただ内面に、意識の閾下に押しこめられるだけだ。そこに潜んで、折あらば浮上しようと待ちわびている。

この論の証拠の一つが、人は酒に酔ったり激怒したりして抑制をなくしたら、反社会的行動に及ぶことだ。これは、社会化によって人間性が根本から変わるわけではないことを示している。社会化は、基本的な衝動を抑える能力を与えるにすぎない。

悪態をつくことを例として考えていこう。まず気がつくのは、腹が立ったときに悪態をつくと気持ちがいい、ということだ。だが口にする言葉は、たいがい状況とは関係がない。もっぱら性交、排便、近親相姦、神への冒瀆など、タブーとされる対象にまつわる一連の単語やフレーズである。じゃあ、なぜ悪態をつくのか？　フロイト理論ではこう考える。怒りが人は欲求不満がある程度つのると、超自我がきちんと抑制を働かせられなくなる。

「沸騰する」ことで、イドがつかのま好き勝手をすることが許されるのだ。そうして人は悪口雑言を吐き散らし、ふだんは抑圧されている欲動を表現することで喜びを得る。

要するに、フロイト理論はいささか奇抜に思えるものの、さほど怪しいわけではない。現役のフロイト理論でもう一つの例として、ユーモアの分析を検討しよう。彼の見方では、ユーモアとは超自我の検閲を免れる手だてである。人間の意識を違う方向へ逸らせてからオチを炸裂させることで、ジョークは、イドに超自我をやり過ごさせる――そうやって人は、意識が追いついて反応を抑えるより前に、タブーとされた考えに結びついた喜びが突然わき出すのを感じるのだ。

たとえば、世界で一番おかしいジョーク（英国のウェブサイト「ラフラボ」で四万件のジョークに対し二〇〇万を超える投票が行なわれたもの）について考えよう。

ニュージャージー州で二人の猟師が森を歩いていたところ、一人が転んで地面に倒れてしまった。呼吸をしている様子もなく、白目をむいている。もう一人が携帯電話を出して、緊急医療サービスに電話をかけ、あえぎながら告げた。「友人が死んでしまった！　どうしたらいい？」オペレーターは落ちついた声で「ご安心ください。私に任せて。まず、死んでいることを確かめましょう」と言う。一瞬の静寂ののち、一発の銃声が聞こえた。そして猟師の声が電話に戻ってきた。「やったよ、それからどうする？」

これがどうして笑えるのか？　フロイト的な分析に従うなら、愉快に感じる理由は、ここに描かれた暴力行為から本能的な満足を得るからだ。だが一人の猟師が自分の友達を撃つことが喜びの源と考えることは、タブーとされている。ジョークは、意識を逸らして、その考えがつかのま検閲を免れることで、禁じられた喜びを味わわせてくれる。

僕らは最初「死んでいることを確かめましょう」というフレーズを、状況にふさわしい意味(「脈を診る」)に解釈して、一瞬そういう話かと思ったところでオチを聞かされる。銃声がとどろき、猟師が「やったよ、それからどうする?」と言ったとき、「死んでいることを確かめましょう」に戻って、猟師が別の意味(「死んでいることを確実にする」)に解釈したのだと推定することになる。このほんの一瞬の結末で、意識が来た道を引き返すあいだに、ここで描かれた(猟師のまぬけさは言うまでもなく)残忍な行為から、快楽を味わう絶好のチャンスが与えられるのだ。

したがってフロイトの見方では、喜劇とは超自我をやり過ごすことだ。だから人は笑うことを楽しむ。それは喜劇ではタイミングがとても重要となる理由でもある。ユーモアが悪態と同様にしばしばタブーの対象をテーマにすることの、あるいは日常生活の苛立ちの種に注意を向けること(いわゆる観察的なユーモア)の、説明にもなっている。したがってフロイト理論は、その最大の功績は何であれ、解説としての価値を欠いてはいない。ユーモアをもっとうまく説明した人などいただろうか?

しかしフロイトのユーモア理論を受け入れるならば、抑圧理論もまた重要性があると、事実上認めることになる。子供がとても残酷になれるのは、よく目にすることだ。だが、フロイトが正しければ、大人も本質的には変わりはない。社会化では残酷さは根絶されず、自分を律するよう教わるだけだからだ。潜在的な衝動がまだそこにあり、外へ出る機会をうかがっているのでなければ、友達を撃つ猟師のジョークをあれほど多くの人があれほど愉快に思ったりはしないだろう。

現代社会は「抑圧」する

この抑圧理論が現代社会を分析するうえで非常に厄介なのは、個人の自制心を、外部から強制される自己統制と基本的に変わらないものとして扱っていることだ。どちらも人間の自由を制限するものだ。人間は「原初的父親」の圧制にさらされているか、それを内在化した懲罰的で検閲官のような超自我に支配されている。どのみち、幸福を達成する機会はひどく狭められている。社会でうまくやっていくために従うよう強いられる規則や規定はどれも、元気あふれる動きを妨げる、体に合っていないスーツのようだ。

もちろん、文明は自由を失わせるという考えは大昔からある。たとえば、トマス・ホッブズやジャン゠ジャック・ルソーといった社会契約説の思想家は、社会への参加をある種の妥協とみなし、安定などの他の価値とひきかえに多少の自由を手放すことだと考えた。

この思想に独特のひねりを加えたのが、フロイトだ。こうした古くからの願望はちっとも失われることはないと言い出した。ただ抑圧されるだけだ。そしてこの抑圧がつのると、不幸と欲求不満もまたつのる、と。

そんなわけでフロイトは、「原始人は自分の本能を制約することを知らなかったから、私たちよりも幸福だった」と主張した。[*5] ただ一つの問題は、社会組織がなかったせいで、極端に短命だったことだ。そのため原始人が社会に参加したのは、安全を確保し長生きの保証を得るためだった。だが、この「契約」はフロイトの見方では、魂を売る取引だ。社会では、より大きな安全を得られるが、そのためにただ自由をあきらめるだけではなく、幸福を感じる能力まで犠牲にしてしまうのだ。だからあらゆる方法で社会を改善するよう努める一方で、「文化の本質には、いかなる改革の試みも失敗させてしまう困難な問題が伴うものだ」と認識しておかなくてはならない。[*6]

現代社会の抑圧的な性質は、社会制度の懲罰性が徐々に弱まってきたように見えるせいで、見過ごされがちだ。たとえば、現代と一八世紀の刑務所を比べるなら、現代社会のほうが抑圧的ではないという結論になるのは避けがたい。たしかに三世紀前より現代のほうが、はるかに暴力的ではない。ほとんどの狩猟採集社会の死因の第一位は殺人である。それに対し、カナダでは殺人は第一四位（墜落事故死の半分の割合）だ。

拷問や処刑といった形の公的な暴力は、一九世紀中葉までのヨーロッパ人の生活の主な要素だった。火あぶりの刑を見物していると想像してほしい。あるいは「内臓抉《えぐ》りのうえ四つ裂き」がどんなものか考えてほしい。だが、ほんの百数十年前には、親が子をそんな壮絶な見世物に連れていっていた。ギロチンはフランス革命期に導入された当時、啓蒙と進歩の象徴だった。以前は囚人を斬首するために、死刑執行人は往々にして四回も五回も斬りつけねばすまなかったのだ。それと比べれば、ギロチンはきわめて人道的だった。長い年月のあいだに、この種の公開された暴力は、社会制度から組織立って排除されていった。看守はもはや囚人を拷問することは許されない。判事は身体刑を科すことはできない。教師は生徒を叩いてはならない。政治指導者はいつまでも戦争をすべきではない。そのうえ、民主主義の発展と専制政治の衰退に伴って、公事における暴力の役割は著しく減じたように見える。

このあからさまな暴力の減少は、文明の特徴と考えられることが多い。シャリーア（イスラム法）に従って、盗人の手首を切断したり、姦淫者を石打ち刑に処するイスラム国家は、決まって「野蛮だ」と非難された。しかしフロイト学説の見方では、文明がこんな公開の暴力の減少に一役買ったとしても、それは現代社会が前よりも抑圧的でなくなったことを意味しない。暴力は消え去ってはいない。ただ内在化されただけだ。ある意味で、初期の法規は、人々がさほど精神的に抑制されていなかったばかりに、極度に暴力的でなければならなかった。一定の行為の結果を文字どおりに恐れるのでなければ、統制されなかった。これに対し現代人は、罪の意識に悩まされ抑圧されているため、もはや秩序を保つために公開ではらわたを抜き取ったりする必要はない。たいていの犯罪の抑止には、牢屋で夜を過ごすことになると脅せば事足りる。

そんなわけで、文明の歴史とは要するに、社会の抑圧装置を少しずつ内在化した歴史なのだ。社会がいよいよ複雑に、秩序立ったものになるにつれて、個人は基本的な欲動をいっそう断念するとともに、厳しく自制することが求められる。だから現代は弱虫とクレーマーの社会になった。だから僕らは心底から不幸なのである。生活の外的条件が計り知れないほどに改善されたことには、たいして意味がない。不幸は外的ならぬ内的条件から生み出されている。代償的満足ではとても原初的な性衝動と暴力衝動を満たせないから、現代社会にはこれまで以上に個人の欲動の断念と抑圧が求められている。映画『ファイト・クラブ』でタイラー・ダーデンが「おれたちは狩人として創られながら、買い物の社会に生きている。もう殺すものは何もない。そのために闘うものは何もない。克服すべきもの、探求すべきものはない。そんな社会的な去勢のなかで、こういう凡人が創られるんだ」と言うとき、僕らはごもっともとうなずく。[*7] フロイトの分析はとても身近になっていて、もはや一つの理論だとは思えない。

マナーの起源

自制と禁止がどんどん発達していく様子は、テーブルマナーの進展に見てとれる。食べることは最も基本的な形の肉体的快楽だ。だから、当然、社会統制の対象となる。いやしくも文明人ならば「獣のように」料理にかぶりついたりしないで、上品にいただくこと、節度を保つことが期待される。つまり、お腹が減ってはいないように振る舞うことが求められる。

社会学者のノルベルト・エリアスは「文明化の過程」の素晴らしい研究の一環として、マナーの歴史と発展をとりあげた。ヨーロッパでは数世紀にわたって行儀よい振る舞いの手引きや指南書が刊行されてきた。こうした指南書に記された規則の進展をたどることで、長い年月のうちに期待がいかに高まってきたか、自制心の必要はいかに大きくなったかが明らかに認められる。たとえば、一三世紀に示された次のような助言について考えよう。

・からしと塩の好きな人は、そのなかへ指をつっこむ汚らしい癖は慎むべきである。
・テーブルクロスで洟《はな》をかむのは見苦しい。

・食卓ごしにも、食卓の上にも、つばを吐いてはならない。
・貴婦人に給仕するときに兜《かぶと》を着けたままなのは不作法だ。*8

フォークなどの使用法についての規則はなかった。当時はナイフを補助的に使いながら主に手で食べたからだ。一五世紀でも状況に大きな変化はなかった。

・食卓につく前に、座席がよごれていないかどうか確かめよ。
・衣服の下の体に素手で触れてはならない。
・自分がかじった食べ物を誰にもすすめてはいけない。

総じて、こうした教えから当時の食事がどんなものだったのかがよくわかる。結局のところ、ある特定の行為が頻繁に見られるのでなければ、この種の本でわざわざ禁じる理由はないからだ。一七世紀が近づくころには、こういった規則にはもはや言及もされなかった。テーブルクロスで洟をかまないとか、晩餐のときに鎧兜を着けないのは当然のことだったから。そして食べこぼしのような問題が論じられるのは、概して子供がたまにしてしまうが、大人には考えられない不作法の例として、だった。

身体の機能を律する規則にも同様の進展が見られる。たとえば一六世紀には、具体的に用足しの方法を指示する必要があった。「誰であろうと、食事中か食事の前後かを問わず、夜でも朝でも階段、廊下、物置を尿や他の汚物でよごしてはならない。用足しの際には、所定のふさわしい場所に赴くこと」。この規則は明らかに守られてはおらず、一八世紀の手引きにはこんな指示が付された。「用便中の人のそばを通り過ぎるときには、気づかなかったように振る舞うのがよい。したがって、あいさつをするのは礼儀に反することだ」。

放屁を統制する社会規範は、社会が個人に加える抑圧の象徴と言えるかもしれない。この件が最初に持ち上がった一五世紀には、主な心配は音だった。「もし音をたてずに出せれば、それに越したことはない。だが、ひっこめるよりは音をたてて放つほうがいい。(…)もし席を外せるなら、人目につかずにするがよい。さもなくば古代のことわざに倣《なら》って、咳払いによって音を消すことだ」。一八世紀には、人々はもはやこらえるよりは出すほうがいいとの考えに同意しなかった。「他人のいるところで屁やげっぷをするのは、たとえ音をたてなくても非常に不作法である。ましてや、他人に聞こえるようにするのは恥ずべき下品なことだ」。

すべての身体の機能が一つまた一つと、礼儀正しい人づきあいから排除されていった。

最後に残った一つが、つばを吐くことだ。以前の伝統では、地面や床につばを吐くことは「足で踏み消す」のであれば許されていたが、やがてそれも不作法とされた。ハンカチにつばを吐くよう指示され、一九世紀中葉にはこれすらも、ひんしゅくを買うようになった。一八五九年の心得帳によれば、「つばを吐くことは、いついかなるときでも不快な振る舞いである。決して気ままにつばを吐くようなことをしてはいけないと言うだけで充分だろう」。それでも、二〇世紀初頭にはまだ多くの上流家庭の玄関に痰壺が置かれ、街路から入って来る人がつばを吐けるようにしてあった。

ここで浮き彫りになるのは、文明化の過程が、人間の体の本質を否定することをめざしているように見えることだ。多くの場合に、礼儀正しさの規範は、人間が楽しんだり欲望を満たす可能性とまったく対立するものになる。僕らがこのことに気づかない傾向があるのは、もっぱらよく社会化されたせいで、もはや規則を押しつけられたものと感じないからだ。現代社会のほとんどの子供は一〇歳までに、五世紀前の大人より多くの行動の抑制ができるようになり、多くの規則を内在化している。これが、文明のために払った代償なのである。

アメリカはファシズム社会か

こうした古いマナーの指南書を見ていくと、僕らはとんでもなく抑圧されているという印象は避けがたい。現代では身の上相談欄の回答者が、ディナーのデートに出かける前にいくらかお腹に入れておけば、レストランで豚みたいにがつがつしないで上品に少しずつ食べられると、女性に毎度アドバイスを送っている。女性がますます自分の肉体の欲求を遠ざけ、純粋にコントロールのためのコントロールに淫《いん》しだすにつれ、同じ構造の精神的抑圧が神経にも及んで、ダイエット、菜食主義、過食症が生じると見ることは難しくない。ならば、この社会全体が同種のノイローゼを病んでいると考えるのも、あながち飛躍ではないのではないか？

　またもや、文明に対するこの種の暗い評価に説得力を与えたのはナチズムの経験だった。最も注目すべきは、ナチズムがどれほど無分別だったかということだ。ユダヤ人根絶への執着はあまりに極端で強迫的だったから、ドイツの戦争遂行がさまざまに損なわれたのもしかたがなかった。しかも反ユダヤのプロパガンダは、この国を「ユダヤ人不在」にするという目標を推進すべく、悪疫、病気、汚染のイメージに大いに頼っていた。これがドイツ文化のいささか自明な肛門性格とあいまって、ナチズムを一種の強迫神経症のように特徴づけやすくなった。

　一九六〇年代のラディカルな思想家たちの多くは、ファシズムに関する精神分析的批判を行なうことでキャリアを築いていった。おそらくヴィルヘルム・ライヒの『ファシズムの大衆心理』〔原著は三三年〕は、この分野の古典的著作だ。フランクフルト学派の初期のメンバーは、最も著名なのがテオドール・アドルノだが、ファシズムの原因の解明を試みて「権威主義的パーソナリティ」障害の理論の研究にかなりのエネルギーを費やした。そしてもちろん、ヨーロッパのファシズム体験は、最も重要な『エロス的文明』をはじめハーバート・マルクーゼの全仕事の背景となっている。六〇年代末までには、このファシズムの精神分析的解釈は、一般的なものになっていた。さらにピンク・フロイドのアルバム『ザ・ウォール』がおそらくこの大衆化を決定づけた（お気づきでない方へ、この「壁《ウォール》」とは超自我のことですよ）。

こうしたファシズムのフロイト的解釈の特筆すべき点は、この国家主義運動を異常とか蛮行に陥ったというふうに扱っていないことだ。ロシアのような国はずっと後れていたから、スターリンをただの悪党と、共産主義の独裁制をある種の原始状態として片づけることは容易だった。だがロシアと違って、ドイツは周縁国ではなかった。ヨーロッパでも屈指の合理的な気質を持っていることはもとより、文化の洗練された国だと広く認められていた（なにせカントの哲学もバッハの音楽もドイツがもたらしたのだ）。だから多くの評者はナチズムをヨーロッパ啓蒙主義からの逸脱とみなすことを拒んだ。彼らの見方では、ナチズムは現代社会の**自然進化**を表わしていた。狂気じみていたかもしれないが、偶然ではなかった。ナチスが露呈したたぐいの狂気は、文明の本質に固有の矛盾の表われだった。したがって第二次世界大戦後に、ナチズムは西洋文明の悲劇の極みだと広く認められた。戦後すぐ始まったアメリカとソ連の核軍備競争は、この印象を強める一方だった。冷戦は、大衆社会に強いられた本能の抑制の度合いによって生じた、昇華された攻撃性の一形態と解された。かくして、マルクーゼは以下のように主張した。「強制収容所、大虐殺、世界戦争、さらに原爆は、『野蛮への後退』ではなく、現代の科学、技術および支配の成果を無制限に実行した結果なのである」[*9]。

この表現で際立っているのは、マルクーゼがファシズムのドイツと現代アメリカ社会とにつながりを見いだしていることだ。マルクーゼにとって強制収容所と核兵器は、まったく同じ根本的な心理現象の二つの異なる徴候にすぎない。人間は本来、攻撃的な生き物だ。死の本能を、殺す欲望を持っている。社会はこの本能の抑制を強いてくる。抑制がうまくいけば、本能はきちんと昇華されて、超自我が個人の抑制を保つ。したがって、典型的な軍産複合体の発展は、代償的満足の一形態と見ることができる。それが失敗したときに、独裁、戦争、大量虐殺が起こるのだ。

だから、ヒッピーがアメリカ政府を「ファシスト強欲国家」と非難したのは、まったく文字どおりの意味だった。全体主義国家と資本主義の民主国家とを比較するのは、ちょっと強引に思えるかもしれないが、フロイト派の視点からは二つのつながりが見えやすい。この分析にしたがえば、あらゆる「自由」の制度は実は代償的満足の形式でしかない。何より重要なのは、資本主義経済が生み出す物質的な富が代償とみなされることだ。この社会の富はもっぱら大量生産によって可能になるが、それには労働者が組み立てラインの圧制に従うことが求められる。機械生産には人間の体の機械化が、ひいては、性的衝動の甚だしい抑圧が求められる。よって、資本主義には労働の「非エロス化」が、基本的な性的本質から疎外された労働者が、必要となる。アントニオ・グラムシはこう書いている。「生産と労働の合理化によって求められている新しい人間の型は、性本能がそれに順応し制御されないかぎり、成長しえないのだ」[*10]。そして性衝動を制御する最善の方法は「抑圧的昇華」によって性衝動を、代償的満足、たとえば消費財をむさぼる欲求へと変えることである。

これで、現代社会が性の解放を認めるときには、必ずや消費財と抱き合わせにしないといけないことの説明がつく。シオドア・ローザックがこの点に関し、『プレイボーイ』誌は「自由や歓喜や充足」を主題とする不実なパロディにほかならない、と批判した[*11]。衒示的消費〔他人に見せびらかすための消費〕を推し進めることで「テクノクラシーのもとで、なくてはならない社会管理方式」と化したのだ、と。「だがナチ政権のもとでは」とローザックはつづける。「同じ一体化の目的のために青年団活動と高級売春婦が――強制収容所とともに――利用された。強制収容所の変質者的なエリートには、独自の趣味を存分に楽しむことが報酬として認められた」[*12]。ここで驚くべき道徳的な等価性に注目してほしい。ローザックの見方では、プレイボーイ創刊者ヒュー・ヘフナーの邸宅でプールを囲んでのパーティーと、ラーベンスブリュック女子強制収容所の「悦楽局」とは、同じ抑圧的支配のシステムの変種にすぎないのだ。

『アメリカン・ビューティー』と『カラー・オブ・ハート』

映画『アメリカン・ビューティー』に対する尋常ではない好意的な（そして無批判な）評価に、カウンターカルチャー的な分析がいまだに力をふるっていることが、はっきりと見てとれる。この映画は要するに、一九六〇年代カウンターカルチャーのイデオロギーをいっさい妥協なしに突っこんで描いたものだ。ウッドストックから三〇年後になおも争いつづけている、ヒッピー対ファシストの構図である。それでも、中心となるアイディアがいささかくたびれていると気づいた評者はたまにいたものの、全世界を魅了し、米アカデミー賞の作品賞、監督賞、脚本賞、そしてケヴィン・スペイシーが主演男優賞を（そしてもちろん、世界各国の映画祭で外国語映画賞も）受賞した。

『アメリカン・ビューティー』の登場人物は、二つのグループに大別できる。まずカウンターカルチャーの反逆者たちがいる。語り手のレスター・バーナムと、娘のジェーン、それに隣家の青年リッキー・フィッツ。こっちはみんな麻薬をやるし、反体制っぽく振る舞うし（それでコミュニティから除《の》け者にされるし）、周囲の「美」に深く感謝しているから、善玉だとわかる。ファシストたちも簡単に見分けられる。レスターの妻のキャロリンと、リッキーの父親のフランク・フィッツ大佐、そして「不動産王」バディ・ケーン。彼らはみな神経質で、性的に抑圧されていて、他人にどう思われているか気にしてばかりいて、ピストルをいじるのが好きだから、ファシストだとわかる。要点の理解のために示すと、フィッツ大佐が、きちんとした生活と規律が必要だと叫びながら息子を殴るシーンがある（それでも、まだぴんと来ない人のために言うと、大佐はナチスの記念品コレクターでもある）。

映画は、レスターがシャワーを浴びつつマスターベーションをしている場面から始まる。彼がナレーションで説明する。これが本日のクライマックスだ、と。[*13] 画面はすぐ妻へと切り替わる。完璧に手入れされた庭で、低木の剪定をしている。レスターは妻の園芸用のサンダルと剪定ばさみに、観客の注意を向ける。色がおそろいなのは——偶然じゃないと。なるほどそういうことか。レスターの抑圧された性生活と、郊外居住者としてのライフスタイルには関係がありそうだ。テレマーケティング業界で一五年間働くうちに、快楽を感じられない体になっていた。僕らの文明の核心をなす妥協を受け入れたのだ。妻からも娘からも、どうしようもない負け犬だと思われている。そのとおり、自分は何かを失ってしまった、とレスターは認める。昔からこんな「脱力感」を覚えていたわけじゃない。ターニングポイントとなるのは、上司から、差し迫ったリストラを容易にするために、自己評価レポートを書かされたときだ。レスターは目が覚める。キャロリンに、この要求は「ファシスト」的じゃないかと尋ねる。慎重派で、抑圧された順応主義者の妻は、同意しながらも波風を立てないよう警告する。レスターは妻のアドバイスを無視して、自己評価レポートを書きあげる。一日の大半を、ろくでもない担当者への軽蔑を隠し、トイレにこもって、地獄とそっくりじゃない生活を夢見ながらマスターベーションをして過ごすのだ、と。

けれども、レスターがもっと完全に解放されるのは、隣家の青年リッキー・フィッツと会うときだ。この青年も実はドラッグの売人だったりする。フィッツはすぐにG13と呼ばれる極上のマリファナをすすめてくる（アメリカ政府が遺伝子組み換えで作ったものだという。六〇年代に典型的だった妄想に注意。いったいどうしてアメリカ政府が遺伝子組み換えでマリファナを作ろうなんて思うのか）。自分はこれしか吸わないとフィッツはレスターに請け合う。

このとき、レスターはすっかり若者に回帰する。人間の姿をしたイドになるのである。僕らがいつも思いながら口に出す勇気がないことを、どんどんしゃべってしまう（ジョギング中に隣人から、体力をつけたいのか柔軟になりたいのかと訊かれて、裸がかっこよく見えるようになりたいと答える。十代の娘の親友をじろじろ見ているのに気づかれ、何が欲しいのかと問われて、まっすぐに目を見て、欲しいのはきみだと言う）。仕事をやめ、一九七〇年型ポンティアック・ファイアーバードを買い、青春を再発見しようとファストフード店のミスター・スマイリーの厨房でバイトを始める。家のローンの支払いはどうするつもりなのかという妻の質問が却下されるのは、疎外された妻の存在を示すもう一つの証拠にすぎない。レスターは妻を強迫観念じみた順応から解き放とうと努める。あるとき、夫の性的な接近を妻が受け入れかけて、うまくいくかに見えたが、彼がカウチにビールをこぼしそうなのを彼女が止めたとたん、タイミングを失してしまう。カウチのことなんか心配するなとレスターが言うと、妻はイラッとして、ただのカウチじゃなく四〇〇〇ドルでカバーがイタリア製シルクのソファだと指摘する。レスターはさらに大声で怒鳴り返す。「たかがカウチだ！」

消費主義と性的自制との関連は、この映画にひっきりなしに出てくる最大のテーマだ。レスターがシャワーを浴びながらマスターベーションをするのと同様に、妻のキャロリンは社会の期待に添うことに固執するあいだは、本物の性的な満足を得られない。彼女は不動産王のケーン（そのモットーは、「成功するためには、いついかなる時も成功のイメージをふりまかなきゃならない」――キャロリンもこれを、迫り来るノイローゼらしきものを払いのけるために何度もくり返す）と不倫をしはじめる。もともと彼女のキャリアアップへの欲求がきっかけとなった情事であって、二人のセックスは滑稽に、醜悪に描かれる（キャロリンは片脚を宙に突き上げて叫びたてる。「ファックして、陛下」）。

ファシスト型の人物たちはみな、レスターを順応させようと努力する。だが、それに失敗すると、おのずと「体制に特有の暴力」があらわになる。ファシストの三人ともが拳銃を持っていることが明らかになってくる。キャロリンもフィッツ大佐も心の奥底の欲動を抑えるのに苦労していて、それに必要な努力で半狂乱になっている。解放されたレスターを見るのは我慢ならない。自制心を失いそうになる。だから問題は、どちらかがレスターを殺すかどうかというより、どちらが殺すかである。

映画の出だしから、フィッツ大佐の同性愛嫌いを描くことに多くが費やされる。大佐は妻を怖がらせ、息子を殴り、オカマどもを嫌っている。頭を角刈りにしてもいる。「この怒りはどこから？」と僕らは自問する。「大佐はどうしてこうも支配したがりなんだ？」もちろん、答えがわからない人は過去三〇年間、よその星に住んでいたに等しい。もちろん、彼が抑圧されたホモセクシュアルだからだ！　そうして近年でも指折りの陳腐な「クライマックス」シーンでは、フィッツ大佐はレスターが同性愛者だと思って言い寄る。失望させられた大佐には、レスターを射殺しに戻ってくるしかなかったのだ。だが、レスターは死に顔に美しい笑みを浮かべている。殺されたとはいえ、大切なのは「インナーチャイルド」を解放することができ、幸せに死んでいったことだ。

この映画がおもしろいのは、一つには『カラー・オブ・ハート』のように日和《ひよ》ったところのある作品とは対照的に、もともとのフロイト的世界の暗さを保っていることだ。『アメリカン・ビューティー』で明示される世界観では、この社会によく適応した大人になることは絶対に無理である。人は三〇歳にして、容赦のない選択を迫られる。青年期の反逆を保って（マリファナを吸い、ぶらぶら過ごし、道徳的な制約はもとより、あらゆる責任を無視する）自由なままでもいられる。もう一つの選択は「裏切る」こと、ルールに従って行動し、そうやって神経質で中身のない順応主義者となり、本当の喜びを味わえなくなることだ。これらの中間はない。

『カラー・オブ・ハート』は少なくとも、ヒッピーの大衆社会批判のすべてが正しかったわけではないだろうと認めている。二人の現代の兄妹が、閑静な五〇年代の郊外に新しい活力と色を注ぎこむ。だが自分たちが「色づく」ために、二人は「古風な」価値に多少は学ばなければならない。ジェニファーは「ふしだら」をやめて、偉大な文学作品を味わうこと。家でD・H・ロレンスを読みながら夜を過ごすことで、ジェニファーは色づいた。兄のデイヴィッドのほうは弱虫から卒業して、一人の男として自立すること。母親を困らせていた、白人労働者グループにパンチをくらわすことで、デイヴィッドは色づいた。メッセージは明らかだ。性革命で達成された自由が大切である一方で、この社会は放任になりすぎたかもしれない。古い社会構造に見られる重要な美徳がある。D・H・ロレンスはただ単に、本番を経験する手だてがある現代では廃れた、抑圧された好色本作家というのではない。そしてデイヴィッドは、愛はすべてに打ち勝つわけではないことを知った——ときには信じることのために闘うことも必要だと。こんなふうに『カラー・オブ・ハート』は、カウンターカルチャーがすべてにおいて正しかったわけではないとの考えには開かれている。これに反して『アメリカン・ビューティー』は、まったく再構築されていないカウンターカルチャーのイデオロギーだ。すべてを鵜《う》呑《の》みにしている。それでいて、どうやら世界中の観客を獲得したようだった。

ドラッグによる革命

ここまで来れば、カウンターカルチャー的社会批判と比べて、マルクス主義的社会批判がどれほど控えめかが明らかなはずだ。基本的に、マルクスが資本主義について頭を悩ませたのは、労働をすべて引き受けた人たちが絶望的なほど貧しいのに対し、金持ちはのらくらして、何の貢献もしていないことに尽きた。つまり、搾取を憂慮していたのだ。彼の考えでは、この搾取は支配的な経済制度、とりわけ私有財産制度によって生み出された。したがって特定の制度を排除するか、むしろ改革することで正せるはずだった。そんなわけで、共産主義運動はかなり明確な政治目標を持った——私有財産を廃止して、生産手段の共有化を確立することだ。

それに対し、カウンターカルチャー的社会批判はあまりに広範で包括的なせいで、何をもって「事態の改善」とみなせるのかも想像しがたかった。この見方によれば、自由を妨げているのは特定の制度というより制度の存在そのものだ。だから文化全般が否定されなければならない。六〇年代の象徴的人物、アビー・ホフマンは、政治はただ「組織者を育てる」だけだからと「政治革命」を軽蔑するように斥けた。[*14] これに反して「文化革命」は「アウトローを生み出す」。これだとたしかに文化革命のほうがエキサイティングに聞こえる。しかし、こうしたことの目的は知識人に娯楽を与えることではないと、心にとめておかないといけない。目的は、社会にある種の改善をもたらすことだ。アウトローになることは多くの意味で、組織立った社会の存在に依存している。もしもみんながアウトローになってしまったら? 制度も、ルールも、規制もない社会とはいかなるものか?

カウンターカルチャーの理論家は、この質問に答える段になると、昔からひどく曖昧になったものだ。よくあるごまかしは「自由社会の青写真はない」と言うか、文化から解放されることには、意識の完全な変容が求められるから、未来の社会がどんなふうになるのかは予測できない、と述べることだ。ミシェル・フーコーはそのような言い逃れの達人だった。もう一つの選択肢は、ひたすら反逆と抵抗をそれ自体のために美化することだ。主流社会への抵抗は、しばしば個人性の回復に有効とみなされ、それを根拠に促進された。社会全体の状況改善とか社会正義の推進といった目標は、視界から遠のいた。こうして、社会正義への関心は方向を変えられ、個人の精神的成長や幸福へのますます自己愛めいた強い関心に吸収されていった。

それでも、ぬかりなく、解放された社会がどのようになるのかを説明しようと真摯に努力したカウンターカルチャーの理論家もいた。マルクーゼがその最たるものだ。まとまったカウンターカルチャーという大事業の発展を妨げる中心的な障害は、フロイトの本能論にあるとマルクーゼは考えた。イドが肯定的な本能と否定的なそれ（愛と死、エロスとタナトス）に分かたれているかぎり、フロイトの悲観的な結論を避ける道はなかった。文明に見られる抑圧が避けられない理由はただ一つ、それを避ける道は、暴力的な未開状態への回帰しかないからだ。真の解放が達成されるのは、イドを抑制する闘いにおいてエロスを優勢にする方法が見つかった場合だけだ。

ある種の漠としたキリスト教的唯心論に影響された人が相手ならば、当然、愛はすべてに打ち勝てるほど強いとあっさり信じさせられるだろう。たしかに、もし愛がイドを支配し、攻撃的・破壊的衝動を排除できるならば、超自我による抑圧と、いかなる形態の社会統制をも必要とする理由はない。僕らは自由に「愛に支配させる」ことができる。しかし、マルクーゼは賢明にも悟っていた。キリスト教徒は二〇〇〇年にわたって「隣人愛」の立場を実践しようとしてきたが、ユートピア社会の建設にさほど成功していない、と。そして人々がほどなく思い知ったとおり、人が聖人のごとく振る舞うという前提に立ってコミューンを組織することなどできない。ましてや社会全体を築くことはできない。

マルクーゼが代わりに提示したのが、マルクスとフロイトの有力な混成物だった。彼は文明の歴史を通じて求められた本能を抑える度合いは、イドに固有の破壊衝動の強さに、したがって衝動を抑制する必要によるものではなく、むしろ物的希少性（欠乏）という状況から強いられた負担によるものだ、と主張した。つまり、社会をひどく抑圧的にしているのは「アダムの呪い」――人間は額に汗して自活しなければならないという要求だというのだ。しかし自動化と工業生産の増大につれ、この呪いは解けようとしている。「ポスト希少性」状況のもとでは、機械がすべての労働を行なって、人間には笑い、遊び、愛し、創造する自由が残されることだろう。

こうしてマルクーゼはカウンターカルチャー的な社会批評と、伝統的マルクス主義を動機づけていた同種の政治分析を結びつけることができた。なにせマルクスその人が、資本主義は、欠乏を取り除き、労働者に自由に「朝は狩りをし、午後は漁をし、夕方には家畜を追い、食後には批判」ができるようにすることで未来の共産主義社会の基礎を築くことになると考えていたのだ。[*15] マルクーゼの展望では、これは階級闘争のみならず抑圧的な超自我も除去する。労働は芸術作品のようになって、個人一人ひとりの創造性を解き放つ。社会はもう個人に、人間の生活の「一次元的」モデルに従うよう強いる必要がなくなり、日常生活を支配しているすべての規定や規則は徐々になくなっていく。

マルクス主義の分析では、こうしたユートピアの出現を妨げているのが資本家の階級的利害である。資本主義は当初はイノベーションと変化の力となるが、やがて階級間関係が生産技術の発達の足かせとなる。結局のところ、ひとたび工場が完全に自動化されたら、民間の手にとどめておく理由などあるだろうか。資本家は何か貢献しているのか。雇用を生み出しすらしていない。だから工場を国営化して、大衆に自らが生み出している利益を享受するにまかせたらどうだろう?

こんなふうに、フロイト派の社会批判がマルクス主義の階級分析と結びつけられたのだ。

マルクスが主に懸念していたのは労働者階級の搾取だった。フロイトは国民全体の抑制を案じていた。この二つの統合から新しい概念が生まれた。抑圧である。抑圧された集団は階級のように、社会の他の集団とのあいだに非対称の力関係がある。ただし、階級では力関係が非個人の制度的メカニズム（たとえば所有権制度）によって行使されるのに対し、抑圧された集団には心理的支配という形がとられる。その集団の成員は、すなわち被支配集団の成員たりうる資格によって抑圧されている。誰が抑圧されているのか？　主に女性、黒人、ホモセクシュアルなどだ。

「抑圧の政治」は「搾取の政治」と似ている。ただし、違うのは、抑圧の政治では不正の源を社会的ではなく心理的なものと考えるところだ。したがって、まず必要なのは、具体的な制度の変更ではなく、抑圧された人たちの意識の変革である（だから初期のフェミニズム運動で「意識覚醒」グループが絶大な人気を博した）。政治は、依存症回復プログラムに似てきている。昔ながらの富と貧しさへの関心はいまや「うすっぺら」とみなされている。例として、ローザックはこう主張した。カウンターカルチャーの発展に伴って、「革命は本質として治療的性格のものであるべきで、ただ単に制度的なものであってはならない」*16。何という非凡なフレーズだろう。ただ単に制度的とは！

この種の話は大いに広まった。チャールズ・ライクは『緑色革命』に書いている。「革命というものは文化的でなければならない。なぜなら、文化が経済的・政治的機構をコントロールするのであって、その逆ではないからだ。いまは生産機構が自ら気に入ったものを生産し、人々にそれを買わせている。けれども、文化が変革されれば、機構はその変化に従わざるをえない」[*17]。誰も特別なことだとは思わなかった。ビートルズが「レボリューション」で「憲法」やほかのそういう「制度」を変えるより「むしろ自分の心を解放」したほうがいいと主張した時代だったから。

ここに、社会制度と、文化と、そして最後に個人心理学のあいだの階層的依存関係で、社会が機能している様子が見てとれる。文化と心理学が、制度を決定づけると考えられている。だから経済を変えたければ文化を変えることが必要だ。そして文化を変えたければ、基本的に人々の意識を変えなければならない。ここから、二つの決定的な結論が導かれる。第一に、文化的な政治のほうが伝統的な分配の公正の政治よりも根本にかかわる、ということ。どんな非順応主義の行為も、たとえそれが伝統的な意味で「政治的」とか「経済的」とされるものとは関係がないように見えても、重要な政治的結果をもたらすと考えられた。第二に、そしてもっと役に立たないが、人の意識を変えることは、文化を（いわんや政治経済システムを）変えるより重要ということだ。今日では、この個人の意識の偏重はセルフヘルプ（自助）の形をとることがままある。しかるに六〇年代には、最も重大な結果は、ユートピアへ向けた膨大なエネルギーがごっそりドラッグ文化へ転換されたことだ。いまでこそ信じがたいが当時は本当に、マリファナとLSDの使用が広まれば、すべての社会の問題は解決されるものと信じられていた。地理・政治的要因に影響を与え、戦争をなくし、貧困を除去し、「平和、愛、そして理解」の世界を生み出せると。ティモシー・リアリーの実験の多くは、社会化の効果を取り消し、個人が幼いころに受けた「痕跡」を処理することで「意識の拡張」をめざしたものだ。ただし、この思想を受け入れたのは、リアリーのような自称・導師だけではない。ローザックのような批判的な観察者でさえも、次のような主張をする気にさせられた。「そこで『サイケデリック革命』は次のような単純な三段論法に帰着する。意識の一般的な形態を変えれば、世界が変わる。ドラッグの使用はその行為自体の功徳により、意識の一般的な形態を変える。ゆえにドラッグの使用を普及すれば、世界を変えられる」。*18

もちろん、ドラッグの摂取が革命的という発想は、懲罰的な麻薬取締法の存在に裏打ちされている。カウンターカルチャーの革命家たちは明らかなロジックをそこに認めたのだ。感覚を鈍らせ鎮めるアルコールは、まったくの合法だ。ソーマのように労働者階級をなだめるために使われる。父さんは仕事のあとにスコッチを一杯やれるなら、この地獄の郊外生活をもう一日耐えられるのだ。しかしマリファナやLSDは、感覚を鈍らせるより精神を解放させる。だから「体制」からは大目に見てもらえない。こうしたドラッグは、非順応主義を促すから、既成の秩序にとっては大きすぎる脅威になる。だからサツは、デカを送ってブツを捜索する。または後年、ロナルド・レーガンが「薬物との戦い」を宣言する必要があると感じたのはそのためだ。

そして言うまでもなく、抑圧に失敗したときには必ずや取り込みがある。そんなわけで製薬会社は、ここで一口乗って、攻撃性と意識を拡大させる効力のない、同じドラッグの骨抜き版を販売した。そうやってポッパー（亜硝酸エステル）やベニー（アンフェタミン）を手にした連中は、ほどなくクスリ漬けになる。これまた「自由や充足を主題とする不実なパロディ」である（今日まで、世間はアメリカが「プロザック〔抗うつ剤〕国家」に変容してきたことを、カウンターカルチャーからの倒錯や取り込みだと評しつづけているが、実はその逆で、それはカウンターカルチャーの論理の延長線上の出来事にすぎない）。

麻薬取締法に対するカウンターカルチャー流の見方の根底には、アルコールも含めて、薬物の作用に対するとんでもない解釈があった。マリファナが精神を解放するとの考えは、マリファナで頭がぼーっとなった人くらいしか信じないようなことだ。まともな人なら、マリファナ使用者が世界でいちばん退屈な話し相手だと知っている。もっと言えば、アルコールは麻薬や幻覚剤よりは破壊活動的じゃないと何となく考えるのは、アルコールの歴史に対するひどい無知の表われだ。六〇年代にLSDについて主張されたことは、一九世紀の後半にアブサン酒について言われたことと、ほぼ同じである。まさにその破壊活動的かつ反社会的な作用のせいで、とりわけアメリカの禁酒法時代に、多大な労力を払ってアルコールは禁じられたのだ。それでも当時、アルコールは社会の建設的な力であるとか体にいいとか考えるほどバカな進歩派はいなかった。共産主義者もアナーキストも、アルコール依存になるよう労働者に説いてまわったりはしなかった。彼らには、もっと公正な社会を創り出すには、もっと広く国民の協力が必要になるとわかっていた。だがアルコールは断じて助けにならないと。残念ながら、ヒッピーはそれを苦い経験を通して知ることとなる。

パーティーのために闘え!

カウンターカルチャー運動には、そもそもの始めから慢性的な不安がつきまとっていた。政治は文化に基づくもの、あらゆる社会の不公正は抑圧的な順応に基づくもの、という考えは、従来の社会規範を破るどんな行為も政治的に過激であることを意味している。もちろん、これはきわめて魅力的な考えだ。なにしろ昔ながらの政治組織化の作業は、とても要求がきつくて退屈なのだから。民主政治では当然、莫大な数の人を参加させることが必要だ。このため、たくさんのつまらない仕事が発生する。封筒の口をなめたり、手紙を書いたり、政治家に陳情したり、その他もろもろ。こんな膨大な数の同盟者を集めるにも、際限ない妥協と話し合いが求められる。これに反して、文化の政治は明らかにもっとずっと楽しい。街頭演劇、バンド演奏、前衛芸術、ドラッグに奔放なセックスをやりまくるのは、週末の過ごし方として組合を組織するより断然よかった。こういう楽しい活動のほうが実は伝統的な反逆者たちは、こんなふうに自分を納得させた。カウンターカルチャーの反逆者たちは、こんなふうに自分を納得させた。というのも「深層」レベルで迫害と不公正の根源を攻撃しているからだ。もちろん、この説得はもっぱら一つの理論に基づいている。そして、この理論を信じることが反逆者の利益になるのは明らかなので、適度に批判的な人であれば当然、疑いの目を向けるはずである。

かくして、カウンターカルチャーの反逆者は長年にわたり、自らの文化的抵抗活動には政治的に重要な意味があると自分を納得させることに膨大なエネルギーを費やしてきた。『アメリカン・ビューティー』のレスターが死なないといけないのは決して偶然ではない。彼の行動は既存の秩序にとって深刻な脅威だから、絶対にやめさせなければならないとの信念を再確認する狙いがあった。実際、反逆者である主役の死は六〇年代の映画の主要なテーマだ。『俺たちに明日はない』から『イージー・ライダー』まで反乱分子は最後には鎮圧されることになる。たとえば『イージー・ライダー』では、二人のコカイン密輸犯のヒッピー（ピーター・フォンダとデニス・ホッパー）がルイジアナ州をバイクで通っていくあいだに、結局は南部の白人労働者たちに殺されてしまう。ヒッピーのカウンターカルチャーと公民権運動との類似が意図的に示される。というのも、南部の白人労働者が殺してまわりたい相手とは誰か？　イージー・ライダーも、フリーダム・ライダー〔人種差別撤廃を求めて人種隔離座席を正そうとバスで南部に乗りこんだ公民権運動グループ〕も大差がない。要は自由ということ。そして二人のバイク乗りが体現したような自由――ドラッグ、長髪、天下の公道をぶっ飛ばす改造オートバイ――は体制にとって許しがたいことだ。「体制に特有の暴力」があらわになるのは時間の問題だ。またもや南部の白人労働者が抑制因子として機能する。

『カラー・オブ・ハート』で同じ類似点を示す試みは、その必死さゆえにいっそう注目に値する。五〇年代のコミュニティの変化が始まるのは、未来から来た「ふしだら」娘ジェニファーがハイスクールの男子生徒たちとセックスしだしてから。じきに全校生徒がするようになる。新たに発見された性の自由はウィルスのように広がっていく（なぜか白黒のままのジェニファーは、ほかの子は車の後部座席で一時間ほど致すだけで「突然カラーになる」のにと、こぼしている）。誰も妊娠しないし、病気にもならない。それでも善良なる町民たちには、やはり耐えがたいことだ。ほかの人たちが楽しくやり、喜びを味わい、退屈でつまらない順応から逃れられると思うだけで我慢ならない。そこで商工会議所は、これを阻止すべく会合を開く（会場には、いかにもファシズムを思わせる巨大な横断幕が張られている）。ほどなく町の店には「カラーな人お断り」の掲示がされ、白人労働者たちが通りをうろついては「カラーな人たち」に嫌がらせをし、本を焼き捨てる。

映画の魔法によって、セックスをした大勢の思春期の白人男女が、公民権運動やファシズムとの闘争と同じ意義を持つ。さらによいことに、この子たちは不快なことにまったくかかわらないし、この成果をあげるために何も犠牲にはしない。楽しむことが、究極の破壊活動というわけだ。これは映画『フットルース』の最後のダンスシーンから『マトリックス　リローデッド』の悪名高い乱痴気パーティーのシーンまで、ポップカルチャーの首尾一貫したテーマだが、どう見ても希望的観測である。ビースティ・ボーイズが遠い昔、「（パーティーをする）権利のために闘え〔You Gotta Fight for Your Right (to Party!)〕」という賛美歌めいたタイトルの「プロテスト」ソングを吹きこんだとき、こうした手の内を暴いてみせた。しょせん、カウンターカルチャーの反逆なんて、そんなものなのかもしれない。

第3章 ノーマルであること

フェミニズムがもたらしたもの

カウンターカルチャーの思想はつまるところ、誤りに基づいたものである。カウンターカルチャーの反逆は、せいぜいが偽の反逆なのだ。進歩的な政治や経済への影響などいっさいもたらさず、もっと公正な社会を建設するという喫緊の課題を損なう、芝居がかった意思表示にすぎない。つまり、ほとんどは反逆者のお楽しみのための反逆でしかない。悪くすると、カウンターカルチャーの反逆は、実のところ有効に機能している社会規範や制度を揺るがしたり、その評判を落としたりして、不幸をどんどん広めてしまう。とりわけカウンターカルチャーの思想は、民主政治に対するかなりの軽蔑を生み出したせいで、三〇年以上にわたって、進歩的左派の多くを政治的混乱へ陥れてしまった。

どこでどう間違ったのかを突き止めるには、大人気の恋愛マニュアル本『ルールズ――

理想の男性と結婚するための35の法則』をめぐって噴出した論争を見るだけで事足りる。この一九九六年に刊行されたエレン・ファインとシェリー・シュナイダーによる共著は、提言しているアドバイスの多くが時代に逆行する性質のものであることで何より有名だ。女性たちは、わざと気のないふりをしろとか、ディナーは男性のおごりでと要求しろとか、行きずりのセックスは避けろとか、絶対に男にああしろこうしろと指図してはダメなどとアドバイスされていた。フェミニストはこれに対し憤慨した。「自分が堪え忍ばなくてはならなかったのと同じ、抑圧的な女性蔑視の文化のもとで娘が育たなくてすむようにと、劣勢をものともせず長年戦ってきた」と彼女たちは言った。「なのに、娘からのお返しがこれってわけ？　私たちが必死で克服しようと戦ってきた、時代に逆行するルールに自ら進んで従うとはね」。

しかし、このエピソードで激しい怒りがかき立てられたにもかかわらず、肝心な教訓が見過ごされた。『ルールズ』の人気が示しているのは、悪いルールでもルールがないよりましだということだ。フェミニストが男女関係をかつて支配していた古いルールと必死に戦ったのは、当然のことだった。そういうルールは、やがて男は一家の稼ぎ手となり、女は主婦になるという前提に基づいていた。だから、ルールは、そのパターンの再生産に大いに加担した。ところが、あまりに多くの初期のフェミニストが、このルールをもっとよいルールに、男女平等になるようなルールに取り替えようとするのでなく、カウンターカルチャーの神話を受け入れてしまった。ルールが存在すること自体を女性への抑圧のしるしとみなしたのだ。したがって、男女平等のためにはルールの改善ではなく廃止が必要だと結論したのだった。「ステディになる」代わりに「自由恋愛〔フリーセックス〕」が提唱された。愛は美しい花のようだ、とフェミニストは主張した。自然にほころぶよう、社会慣習という不自然な制約を受けないようにすべきだと。

　そうして性革命は、男女関係を律していた伝統的な社会規範を、新しい規範に替えずにことごとく破壊するという結果をもたらした。残されたものは、完全なる空白。そのため七〇年代末に思春期を迎えた僕の世代は、この年ごろのあらゆる厄介な問題への対処法を自ら生み出さざるをえなかった。結果は、解放ならぬ地獄だった。定まったルールがないということは、ほかの人から何を期待されているのか誰にもわからない、ということだ。若者たちにとって、ひどい不安を生じさせる状況だった。互いに相手が自分をどう思っているか、次にどうすべきかが、まったくわからなかった。「デート」みたいなことはダサダサだから論外。女の子を誘うことはできなかった。パーティーで女の子と出会おうと、うろついたりして、酔っぱらって、セックスすることはできた。「つきあう」のはあとでやっと始まることで、それもつねに皮肉をこめた引用符つきの言葉としてだった。

こうした状況にあって、多数の若い女性が『ルールズ』を手にとったことは、まったく驚くにはあたらない。多くのフェミニストは早くから気づいていた。「自由恋愛」がこの社会における大規模な女性の性的搾取を可能にしてしまったのだ。フェミニストの当初の考えは、男は抑圧する側だから、男女関係を律するルールはすべて男に都合がいいように操作されたはず、ということだった。そんなルールの多くが明らかに女性の防衛のために、女性を男性から守るために作られたという事実は、なぜか見落とされた。社会学者でフェミニストのカミール・パーリアは八〇年代に、こうしたやかましい古くからの社会慣習の多くは、実のところレイプの危険性を減らす重要な機能を担っていたのだと指摘して、騒動を巻き起こした。同様に、昔ながらの「できちゃった結婚」ルールは、子供の父親としての責任を男性たちに取らせた。この規範が崩れてきたことも、西洋世界に「貧困の女性化」が広がっていることの主要因の一つである。

実際、もし男性の一団に理想のデートのルールを考えるように頼んだとしたら、たぶん性革命によって出現した「自由恋愛」にそっくりの設定を選ぶことだろう。女性の感性に配慮しなくてよければ男はどういう性生活を送ろうとするのかを調べるには、ゲイ浴場を見学すればいい。しかし、このような可能性は、主としてカウンターカルチャー的分析の支配力のせいで黙殺されていた。女性は抑圧される集団であり、社会規範は迫害のメカニズムであると、カウンターカルチャーは主張した。だから解決策は、すべてのルールを廃止することだ。したがって、女性の自由は、すなわち社会規範からの自由と同一視される。結局、これは悲惨な同一視だった。そのせいでまったく受け入れがたい状態が理想的な解放と称されたばかりか、現実に女性の生活の確かな改善につながりそうな改革の受容を「取り込み」や「裏切り」として斥ける傾向を生み出した。どうしてここまでひどく道を誤ってしまったのだろう？

アナーキズムの罠

一九六〇年代に出現するカウンターカルチャー的分析は、非常に重要な疑問を出発点としている。つまり、なぜ人間にはルールが必要かということだ。ずっと昔に、ジャン＝ジャック・ルソーは「人間は自由なものとして生まれた。しかし至る所で鎖につながれている」という所見を示した。[*1] ここでルソーのいう「鎖」とは国家の法律のみならず、人の生活の一分一秒まで統制する非公式の社会規範や慣習のことでもある。街を歩くにしても、バスに乗るのでも、給湯室でおしゃべりをするのでも、社会的相互作用はすべて高度に構造化されている。そんな状況でしていいこと、してはいけないことを、きわめて厳密に定める公式というものがある。どんな話題なら語り合っていいのか、どんな動きが適当と考えられるのか、どんな身ぶりが期待されるのか。アメリカの人気ドラマ『となりのサインフェルド』の人間観察に基づくユーモアは、多分にこうした細かなルールへ注意を向けることで成り立っていた。つまり、いかにして「話すとき極端に近づく人」や「かじったチップスをディップする人」や「ギフトを使い回しする人」にならないよう努めるかを。なぜ人間の生活はそのように構成されているのか？　なんで自分で選んだように勝手にしてはいけないのだろうか？

ルソー自身は、人間になにがしかのルールが必要であることを疑ったことはなかった。彼の疑問は、もっぱら、こうしたルールはどのようにして「正当」とされるべきかだった。ある意味、ルソーはルールを当然のものと考え、ただ単にそれを正当化しようと（そして、そういう正当化を欠いている場合には改革しようと）しただけだった。しかしカウンターカルチャー的分析では、ルールの存在そのものが疑問視される。カウンターカルチャーの反逆者は、ルールを正当化するものなど何もないと言い出した。ルールとは抑圧の構造にほかならないのだ、と。そうして一九六〇年代には、ルソーの疑問がはるかに過激な形で投げかけられるようになった。いったいなんでルールなんかが必要なんだ？

二〇世紀のあいだずっと、アメリカがカウンターカルチャー思想の駆動力となったのは偶然のことではない。ヨーロッパの知識人がつねにカウンターカルチャー的批判を古くからの理論面の伝統――特にマルクス主義――に接合しようとしていたのに対し、アメリカではカウンターカルチャーをもっと独立した政治的理念として扱いがちだった。これは一部には、ヒッピーのカウンターカルチャーが、つねにネオリベラリズム（新自由主義）自由市場イデオロギーをアメリカの政治的右派の強力な手段たらしめてきた個人主義およびリバタリアニズム（自由至上主義）と多くを共有していたからだ。この個人主義の起源はかなり昔にまでさかのぼる。カウンターカルチャーの思想は明らかに、ラルフ・ウォルドー・エマソンやヘンリー・ソローら一九世紀中葉の思想家の著作にあらかじめ示されていたと見ることもできる。エマソンもソローもニューイングランドの超越主義者と呼ばれる一派のメンバーで、自然の善性を信じ、文明の価値に対し広くはびこる不満をかかえていた。自己信頼を尊重し、大衆社会をひどく軽蔑したロマンチックな個人主義者だった。ウォールデン池のほとりの小屋で二年間にわたり「文明から離れた暮らしをした」（実際は母親が定期的に食事をさしいれ、洗濯をした）ことで最もよく知られるソローは「人々の巨大な集団が静かな絶望のままに、その日その日を暮らしている」と書いたことで名高い。[*2]

超越主義者たちの中心人物と目されたエマソンは、「民主主義」を標榜しながらも実は没個性的な風俗習慣への順応を求める社会に憤慨した。「愚かな一貫性は狭量な心の表われだ」という有名な格言は、しばしば不合理さの称賛として引き合いに出されるが、それは見当違いである。[*3] エマソンは、社会を「いわば株式会社であって、すべての株主にパンを行き渡らせるために、パンを食べる者の自由と教養は放棄される。最も求められる美徳は順応だ。自己信頼は嫌悪される」と、あざけった。[*4] 彼の見たとおり、習慣と信念を守るよう人々に求めることは、過去を利用して現在を制圧する方法にほかならない。自己信頼こそが唯一の対処であり、「一個の人間でありたいなら順応してはならない」のだ。

この種のロマン派的な個人主義に、右派または左派的なひねりを加えるのはたやすい。基本的な右派の主張では、この個人主義に基づいて、日常生活における政府の「介入」を攻撃する。これは、トップダウン式に策を押しつけられるより放っておかれる人のほうがいい結果を出せる、という見方によるものだ。社会とは本来、自己組織系である。政府とは、支配と統制に関心を持つ者がつくりあげた人為的な押しつけである（こうした考えの最も明確な表現が、フリードリヒ・フォン・ハイエクの「自生的秩序」論に見られる[*5]）。

政府は必要ないとする考えと、ルールはいっさい必要ないとする考えとでは大差がない。この主張を最も強力に展開したのが、アイン・ランドの著作だった。ランドの見方では、市場の見えざる手が私利と公益を一致させ、そうして個人に対するどんなルールも制限も無用にするという。日常のモラルでさえもランドの手にかかれば、個人の自由を抑圧的に制限するもう一つのシステムとして描かれる。ランドによれば利他主義は、弱者が強者にしかけた陰謀だ。すなわち無能な者にとって脅威となる、生まれつき優れた者にハンデを負わせようとする試みなのだ。ランドの小説の主人公は、策を弄《ろう》する寄生虫のごとき者に取り巻かれている。主人公を自分のレベルに引きずり下ろそうと画策する、妥協と同情で生きている連中だ。それでも主人公は最後には勝利をおさめ、ニーチェ哲学的な超越性の理想に、もしくは「善悪の彼岸」に達する。このモラルからの究極の自由なるものをランドは大まじめに考えている。『水源』と『肩をすくめるアトラス』の男性主人公はともに、普通の人間ならば「レイプ」と称する行為に及ぶ。しかしランドには、そのような基準はあてはまらない。彼女にとっては「レイプ」という概念そのものが、自由な個人の強烈な性動因を束縛するために弱者がでっちあげたルールにすぎないのだ。

　ランドの小説のレイプ場面と『アメリカン・ビューティー』のレスターが高校生の娘の同級生を誘惑するシーンを比べさえすれば、右派のリバタリアン・イデオロギーと左派のカウンターカルチャー理論の類似が見いだせる。どちらの場合もひどく搾取的な性行為が、社会に抑圧されていた主人公の性欲の解放の一環だとして正当化されている。

　左派と右派の個人主義の重要な違いは、私的所有の地位にかかわることである。右派の見方では、市場での取引こそが相互利益を生み出して、仲むつまじい協力に必要なインセンティブをもたらす。左派のカウンターカルチャーの理論家は、さらに一歩進めて考える。

市場の見えざる手すらなくても、わざわざ言うほどの所有権など持たなくても、「自生的秩序」を保てると彼らは主張した。所有権が必要になるのは、共有するのを快しとしない人だけだ。人々の意識を変革して、資本主義システムから押しつけられた、偏狭な「所有個人主義」から解放してやれば、最低限の所有の制約でさえも必要でなくなるだろう、と彼らは説いた。ビートルズが「愛こそはすべて」と歌ったとき、多くの人が文字どおりの意味にとった。

愛に基づく世界コミュニティ設立のまじめな提案は、デュエイン・エルジンのきわめて影響力の大きな著書『ボランタリー・シンプリシティ（自発的簡素）』に見つけられる。エルジンによれば、全地球的秩序を保つ土台としての正統な地位を競い合っているものが三つある。[*6] 力、法、愛だ。力は（核による大量殺戮が避けられているとすれば）有効だが、永続的な平和は、地球規模の一枚岩の軍事・政治覇権を構築することでしかもたらされない。秩序はもっぱら恐怖の心理に基づいたものになる。結果として生まれるのは、自由と創造性を求める人間の精神の要求とはまったく相容れないシステムである。どんな脅威からも守られるように軍備増強するとしたら、人々は「生きながらの死」に見舞われることになると、エルジンは主張する。

エルジンの考えでは、法に基づいたグローバルな秩序も、力によるものと大差がない。

人類は、国家間、個人間の平和な交流が、最小限の強制と最大限の自由をもって行なわれるための全地球的なルールを打ち立て、国連のような機関を通じて運用することができる。しかし平和的な法秩序にも膨大な官僚機構が必要となるため、同じように「文明の成長の活力、精力、創造性」が削《そ》がれてしまうだろう。だから、個人の自由と創造性とが両立する世界コミュニティを設立しうる唯一の土台は、愛や思いやりである。人間関係の実践的な基礎として、愛には多くの利点がある。強制的ではないから「もっと軽く、もっと優しく世界に触れ」やすい。なおも必要になるはずの限られた官僚制が加える暴力をやわらげ、地球家族《グローバル・ファミリー》の出現を可能にするだろう。

エルジンの思想には、カウンターカルチャーの政治と政治的アナーキズムにつねに存在した緊密な関連がはっきり表われている。冷戦中ずっと、アメリカの政治的急進派のほとんどは共産主義と資本主義を同じくらい嫌っていた。アメリカの政治的急進派はヨーロッパの思想家と違って、共産主義とは市場の横暴が国家の横暴に置き換わっただけだとみなしがちだった。そのうえ、国内にこれらの主義への忠誠を得ようとする共産主義や社会主義の党さえなく、アナーキズムへの動きを阻《はば》むものはほとんどなかった。当代の二大害悪たる市場と国家を糾弾していたアナーキズムは、少なくとも偽の神を崇める罪は犯していないように見えた。もちろん、伝統的なアナーキズムは強制的な権力構造――つまり、国家権力のみに関心を持っていた。だが、この敵対性を一般化して、カウンターカルチャーのあらゆるルールや規制への反対と混ぜ合わせるのは難しいことではなかった。六〇年代に至る所で聞かれたスローガン「権威を疑え」は、この二つの関心事がいつしか統合されていたことを示している。

かくして、アナーキズムはさまざまに定式化されながらも、つねにカウンターカルチャーの政治の中核をなしてきた。パンクというサブカルチャーではもっと明白にテーマ化されて、クラスやブラック・フラッグなどのバンドが直接アナーキストの旗印の下に活動した。しかしアナーキズムはセックス・ピストルズで始まったのではない。むしろピストルズはヒッピーというサブカルチャーにはびこっていたアナーキズムを取り入れて、さらに敵対的なひねりを加えたにすぎない（そうして六〇年代カウンターカルチャーの構想が目に見える結果を生んでいない、という失態へのたまりにたまった欲求不満に取り入った）。自由恋愛とコミューンを土台にした新たな社会の建設への努力がかくも無残な失敗に終わったから、セックス・ピストルズは古い社会を破壊することに力を注ぐほうが有益だろうと示唆したわけだ。ある意味、このバンドの活動は、カウンターカルチャー運動からは整合性のある自由な社会像を生み出せなかったことを、ありありと強調したのだった。

集合行為問題の解決法

アナーキズムの基本目標は、社会から強制を排除することだ。初めは、まったく無理なことには思えないかもしれない。そもそもなんで強制が必要なのか？　強制が正当化されるのは、他者に大きな害を与えるのを妨ぐために必要とされるときだけだ。だから強制が必要となるのは、前もって不公正があるときに限られる。要するに、悪人が他人を害そうとするとき、社会はそれを阻止しなければならない。だが、そういう悪人の動機は何なのか？　たいがいは彼ら自身が強制や不公正に苦しめられたことだ。貧しいから盗み、襲われたから襲う。すべてが悪循環に陥っているのだろう。だから、こういう人を罰して悪循環を断ち切らずにおくより、彼らの怒りの「根本原因」に取り組むほうがよいのではないか。教育の改善――もっと有効な社会化――と社会的不公正の除去により、その後は国家からの強制を無用にできるはずだ。

で、この考えのどこが間違っているのか？　「現実主義者」の典型的な反応は、そんな計画は「絵に描いた餅」のまったくユートピア的な幻想にすぎない、とけなすことだ。イマヌエル・カントが述べたとおり、「人間という曲がった樹木からは真っ直ぐなものは何も生み出されてこなかった」。[*7]　必ず悪いことをする悪いやつはいるものだ。カウンターカルチャー論者は、この見方にしたがって「邪悪さ」の現実を受け入れることを否定する。性根の腐った犯罪者がいることを示しても、それは子供時代の悪影響のせいだと片づけてしまう。あまりに気が弱くて、厳しい現実に向き合うことができない。つまり生まれながらの悪人というものも存在して、管理されるか阻止される必要がある、という現実に（これらの二つの見方の顕著な対立が、オリヴァー・ストーン――いまだにカウンターカルチャーの主唱者――がクエンティン・タランティーノによる『ナチュラル・ボーン・キラーズ』の脚本をいかに改変しようとしたかにうかがえる）。

今日までアメリカの共和党員が、ほとんど滑稽なくらいにアメリカの敵を悪だと糾弾する理由はこれである。共和党員たちは、内心では邪悪さの現実を否定しているはずのカウンターカルチャーに、派手な言葉で打撃を与えている（アメリカの政治は例によって、六〇年代の戦いを再戦するという衝動に支配されている）。彼ら保守派が気づいていないのは、そんな言葉こそが、彼らが必死に反対しているカウンターカルチャー思想を増大させていることだ。「断固たる態度をとるべきだ」と保守派は主張する。「敵は邪悪なのだから、武力を行使すべきだ」。ここで暗黙のうちに認めているのは、もしも敵が邪悪でなければ、武力の行使は必要ないということだ。すると、問題の敵たちは本当は邪悪ではない、ただ誤解されているだけだ、との主張が生じてくる。だったら、強制なんか必要ない！　と。こうして保守派は、自らがその結論に懸命に反対しようとしているカウンターカルチャー思想に反発することで、かえってそれを助長しているのだ。

この論争の双方ともが考え損ねているのが、強制は邪悪な勢力がなくても必要かもしれないということだ。完全に自由で平等な個人間でも、相互作用を統制するために、強制的な行動規則を採用するインセンティブを持つことは多々ある。だから社会に強制が存在することは必ずしも支配のしるしではなく、悪を統制する必要があるとか、一つの集団が他の集団に意思を押しつけていることの表われというわけでもない。多くの場合みんなが強制的なルールに統制されているときのほうが、みんなに都合がいい。実際、好きにするように任されても、人はおのずとルールを生み出して、賞罰制度を備えた新しい社会秩序を築く傾向がある。この種のシステムが、個人としても集団としても利益になるからだ。

これは一九六〇年代のコミューンの実験から学ぶべき教訓だった。これらのコミューンはほぼすべて、相互の分かち合いと協力に基づく、仲のよい生活空間の創造をめざして設立されていた。当然、このプロジェクトに加わった誰もが、明示的なルールや規制を定めるべき理由などないと考えた。あらゆることが規定によらずに整えられる。人々は必要な仕事をするよう協力し、公正な取り分以上は取らない。しかし、現実はそう甘くはなかった。善意からコミューンを創設したとはいえ、完全に開かれたシステムは、いかんせん対立につながった。そのため集団をスムーズに機能させつづけるよう望んだ人たちは、ルールを定めざるをえなかった。そして定められたルールは、実施されなければならない。すなわち、コミューンの生活の取り決めは崩壊するか、さもなくば、これを避けるべくコミューンを設立した主流社会の特徴の多くを再生産していくかのどちらかだった。

彼らが犯した重要な誤りとは、特定の集団がある結果を手に入れることに集団的利益を持っているのだから、その集団の各個人もまたその結果の達成に必要なことをする個人的利益を持つと考えたことだ。コミュニティが食住を必要とするから、人はおのずと食料を確保し、住居をよく手入れしておくのに必要なことをすると考えるのは当然である。この考えの問題点は、個人のインセンティブは往々にして集団の利益を推し進める方向に沿わないことだ。特に、人は誰でもちょっとは怠惰なものだから、何か仕事をする前に、ほかの誰かが現われてやってくれないかと期待して、多少はためらう傾向がある。ルームメイトと住んだ経験のある人ならば身に覚えがあるはずだ。ほかの誰かがうんざりして先に洗ってくれるかもしれないから、すぐ皿洗いをしなくていいのでは？　誰かが買いに行くかもしれないのに、自分が飲んだミルクは補充しないといけないのか？　なぜ自分が階段の掃き掃除をする必要がある？　などなど。

もちろん、みんながこのように考えたら、誰も皿洗いをしないし、ミルクを買って来ないし、階段が掃かれることもない。事実、ルームメイトとの生活は、どちらが先に折れて掃除する役を負わされるかの競争のようになりがちだ。汚れに高い耐性を持つほうが有利で、最低限の家事からも免れやすいのだ。それでも住居の清潔さは、ほかの誰より汚れを気にしない人も含めて、誰もが掃除をしたがる場合よりも低くなるのが通例だろう。問題は、ルールがないと、誰もこの作業に最適水準の労力を注ぐインセンティブを持たないということだ。

この種の状況は「集合行為の問題」と呼ばれる。誰もが特定の結果を得たいと思っているが、それをもたらすのに必要なことをする動機は誰も持っていない、という場合をさす。こうした状況で最もよく知られる例が、いまや有名な「囚人のジレンマ」だ。この呼称は状況の説明に用いられるプロットに由来している。あなたと友人が一緒に銀行強盗をしたとしよう。警察はあなたたちの仕業と知っているが、有罪と証明できるほどの証拠は得ていない。しかし、ささやかな麻薬の常用癖はつかんでいて、ある日アパートを捜索し、あなたと友人を薬物所持で告発できるだけの証拠を見つける。二人は警察署に連行され、別々の取調室に入れられる。やや遅れて入ってきた警官が言う。「おまえは薬物の所持で告発され、一年はムショ暮らしになるだろう。だが、われわれは道理をわきまえた人間だ。もしも銀行強盗の仲間に不利な証言をする気なら、こっちはおまえの告発を取り下げる。

しばらく考えてみろ。また戻る」。

最初、この申し出はとても魅力的なものに思える。自己負罪拒否特権〔自分に不利益となる事実の供述を強要されない権利〕のおかげで、銀行強盗の相棒に不利な証言をすることによってあなたが不利になることはない。そして、あなたは証言をすれば、罪を免れられるチャンスがある。もちろん、警官は席を外してもう一方の取調室へ行き、まったく同じ申し出を友人にしていることだろう。けれど、もし友人があなたに不利な証言をしても、あなたはやはり友人に不利な証言をするほうがいい。そうすれば強盗の罪の刑期をつとめるだけでよく、薬物所持での有罪は避けられる。だから、この状況をどう見ようとも、自分の刑期を短くしたければ、あなたは証言すべきだ。実のところ、以下の四つの選択肢がある（好ましい順）。

1. あなたは証言し、友人は証言しない。刑期：なし
2. あなたは証言せず、友人も証言しない。刑期：一年
3. あなたは証言し、友人も証言する。刑期：五年
4. あなたは証言せず、友人は証言する。刑期：六年

残念なことに、あなたが相棒に不利な証言をしようと思うに至ったのと、まったく同じ思考プロセスを経て、相棒もあなたに不利な証言をしようと考えている。そういうわけで、あなたたちの決断は集団としては自滅的なものになりそうだ。自分の刑期をなるべく短くしようとして、結局は二人とも薬物所持による一年ではなく、強盗の罪で五年を刑務所で過ごすことになる。刑期を最短にしようとする試みには、それを最長にする逆効果がある。二人とも結果3よりは結果2を好む。悲しいかな、結果2か結果3かの選択にはならず、あなたが選べるのは結果1か結果2か、もしくは結果3か結果4か（友人がどうするかによって）のどちらかしかない。よって、あなたは証言することを選択し、友人も証言することを選ぶから、二人ともつまるところ結果3になる。

この小さなジレンマで重要な点は、二人とも困ったはめに陥るのは、どちらかが相手に危害を加えようとするからではなく、ただ単に、自分の行動が自分自身に与える影響ほど相手に与える影響を気にしないからである。これはごく当然のことだ。しかし、ここには問題解決の種も見いだせる。もしあまり魅力的ではない申し出を選択することが可能なら、二人とも得をすることができる。これをする方法はたくさんある。二人が「沈黙の掟」に従うこと――要するに、相手を売り渡すくらいなら自分が刑務所に行くと二人とも誓うというルールだ。こうしたルールを実施する犯罪の地下組織のメンバーもいる。たとえば、仲間を「裏切る」者は殺す、という変わらぬ掟を持つギャング団に加わるのもよさそうだ。いささか過酷に思えるが、これが実はお互いに有利になる。二人がそれぞれ恐怖のあまり相手に不利な証言をしなければ、刑期は五年ではなく一年になることが期待できるのだ。これこそ軽犯罪が組織犯罪になりがちな理由である。誰もがなにがしかのルールを持つことから恩恵を得られるのだ。たとえそれが、社会のルールを破ることに全力を尽くしている者たちであっても。

異議申し立てと逸脱の区別

日常の社会的相互作用のルールをもっとつぶさに調べると、驚くほど多くのルールが、集合行為の問題を取り除くことを目的にしていることがわかる。たとえば、行列待ちは、銀行でも、スーパーでも、高速道路への進入車線でも、つねにイライラの種だ。平均的アメリカ人はあれこれのための行列に一日三〇分以上を費やしている。経済学者はのべつ、これは時間とエネルギーの非生産的利用だと非難する。それでも、行列の主要な機能は、全員を進ませる過程のスピードを上げることだ。各個人には列の前方へと駆けつけ、ほかの人たちの前に割り込みたいというインセンティブがある。しかし、みんながそうしたら結局押し合いへし合いになって、全員がスピードダウンして、列全体が通過するのが遅くなる。列に並ぶほうが、どっと押し寄せるより速いのだ。これは悲惨なことに、混雑したビルが火事になって逃げようとする人たちが出口に整然と列をつくれないとき、明らかになる。そのため、やむをえなかったであろう犠牲者よりはるかに多くの人たちが亡くなるのだ。

これは囚人のジレンマの一形態だ。列の前に押し寄せることは、相棒に不利な証言をすることと似ている。あなたの状況をよくするが、そのためにほかの人たちに大きな犠牲を払わせてしまう。ほかの人たちもお返しに同じことをあなたにしてきたら、全員にとって悪い結果となる。だから行列することは、みんなの利益に適う（そんなふうに思えない日もあるかもしれないが）。会話における発話交替を定めているルールはほぼ同じ構造を持っている（みんな口を出したいが、全員がいっせいに話したら誰にも話が聞こえない）。これはまた、映画の上映中におしゃべりしてはいけない、通り抜けられる自信がなければ交差点に入るべきではない、嘘をついてはならない、立ち小便をしてはならない、公園にゴミを捨ててはいけない、夜間に騒々しい音楽をかけてはならない、裏庭で落ち葉を焼くべきではない、といったことの理由なのである。

これらのルールで大切なポイントは、ルールが設ける制約から誰もが利益を得ているということだ。したがって、ルールは基本的な欲求や願望を抑圧するどころか、むしろ満足させられるようにするものである。囚人のジレンマの二人の容疑者たちは刑務所に送られたくない。沈黙の掟はこの願望を満たす最善の道だ。もちろん、いったん掟を受け入れれば、互いに不利な証言をするという「フリーライダー（ただ乗り）」戦略を禁じる形で、囚人たちに制約が加えられる。しかし重要なのは、この制約は彼らの利益に反してはいないことだ。人はときに、自分たちが望む結果を達成するために外圧の脅威を必要とするのである。

この観点から見ると、カウンターカルチャーが推し進めた反逆の多くが、いかに道理に反していたかがわかる。辛抱強く列に並ぶ無名の大衆は、数十年にわたり、軽蔑と嘲笑の対象とされてきた――大衆社会のあらゆる欠陥の象徴として。大衆が屠畜場へ連れられていく家畜にたとえられるのを何度目にしたことだろう。行列して大量生産の食品を与えられ、機械の無名性によって個性を奪われた人の群れ。まったく同じビジネススーツを着て、エスカレーターを上ったり、地下鉄に乗ったりする人々（『コヤニスカッツィ』〔現代人の生活の諸問題に警鐘を鳴らすドキュメンタリー映画〕は特に明白な例である）。主人公は当然、行列から抜け出す者、大衆の「愚かしい」順応を受け入れることを拒む者だ。しかし本当に、この順応はそんなに愚かなことなのか？

あらゆる社会規範がさまざまに実施されているのは、よく見られることだ。人々は話を中断させる人に怒りをあらわにする。行列に割り込んでくる者に立ち向かう。信号が赤に変わったのに交差点をふさいでいる人物にクラクションを鳴らす。これらはすべて社会的非難の表明であり、違反者の処罰である。それでも、ルールが実施されているだけでは、抑圧的というわけでも、個人の自由の耐えがたい制限を表わしているわけでもない。集合行為の問題があるときはいつも、フリーライドの動機も生じてくる。ほかのみんなが辛抱強く行列待ちしていたら、こっそり前に割り込むインセンティブはいっそう大きくなる。相互利益を生み出すシステムを維持するには、ある種の社会統制が、したがって違反への処罰も必要だ。とはいえ、すべての社会規範が専制的だとか強圧的というわけではない。規範に従う人たちは単なる順応主義者や臆病者というだけではない。「善良な市民」とも呼ばれている。

だから、意味のない、もしくは旧弊な慣習に異を唱える反抗と、正当な社会規範を破る反逆行為とを区別することは重要だ。つまり、**異議申し立て**と**逸脱**は区別しなければならない。異議申し立ては市民的不服従のようなものだ。それは人々が基本的にルールに従う意思を持ちながら、現行ルールの具体的な内容に心から、善意で反対しているときに生じる。彼らはそうした行為が招く結果にかかわらず反抗するのだ。これに対し逸脱は、人々が利己的な理由からルールに従わないときに生じる。この二つがきわめて区別しがたいのは、人はしばしば逸脱行為を一種の異議申し立てとして正当化しようとするからだが、自己欺瞞の強さのせいでもある。逸脱行為に陥る人の多くは、自分が行なっていることは異議申し立ての一形態だと、本気で信じているのだ。

たとえば一九六〇年代には、男女関係を律していた社会規範の多くが、くり返し批判の的にされた。伝統的な男性の「騎士道的態度《ギャラントリー》」は、女性の健康と幸福にいささか大げさな気遣いを示すことを含んでいた。ドアを開けてあげ、悪天候時には上着を貸し、食事代は女性の分も支払う、など。フェミニストは、こうした規範は助けになるどころか、女性は無力で自分の面倒も見られないという通念を強めるばかりだと主張した。そうして多くの人が、この行動様式に異議申し立てをして、代わりにもっと平等主義の規範を採り入れだした。しかしこの異議申し立ては、かなりのあからさまな社会的逸脱をも伴った。男は、かつての男性の義務に対する批判を、好き勝手をしていい許しが出たのだと受け取った。これは男たちのあいだに、粗野な態度（英国人の好む言い方では「不作法」）の悪名高い蔓延を生み出した。女性への気遣いと尊重を表わす代わりの方法を見つけるよりも、単に女性の要求に注意を払うことをすぱっとやめる男性が多かったのだ。彼らにとって、男女平等とは「おれはおれの面倒を見る、彼女は彼女の面倒を見る」ということだ。

この種の混乱は、カウンターカルチャーの論者からは肯定的に迎えられた。カウンターカルチャーの中核にある考えの表明として、逸脱と異議申し立ての区別を壊した（もっと正確には、すべての逸脱を異議申し立てとして扱いだした）と言えば事足りる。でないと、あまりに多くの人が、かたやマーティン・ルーサー・キング、公民権運動、フリーダム・ライダーと、こなたハーレーダビッドソンの改造車、コカイン密輸、イージー・ライダーのあいだに類似を見いだしたことの説明がつかない。圧制に抵抗する自由、不当な支配と闘う自由は、好き勝手をする自由や私利を優先する自由とは同義ではない。しかし、カウンターカルチャーはこの区別をせっせと崩していった。

マーティン・ルーサー・キングとアビー・ホフマンの政治課題を比較するとおもしろい。キングは一九六三年、アラバマ州で公民権運動の行進に参加したかどで投獄されたときに書いた有名な「バーミングハム刑務所からの手紙」で、逸脱と異議申し立ての区別にはっきりと注意を促した。「過激な分離主義者ならともかく、私は決して法の目をくぐったり侮《あなど》ったりすることを唱道する者ではないのです。そういう行為は無政府状態を招くことでしょう。不正な法を破る者は、あけすけに、愛情を込めて、進んで刑罰を受ける気持ちでそうしなければなりません。良心が不正なものだと教えてくれる法に違反し、地域社会の良心がその不正に覚醒するように進んで拘留の刑罰を受ける者は、実際には、法に対して最も尊敬の念を表明している者だと私は考えます＊8」。

これとイッピーの政治とを対比してみる。イッピー（Yippies）という言葉は公式には「青年国際党（Youth International Party, YIP）」に由来するものだが、ホフマンは、ハイになって友人と床を転げまわって「うわーい《イッピー》」と叫んだときに思いついたと断言した。イッピーは一九六八年にシカゴで開かれた民主党全国大会に侵入して、ブタを大統領選に担ぎだし、シカゴの水道水にＬＳＤを加えるよう、またイッピーの男女の部隊に代議士とその家族にＬＳＤを摂取させながら誘惑させると提案して、マスコミの注目を浴びた。

さて、これは逸脱か異議申し立てか？　この二つを区別するために適用できる、とても簡単なテストがある。古風に聞こえるが、このシンプルな問いかけはいまでも役に立つ。「みんながそれをしたらどうなるか――世界はもっと住みよい場所になるのか？」もし答えがノーなら、疑うべき理由がある。これから見るとおり、カウンターカルチャーの反逆の多くは、この簡単なテストに合格できない。

フロイトvsホッブズ

この分析のおかげで、フロイトの文明と野蛮間の力学分析に、大きな誤りをはっきり認めることができる。問題のあらましは、フロイトによる人間性の「自然状態」の分析と、トマス・ホッブズのそれとを対比することで見えてくる。フロイトは、文明人を統制するルールと規制がなければ人間の生活は「孤独で貧しく、つらく残忍で短い」ものになるというホッブズの所見に心底から同意した。[*9]フロイトの考えでは、原初の人間はより大きな欲動の自由を有していたにもかかわらず「こうした幸福を長く享受しつづけることができるという保証はごく少なかった」。[*10]しかしホッブズとは対照的にフロイトは、人間の自然状態の不安定さは人間心理の深層の表われであると主張した。協力から利得があることはこれほど明らかなのに自然状態が不安定なのは、攻撃行動または暴力行動の本能がいかに強いかを表わしているのだ、と。

フロイトは『文化への不満』にこう記している。「人間が互いにこのような原初的な敵意を抱いているために、文明化された社会はつねに崩壊の危険にさらされている。労働共同体のもたらす利益も、このような崩壊の危険を防ぐことはできない。欲動に駆られた情熱は、利益についての理性的な判断よりもつねに強いものなのだ」。[*11]この論には欠陥はあるが、おかげで大いに得るところがある。フロイトの所見では「労働共同体」が膨大な利益をもたらすから、「理性」は、人間に文明人らしく振る舞って、協同事業に参加するように命じる。だが、しばしば協力し損なって、一緒に働くのが困難なことから、人間のもっと反社会的な傾向――攻撃本能――は極端に強いことがわかる。このような「欲動に駆られた情熱」がさほど強くないとしたら、協力から得られる膨大な利益への関心を打ち負かすことは不可能だ。文明を築く作業は、こうした極大の欲動を抑圧しようと努めねばならないから、実際とても偉大なことなのである。

したがって、フロイトの考察をまとめると、自然状態に存する暴力はすべて人間の攻撃および破壊衝動の直接の表現だということだ。これらの欲動は、排除することができない。昇華するか抑圧するしかない。だから暴力の程度は決して変わらない。それはただ方向を変えるだけ、外向きではなく内向きに発現するだけだ。他者を攻撃する代わりに、自分を精神的に苦しめる複雑な機構をどんどん築き上げていく。フロイトによる心の「圧力鍋」モデルに従えば、内面化された暴力は決して消え去りはしない。現代の文明人を見るとき、穏やかな表面の奥では、怒りと恨みが吹きこぼれんばかりの大鍋が沸きたっている。フロイトの見方によれば、自然状態が人間性の深層をあらわにすると言える理由がこれである――表立った暴力が人間の内面にある欲動の本質について教えてくれるのだ。

それに対しホッブズにとって、自然状態に存する暴力の重要な特徴は、人間性の深層について何も表わしていないことだ。ホッブズの考えでは、暴力は人間の社会的相互作用の表面で生み出される。フロイトは、人間が互いに協力しあうことには共通の利益があるから「理性」がそうせよと命じるのだと考える。しかしホッブズは、ルールがなければ、協力しあうことに共通の利益があっても、必ずしも個人が協力する動機にはならないと考える。理性はしばしば、自分で育てるより隣りの畑の野菜を盗めとささやく。真実を語るより嘘をつけと、こつこつ働かないで怠けろと命じる。つまり、理性は人間を集合行為の問題へと導くのだ。そのうえ、ルールや規制がなければ、他者が合意に従って行動する保証はない。寝込みを襲われたり労働の成果を盗まれたりしないという保証はない。このため人はみなびくびくしがちである。だから悪意のない人が、懸念される攻撃から逃れるために隣人に先制攻撃をしかけることは多い。ホッブズの見るところ、人間は利得のためのみならず、安全のためにも互いに侵害しあう。

したがってホッブズの見方では、人間は暴力や攻撃への根深い愛着に支配されていると考える必要はない。ホッブズは、たとえ自然状態が暴力的であるとしても、それは人間の根本が攻撃的だからではないと主張している。自然状態の問題は、もっぱら人間が互いに**信頼**しあえないことだ。だから互いに攻撃的なスタンスに立ち、搾取的な戦略をとるが、それは他人を搾取する基本的欲求があるからではない。主に、他者からの搾取から自分を守る方便としてそうするのだ。もしもあなたが囚人のジレンマの容疑者で、相棒から不利な証言をされるならば、あなたが彼に対し不利な証言をしないのはバカげている。そうして二人とも、根深い欲求からではなく、ただ単に自分がいいように利用されるのを避けるために互いに相手を騙しあうのだ。これは、御しがたい「死の本能」が理性を打ち負かすという証拠ではない。相互不信の状況に対する合理的な反応にすぎない。

その結果、ホッブズは文化の建設という仕事をフロイトより穏当なものとみなしている。自然状態に見られる暴力のほとんどは不安定さの産物にすぎない。人々は互いに相手を不安視するせいで攻撃的になる。だが、不安の種を取り除けば、たいていの暴力の動機も除去される。だから、秩序を生み出すために、人間の欲動を大幅に抑圧する必要はない。必要なのは、個人のインセンティブを公益と一致させるに足る力の行使だけだ。問題は、外面的なこと――社会的相互作用の構造から生じるもの――だから、解決もまた外面的なことになる。問題を正すために人間の意識を変えなくてもいい。必要になるのは、インセンティブを設定し直すことだけだ。裏を返せば、問題も解決もまったくの制度レベルで生じているわけだ。つまるところ文明は、社会的相互作用の問題の技術的解決法である。人間性の深層からの変更を要請するものではない。したがってフロイトは、人間が社会に入るために払うべき犠牲の大きさを、ひいては文明が求める抑圧の深さを過大視している。

フロイトvsホッブズ（その二）

ホッブズとフロイトの自然状態の考察の違いを理解するには、軍拡競争という具体例を見るといい。周知のとおり、暴力は抑止されないとエスカレートする傾向がある。軍備も同様の傾向を示す。兵器を備蓄する基本的な目的は、攻撃してきそうな相手より大きく、威力のある軍備を保有することだ。二つの国が互いに相手からの攻撃を恐れるとき、この相手よりも大きな軍事力を持ちたいという欲求から、集合行為の問題が生じる。一方の国がいくらかでも優位に立ったとたん、もう一方も軍備を増強するように促される。たちまち優位性は崩れ、両国ともふりだしに戻るが、軍事支出の水準は高くなる。そのうえ、兵器支出への巨額の投資はともすると兵器使用への圧力を生み出すから、このような軍備は全体的な安全レベルを下げることになりかねない。

軍事費の水準を「高い」ものにするか「低い」ものにするかの選択に直面した政治家のジレンマを考えてみよう。以下が(これまた好ましい順に)考えられる結果である。

1. あなたの国は高水準、敵国は低水準を選ぶ。安全レベル：高
2. あなたの国は低水準、敵国も低水準を選ぶ。安全レベル：中
3. あなたの国は高水準、敵国も高水準を選ぶ。安全レベル：低下
4. あなたの国は低水準、敵国は高水準を選ぶ。安全レベル：最低

囚人のジレンマと同様に、あなたの国の選択は1か2かと、3か4かのいずれかになる。

あなたの国は高水準の軍事費を保つことを選択するだろうし敵国もそうするだろうから、結局行きつく先は結果3になる。つまり、多額を費やしたあげくに全体的な安全レベルが低下するはめに陥るのだ。

しかし、これは軍拡競争の問題のまだ序の口にすぎない。あなたの国が高水準の軍事支出を選択して、しかも敵国が同程度になるよう反応するまでにやや遅滞が生じるとしよう。これはつかのま、あなたの国が高度の安全性（結果1）を得ることを意味する。しかし、敵国の支出が始まりだすやいなや相対的な安全性が低下するため、競争を激化させてでも支出をさらに増やしたいという誘惑に駆られる。このことで集合行為の問題は「底辺への競争」と呼ばれるものに変容する。ここでは、集合行為の問題に伴って悪くなった結果が、それをやめる動機になるどころか、なおさら努力するインセンティブを与え、そうやって解決したい問題をいっそう悪化させている（たとえば隣家から聞こえる音楽を消すために、ステレオの音量を上げるように）。結局のところ、成り行きの悪さが、双方の対立の膠着状態を招いている。もっぱら膨れ上がった軍事費のせいで引くに引けなくなっているのだ。

かくして、軍事費はよく知られるとおり軍拡競争へ陥りがちである。外目から見ると、この結果はまったくバカげている。それでも関係国はしばしば一進一退の攻防をくり広げ、軍拡競争が国民に強いる犠牲は大きくなる一方、だからなおさら競争から抜けにくくなる。

このため世界で最もそんな余裕のない多くの国が、とてつもなく高い対GDP（国内総生産）比の軍事費を費やしている。例としてエリトリアとエチオピアは、解決を見ていない国境紛争のために長年の軍拡競争の泥沼にはまっている。飢餓がはびこり、基本的な政府サービスも提供できていないのに、エリトリアではGDPの二五パーセント以上を軍備に使っている。そしてもちろん、すべての軍拡競争にはその母体があった。米ソ間の冷戦だ。ソ連は事実上、国防費のせいで破綻した。しかもソ連の崩壊から一〇年たったあとでも、アメリカは天文学的な軍事支出を――世界の他国をすべて合わせたのと同じくらいの額を――維持している。

こうした軍拡競争で重要なポイントは、傍目にはバカげて見えることだ。一九六〇年代、冷戦が本格化したときにも、その対立の論理はよく理解されていなかった。だから政治家や軍部指導者がちょっと頭がおかしくなったと（あるいは国が「軍産複合体」の支配下に入ったと）結論づけやすかった。フロイト派によるこのような狂気のさまざまな解釈が、きわめて大きな影響力をふるった。軍拡競争は人間の攻撃衝動が合理的な知力を打倒した例として示された。一九六四年の映画『博士の異常な愛情』はこの見方を明確に表明した決定版となった（また、例によって性的抑圧とドイツ型ファシズムとアメリカの核軍拡との類似点をすべて指摘した）。兵器の製造はもともと、昇華された攻撃性の一形態だった。軍備の規模と支出を絶えず増大していくことは、軍需生産が社会に課す試練に対する神経症的な反応として説明づけられる。もっと軍備をという要求は、さらなる工場での統制とさらなる充足の引き延ばしを意味している。こうした精神的抑圧の増大が攻撃性を高め、ひいてはもっと多くの昇華を、もっと多くの兵器を要求するのだ。両者のフィードバック関係から軍拡の論理が生じており、核による大量殺戮にまで高まるのは必至である。

こうしたフロイト派の観点からいうと、軍拡競争は人間性の深層にあるものを表わしている。人間が一〇〇メガトン級の原爆を造る必要を感じるという事実こそが、その欲動がいかに恐ろしいものであるかを物語っている。内心では、このような兵器を互いに相手に使いたいと思っていることを、人間とは異常なほど暴力的な動物であることを物語っている。

これに対し、ホッブズ的な解釈では、軍拡競争がそんな深層の性向を示しているとの考えを否定する。たとえ二国間で互いに攻撃し合うという、ゆゆしい計画がなくても、軍拡競争に陥ることはありうる。相手に攻撃してくる意図があると思うだけでそうなるのだ。底辺への競争を引き起こすのは、まさしくこの信頼の欠如なのである。ある国が感知した脅威を抑止するために兵器の備蓄を始めると、相手国はこれを脅威とみなして軍事支出の水準を引き上げる。互いに相手の防衛措置を攻撃措置とみなすことで、悪循環がつづいていく。肝心な点は、囚人のジレンマにおいては二つの措置に違いはないことだ。どのみち軍備は増強される。だから冷戦中ずっと米ソとも、自国の軍備はまったく防衛的なものだと主張していたが、どちらも相手を信じていなかったから、攻撃の意図がないことは軍拡競争の抑制にはちっとも役立たなかった。

冷戦が終わったいま、振り返ってみればホッブズ流の解釈は基本的に正しかったことがわかる。もしフロイト派の分析が正しかったならば冷戦は終わっていなかった（もしくは、あんな終わり方にはならなかった）だろう。米ソとも互いへの憎悪よりも相手の意図への恐れに動機づけられていた。対立を終わらせるのに必要だったのは、もっぱらミハイル・ゴルバチョフのもう争いはやめようという、事実上、一方的な決定だった。そうすることで、軍拡競争は双方の攻撃性というより、ひたすら信頼の欠如に基づくものなのだと、ゴルバチョフは示したのだ。

これらのことから、どんな結論が下せるのか。フロイトは、文明が人間の最も強い欲動を抑圧することで不幸を生み出している、と主張した。では、そのような欲動があるとする証拠とは？　人間に好き勝手にやらせると、事態がたちまち暴力に堕するからだという。フロイトによれば、このことが人間は根源的なレベルで残虐な生き物である証拠なのだ。ホッブズはもっとずっとシンプルに説明している。人が往々にして他人を粗末に扱うのは、苦しみを与えたいという欲求からではなく、自分が粗末に扱われるのを避けたいからだ。さながら、お互いに好きじゃないわけではなく、お互いに相手が関係を終わらせたがっていると思い、「捨てられる」よりは「捨てる」側になろうとしているカップルのようだ。問題はもっぱら信頼の欠如にある。

ホッブズとフロイトの好対照な考えは、深層心理による説明のほうが深いからいいというわけではないと気づかせてくれる。時として葉巻はただの葉巻だし〔葉巻好きだったフロイトがその象徴性を否定した言葉〕、時としてミサイルはただのミサイルだ。冷戦期に見られたような軍拡の誇張された結果には、破壊に血道をあげる逆上した内なる子供《インナーチャイルド》を想定しなくても、説明がつけられる。核軍拡は、たしかに望ましくない結果だが、それは不信と不安定を特徴とした状況に対する合理的な反応の産物なのである。そういうわけで、底辺への競争を排除し、相互確証破壊（ＭＡＤ）の戦略を「核の凍結」に代えるために、人間の欲動の抑圧は求められていない。もし強制された解決策で必要なレベルの信頼が得られるなら、当事国すべてが諸手を挙げて受け入れない理由などあるはずがない。

もっと一般的には、ホッブズの主張は、すべてのルールが悪いわけではなく、ルールに従う人はただの抑圧された順応主義者というわけではない、ということを示している。フィッツ大佐の病的なまでの「規律」の要求と、レスター・バーナムのあらゆる社会規範を拒む幼稚さとのあいだに、中道というものがある。社会一般の利益を増進するルールに従いつつ、不公正なルールにしっかり異を唱えることで、ノーマルで、社会によく適応した大人になることは可能なのだ。しかるにカウンターカルチャー論者は、この選択肢を故意に避けてきたのだった。

日常の中の「ルール」

日常生活がいかにルールに支配されているかは忘れられがちである。それは主として、みなすっかり社会化されてしまい、ルールを破ろうと思いもしないからだ。そして実際、破ろうと思いもせず、ほかの人もたいていは破らないから、そもそもルールがあるという事実すら、たちまち忘れ去られてしまう。だが、それでもルールはたしかに存在している。このことを確かめたかったら、いくつか破ってみればいい。次に満員のバスに乗ったとき、誰かの膝に座ろうとしてみよう。今度、売店に行ったら、ミルクを値切ろうとしてみよう。混雑したエレベーターで奥に向かって立つとか、映画館で順番待ちの行列に割り込むとか、通りで人とすれ違うたびにガンをつけるとか。人々は驚くばかりか、ひどくうろたえることだろう。この種の社会的逸脱はたいてい、非難の表情からあからさまな処罰までさまざまな反応を受ける。

つまり、社会秩序とは強要されるものなのだ。社会で最も弱い、最もよく社会化された人たちでさえ、社会秩序の基本ルールが露骨に軽んじられるのを目にしたら、結局は対抗措置をとるようになる。このことは映画『ファイト・クラブ』でタイラー・ダーデンが、殴られてこいと指示して新入りを送り出す場面で、最高に笑いを誘う効果に使われている。警告――新入りは先に手を出してはならない。そしてファイト・クラブのメンバーが何度も看板や店にいたずらをしたり、ダサいビジネスマンに水をかけたりする様子を示したモンタージュ映像のシーンがある。最初の反応はつねに、申し訳なさそうなくらいの混乱だが、やがて怒りがこみあげ、最後には暴力となる。

『ファイト・クラブ』で描かれた反応は、一九六〇年代に行なわれていた重要な社会学的実験で引き出されたものと大差がない。当時は、社会規範への順応が強制されるしかたに大いに関心が集まっていた。最も刺激的な調査のいくつかは、カリフォルニアの社会学者ハロルド・ガーフィンケルが行なっている。ガーフィンケルは学生たちを「違反実験」と呼ばれるものへと送り出した。学生たちは世間一般に期待される一連のしきたりを破って、返ってきた反応を記録するように指示されている。たとえば、自宅で一五分から一時間のあいだ、家族ではなく下宿人のごとく振る舞うようにとのことで、「よそよそしい態度をとり、堅苦しく呼びかけ、話しかけられたときだけ話す」ように、さもなければ「仰々しく礼儀正しく」した。その奇異な振る舞いを「おふざけ」として片づけた家族は、ごく少数しかいなかった。残りの大多数は、社会的関係に深刻な破綻をきたした。多くの家族がこの「正常《ノーマル》な」行動パターンからの逸脱に敵意をむき出しにしたのだ。

家族は精力的にその奇異な行為を理解しようと、状況が正常に見えるよう回復しようと努めた。記録には、驚愕、狼狽、ショック、不安、当惑、怒りといった記述がいっぱいで、あらゆる家族がこの学生を、卑劣だ、思いやりがない、わがまま、扱いにくい、無礼だと非難していた。家族は説明を求めた。いったいどうしたんだ？ 何があったの？ クビになったのか？ 具合が悪いの？ 何をそんなにエラそうにしてる？ 気でも違ったか？ 頭がおかしくなったか、ただのバカなのか？ (…) ある母親は、話しかけたときにしか話さない娘にかんかんに怒って、無礼で反抗的だと金切り声をたてて激しくなじりだし、別の娘がなだめようとしても聞かなかった。ある父親は娘に対し、人の気持ちに無頓着で、甘やかされて育った子供みたいだと叱りつけた。*12

ガーフィンケルの全体的な結論はこうだ。「ノーマルであること」は、ただ単に人の持つ特徴というだけではない。それは積極的に獲得し、維持しようと努めている地位なのだ。しかも人は他者にもノーマルに行動するよう期待する。責任を持って達すべき基準である。ノーマルな行動をとらないと説明を求められる。そしてそれなりの基準を満たせなければ、絶交されるか罰せられるのだ。

「ノーマルであること」の一つのきわめて重要な点は、ある人の行動が他の人々に与える認知的緊張を著しく軽減することだ。よくある社会的状況で、たとえば市街地を歩いているときに、あまりに多くのことが起こりすぎていて、すべての可能性に適切な注意を払うことなどとうていできない。普通ならば車は道路を走り、人は歩道を歩く。そして人は普通は節度ある距離をとって(互いに横にくっつかないで、見ず知らずの人に話しかけないで、など)歩く。原理上は、こうしたルールのどれでも、いつ破られてもおかしくない。だが通常こうした可能性は無視される。道端で待っている人たちから六〇センチほどの鼻先をバスが通り過ぎていく。もしもこれが、がらんとした空き地で、バスがすぐそばを通ると想像してみてほしい！　このような場合には、車両が歩行者に与える甚《はなは》だしい身の危険が明白になる。なのに、市街地では型どおりに危険を無視するのだ。バスの運転手は「ノーマルな」バスの運転手がいつもしているとおり、歩行者を轢《ひ》くのを避けてくれる、それが当然と思っている。車が不意に進路を逸れたときに初めてぎょっとして、自分の安全が心配になってくる。

これこそ、新しい、または不慣れな社会環境で人々が経験するカルチャーショックが、きわめて整合性のとれた、充分に資料に裏づけられた現象である理由なのだ。カルチャーショックとはつまるところ、社会的相互作用をさばくのに用いられる見慣れた手がかりを失うことから生じた、蓄積した苛立ちと不安の効果である。緊張の大部分は、何が「ノーマル」で何が「アブノーマル」かがわからないことから生じている。初めは異国の環境は目新しく、わくわくするかもしれないが、しばらくたつと、ごく簡単なことを片づけるのにも感じる困難にいらいらしてくるものだ。社会的な手がかりを見つけて答えられないと――買い物はどうするのか、値段が適当かどうか、人々が真剣なのかふざけているのか、失礼なのか礼儀正しいのか、どんなふうに会話をするのか、何を話せばいいのか、人々はあなたと笑っているのか、それとも、あなたを笑っているのか――自分が子供のようだと、無能だと感じてしまう。初めのうちは親切のおすそ分けにあずかって困難を乗り切れるが、いずれは誰もが「ノーマル」に、これほど骨の折れない相互作用のスタイルに戻りたいと願うものだ。

ガーフィンケルはこうした所見に基づいて、日常生活を律する緊密なルールの網の目は「毎日の活動の決まった土台」として役立っていると結論づけた。その最も重要な機能は一般的信頼のシステムを維持し再生産することだ。実際において、人が社会で仕事をできるようにしている唯一の手段が、ほかの人たちを信頼することである。運転手は歩行者を轢こうとはしないと、見知らぬ相手がみなペテン師というわけではないと、料理人は毒を盛ろうとしてはいないと、信じなければならない。だが、たいがいは具体的な証拠があるわけではない——日常的にやりとりがある相手のほとんどと会ったこともないような大都市ではなおさらだ。では、そういうやりとりにかき立てられる強い不安をどうやって避けるのか？　信じなければならないのは、他者がルールに従うということだ。

必要な信頼を築く一つの方法は、ルールに従うという意向を、やや象徴的に示すことだ。これは礼儀作法の中心的な役割だ。丁重にあいさつすること、ドアを押さえて開けておくこと、きちんとサラダのフォークを使うことや好意的な態度をとることは、どれも他者に、このあと嫌な不意打ちなどは起こらないと、やりとりはほぼ期待どおりに展開するという安心感を与える。したがって、みんなが従うべきつまらないルールは、個性、自由、自己表現を抑えるばかりどころか、実のところ大切な役割を担っている。どんな小さな行動も手がかりとなって、そのあと何が起こりそうかを他者にそれとなく知らせるのだ。

まさしくこの信頼のメカニズムこそが、判で押したようにチャーミングで礼儀正しい、超一流の詐欺師やサイコパス（精神病質者）の利用するものだ。厳密にいえば、小事に関してルールに従う人が大事にしても従おうとする推論は間違っている。詐欺師は小事では従い、大事では従わないことで、これを証明している。だが、それはこの推量をすぱっとやめるべきということか？　互いに信頼しあうことはあきらめるべきなのか？　そうしたら、社会生活ほとんど全般が営めなくなってしまう。別の言い方をすれば、文化のない生活は、永遠のカルチャーショック状態となる。

　では社会規範への順応の要求について、どんなことが言えるだろうか。これは多数派の横暴なのか？　個人を支配し、独自性や創造性の芽を摘もうとする大衆社会だろうか？　断じてそうではない。カウンターカルチャーの反逆者は、社会規範はすべて強制されているという所見に基づき、文化全般は支配のシステムであると結論づけた。アドルフ・ヒトラーとエミリー・ポスト〔二〇世紀前半のアメリカでエチケットの権威とされた著述家〕にはつながりが認められる――ともに人々に楽しみを与えないためにルールを押しつけようとした、まさにファシストなのだ。そうして、あらゆる社会規範に対する反逆は肯定的に評価された。だが、こうした考え方の最大の帰結は、ほかのどこよりアメリカの、礼儀正しさのあきれるほどの減退だった（いまや「ありがとう」と言われたら「どういたしまして」と答える代わりに「うん」とつぶやくお国柄だ）。誰でもよく考えればわかることである。作法の衰退は人間を自由にするどころか、反社会的な態度（と政治方針）に利するようになっただけのことに思われる。

わがパンク体験

サブカルチャーをかじったことがある人なら誰でも、社会規範が強制されるたくさんの微妙な手だてを直接に経験するだろう。小さな町の元パンクロッカーの僕は、そのことはよく知っている。そもそもパンクにかかわるようになったのも偶然みたいなものだった。僕はおおむね、おとなしい子供だった。高校の最初の二年間は他人のことになどかまわず、コンピュータ室に入りびたって『ダンジョンズ&ドラゴンズ』〔世界初のロールプレイングゲーム〕をやっていた。サイバーパンクやハッカーが登場する前の時代だから、コンピュータ室にたむろしていたのは、誇大妄想を抱きもせず、いかしたことをやってのける見込みもなかったオタクたちの群れだ。

どちらかというと貧しい地区にあった僕の高校には、ともすると素行に問題のある生徒が集められて、少年院へ送られる前の最後のチャンスを与えられた。ある日、すっかりパンクロック風な髪型にした女子生徒がここに転校してきた。片側を脱色し、反対側は黒く染めていた。校内はその話で持ちきりだった。校長はその生徒を一目見るなり、髪を「ノーマルに」染め直すこと、さもないと退学だと告げた。彼女がいやだと言って、一巻の終わりだった。二度と彼女を見た者はいなかった。僕はこれはちょっと厳しすぎると思い、連帯のしるしに、数日後まったく同じように髪を染めて登校した。校長が、髪を染めた優等生の一人をやはり退学させるか、それとも気に入らない生徒だけ追い出したのかを知りたかったのだ。

校長は不快そうな顔をしただけで、ほかに何もしなかった。でも、状況はやや変わった。当時パンクは白い目で見られたマイノリティだった――パンクに見えるせいで、あっさり袋叩きにされた――けれども、すごくいかしてると広く理解されてもいた。さまざまな形で迫害される感覚は、かえってパンクの排他的な価値を高めた。それで新しいパンクのヘアスタイルにした僕は、以前ならチャンスがなかったはずの社交仲間と急にお近づきになった。僕と話したりしなかったはずの人たちと親しみ、優れた音楽やら何やらについて発見し、おしゃれなパーティーに招かれ、いちばん大切なことには、ほんの数カ月前にはまったく手が届かなかった女の子たちを口説けるようになったのだ。

もう一つ気づいたのは、ほかの人たちの僕の扱いがとにかく変わったこと。特に人前で見ず知らずの人から受ける扱いが。老婦人は街中で僕をにらみ、ピックアップトラックの白人運転手は、猛スピードで走り去るときに卑猥な叫び声を浴びせ、食料品店の警備員は店内をぶらつく僕のあとをわりと堂々とついてきて、街角に立つキリスト教の布教要員はことさらに僕に機関誌を押しつけようとした。つまり、過剰に反応した。このことから、僕は本当にラディカルなことをしていると、人々の期待に異議を申し立てていると、人々の心を解放し、大衆にショックを与えて順応への埋没から立ち直らせたと、難なく断定することができた。僕は大きな結果をもたらす小さなきっかけ、もっと大きな革命の始まり、迫り来る西洋文明の崩壊の最も目につく兆《きざ》しだったのだ。

あるとき、母の友人で、筋金入りのヒッピーと呼ぶのがいちばんしっくりくる女性に、この感覚について説明したのを覚えている（その当時、たしか一九八四年ごろだったが、彼女はまだ折に触れて警察を「ポリ公」呼ばわりし、僕の会ったほかの誰よりもたくさん「ファック」という卑語を使っていた）。彼女はこう言った。「言いたいことはわかる。あなたの年ごろの私もまったく同じように感じていた。『汚らわしいヒッピーども』と呼ばれて、バスから放り出され、レストランからは入店を断られた。でも、いまじゃ誰もかまいやしない」。

こんなことを聞かされるとは思ってもいなかった。そして不快な疑問がわきあがった。いったい大衆は何度ショックを与えられれば順応への埋没から立ち直れるものなのか？　いや、それ以前に、そもそも大衆は順応に埋没したことがあったのだろうか？　ジョン・ラルストン・ソウルは、現代人は「無意識の文明」[*13]に生きている、誰もがみな順応と集団思考の犠牲者である、と主張している。目を見開いて現実を見つめ、純粋な個人として行動しはじめることが必要だと。しかしソウルの著書の数千数万という読者のうち、自分がこの記述にあてはまると感じた人は多くなかった。つまり、自分だけは無意識なはずはないというわけだ。無意識なのは決まって隣りや向かいの人なのだ。誰もが、ほかのみんなが無意識だと思っているとしたら、実はみんながしっかり目覚めているという可能性を考えるべき頃合いだろう。あるいは、ほかの人たちを無意識呼ばわりするのは、誰もが自分と同じように考えるわけではないという事実を忘れるための一法なのかもしれない。

僕は長いこと、体制は、異議申し立てを取り込むための桁はずれの能力を示していると考えるカウンターカルチャー理論を受け入れていた。だが時がたつにつれて、もっと明白な説明づけをすることに、どんどん抵抗しがたくなっていった。人々は初めは異常な社会的行動に非難の表情を返す。これが人類の文化の働きだ。まったくもっともな反応でもある。もしも見るからに錯乱した人物が地下鉄に乗ってきたとしたら、その隣りの席に駆け寄って座ろうとする人はいないだろう。これは具体的な恐怖心のせいというより、その乗客がこれからどう行動するか予想がつかず、いざこざを起こすまでもないからだ。だが、サブカルチャーの反逆は、行き当たりばったりのことではない。あらかじめきちんと整えられたパターンに合わせてある。だから、ヒッピーやパンクはその見かけで「声明を発表する」ことができて、ただの精神異常者として片づけられはしない。要するに、それは異議申し立ての運動であって、ただの社会的逸脱ではないと認めることが、サブカルチャーの新しい規範なのだ。しかし、まさしくその事実ゆえに、人々はやがてこれに慣れてくる。ショッピングセンターをパンクが二、三人うろつくのは「ノーマル」になる。結果として、拒絶反応は消える。パンクがどうするかを予想できるようになる。こうして文化は変わる。これは取り込みではない――単純な適応のメカニズムだ。

僕はここに、カウンターカルチャー的な思考の基本的な誤りが見られるように思う。カウンターカルチャーの反逆者は、社会規範が強制されているという事実をとりあげて、それを社会秩序全般が抑圧のシステムであることの表われと受け取っている。そして規範を破ることで引き出される懲罰的な反応を、この理論の承認と捉えている。その結果、反社会的行動を――違反のための違反を、やたらに賛美することになるばかりだ。日常生活では、おおむね害がないが、この思考様式は政治の面では惨憺たる結果を招きかねない。それはカウンターカルチャーの活動家に、既存の社会制度のみならず、あらゆるオルタナティブな提案まで拒絶させてしまう。代替案もまた制度化され、そうして強制される必要があるというのがその理由だ。カウンターカルチャーが伝統的な政治的左派の活動を「ただ単に制度的」として斥けているのも同じ理由からである。

制度による社会問題の解決をはねつける傾向は、カウンターカルチャーの重罪に直接つながっている。カウンターカルチャーの活動家および思想家は一貫して、具体的な社会問題に対する完璧な解決策を、ちゃんと実行されたためしがない「もっと深い」「もっとラディカルな」代替策のために拒絶するのだ。あとで示すとおり、この重罪は、カウンターカルチャーの政治のあらゆる分野に悪影響を与えている。それはカルチャー・ジャミングと反消費主義運動に、教育制度への批判に、環境保護活動に、反グローバリズムや女性解放の運動に、「ニューエイジ」信仰の支持者のあいだにも現われる。人間の意識と文化の完全な変容には至らないどんな提案も拒むことで、カウンターカルチャーの活動家はいたずらに、まさに解決を望んでいる問題をかえって悪化させてしまっている。

第4章　自分が嫌いだ、だから買いたい

反消費主義＝大衆社会批判？

消費文化はお嫌いですか？　ああいう包装やら宣伝やらに腹が立ちますか？　「精神的環境」の質を心配していますか？　いやはや同感です。反消費主義《アンチ・コンシューマリズム》は、ミレニアルの北アメリカに生きるあらゆる社会階級および人口層で、きわめて重要な文化的勢力となった。たしかに、この社会では記録的な金額が贅沢品に、休暇に、デザイナーズブランドの服に、家庭生活を快適にするものに費やされているかもしれない。だが、ノンフィクションのベストセラーリストを見てほしい。もう何年にもわたって消費主義を痛烈に批判する本がランクインしてきている。『ブランドなんか、いらない』『さよなら、消費社会』『ラグジュアリー・フィーバー（贅沢熱）』『ファストフードが世界を食いつくす』。いまや、近所のCDショップや衣料品店で反消費文化の雑誌『アドバスターズ』を買える時代

だ。二〇世紀から二一世紀にかけての一〇年間で大いに人気を博し、かつ高く評価された映画二作、『ファイト・クラブ』と『アメリカン・ビューティー』では、ほとんど同様の現代消費主義社会への批判がくり広げられていた。

こうしたことから、どんな結論が引き出せるか？　一つには、市場は明らかに、反消費主義の製品や作品の消費者需要に非常によく応えている。しかし、みんなして消費主義を非難しながら、やはり消費社会に生きることがどうしてできるのだろう。

答えは簡単だ。『アメリカン・ビューティー』のような映画や『ブランドなんか、いらない』のような本に見られるのは、実は消費主義の批判ではないのだ。大衆社会批判の焼き直しにすぎない。この二つは同じものではない。それどころか、大衆社会批判は過去四〇年にわたって、消費主義のきわめて強大な原動力となってきた。

この最後の一文は再読に値する。こうした考えはなじみがなく、聞き慣れたこととは正反対だから、耳を貸しもしない人が多い。その主張は、簡単にいえば、こういうことだ。『ブランドなんか、いらない』のような本や『アドバスターズ』のような雑誌や『アメリカン・ビューティー』のような映画は、消費主義を弱めてはいない。むしろ強めている。これは著者や編集者や監督が偽善者だから、ということではない。消費社会の本質を理解していなかったせいだ。彼らは消費主義をすなわち順応と見ている。そのため、ここ数十年、市場を牽引してきたのは順応ではなく反逆だということに気づいていないのだ。過去半世紀にわたり、消費経済が完全な勝利をおさめると同時に「思想の自由市場」でカウンターカルチャーの考えが絶対的な優勢を占めてきた。これは偶然だろうか？　カウンターカルチャーの論者は、その反逆を消費社会の害悪に対する反応にすぎないと考えたがる。だが、もしカウンターカルチャーの反逆が、強められた消費主義の結果というよりむしろ有力な要因だったとしたら？　もしそうなら皮肉ではないだろうか。

幸福のパラドックス

世間では、お金で幸せは買えないと言う。なるほどそうかもしれないが、貧乏を擁護する論拠としてはまるで充分じゃない。たいていの人は、物質的な繁栄と幸福にはいかに弱くても相関があると感じており、それは正しい。そして多くの研究がこの確信を裏づけている。豊かな工業化社会の人々は、概して貧しい社会の人々よりずっと幸せである。その理由は想像に難くない。大きな富を持てばそれだけ必要と欲求を満たし、苦痛や病気をやわらげ、人生の計画を実行する能力が高くなる。

このことから、経済成長はよいことだと結論づけるのはもっともなことだ。残念ながら、この話には意外なオチがつく。経済成長が平均的な幸福度を着実に高めると見られたのに対し、一定の成長をとげたあとでは効果がすっかりなくなってしまうのだ。このテーマを研究している経済学者らの経験則では、国民一人あたり実質GDPがざっと一万米ドルに達すると、さらなる経済成長からは平均的な幸福度の上昇が生じなくなるという。[*1]北アメリカではだいぶ前にそのレベルを超えた。だから、第二次世界大戦以降の目覚ましい経済成長にもかかわらず、幸福度は全般に上昇してきていない。低下を示している研究すらある。

これには非常に不可解なことがある。国が豊かになればなるほど、さらなる経済成長が生み出す平均的幸福度の改善がどんどん小さくなるのは驚くことではない。衝撃的なのは、経済が成長しても、まったく改善されなくなることだ。毎年、経済がもっと多くの車を、家を、家電製品を、省力型家庭用品を、レストランでの食事を、それこそあらゆるものを市場に送り出している。そのうえ、こうした財の質は年を追うごとに劇的に高まっている。よくある郊外の住宅を見まわせば、最も際立った特徴は、有形財があふれ返っていることだ。これだけいろいろ持っていて、どうして満足できないのか?

しかるに、これだけの富に囲まれながら、中流層はずっと経済的に「逼迫《ひっぱく》している」と感じつづけている。みなますます働き、ストレスが増え、気がつけば自由な時間が減っている。とりたてて幸せではないのも無理もない。だが豊かになったのに、どうしてこんな結果がもたらされるのだろう？　裕福になってきたら、働く時間が減ってしかるべきではないのか？

状況が悪化したせいで、経済成長そのものの価値に疑問を呈する人まで出る始末である。なにしろ、高い経済成長率を保つために社会は重大な犠牲を払っている。失業、仕事への不安感、社会的不平等、環境の悪化は、経済を増大させつづけるために黙認していることのほんの一部だ。しかし成長しても、ちっとも幸せにならないならば、いったい何の意味がある？　控えめに言っても、社会としての優先順位が混乱しているように思われる。

未来が何を用意しているかを考えよう。工場のオートメーション化や省力型電化製品は労働の必要をほとんど除いたはずだった。なのに過去二〇年間に、北アメリカでは平均労働時間が増大した。生産性の上昇は万人に豊かさを生み出して、現在の貧しさを取り除くはずだった。けれども一九七〇年代以後、カナダのGDPは倍増したにもかかわらず「基本的ニーズ」水準による貧困率が変わっていない。それに、アニメ『宇宙家族ジェットソン』の空飛ぶ車や、せめてクリーンな高速鉄道はどうなったのか？　たいていの都市生活者にとって、通勤は悪夢と化した。そしてクリーンどころか、北米の車の平均燃費効率は低下した。

三〇年前に、こんなことになると誰がまじめに予想できただろう。これほどより多くの富を生み出せるのに、どうして満足度がある程度きちんと改善されないのだろうか。もうこの社会では医療も公教育も「保つ余裕がない」と、しきりにささやかれている。だが、いま保つ余裕がないならば、国家の生み出す富が半分しかなかった三〇年前にはどうやって保てたというのか。稼いだお金はみなどこへ行ったのか？

この問いへの答えは実のところ、しごく簡単だ。お金は個人消費財に使われたのである。それでも、この支出パターンでは幸福度が高まらないなら、なぜそういう支出をしているのか？　僕らの住む社会にはどこか病的な消費癖があるようだ。そのせいで生活のほかの部分では不当な犠牲を払うことになるのに、消費財をどんどん手に入れることに取り憑かれている。批判者が「消費主義」と呼ぶのは、この強迫的な衝動のことだ。

しかし強迫的な衝動を認めるのと、説明づけるのは同じことではない。もし消費主義がそんなに悪いことなら、なぜやりつづけているのか？　お誕生日のパーティーで、あとでお腹が痛くなるのに、ケーキを食べすぎる子供のようなものだろうか？

消費主義の本質

最近の記憶で特に話題をさらった映画のセットといえば、『ファイト・クラブ』でエドワード・ノートン演じる名なしの語り手が、がらんとした自分のアパートの部屋を眺め、

IKEAの家具を一つずつ買いそろえていくシーンだ。ここでは、ノートンの視線が家具をバーチャルなカタログから直接ドラッグ・アンド・ドロップしているかのように、価格、モデル番号、商品名がパシャパシャと表示される。要点を明解にする、素晴らしいシーンだ。彼の住む世界の家具は大量生産で、ブランドもので、無益である。もし買うものがその人を表わすなら、この語り手は家具をせっせと組み立てるのが趣味の会社人間の働きバチだ。

このシーンは多くの点で、まさしくジョン・アップダイクの小説『走れウサギ』の冒頭部分をCGで表現した現代版である。今日もまたマジピール皮むき器の実演販売をする無気力な一日を終えたウサギことハリー・アングストロームは、もはや愛していない、妊娠中なのにほろ酔いの妻が待つ家へ帰るところだ。ハリーは車をあてもなく南へ走らせる。自分の人生にけりをつけようとするにつれ、ラジオから流れる音楽、スポーツ中継、広告、提供クレジットが、意識のなかで一つに溶けあい、単調で巨大なブランドの風景になる。

『ファイト・クラブ』は一九九九年の公開時に「斬新」で「破壊活動的」ともてはやされたが、『走れウサギ』は初版刊行時、一九六〇年にとてつもない商業的成功をおさめていたことに、僕らは再考を促されるかもしれない。もしも社会批評に賞味期限があるとすれば、これはとうに書棚から除かれていたはずだ。なのにいまだに流通し、なおも畏敬と称賛を呼び起こしているという事実に、それは本当に批評なのか、むしろ現代の神話ではないのかと思わされる。

『ファイト・クラブ』と『走れウサギ』に共通しているのは、消費社会と大衆社会とのあいだに不変のつながりを認めていることだ。『ファイト・クラブ』の語り手のアパートを爆発に至らせる疎外は、その俗っぽい所有欲とともに、男たちが夜中に集って、わけもなく殴り合いをする秘密のファイト・クラブを彼につくらせた怒りと、本質的に変わりはない。両方とも、現代社会の抑圧的な順応への反発なのである。

こうして消費社会と大衆社会はすっかり同一視され、違うものとは考えにくい人が多い。「消費社会」という言葉を口にすると、どんなイメージが浮かぶだろう？　またしても、ほとんどの人は典型的な五〇年代の郊外のことを思う。テールフィンをつけたぴかぴかのビュイック、白い囲い柵、どれも同じような家々、グレーのフラノ生地のスーツを着て、細身のネクタイを締めた男たちが目に浮かぶ。「世間に後れをとるまい」として、最新のガジェットで隣人を感心させようとし、ぴかぴかの新車を私道にとめ、コミュニティでの地位にこだわる住民のことを思い浮かべる。何より強迫的な順応主義者の社会を、広告主や企業の絶え間ない操作にさらされている羊たちの群れを心に描く。

とはいえ、消費主義は順応への欲望に動機づけられるとの考えは、明白とは言えない。

子供は「ほかの子はみんな持ってる」という理由から特定の型のジーンズや決まったブランドのスニーカーを欲しがることもある。周囲になじみたい、受け入れられたいと思う。しかし、どれほど多くの大人がこんなふうに振る舞うだろう？　たいていの人は周囲になじむためのものより大勢のなかで目立つためのものに大金を費やす。差異を与えるものにお金を使う。優越感を味わえるものを買う。たとえば自分をもっとかっこよく（ナイキのシューズ）、広い人脈があるように（キューバの葉巻）、造詣が深いように（シングルモルトのスコッチウイスキー）、違いがわかるように（スターバックスのエスプレッソ）、道徳意識が高いように（ボディショップの化粧品）、または単に金持ちなように（ルイ・ヴィトンのバッグ）見せることで。

つまり消費主義は、互いに相手に負けまいと張りあう消費者の産物のように見える。問題を生み出すのは競争的な消費であって、順応ではない。消費者がただの順応主義者ならば、こぞってまったく同じものを買いに行き、誰もが満足するだろう。それに、新しいものを買いに行く理由もなくなる。だから順応したいとの欲求では、消費行動の強迫的な特徴の——人はなぜ支払い能力を超える借金をしてまで、結局それでも満足できないのに、ますますお金を使いつづけるのかの——説明にはならない。

では、なぜ消費主義を「世間に後れをとるまい」と必死な人たちのせいにするのか？

悪いのは「世間」のほうに見える。そもそものきっかけは、隣人に一歩差をつけようとすることだ。大勢のなかで目立ちたい、ほかのみんなより良くなりたいという欲求こそが、コミュニティの消費基準を徐々に上げている。

裏を返せば、消費支出を追いたてているのは順応主義者ならぬ非順応主義者である。この所見は、広告業界で働く人には火を見るより明らかだろう。ブランド・アイデンティティとは製品差別化のこと、製品を他から際立たせることだ。それが付与する差異によってブランドは認識されるのだ。

ならば、どうして社会批評家はこれほど間違ってしまったのだろう。消費主義が順応主義者の追求に動かされるという考えはどこから来ているのか？

ボードリヤール『消費社会の神話と構造』

ジャン・ボードリヤールの一九七〇年刊の著作『消費社会の神話と構造』は、カルチュラル・スタディーズおよび社会批評の分野の古典である。ギー・ドゥボールの仕事を援用しながら、商品が抽象化したために経済はいまや記号の体系にほかならないと、ボードリヤールは主張する。市場で表明される「欲求《ニーズ》」は根底にある真の欲望の表われではない。むしろ人が「欲求」を持つ象徴的なシステムへの参加を概念化する方法の一つにすぎない。

つと考えるのは、人が「モノ」を消費すると思うのと同じ幻想が生み出した「呪術的思考」の一種である。*2

この分析は、どうして現代の消費社会がちっとも幸福を生み出せないかを説明するのに都合がいい。この社会が満たす「欲求」は、システムの内在的論理によって「(諸個人の内部に誘導された)機能」にすぎないからだ。*3もしもシステムが労働者を食わせなくても機能できるなら、人間のためのパンすら存在しないだろうとボードリヤールは主張する。そして同様に、「欲求」を持つ消費者がいなくてもシステムが機能できるならば、欲求は存在しないのだ。だから「欲求が存在するのは、システムがそれを必要とするというただそれだけの理由による」。*4

だが、ボードリヤールがこうした虚構とされる欲求を説明しようとするとき、この本は図らずも滑稽さを帯びる。「ガジェット」——社会的地位の表示記号として用いられる、機能的に無用なモノ——について論じた節で、とりわけ嘲笑されるものの一つとして二速ワイパーが選ばれている。*5このささやかな技術革新は、どうやら一九七〇年のフランス知識人たちの目には、これ見よがしのものに映ったようだ。

あれから三〇年がたち、斬新な「間欠」機能があるのはもちろん、変速式のワイパーを備えた現代の車を見たら、ボードリヤールはどう思うだろう。これがただの役に立たないガジェットだと言えるだろうか？　今日び、変速式ワイパーを備えていない車など誰が買うだろう？　このことから、人間の欲求はまったくはかないもので、資本家（あるいは自動車メーカー）の利害で動かされるイデオロギー体系の一部だと結論づけられるか？　やはり変速式ワイパーは本当に便利じゃないのか？

ここで提起されたさらに根深い問題は、批判の視点にかかわっている。何が役に立って何が役立たないのか、どの欲求が本物でどれが偽物なのかは誰が決めるのか？　すべての欲求はイデオロギー的だと言うだけでは助けにならない。ボードリヤールはいつになれば、変速式ワイパーが必要と思うなんて「愚か」だと言うのをやめるのだろうか。『消費社会の神話と構造』を読んでいると、しわくちゃの黒いスーツ姿で、ゴロワーズをふかしながら、カフェ・ドゥマゴのテラス席に座って車の往来をにらみつけ、アメリカ人とその突飛な変速式ワイパーのことで文句をたれているボードリヤールを思い浮かべずにはいられない。

だが、より愚かなのは、消費社会批判を受け入れる人たちの側のように思われる。人々が本当は必要としていない（と批評家が言っている）消費財のリストは、いつ見ても中年の知識人が必要としていない消費財のリストにしか見えない。バドワイザーは×でシングルモルトスコッチは○、ハリウッド映画は×でパフォーマンスアートは○、クライスラーは

×でボルボは○、ハンバーガーは×でリゾットは○、などなど。そのうえ知識人としては当然、消費財全般に偏見を抱いている。それはまさに彼らには商品よりも思想にこだわり、刺激される傾向があるからだ。

すなわち、消費主義はつねにほかの人たちが買うものについての批評のように見える。そのために、いわゆる消費主義批判は一皮むけば俗物根性、もっと悪くしたら清教徒きどりのそしりを免れない。キリスト教では伝統的に、反消費主義の傾向がとても強いことは重要なので覚えておきたい。もともとイエス・キリストその人が、富める者が神の国に入るよりもラクダが針の眼を通るほうがたやすいと説いたことは有名だ。これはつまり、金持ちは物質的欲求を自足しており、物質界は古来、腐敗と罪の領域とされているからだ。真のキリスト教徒は見識を高め、魂の幸福を見つけることに意を用いなければならない。

消費主義への批判も同様であるならば、それがラディカルな左派にあまり信用されなかったであろうことは明らかだ。この理論を多くの人たちにとって魅力あるものにしたのは、マルクス理論に由来し、一九六〇年代にかなりの影響力を得た主張だった。それはボードリヤールの著作にはっきり見てとれる。マルクスによれば、資本主義は、周期的に過剰生産恐慌に陥る。工場の所有者は自分のなすべき仕事として、絶えず生産費用を低下させようとする。したがって生産する財の量を増大させ、人的労働の代替として機械を導入する

（そうして労働者をレイオフし、賃金を下げられるようにする）。マルクスの（もっともらしく見える）所見では、これらの二つの方策は矛盾している。大量生産は財の供給を増加させるが、同時に労働者の賃金を減少させ、需要の不足を招く。つまるところ、資本家は売れ残った商品の山をかかえながら、それを買うのに必要な収入を労働者階級から奪っている。こうして一般的過剰生産恐慌が起こる。

マルクスの考えでは、この過剰生産の傾向が生じるのは景気循環のせいだった。経済の生産がどんどん増え、蓄積されていき、ついには過剰になる。この時点で利潤が急落し、あらゆる経済活動が減退し、景気後退に入って、余分な富はなくなる。これでシステムがリセットされて、新しい生産サイクルが開始される。ボードリヤールはこう書いている。「こうして「諸矛盾（過剰生産、利潤率の低下）に直面した資本は、まずは大量生産、赤字、破産によって蓄積を再構築して、つまり既存の生産関係や権力構造を危機におとしいれる富の再分配を避けることで諸矛盾を乗り越えようとした」[*6]。

それでも第二次世界大戦後には、おおかたの西側諸国が二〇年間ほぼ中断なしに成長をしつづけた。マルクスが発見した経済危機は、少なくとも制御されたように見えた。このことがマルクス主義者たちには説明すべき難題となった。なにしろ、大量生産と機械化は五〇年代に加速しており、資本主義はかつてないほどに「過剰生産している」ようだった。

では、景気循環の弱まりをどう説明するのか？　過剰生産恐慌の解消のために広告が一九六〇年代に人気を高めていった一つの答えは、「矛盾」を解決するには、労働者を**消費者**に転換する導入されたという説だ。資本主義の「矛盾」を解決するには、労働者を消費者に転換することだ、とボードリヤールは主張する。財の過剰を避ける方法として、労働者をかついで、もっともっと欲しいと思わせるわけだ。新車や郊外のすてきな家がなければ絶対に生きていけないと信じこませるのだ。かくして資本主義は、ボードリヤールが「欲求への拘束、消費への拘束」と呼ぶものを浸透させていく。*7「労働力として大衆を社会化した産業システムはさらに前進して完成されねばならなかったし、消費力として彼らを社会化（つまりコントロール）しなければならなかった」。*8この種の強制的な欲望は、初めは取り込みを通じて浸透していくが、やがてシステムに特有の暴力があらわになるかもしれない。「いつの日にか法律がこうした拘束を公認する（三年に一回車を買い替える義務あり、というように）ことも夢物語ではない」。*9

ささいな問題が一つある。大量生産こそが財の余剰を生み出すのだとしたら、労働者に浸透させられる欲望は個人的なものや特異なものにはなりえない。生産される財は完全に均質なものだから、生み出される欲望もまた均質でないといけないのだ。スチュアート・ユーウェンが『意識操作』で主張しているとおり「大衆のコントロールには、人々がそこに住む世界と同様、機械の特質を帯びることが必要だった。行動が予測でき、自己決定を求める野心など持たないことだ。産業機械が規格品を製造するにしたがい、消費化の心理学としても『大衆』は『精神的・社会的特徴がほとんど同一』という概念をでっちあげようとした」。*[10]

したがって消費主義は堅固な順応のシステムでなければならない。いかなる規範からの逸脱も許されない。なぜなら大量生産によって生み出された商品の過剰を解消するために、人々に偽の欲求が植えつけられる必要があるからだ。だから消費主義は、ボードリヤールが「生産機械の要請と合わせて人類の消費を大衆化する試み」と呼ぶものから生じている。*[11]ここでシステムの「全体主義的論理」が明らかになる。*[12]消費の欲求は生産システムの機能的要請に命じられるものだから、「システムは、諸個人をシステムの要素としてだけ生産し再生産する。そこには例外はありえない」。

ここが消費主義批判とカウンターカルチャーの反逆の理論の接点だ。この見方によれば、システムは工場でもスーパーマーケットでも例外を許さない。大量生産がつくった商品の過剰を吸収するためには、機能的に「欲求」を負わせる絶対的に単一のシステムが求められる。それゆえ規格外の消費行動は政治的にラディカルだとみなされる。労働者が割り当てられた仕事を拒むことで組み立てライン全体を止められるように、消費者はそこで買うように言われた店で買い物をしないだけでシステムを崩壊させることができる。

そしてここに、**反逆の消費者**の誕生を見る。

マルクスの恐慌論

これは魅力的な説だ。多くの賢い人たちが納得してきてもいる。一つだけ問題がある。経済学上の基本的な誤りに基づいていることだ。つまり一般的過剰生産などというものはない。過去にも、現在にも、あったためしがない。

現代の経済学者は左派も右派も、資本主義は過剰生産恐慌を免れないというマルクスの主張を認めてはいない。残念ながら、誰かが消費主義の批判者に知らせるのを忘れたのだ。そうしてボードリヤールやユーウェンなどの理論が流布され、真に受けられつづけている。学問版の都市伝説に等しいものに基づいているというのに。

マルクスの恐慌論の問題点は、市場経済が基本的に交換のシステムであるという事実を無視していることだ。財は貨幣と交換で売られるが、貨幣そのものは消費されない。他者から他の財を買うために使われるだけだ。結果として、財の供給は他の財の需要を構成する。結局つねに総供給と総需要は同じになる。これらは同じものを二つの異なる角度から見たものにすぎないからだ。というわけで、一つの特定の財が他の財に比べて「多すぎる」ことはありうるが、財が全体として過剰になることはありえない。

この関係は、貨幣が交換の媒介に用いられることで、わかりにくいのみならず複雑にもなっている。だから貨幣の問題はさておいて、純粋な物々交換経済を考えることから始めるのは有益である。このような経済では総供給はつねに総需要と等しくなる。財がつねに他の財と交換されるというだけの理由からだ。さて、僕が靴屋を始めることにしたと仮定してほしい。靴を一足つくるごとに、経済における商品の総供給は増加する。しかし僕のプランは明らかに、それを譲り渡すことではない。靴屋として営業しつづけるつもりなら、靴の完成品を衣食住その他の生活必需品と交換することが必要だ。そのため売り物の靴を持って市場に入るとき、財の供給を増すだけでなく、まったく同じ量だけ他の財の需要を増してもいる。この関係は偶然ではなく、概念に基づくものだ。一つの財の供給の増大が他の財の需要の増大をもたらす理由とは、一つの供給がすなわち他の需要であることだ。財は財と交換されるのだ。

僕が売る靴によって増加される需給の正確な量は、ほかの人たちがどれほど靴を欲しがるか、したがって靴を得るために、どれほどのものを手放すにやぶさかでないかで決まる。これが靴の〔相対〕価格の決定要因だ。需要が足りなければ、〔相対〕価格は下がる。供給が足りなければ、〔相対〕価格は上がる。これが部分的な過剰生産または過少生産という表現をするゆえんである。しかし、すべての財の総供給と総需要とは同じはずだから、全体的な過剰生産または過少生産という言い方は意味をなさない。靴が多すぎることはあっても、財が多すぎることはありえない。

これで経済学者が一国のGDPを計算するときに、二つの方法いずれかを使える理由の説明がつく。その経済で売られた財とサービスの総価値を合計してもいいし、稼得された収入の総額を合計してもいい。この二つは、ある人の購入はほかの人の収入というだけの理由から、同じ額になるはずだ。また、たとえば移民の流入が失業を生み出してはいないわけの説明にもなっている。新しい移民が労働力を供給しようと思うなら、まったく同じ規模で経済内の他の財の需要が増えることになる。だから移民によって一つの特定の種類の労働力が供給過剰になることはあるが、全般に労働力が過剰に生み出されることはない。

この観点から、資本家が賃金を下げることで自身の生産物の市場を自らなくしているというマルクス主義の主張について考えていこう。これは個別の投資家にはあてはまるかもしれないが、投資家全体に言えることではない。ある投資家がパン焼きの事業に従事していると仮定しよう。彼は新型の自動ミキサーを導入し、従業員をレイオフして賃金総額を週あたり一〇〇〇ドル減らすことができる。当然、彼の労働者たちはパンを食べるから、こうした賃金削減によって資本家自身の生産物の需要は減る。これは悪循環の始まりではないのか。資本家はマルクスの示唆した「矛盾」に陥っているのではないか？

そんなことはない。減らされる賃金一〇〇〇ドルは消えてなくなりはしない。おそらくは利潤という形で資本家が受け取っている。彼はこのお金をどうするだろうか。使うか蓄えるかだ。賃金が減ればパンの需要が減る一方で、資本家はそのお金を使うときに、他の企業が生産した他の生産物の需要を増やしている。だから賃金の削減はこの経済全体から一〇〇〇ドル分の需要を奪ってはおらず、ある部門から別の部門へ（つまり労働者が買う傾向がある財から資本家が買いたがる財へと）移すだけだ。貯蓄する場合も状況にさほど変わりはない。銀行は預け入れられたお金を受け取ると、改めて貸し出す。貸し出された投資家がそれを資本財に費やしたり、ほかの消費者がただ単に使ったりする。どのみち、財の総需要は賃金削減に影響されはしない。ある部門から別の部門へ移るだけだ。

資本家が賃金を一〇〇〇ドル減らす代わりに、他の費用はそのままで一〇〇〇ドル分のパンを余分に生産できる大量生産技術を導入した場合にも、まったく同じ話になりそうだ。このことで経済に不均衡は生じない（そしてきっと、このパンの余剰を吸収するために、もっと消費したくなるよう消費者を洗脳することが「システム」に必要になるわけでもない）。人々がもっと多くのパンを望まなければ、新しい技術によって一〇〇〇ドル相当の余分なパンを生産できるようにはならず、五〇〇ドルとか一〇〇ドルとか五ドル分だけを余分に生産できるようにしかならない。いずれにせよ、この供給の増大を吸収するのに充分な需要があるかを確かめるだけのために、パンくずの最後の一片までどうなるかを追跡することに意味はない。この二つは会計上は同一なのだから、需要はあるはずだとわかっている。

僕がここで訴えたい原理は、経済学者からは「セーの法則」と呼ばれるものだ。残念ながら、セーの法則は三〇年代にジョン・メイナード・ケインズに痛烈に批判されて以後は、広く不信の目で見られている。しかしケインズの考え方は一般に誤解されてきた。ケインズが示したのは、貨幣が経済に導入されると事情はかなり複雑になるということだ。貨幣は、純粋に透明な媒介物ではない。価値の貯蔵手段としても機能する。たとえば、価格が下がると思ったら、すぐに現金を使うのではなく持っておこうとするかもしれない。そのため、貨幣を他のすべての商品から切り離されたものとして扱う場合に、貨幣の需要の急激な上昇は、他のすべての商品の需要の急激な低下のように見えるだろう。裏を返せば、貨幣の需要の急上昇は他のすべての商品の供給過剰のように見える。そのせいでマルクスは、景気後退が一般的過剰生産によって起こると、誤って考えるようになったのだ。ケインズは景気後退が起こるのは「財が多すぎる」からでなく、むしろ「通貨が足りない」からであることを示した。したがって、そのような需要不足の解決策は、財の需要を増やすために消費者に新しいニーズを植えつけることではない。それはただ、もっとたくさんの貨幣を流通させることだ。これはまさに、第二次世界大戦後の西側諸国が次々に採用していって、景気循環を見事に乗り切ることを可能にした改善策であった。広告はそれにはまったく関係がなかった。

困ったことに、ケインズの診断は、あたかも経済の総供給に対する総需要の不足というものがあるかのように、景気後退期に「需要の刺激」が話題にのぼるのをごくありふれたことにした。だが実際のところ、景気後退期に生じるのは、貨幣を除外したすべての財の需要不足とあいまった、取引の数量の減少である。政治家が消費者に、経済を救うために買い物に出かけるよう促すとき、現実には新しい需要を生み出そうとしているのではない（需要が増大するのと同じだけ供給も増大するのだから）。目標はもっぱら、ふたたび、貨幣を流通させることだ。

一般大衆は言うまでもなく、悲しいかな政治家の大多数が、このことを理解していない。それがマルクス的な消費主義理論を繁茂させた肥沃な土壌となっている。消費主義の批判者は、消費と生産を二つの互いにまったく独立した過程のように扱うことにこだわる。例として『アドバスターズ』誌は、年に一度の無買デーを設けるキャンペーンを展開して、世界の注目を集めてきた。これは人の総所得はどのみち支出されるという事実を無視している。当人が使わなくても、銀行に預けられたそのお金はほかの誰かが使うのだ。消費を減らせる唯一の方法は、生産への貢献を減らすこと。とはいえ、年に一度の無収入デーというのは、どうも同じ響きがしない。

同様の誤りは、雇用を創出するという理由で消費主義を擁護する側の主張にも見られる。彼らは、支出を減らす人たちが失業を生み出していると非難する。支出を減らすだけでは労働力の総需要を減らしはしないことを忘れている――節約したお金はただほかの誰かに使われるだけだ。本当に削減するには、あまり働かずに収入を減らすしかない。この場合、労働力の需要を減らすことで「失業を生み出して」はいるが、カットしているのはほかの誰でもない、自分の仕事である。自分の消費がほかの人を助けると考えるのは、あくまで希望的観測だ。慈善事業に食料を寄付するのと、自分で自分を食わせるのとでは道徳的に同義ではない。どんなにそうであればいいと願ったとしても。

ヴェブレンの洞察

順応としての消費主義説の魅力の一つは、消費財が永続的な満足を与えられないことの説明に役立つことだ。そもそも本当はこうしたものが必要でないなら、結局は不満に思うわけも少しは理解しやすい。しかし、もっともな説明はほかにもある。第一に、発展途上国では経済発展が全体的な幸福度を大いに高めていることは注目に値する。成長がもはや幸福を増進させなくなるのは、社会がとても豊かになったあとのことだ。第二に、とても豊かな社会においても、相対的な豊かさと幸福度にはまだかなり強い相関がある。お金で幸福は買えないとはいえ、ご近所よりも金持ちであることは将来の見通しを大いに改善する。

この所見は、一九世紀末にソースティン・ヴェブレンが展開した消費社会批判の中核をなしている。ヴェブレンの分析は多くの点で、二〇世紀に唱えられた理論よりもはるかに洞察に富んでいる。ヴェブレンの見方では、消費社会の根本問題は、人間の持つニーズが人工的であることではなく、生産財が相対的成功の表示として、その固有の特性としてよりも高く評価されることだ。[*13] 社会がごく貧しいときには、生産能力の上昇は、清潔な水や栄養価の高い食べ物、そこそこ住める家などの「主要」財の生産にほぼ直結している。だから経済成長は初めのうちは個人の満足に、目に見えて永続的な増進をもたらす。ところが、こうした基本的なニーズがひとたび満たされると、財はどんどん「名誉を表わす」特性で評価されるようになる。衣服はごてごてと飾りたてられ、住宅は広くなり、食品調理はより手が込んできて、宝飾品が登場しはじめる。これらの財はすべて社会的地位の表示として機能する。

問題なのは、「有形」財はみんなの幸福の増進を生み出すのに対し、地位はもともとがゼロサムゲームだということだ。ある人が勝つためには、誰かが負けなければならない。地位を上げるには必然的にほかの誰かを——あるいはみんなを——蹴落とすことになる。そういうわけでヴェブレンによれば、威信を高める財《プレスティージ・グッズ》の生産に時間と労力をつぎこむのは「浪費」である。しかしヴェブレンは、そのような支出を浪費と呼ぶことには「消費者の求める動機や目的に対する非難はまったく含意されていない」ときちんと断っている。*14 それが無駄だという理由は、みんながすると、結局みんながふりだしに戻ることになるからだ。したがって、この時間と労力の支出で「全体としての人間の福祉」が改善されはしない。*15

これは清教徒きどりではない。ヴェブレンの考えでは、消費主義の本質は、集合行為の問題、つまり囚人のジレンマだ。この議論の有効性を見るために、二人の医師の例を検討していきたい。二人とも通勤用の車は、控えめなホンダのセダンだ。『アメリカン・ビューティー』の不動産王バディ・ケーンの、成功するには「いついかなる時も成功のイメージをふりまかなきゃならない」というモットーを二人とも信じている。そして、せめてBMWレベルの車を持っていないと医者は患者から信用されそうにない、と思っている。もちろん、老後に備えて多少は貯蓄もしておくべきだろう。だが、それはずっと先のことに思える。しかもいま新車を買えば仕事にプラスになり、あとでそれだけ貯蓄もしやすくなるはずだ。

このように、どちらの医師もあっさりとBMWを買うように自分に言い聞かせる。だが、これは仕事にプラスになるのか？　この作戦が功を奏すのは、すべての医師が同じことをしない場合だけだ。みんながみんなBMWを買いに走ったら、患者にはなおも医師を一人選ぶための基準がない。どの医師もホンダに乗っていたときと状況は変わらず、ただ単に貯蓄が減って、車の支払いに多くを費やしているだけだ。ほどなくBMWは新米レベルの車としか見られなくなり、地位を上げるには、もはやベンツかジャガーを買うしかない。しかし、これでほかの医師たちも後れをとらないよう同じ支出を強いられる。またもや、結局みんながふりだしに戻るはめになって、全体としての幸福が増進されることはない。

かくして、社会全体がより豊かになるにつれ、消費者行動はどんどん軍拡競争と構造が同じになってくる。隣りから聞こえる音楽を消すためにステレオの音量を上げるようなものだ。初めは本当に快適になる――もう隣家から騒音は聞こえない。問題が生じるのは、これに反応した隣家のステレオの音量がさらに上がったあとだ。同じ原則が消費者にもあてはまる。消費決定から永遠の幸福は生まれないが、それは消費者が愚かで、不合理で、洗脳されているせいではない。ただ単に集合行為の問題に陥っているだけだ。

ただし、この競争は、出世や成り上がることを望む人たちに限ったことではない。特に隣人への対抗意識はなくても「見苦しくない」生活水準を保ちたい人なら、年を追うごとに支出が増えていくはめになる。こうした人たちの消費は「防御的消費」という形をとる。おおむね不面目を避けようとしているだけだからだ。つまり世間に後れをとるまいとしているのだ。だが軍拡競争の例が示すとおり、装備を整える目的が防御か攻撃かはどうでもいい——結果は同じことだ。ある人のまともな生活の基準を保とうという努力は、ほかの人たちに、優位を得るためにもっと多くの支出を強いるばかりである。だから消費習慣は、下層の者たちがどんどん競争に加わるにつれて、社会階層を下向きに伝わっていく傾向がある。

消費主義の勝利は消費者のせい

現代の消費主義の特質を説明する段になると、ヴェブレンは明らかに核心を突いている。この説の先見性は怖いほどだ。そして問題の診断がずばり的中しているばかりか、その重大さを軽減するきわめて実践的な方法もいくつも提示している。それにもかかわらず、進歩主義的左派は二〇世紀のほとんどを費やしてヴェブレンの考えに抵抗しようとしてきた。ある意味、大衆社会批判そのものが、ヴェブレンの思想に対してマルクス主義を救出し、守ろうとする試みと言えるだろう。

なぜヴェブレンにこうも敵対するのか？　左派から見れば、ヴェブレンは一つの重罪を犯しているからだ。すなわち消費主義は消費者のせいだとしている。もっと具体的には、あらゆる社会階層における競争的消費により既存の社会階層が能動的に維持されていると主張している。ヴェブレンによれば消費主義は、狡猾なブルジョワが労働者階級に押しつけているものなどではなく、労働者階級が（そうすることが労働者の集団的な利益にはならないにもかかわらず）自発的に参加し維持しているものだ。労働者が資本家を駆逐したかったならば、長年受け取ってきた賃上げ分の一部を貯めるだけで、これまでにたやすく駆逐できていたはずだ。しかし、そうしないで、消費財にめいっぱい金をつぎこむことを選んだのだった。

実際、あとのために貯めるよりいま使う傾向を過剰な消費主義の特徴と見るのであれば、消費主義は金持ちより貧しい人にとっていっそう悪いものだ。平均貯蓄性向は、幅の広い中流層（かなりの可処分所得を持っている）よりも富裕層のほうがはるかに高い。ヴェブレンの理論はこのことを明快に説明する。ほかのあらゆることがそうだが、社会的地位は限界効用逓減に支配されている。[*16] 持っているものが少なければ少ないほど、それを得るために多くを支払うことを辞さない。だから地位が低いほうのグループは高いグループと比べて、収入のより大きな割合を競争的消費につぎこむ用意がある。上流の人たちはすでにとても高い地位を手にしているから、もっと上をめざすために多くを犠牲にするつもりはない。それに反して、下流の人たちはそのつもりでいる。

これは不穏な示唆であり、激しい拒絶反応を引き起こした。ヴェブレンをはねつける第一の戦略は、洗脳としての消費主義理論のバリエーションである。単純な例としては、人が高い車を買いたがるのは、それが欲しくなるよう広告にプログラムされているからだ。ヴェブレンは、そういう車を欲しくなるのは他の消費者との競争に巻きこまれるからだと指摘する。洗脳理論の高度なバージョンは、これを認めつつも、消費者がこの競争に巻きこまれるのは、もっぱら広告によって競争をあおられたからだと切り返す。つまり、羨望をかき立てたり社会的地位への不健全なこだわりを促して、広告が競争的な消費を創り出している、いや、していいるとの主張だ。地位の追求は「体制」から消費者に植えつけられた、もう一つの人工的な欲求とみなされている。

この議論はまた、あからさまな地位へのこだわりを避けるだけで競争的消費から「抜け出す」ことができる、という無益な提言にもつながっている。世間並みを顧《かえり》みなければ、消費主義に対抗することができる、と。あいにく、事情はそんなに単純ではない。たとえ羨望や地位へのこだわりが純粋に資本主義システムの産物であっても（かなり疑わしい）、抜け出す方法がないことがしばしばだ。たいていの人は競争的消費というと「攻撃型」の戦略だと思う。いささか暴走して、家族のみんなに相場より高いクリスマスプレゼントを買った人について考えよう。これでこの人はいっそう気前がよく、愛情が深く見えるが、それではほかのみんなは前よりそうでないように見えてしまう。この攻撃型の戦略によって防御型の対策が要請される。翌年には家族のみんながプレゼントに例年より多くのお金を費やさねばならないだろう。それは一歩先んじたいからではなく、元の地位を取り戻したいだけなのだ（この「軍拡競争」は、しまいには軍縮条約――たとえば「シークレット・サンタ協定」というような――が必要になるまでエスカレートしつづけるかもしれない）。

そんな出来事が引き起こされるには一人の人物、一つの「攻撃的」消費があれば充分だ。ほかの家族は地位にこだわってはいない。けちに見えないようにしたいだけだ。だがヴェブレンの見方では、社会レベルで競争的消費をかき立てる動機は概してこれほど無邪気なものではない。消費の平均値は、ヴェブレンが「世間体の金銭的な標準」と呼んだものを決める評価基準となる。これはつまり、そこを下回ると「恵まれない人」（または今風に「トレーラー住まいの貧乏人」）とみなされる支出の最低限度のことだ。社会学者たちは三〇年以上にわたって、人がまずまずの暮らしに必要な「絶対最小値」をいくらと考えているのか追跡してきた。時とともにその金額はじりじりと上昇して、全体の経済成長率をほぼ正確に反映してきている。だから、とても貧しい人でさえも動く標的を追っている。

そのうえ、防御的消費の多くは地位とは無関係だ。ほかの人の消費から生じる迷惑から身を守るだけのために競争的消費を強いられることは多々ある。たとえば、北アメリカのあちこちの地域で、小型車を買うのに二の足を踏むほどに、道路を走る大型SUVの数が増えている。SUVと普通車が衝突した場合の殺傷率を見ると、死亡事故全体の八〇パーセントで死亡しているのは普通車に乗っていた人だ。[*17] SUVのせいでほかの運転者にとって道路が非常に危険になっているので、誰もがもっぱら自衛のために大きめの車を買うことを検討せざるをえない。

これが、すべての競争的消費から人々がただ抜け出すことを期待するのが現実的ではないという理由である。個人への負担がとにかく大きすぎる。SUVはあからさまに底辺への競争を生じさせている。事故に遭ったら、自分がぶつかった相手よりも大型でがっしりした車に乗っているほうがずっといい。そうして誰もがほかのみんなより頑丈な車に乗ろうとして、車の平均的サイズがどんどん大きくなり、みんなにとって道路がさらに危険になっていく。誰かがこの競争を終わらせるべきだと声をあげるのは、それはそれで立派なことだ。だが当面のあいだ、SUVは道路から消えそうにない。では、あなたは準小型車を買うことでお子さんの命を危険にさらすのもやむなしとするだろうか？

競争的消費のとても多くが防御的な性質のものだから、人々は自分の選択を正当と感じ、その結果の責任はないと思っている。残念なことには参加している誰もが、当人の意図にかかわらず、まったく同じだけ問題に寄与している。なぜSUVを買ったのかは——ほかの運転者を怯えさせたいからであっても子供を守りたいからであっても——関係なく、あなたはさらにほかの運転者たちがこの自動車の軍拡競争から抜け出しにくいようにしたのだ。消費主義に関しては、意図は重要ではない。肝心なのは結果である。

都会の家はなぜ高い

不動産価格を決めるのは「一に立地、二に立地、三、四がなくて五に立地」とは一般によく言われることだが、どの程度これが真実なのかはたまに忘れられてしまう。トロント中心部の僕の家は築一〇〇年以上たっていて、幅が一五フィート強（約四・六メートル）、床面積が一二〇〇平方フィート（約一一〇平方メートル）ほど。一般的な三階建てテラスハウス——ほとんど同じ造りの二二戸の住宅が同じ区画に並んでいる。このごろ、不動産市場はきわめて活況を呈しており、それでこの並びの家は四〇万ドル以上で売られている。もちろん、別の立地では同じ家にこれほどの価値はつかない。実際、道をちょっと行った先のオンタリオ州ハミルトン市では、同じ広さの土地に建つ同じ造りの家が、六万ドルもあれば買える。

明らかに、都心の不動産価格は住居の建設に使う材料とはほとんど関係ない。どれだけ多くの人がそこに住みたいかに関係している。都会で家を買えば、すぐこのことに気づく。人気の場所に建つ家には多数の入札があることもしばしばだからだ。したがって、住宅の最終売却価格は、もっぱらほかの潜在購買者よりどれだけ高い値をつけられるかで決まる。しかし、宅地開発業者がもっと多く家を建てて住宅価格の上昇に対応することは可能だが、好立地をもっとたくさん創り出すことは不可能だ。都心の不動産が元来不足しているのは、都心にはたいていの人がいたがるというだけの理由からだ（でなければ都心ではない）。そのため好立地の探索は、地位の追求と同様に、ゼロサムゲームにきわめて近くなっている。公立学校の質が地域によって変わるせいで、消費者がよい学区に入るために競争しあってもいるアメリカでは、状況はいっそう悪い。結局、お金でよい地区の住まいを手に入れる人たちは、お金を払えない、もしくは払う気がない人たちを容赦なく追い出すのだから。そんなわけで、望ましい不動産の入手は相対的な支払い能力で決まる。勝者がいれば必ず敗者がいる。これが競争的消費でなくていったい何だというのか？

これは都心だけで起こることではない。郊外に家を買う人たちは概して、地方ならではの広々としたスペースや生活の質と合わせて、都会へのアクセスのよさを求めている。だが、それを実現できるのは都市の周辺だけなので、新たな郊外住宅開発はどれも既存の宅地を避けて行なわれ、おなじみのドーナツ状に都市が拡大発達している。つまりスプロール現象は、好立地の追求が引き起こす底辺への競争なのである（「いっさいの煩わしさから解放されたい」と思っている人でさえも競争に巻きこまれる。手つかずの自然や人里離れた土地を所有したがる人は誰でも、ほかの人が同じことをするのをとても困難にしてしまう。ほかに車がない道を走りたがるようなものだ）。

こうした例が示しているとおり、競争的消費は往々にして、人々の動機とは関係がない。求める財の性質それ自体により課されることが多い。フレッド・ハーシュは著書『成長の社会的限界』で「物的」財と「局地」財とを区別すべきだと主張した。紙、家、ガソリン、小麦といったもの――物的財――が不足するのは、もっぱら生産するのに、時間、エネルギー、労力を要するからだ。そのために、もっと時間、エネルギー、労力をつぎこむ意志があれば、もっと多くを生産することができる。しかし元来、不足する財もある――たとえ望んでも、もっと多くは生産できない財のことだ。数量は限定されているから、このような局地財の入手は、つねに相対的な支払い能力で決まるのだ。地位は間違いなく、局地財の一つの類型である。不動産もそうだ。

当然ながら、ほとんどの財は物的な性質も、局地的な性質も持っている。どんな財でも「競争的プレミアム」がつくと考えられる。あるレストランがとても人気が高いとすると店が混みあって、客はテーブルを確保するのが難しくなるだろう。多すぎる客を減らそうと、経営者は値上げで対応するかもしれない。そのようにして、レストランの料理にはいまや競争的プレミアムがつけられている。勘定の一部は料理に、また別の一部はそこで食事をしたいほかの人たちを締め出すために使われる。都市ではあなたが向かうところどこでも、この種の競争的プレミアムは存在する――スポーツジムにも、映画館にも、美容院にも。多くの意味で、都市は一つの巨大な競争なのである。欲しいものを見つけたら、ほかにそれに殺到し、手に入れようとする人もまた何十人と見つかる。腰を据えて計算してみれば、平均的な都市居住者の収入のほぼすべてが競争的消費につぎこまれているとすぐわかる。僕の家の競争的プレミアム――立地のために払っている金額――は最低でも三五万ドル。月単位で手取りの収入のおよそ半分を純粋な競争的消費につぎこんでいる勘定だ――僕は文字どおり、自分の住むところに住みたがっているほかのすべての人たちを遠ざけるためにお金を払っている。

徒歩で通勤できることを心から楽しんでいるのでなければ、僕は引っ越すだろう。いまの家は、僕が教えている大学のキャンパスまで、ぶらぶら歩いてほんの一五分のところだ。もちろん、やはりトロントの中心部で働いていて、歩いて通勤したいと熱望している人は何十万人もいるだろう。しかし、緑の豊かな地域をすべて整地して次から次へと高層マンションを建てでもしないかぎり、そんなことは不可能だ。では、緑の豊かな地域に住んで、しかも歩いて通勤できる喜びを得られる人をどうやって決めるのか？　僕らは互いに値を競いだす。宅地の価格を押し上げる。値が上がるにつれ、払う余裕のない人や徒歩通勤の楽しみにそこまで払う気はないという人が脱落していく。値はどこまで上がるだろう？　こういう贅沢に人々がいくら支払う用意があるかによる。上限はない。ざっと計算すると、僕のささやかな徒歩通勤の潜在的コストは一回あたり軽く一〇〇ドルを超える。

この演習のポイントは、競争的消費に従事しているかどうかの問題は、その人が競争的消費に従事していると考えているかどうかにはまったく関係がないと示すことだ。競争的消費は必ずしも衒示的消費ではなく、羨望に動機づけられていなくていい。郊外のもっと広い家とともに、自動車通勤しなくてはならない埋め合わせとしてポルシェを買うほうが、僕にはずっと安上がりだ。それはかなり衒示的な買い物であって、職場に乗りつけたら、同僚全員から非難のまなざしを向けられるに違いない。だが、徒歩出勤のほうがはるかに高いのだ。ただ、とても非衒示的な形態の競争的消費というだけだ。あまりに非衒示的でほとんどの人は気づきもしないか、それが消費だとは思わないのである。

人間の生活の質を決めるのに局地財の入手が果たす役割の重要さを考えると、なぜ経済成長が幸福と絶対的な富とのつながりを断っているのかを理解しやすい。極貧の国では、根本問題は国民に物的財が欠けていることだ。経済成長はこれらの財の供給を拡大でき、そうして国民の福祉に永続的な改善をもたらす。それに対し、先進社会では、物的欠乏はほぼ解消され、標準的な消費者の収入はたいてい局地財に費やされている。だが局地財はもともと不足するものなので、経済成長でその供給が増えることはない。たとえ僕が昇給したとしても、近所のみんなが同じだけ受け取っていたら、もっといい家やもっと豪華な車を買うことはできない。ただ価格が上がるだけだ。さらに、こうした局地財を勝ち取る探求のため、消費がますます増えるかもしれない。通勤距離がどんどん長くなり、子供にいくつもの習い事をさせ、家の模様替えをたびたびするようになる。経済成長は、人間の欲求を満たすための生産システムというより、巨大な軍拡競争のように見えてくる。

ハーシュによれば、このため先進社会の経済成長は、中流階級の欲求不満を減らすよりむしろ悪化させがちになった。初期の工業化は、かつて金持ちだけに許されていた特権の多くを国民全体が享受できるようにしたことで、非現実的な期待を生み出してしまった。こんな時代はもはや遠い昔である。「金持ちが今日持っているものを彼ら以外の者に明日入手させることは、もはやできはしない。それにもかかわらず、われわれは個々に富んでいくにつれ、それができるのを期待する」[*18]。グッチのバッグを買えるようになるころには、世間はプラダの方向へ進んでいる。アルマーニのスーツ代が払えるようになるころには、次はカナーリが大ブームだという。これは偶然ではない。これが経済の牽引力である。

「差異」としての消費

一般大衆はとんでもなく悪趣味なことに、お気づきだろうか？　ほら、認めなさい。トマス・キンケイド（「光の画家」）、アメリカで最もよく売れる視覚芸術家の絵をちょっと見てもらいたい。あんまりひどくて、言葉では表わせないほどだ。あるいは、よくある家具の大型安売り店、しょっちゅう「お支払いは二〇三八年から」などと広告しているたぐいの店へ出かけていって、お宅の居間に置くにやぶさかでない家具を一点でも見つけ出してほしい。あるいは、全世界で売れている器楽奏者ケニー・Gのアルバムを最初から最後まで聴いてみてほしい。いかにも都会的なセンスの持ち主なら、この経験は不快というだけではない、間違いなく苦痛に感じるだろう。

僕は北米のあちこちでかなりの数のトレーラーハウスを訪れている。またニューヨークシティの相当数のアパートメントにも行った経験がある。たいていのトレーラーハウスはニューヨークのアパートよりもかなり広くて快適だ。それでも、平均的なニューヨークのアパート住民はトレーラーハウスに住むというと正気を失いそうになる。なぜか？　バスルームのリノリウムの床から、前の芝生に転がった荷馬車の車輪、お隣りさんの襟足だけが長い髪まで、雰囲気が救いようがないくらいダサいのだ。問題は、どちらが先かということだ。貧しい人は貧しいから、そんな悪趣味になったのか？　貧困のせいで美的経験が得られず、それで健全な判断力が育まれなかった？　それともその逆で、あるスタイルがダサいと考えられるのは、貧乏人が選ぶものを金持ちが遠ざけたがるからこそなのか？

美的判断に関してよくある見方は、社会学者のピエール・ブルデューが「自然な趣味というイデオロギー」と呼ぶものに支配されている。[19] この見方によれば、美しいものと醜いもの、趣味のいいものと悪いもの、ハイセンスなものとダサいものの違いは、モノ自体に存する。へたな芸術は本当にへたなのだが、ただ、それなりの生い立ちと教育のある人にしかそういうものとして見分けられないだけだ。しかし、ブルデューが指摘するとおり、このへたな芸術を感知する能力は、ほぼ奇跡的に階級特有のものとして付与されている。実際、ごく一握りの人たちしか持っていない。ブルデューが徹底的に実証しているように、この能力はほとんど社会の地位の高い人たちに集中している。下層民たちは一様にへたな芸術を好み、中流階級は断固として「そこそこの《ミドル・ブラウ》」趣味を持つ。

控えめな批判精神の持ち主でも、このパターンの明白な説明を理解することはできる。ヴェブレンははるか昔に気づいていた。「高価で、美しいとされる製品を使用したり、じっと見つめることから得られるとびきりの満足の大部分は、ほとんどの場合、美という名のもとに隠された贅沢さに対する感覚の充足である」[20]。これは人が花を愛でるときに明らかだ。すなわち「慣例的に、不快な雑草とみなされる美しい花もある。かと思うと、比較的手軽に栽培できる花は、この程度の贅沢しかできない下層中流階級に受け入れられ、愛でられる。しかし、こうした品種は、高価な花への出費も楽々まかなえて、花屋の扱う美しい高級品の詳細な目録によく通じている人たちには月並みだと拒まれる」[21]。

美的判断はつねに**差異**の問題だとブルデューは主張する。下等なものと上等なものを区別することだ。したがって、趣味のよさの多くは否定形で、「……ではない」という言葉で規定されている。「趣味とは」とブルデューは言う。「おそらく何よりもまず嫌悪なのだ。つまり他人の趣味に対する厭わしさや本能的な堪えがたさなのである」[22]。音楽の趣味なら、自分が聴くものは多くの点で、聴かないものほどに重要ではないわけだ。コレクションにレディオヘッドのCDが数枚ある、というだけでは充分ではない。セリーヌ・ディオンやマライア・キャリーやボン・ジョヴィを持っていないことも、きわめて重要だ。美術品に関しては、上品でメジャーすぎない複製画を数枚持つことは問題ない。『ポーカーをする犬』〔アメリカの画家C・M・クーリッジ作。労働者階級の悪趣味の象徴とされる〕は絶対許せない。

差異を土台としているので、美的判断は、社会の地位階層の再生産に並はずれて強力な役割を果たす。趣味とは単に趣味のよいものを高く評価するだけのことではなく、ダサいものを（そして、そんな差異を区別する能力のない人をそれとなく）低く評価することでもある。趣味のよさはその持ち主に、ほとんど揺らぐことのない優越感を与える。これが僕らの社会では、異なる社会階層の人たちは互いに自由に交流をしない主な理由である。互いに相手の趣味が我慢ならないのだ。もっとはっきり言うと、社会階層の上位者は、下々の者が楽しむものすべて（映画、スポーツ、テレビ番組、音楽など）を軽蔑しきっている。ブルデューはこう指摘する。「美学上の不寛容は、恐るべき暴力性を発揮しうる。異なる生活様式に対する嫌悪感は、おそらく階級間を隔てる最も越えがたい障害の一つだろう。階級内婚がその証拠である」。*23

社会の上層の人たちが美的に下等な財をあえて消費する場合は、とても皮肉なしかたで――この財が悪趣味だと当人はわかっていると周知させるように――することが不可欠だ。これがキッチュの本質である。この皮肉な距離ゆえに、これらの財の消費に伴う劣等感を味わわずに、下等な財を楽しむことができる。この皮肉な距離ゆえに、ただ単にブラックベルベット・ペインティング〔黒いビロード地に描く絵。キッチュな画題が多く用いられる〕やアーボライト社製のテーブルやトム・ジョーンズの歌が好きな人たちと混同されないよう差異を保つことができる。このキッチュの消費者は、たいがい誇張された消費スタイルを通して、「ふざけている」のだと周知させ、そうして優越感や消費している財を高める、あるいは「美化する」差異を保つのだ。

趣味は差異を土台としているので、誰もがみなよい趣味を持つことはできない。それは理論上（学生全員が平均以上の成績をとれないのと同じように）不可能だ。公立美術館や制作者への助成により、現代の政府は国民の美的教育の推進にかなりの資源を投じてきた。しかし、それで大衆の好みの全体的な質が向上しただろうか？　もちろん、していない。カナダのグループ・オブ・セブン〔一九二〇年代に活躍した風景画家の七人組〕やアメリカにおけるサルバドール・ダリのように、ある芸術の様式が大衆に人気を博すと、美的判断の基準ではあっさりと地位を下げられる。まさにその人気のせいで、こうした様式への称賛はもはや差異のもとにはならない。だから「趣味のよさ」はもっと近づきがたい、なじみの薄い様式へと移行する。

つまり、趣味のよさとは局地財である。他の多くの人が持てない場合にだけ、ある人が持つことができる。それは会員制ヨットクラブに所属するとか、都心で徒歩通勤するとか、手つかずの自然のなかをハイキングするようなことだ。そこには固有の競争論理が働いている。したがって、自分のスタイルや趣味を表明する物品を買う消費者は誰でも必然的に、競争的消費に参加している。

財が差異のもとになるときはいつでも、その価値の少なくとも一部は排他性から生じる。誰もが持てるわけではないという理由から、こうした財はその所有者を(事情通という)少人数のクラブの会員に認定して(まったく無知な)大衆と区別する。このように順応と差異化はつねにセットで機能する——自身を無知な一般大衆とは区別するために、会員制クラブの習慣や基準に従うのだ。困ったことだが、大衆社会批判では相関関係の誤った側に焦点をあててきた。消費プロセスを駆動しているのは順応への渇望ではなく、むしろ差異化の探求なのである。財の価値は、クラブの仲間から与えられる承認とともに会員であることに伴う優越感から生じている。しかし、うわさが広まって、その財を手に入れる人が増えだすと、それで与えられる差異は徐々にすり減っていく。このように、差異の探求は全体としては自滅的だ——誰もが持てるわけではないものを得ようと誰もが努めている。

当然ながら、この競争の結果として、どの消費者もしまいにはほとんど同じ商品を持つことになる。とはいえ、こうした順応は決して消費者の意図したものではない。消費者はバケツに詰めこまれたカニのようだ。一匹が逃げ出そうとするたびに、ほかのカニたちに引き戻されてしまう。バケツにとどまりたいわけではない。ただ、どれか一匹がバケツの縁に向かって進むなり、それを利用して自分はもっと先へ逃げようと、ほかのカニたちが這いのぼろうとするのだ。そうして、どのカニもふりだしに戻るはめに陥る。

ブルデューによる美的基準の考察は、地位へのこだわりと他人を羨むのをやめるだけで消費主義から抜け出せると、そしてヴェブレンが発見した問題を避けられると考えるのが、いかに甘いことかを示している。差異の感覚は、あらゆる美的判断に浸透している。何が美しくて何が醜いか、何がすてきで何がダサいか、何がイケていて何がイケてないのかに。スタイルを気にかける人は、まさにその事実によって攻撃的消費を犯している。そこから抜け出す道はただ一つ、そのような判断を購買決定に差し挟まないようにするしかない。

バーバリーがダサくなった理由《わけ》

二〇〇〇年はバーバリーというブランドの絶頂期だった。名高いバーバリーチェックが微妙なアクセントとして至る所に出現した。優美なウールのスカーフ、ジャケットの裏地、小さな留め金など。ブランドの起源はバーバリーのトレンチコートにある。第一次世界大戦時に英国将校のために開発され、その後はイギリス田園地帯の上品なライフスタイルに結びついた。バーバリーは一九九〇年代末に、貴族階級出身のモデル、ステラ・テナント（デヴォンシャー公の孫）を起用した華々しい販売キャンペーンでふたたび活気づいた。ほどなく専門店がバーバリーの服、サングラス、財布、靴、犬の首輪まで各種商品をとりそろえだした。

ところが二年とたたないうちに、バーバリーは悪戦苦闘していた。ブランド戦略担当のジョン・ウィリアムソンいわく、「大衆市場に打って出たとたん、誰が自社の商品を身につけるかをコントロールできなくなる*24」。イギリスでバーバリーがどん底に沈んだのは、リアリティTV番組『ビッグブラザー4』の出場者タニア・ド・ナシメントが毎週毎週、何百万という視聴者の前で、バーバリーのビキニとバンダナを着けて練り歩いたときだ。いい宣伝になる？　とんでもない。ナシメントが注目されたのは、主に女を武器にすると自慢していたのと、もし賞金を勝ち取ったら豊胸手術に使うと宣言していたからだ。

ブランドコンサルタントが言うように、問題はバーバリーが「あこがれの」ブランドであったことだ。貴族に由来する商品展開のおかげで社会階級の表示として機能できた。バーバリーを着ることは「私は流行より伝統的なエレガンスに関心がある」との表明だった。もちろん、ブランド復興の初めの数年は、国民の圧倒的多数がバーバリーとほかの銘柄のチェックの違いなど知らなかった。「通人」がほかの「通人」にメッセージを送るためにバーバリーを身につけて、互いを認めあう微妙な視線を交わした。バーバリーは差異の源泉となった。差異化は必ず包含と排除を伴う。優位にある内集団の一員であることの確認と同時に、劣位にある外集団の一員であることの拒否を伴う。

上品さで何より大切なのは、誰しもが持てるわけではないことだ。バーバリーは価格を非常に高く保つことでブランドの排他性を守ってきたかもしれないが、チェックに商標を課すのはきわめて困難だ。その結果として、猫も杓子もバーバリーのコピー商品を作りだした。チェックはたちまち一般大衆にも、つまりナシメントのような人たちにも手が届くようになった。バーバリーが培いたいと望んでいたブランドイメージにまったくそぐわないものを「上品さ」と考える人たちだ。そして、バーバリーをまとうことが「伝統的なエレガンスのほうが好み」ではなく「リアリティTVと豊胸手術が好き」というメッセージを送っているのかもしれないと考えるだけで、たいていの上流社会の人たちはブランドから離れていく。

この問題を定式化するもう一つの方法は、バーバリーは主流になりすぎて差異のもとして機能しなくなった、ということだ。そしてここに、大衆文化批判と消費主義の問題の明らかな接点が見いだせる。伝統的な大衆文化批判では、一般大衆とは群れの一部であり、組織の歯車であり、愚かな順応の犠牲者だという。浅はかな物質主義の価値観に支配され、中身のない空疎な人生を送る。体制の機能的要件を満たすために操られて、真の創造性や自由や完全な性的充足さえも享受することはない。そんなことを言われて、いったい誰が大衆社会の一員になりたいと思うだろう？　むしろ人々は自分は順応の犠牲者ではないと、単なる組織の歯車ではないと証明しようと、必死になるはずだ。そして言うまでもなく、これこそ大衆社会批判がいよいよ広まったときに人々がしようとしたことだ。

したがって、カウンターカルチャーの反逆——「主流」社会の規範の拒絶——は大きな差異のもととなった。個人主義が尊ばれ、順応が見下される社会では、「反逆者」であることは新たなあこがれの種類となる。「人とあえて違うことをせよ」と、しきりに言われたものだ。六〇年代には、ビートニクかヒッピーになることが、自分は堅物でも背広組でもないと訴える方法だった。八〇年代には、パンクやゴシックの服装が、プレッピーでもヤッピーでもないことを示す手だてだった。それは主流社会の拒絶を目に見える形で表明するやり方だったが、同時に自分の優越性の再確認でもあった。「おれは、おまえと違って、体制に騙されたりしない。愚かな歯車ではない」というメッセージを送る手段だった。

むろん問題は、誰もが上品にはなれないし誰もが趣味のよさを持てないのと同じ理由で、誰もが反逆者になれるわけではないことだ。みんながカウンターカルチャーに加わったら、カウンターカルチャーが単一文化になってしまう。そこで反逆者は差異を回復するために、新しいカウンターカルチャーを創出しなければならない。カウンターカルチャーの様式は非常に排他的なものとして始まる。それは「アンダーグラウンド」になっていく。独特のシンボル——愛の象徴のビーズネックレス、安全ピン、ブランドの靴やジーンズ、マオリ族のタトゥー、ボディピアス、車の車外マフラーなど——は「通人」間のコミュニケーションの核心となる。だが時の経過にしたがって、そうした「通人」の輪は広がっていき、シンボルはどんどん一般化する。必然的に、これらの標識が与える差異はすり減っていく――ナシメントがバーバリーブランドを安っぽくしたのと同様に。「クラブ」はだんだん選良ではなくなる。そのため反逆者は新しいものへ移行しなければならない。このように、カウンターカルチャーは絶えずモデルチェンジしつづけることになる。これこそ反逆者が、ファッションに敏感な人がブランドをどんどん取り替えるのと同じくらい速く、スタイルを選んでは捨てる理由である。

こんなふうにして、カウンターカルチャーの反逆は、競争的消費の主な駆動力になった。トマス・フランクはこう書いている。

「反逆」は「オルタナティブ」へのモデルチェンジによって、経済が加速させる一方の陳腐化のサイクルを見事な手際で正当化するという、従来の機能を果たしつづける。購買品でクロゼットをいっぱいにしたいという意欲は、見せびらかす商品が永久に変わりつづけることと、新しいものは古いものよりもいいとずっと思わされることに依存しているから、われわれは何度も何度も「オルタナティブ」は既存のものや以前のものより価値があると説得されなければならない。一九六〇年代以降は、ヒップが広告の母国語、「反体制」が、古い所有物を捨てて今年提供されることになったものを買うよう説きふせる惹句だった。そして年月を重ねるうち、反逆者はおのずとこの消費文化の核心をなすイメージとなった。目標も方向も定まらない変化と、「支配者層」――いや、もっと正確には「支配者層」に去年買わされたもの――を永久に許さない気持ちとを象徴して。*25

当然ながら、この消費を持続させるイデオロギーを保つために、「反逆の大衆」向けマーケティングは「取り込み」とすることが肝心だ。そうすれば果てしない陳腐化のサイクルは、局地財を求める競争の結果というより体制のせいにできる。

こんなふうに、取り込みの神話は「オルタナティブ」が昔からずっといい商売であったことを隠している。衣料雑貨のアーバン・アウトフィッターズのどの店舗でもさりげなく観察してみるだけで、この印象は裏づけられるはずだ。さらに、大衆社会批判では文化全体を抑圧と順応のシステムとして扱っているから、反逆のスタイルは数限りなく生み出せる。どんな規則でも破っている人がいれば、そこにはマーケティングの可能性がある。たとえばドラッグの売人の服装の好みは、何十年にもわたって「都会的な」スタイルを牽引してきた。街角に一晩じゅう立って一袋一〇ドルの麻薬を売るのは、体が芯まで冷える。

ふかふかのダウンジャケットを着て、ティンバーランドのブーツを履いたほうがいい。知らない人はいないファッションだが、ドラッグを買う人が多いからではなく、ヒップホップのスタイルとして知られているわけだ。それにNBA（全米プロバスケットボール協会）の選手が着ているものを見れば、トミー・ヒルフィガーブランドの最新コレクションがわかる。

あるいは、スケートボードについて考えていこう。『アドバスターズ』誌がスケートボードのサブカルチャーの特集を組んだのと同じ月、北米の興行収入ナンバーワン映画だったのは『ジャッカス』――もとをたどれば同じサブカルチャーから生まれた作品である。『アドバスターズ』で広められた写真は、スケートボードで損傷したり破壊された公園の休憩所、階段、歩道のクローズアップ写真を大きくとりあげ、スケートボーダーの破壊活動的な性格を強調した。だがスケートボーダーは企業の本部を破壊の対象にすることはない。公共財に損害を与えるだけで満足している。そして『ジャッカス』が証明したとおり、でたらめな愚行と破壊の市場はたしかに巨大である。この映画は劇場公開で六四〇〇万ドルを超えるヒットを記録したのだ。

「初めて『ジャッカス』のアングラなスケートボード精神の創造性を世に問うたときに、青少年の観客に受けるのはわかっていた」とMTVの番組編成部長ブライアン・グレイデンは言った。そのとおりだった。だがMTVとジョニー・ノックスヴィル（MTVおよび劇場版『ジャッカス』主演・共同製作）がスケートボード文化を「取り込んだ」と評するのは当を得ているだろうか？　取り込むためには、そもそもの始めに取り込まれるべきものがなければならない。「バカをやる」という伝統は、たしかにスケートボードのサブカルチャーの不可欠な部分である。ノックスヴィルとその仲間がやったのは、それの録画を始めたというだけのことだった。バカをやることは、ある意味では反権威主義だ。ルールを破っていることに――親にやるなと言われたあらゆることをしていることに――疑問の余地はない。そのうえ、会社員たちのすぐそばを通り過ぎたら非難の目を向けられるだろう。警備員に地所から追い出されるかもしれない。だが、それは破壊活動的なのか？　そんなことはない。せいぜい、おとなしい社会的逸脱の一形態でしかない。

スケートボードが最初に流行したのが一九七〇年代半ばだったのは、記憶しておくべき重要事項だ（いったい誰がバナナボードを忘れられようか？）。それは主としてローラースケートの（今度はディスコと連動しての）巻き返しのために先細りになって、そこから「地下」にもぐった（つまり不人気になった）。そのころには多くの町や都市で、歩道や中庭やショッピングセンターでスケートボードを禁止する条例が通過するところまで来ていた。そして次には、スケボーに反逆性が与えられて、警官や警備員が取り締まりを始めたり、「このくそだったものだ。

それ以来、スケートボードにまつわる反逆のスタイルはスポーツ産業の巨大な推進力になった（そこから派生したスノーボードが、瀕死の状態にあったスキー業界に文字どおり数十億ドルを注入したのはもちろんのこと）。人々はナイキが、広告にビートルズの歌「レボリューション」を使ったり、CMにウィリアム・S・バロウズを起用したりして、六〇年代の反逆を「取り込んだ」と非難している。しかし、もっぱら「オルタナティブなスポーツ」をもとに年商三億ドルもの事業を築いたヴァンズのような会社はどうなのか？　スケートパークとテニスコートを作ることに何か違いがあるのだろうか？　どれも大きな商売だ。アメリカでは二〇〇一年一月から二〇〇二年六月までの一八カ月間に一〇〇〇カ所以上のスケートパークが建造されたと見積もられている。一八カ月で一〇〇〇カ所ものスケートパーク？　なるほど一大産業だ。サブカルチャーの取り込みでもある？　違う。これを称して「大衆の要求への対応」という。まさに企業のなすべきことだ。それはこのサブカルチャーを破壊するだろうか？　もちろんだ。離れ業《エクストリーム》スポーツに本当に「過激な《エクストリーム》」ことなどはないのだから。ハーフパイプの選手が行なう技でフットボールほど危険なものはこれっぽっちもない。エクストリームスポーツとは単に、ただの体育会系だと誤解されたくない人のためのスポーツでしかない。体育会系がそれをやりだしたら、差異は失われる。そして何か新しいものへ移る頃合いとなる。

ナオミ・クラインのロフト

カウンターカルチャーの神話のおかげで、消費主義に何より反対している多くの人が、それにもかかわらず消費主義を推進するような行動に積極的にかかわっている。ナオミ・クラインの例を考えたい。彼女は著書『ブランドなんか、いらない』の冒頭で、トロントの工場街の自宅近くのビルが最近「ロフト住まい用」の分譲アパートに改装されているのを非難している。[*26] クラインは自分の住まいは本物だと、本当の倉庫ビルの最上階だと読者に表明する。いかにもな労働者階級らしさにどっぷり浸かりながら、都会のストリートカルチャーと「ロックビデオ並みの美意識」と彼女が呼ぶものが脈打っている環境だ。またトロントを知っている読者なら、彼女がいたのはキング・スパディナ地区だとわかるだけのヒントが与えられる。そしてカナダの社会階級がどんなかを肌で知っている読者なら、クラインが執筆していた時期にキング・スパディナ地区の本当の倉庫ビルの最上階というのは、この国ではまさに最も価値の高い――マンハッタンのソーホー地区のロフトにも匹敵する――不動産物件だったかもしれないと知っているはずだ。

ただし、トロントのローズデールやフォレスト・ヒルなど、ただ値が張るだけでお金を出せば住める地区と違って、クラインが住む地区の本物の工場のロフトは、優れた社会的コネのある人にしか得られなかった。なぜならこれらの建物は区画規制に違反しており、公開市場で買うことも借りることもできなかったのだ。ごく一握りの文化エリートにしか手に入れられなかった。

クラインにはあいにくながら、トロント市当局は、急速な都市の郊外化を抑えるための賢明で有効な方策の一環として、ダウンタウン全域を区画整理し、複合建造物を許可することにしたのだ。そうしてキング・スパディナ地区では、工業、商業、住居のどの用途の組み合わせも認められた。ほどなく地区の大規模な再開発が始まって、古い倉庫や工場が改装され、分譲アパートが建設され、レストランが新規開店するなどした。

しかしクラインの見方では、これは大惨事だった。なぜか？　この区画整理によって、ヤッピーでもお金さえ出せば彼女の地区に住めるようになったからだ。ヤッピーのどこがいけない？　この新参者たちはヤッピーである以外に、どんな罪を犯したというのだろう。彼らは「痛ましい新たな自意識」をこの地区にもたらしたのだ、とクラインは主張する。しかし『ブランドなんか、いらない』の序でひきつづき訴えるように、彼女もまた痛いほど環境を意識している。クラインによるこの地区の描写はこうだ。「二〇年代、三〇年代には、ロシアやポーランドからの移民があたりを行き交い、デリにたむろしてはトロツキーや国際婦人服労組について議論していた」。そして「有名な無政府主義者で労働運動家」のエマ・ゴールドマンが、彼女の住む同じ通りに住んでいたというのだ！　クラインとしては興奮しきりだろう！　それはとてつもなく大きな差異のもとに違いない。

ここで、クラインの不満の本質が見えてくる。ヤッピーの到来は、彼女の社会的地位の低下につながった。彼女の商業化に対する不満は、この差異の損失の表明にほかならない。数年前ならば「キング・スパディナのロフトに住んでいる」と言えば、聞く耳を持つ人にはきわめて明快なメッセージを送っていた。「私はとびきりクールなの。たぶんあなたよりもね」ということだ。けれども、十数棟も新しいアパートが建つと、そのノイズでシグナルがかき消される恐れがある。どうしたら、よくあるヤッピーのではなく「本物の」ロフトに住んでいると伝えられるのか？

クラインが見いだせる解決法はただ一つ。大家がビルを分譲住宅に改装すると決めたら、引っ越しをしなければならない。彼女はそれを自明のことのように語る。しかし大家がビルを改装すると決めたのなら、なぜ単に自分のロフトを買わないのか？（べつに、買う余裕がないわけではないのに）。もちろん、問題は、ロフト式アパートには「本物」のロフトと同じ特質が備わっていないことだ。クラインいわく、それは「やけに天井が高い」だけのアパートになっている。

かくて、本当の問題が明らかになる。クラインをこの地域から追い出しかねないのは、大家ではない。自身の社会的地位を失うという恐れだ。クラインが気づいていないのは、この地区の特質こそが不動産市場を動かして、住居の価値を生み出していることだ。人々がこうしたロフトを購入するのは、ナオミ・クラインのようにクールになりたいから、もっと具体的には、彼女の社会的地位にあやかりたいからなのだ。当然クラインとしては、おもしろくない。

ここに、競争的消費を動かしている勢力のきわめて純然たる形態を見ることができる。むしろ驚くべきは、こうしたことが反消費主義運動の聖典とされている本に現われながら、看過されてきたことだ。

第5章　極端な反逆

ユナボマーのメッセージ

産業革命とその帰結は人類にとって災厄だった。「先進」諸国に住む人々の平均寿命を大きく延ばしてはきたが、社会を不安定にし、生を満たされないものにし、人類に屈辱を嘗めさせ、精神的苦痛を（第三世界では身体的苦痛も）蔓延させ、自然界に重大な損害を与えてきた。テクノロジーの継続的開発はこの状況を悪化させるだろう。必ずやいっそう大きな屈辱を人類に味わわせ、いっそう多くの損害を自然界に加え、おそらくより大きな社会の混乱と精神的苦痛とをもたらし、「先進」諸国においても身体的苦痛を増大させることになるだろう。

だから、われわれは産業システムに対する革命を主張する。この革命では暴力を行使するかもしれないし、しないかもしれない。突然に起こるかもしれないし、数十年にも及ぶ比較的ゆるやかなプロセスとなるかもしれない。どうなるか予測することなどできない。しかしわれわれは、産業システムを憎んでいる人々がこうした社会形態に対し革命の道を用意するために取らねばならない手段を、非常に大まかに概略する。これは政治革命にはならない。目的は政府の転覆ではなく、現行社会の経済・テクノロジーの基盤の転覆になるだろう。*1

これは「ユナボマー・マニフェスト」の書き出しのパラグラフからの引用である。ユナボマーは一九八〇年代から九〇年代にかけて全米各地の有名な研究科学者、技術者、業界ロビイストに――「社会のテクノロジーの基盤」を再生産する責任者たちに――小包爆弾を送りつけ、悪名をとどろかせた。爆弾は巧みに隠され、日用品に偽装されることが多かった。葉巻の入った箱や本に見せかけて、開くと爆発する発火装置をつけてあった。小包を運ぶ航空機がある高度に達すると爆発する、感圧式の発火装置を搭載した例もあった。

警察はユナボマー事件で一五年以上も成果が出せなかった。進展があったのは一九九六年、爆破犯が匿名で当局に連絡をとってきて、『ニューヨーク・タイムズ』か『ワシントン・ポスト』に犯行声明文を載せるなら爆弾作戦はやめると持ちかけたのだ。賛否両論のなか、両紙はこれに同意した。マニフェストが新聞に掲載されたとたん、ユナボマーの弟が兄の文章だと気づいて通報した。この情報提供によって、警察はモンタナ州リンカーン近くの山小屋にたどり着いた。ユナボマーことT・カジンスキーは一九七九年以来、そこで電気もなく、野菜を自家栽培し、ウサギを狩り、精巧な手製爆弾をこしらえる生活を送っていた。

「ユナボマー・マニフェスト」が発表されたとき、多くの左派はいささか驚いたことに、これにほとんど異論がなかった。この論文には、おなじみのカウンターカルチャー的批判の要素が含まれていた。現代テクノロジーが全体的支配と統制のシステムを生み出した？そうとも。自然が組織的に破壊されつつある？そのとおり。産業社会は代替の満足しか与えてくれない？ごもっとも。大衆は過度に社会化された強迫的な順応主義者？当然。

多くの人たちが、自分とカジンスキーとの違いを実質的なことより戦術的なことだと思った（インターネット上で人気のクイズで、アル・ゴアの『地球の掟』からの引用とカジンスキーの声明文とを区別する問題は驚くほど難しいことが判明した）。カジンスキーの信念には同感だった――ただ小包爆弾は許せなかっただけだ。だが、それでもカジンスキーの暴力に関する考察は、ジャン＝ポール・サルトルやフランツ・ファノンからマルコムXまで、何人もの六〇年代を象徴する存在がとった立場と、さほどかけ離れたものではない。

こうしてユナボマー事件は多くの人たちを、カウンターカルチャー的批判の支持者たちが何十年も慎重に避けてきた疑問に直面させたのだった。違反と病的逸脱はどこで線引きするのか？　「枠から外れた考え方」がエスカレートして心の病に至るのはいつなのか？　反社会的行動に没頭することと社会に反旗を翻すことの違いは？　オルタナティブであることはどの時点で完全なる狂気に堕《だ》すのだろう？

反体制暴動は正当化されるか

過激な政治運動はどれもそれなりに変人や不適格者たちを引き寄せるものだが、カウンターカルチャーの反逆の運動は、そうした連中をいささか多めに引き寄せてきたようだ。ジョーンズタウンのカルト団体「人民寺院」やマンソン・ファミリーからネーション・オブ・イスラムやＳＣＵＭ《スカム》（全男性抹殺集団）まで六〇年代の過激な集団は、変人や狂人の誘惑の言葉をとりわけ受け入れやすかったようだ。『神秘学大全――魔術師が未来の扉を開く』、ＵＦＯ（未確認飛行物体）研究、古代宇宙飛行士説、ドルイド教の儀式、アトランティス大陸の探求、神智学、サイエントロジー、薔薇十字団の教義――カウンターカルチャーの反逆者の信じやすさには際限がないように見えた。

これの説明は難しいことではない。カウンターカルチャーの反逆は、おそらくほかのどの運動よりも多くの変人たちを引き寄せるのに、そのくせ、いざやって来たときに対処する準備がろくにできていない。これはカウンターカルチャー的批判が基本的に、社会的逸脱と異議申し立ての区別を否定しているからだ。文化全体が抑圧装置とみなされているので、理由が何であれ、どんなルールを破った誰であっても「レジスタンス」活動に参加していると言い張れる。しかも、こうした主張を批判する人はそれだけで「体制」の手先として、反逆的な個人にルールと規制を押しつける抑圧的なファシストとして、攻撃されるだろう。

こうした理由で、カウンターカルチャーはつねに犯罪行為をロマンチックに描く傾向があった。『俺たちに明日はない』から『アメリカン・サイコ』まで、窃盗、誘拐、殺人を再解釈（そして合理化）して、さまざまな形の社会批判として扱いたい衝動があったのだ。アメリカの懲罰的な麻薬取締法がこの傾向を悪化させた。『イージー・ライダー』のコカインの売人たちが自由のために闘っているとみなされがちだというなら、『ナチュラル・ボーン・キラーズ』のミッキーとマロリーだって当然そうじゃないのか？　ほどなくして、コロンバイン高校銃乱射事件はマス教育システムへの批判だと主張する人々が、登場した（犯人の二人、ディラン・クレボルドとエリック・ハリスは体育会系《ジョック》とお坊ちゃま《プレップ》の専制に順応することを拒否した！）。ロレーナ・ボビット〔一九九三年、虐待夫の性器を切断したが無罪〕はフェミニズム的な発言をしていた（彼女は犠牲者になることを拒否した！）。ムミア・アブ＝ジャマール

〔警官の殺害で死刑判決を受けたが終身刑となった政治運動家〕は人種差別的な警官に抵抗していた（権力と戦え！）。そしてもちろん、O・J・シンプソンははめられたのだ。どの事件でも平凡な（ときには非凡な）犯罪行為をとりあげては政治的な解釈を与えて、「体制」への抗議活動として擁護したり弁解したりした。この解釈による作戦のひな型は六〇年代に創出されていた。それはヘルズ・エンジェルスに示された甘やかし（これが一九六九年にオルタモントで開かれたローリング・ストーンズ主催のコンサートの悲劇〔ヘルズ・エンジェルスのメンバーが黒人青年を殺害した〕に直結した）にはっきりと見てとれる。政治的意義がもっとずっと大きかったのは、六〇年代末に数百もの黒人地区をのみ込んだ暴動（特にワッツとデトロイトの）だった。白人の過激派に顕著だった傾向は、このような暴動を別個の現象ではなく公民権運動の延長にすぎないとみなすことだ。黒人はキングの指導のもと平和的な抗議を心がけたが、変化はなかなか達成されなかった。欲求不満が高まって、マルコムXやストークリー・カーマイケル〔ブラック・パワーを標榜した先鋭的活動家〕のようなもっと過激な指導者に救いを求めるようになった。そして、もっと暴力的な形で――暴動によって――抗議を示しだした。そういうわけで、ある公民権活動家によれば、ワッツ暴動はアメリカ黒人が「おとなしくガス室へ送られる」のを拒否したことを示していた。[*2] それは「ゲットー」にはびこる非道な失業と絶望」に対する反動だったのだ。

以来、この解釈はスパイク・リーらの映像作家に正典と認められてきた。問題は、実証的な根拠がないことだ。たとえばデトロイト大暴動が起きた当時、自動車産業は好景気で、市の黒人失業率はわずか三・四パーセントだった。平均的な黒人の世帯所得は白人と比べても六パーセント低いだけで、黒人の住宅保有率は全米一高かった。いま世間に知られているデトロイトのゲットーの印象——何マイルもつづく空き地や空きビル——は暴動の結果であって、原因ではなかった。

そのうえに暴動は、もっと極端な「ブラック・パワー」の指導者へ支持が移ったために発生したわけではない。マルコムXやボビー・シール〔ブラックパンサー党の共同結成者〕のとった極端なスタンスはつねに、黒人コミュニティの住民よりむしろ白人のカウンターカルチャー支持の急進派にアピールした。生前のマルコムXの黒人からの支持率は〔本拠地ニューヨーク市でさえも〕二桁に届かなかった一方で、不支持率は四八パーセントにのぼった。その後の黒人の調査では、カーマイケルやラップ・ブラウン〔SNCC議長として一時期ブラックパンサー党と同盟した〕など「ブラック・パワー」の指導者はそれぞれ一四パーセントの支持を得たものの、カーマイケルは三五パーセント、ブラウンは四五パーセントの不支持率となった。それでも、M1ライフルを手にカリフォルニアでの集会に行進してくる黒人の闘士たちというのは、社会秩序に対する全体革命を望む多くの白人過激派にはこたえられない光景なのだった。彼らにとって、マーティン・ルーサー・キングの人種統合主義は、体制に「取り込まれた」異議申し立てのもう一つの例でしかなかった。

そうしてカウンターカルチャーは、アメリカの人種関係の展開を、自身の政治的な好みに合わせて再解釈した。公民権運動を法律で制定される権利を得るための闘いというより、アメリカの文化と社会に対する全体的反逆の開幕とみなすよう全国民に訴えたのだった。しかし、そうすることで黒人地区の犯罪行為に寛容な傾向を生み出して、多くの意味でこの国のスラム街の状況を悪化させた。今日に至るまでアメリカの進歩的左派は、アフリカ系アメリカ人文化の社会的逸脱と異議申し立てをどこで線引きすべきかで、ひどく混乱している。例を挙げると、莫大な数のヒップホップはあからさまに反社会的な行動や態度の礼賛なのだが、その歌詞を口にするのが白人ラッパーであるときだけ抵抗なく批判できるという人が多い（エミネムが彼を批判する人々の偽善性を、つまり現代の黒人ヒップホップの基準ではたいてい穏やかな歌詞のことで非難しているのを指摘するのは、もっともなことだ）。

犯罪行為は、抗議の一形態としては扱われない場合にも、それは抑圧的な社会状況に対する反動だと主張する者たちによって「政治化」されることがしばしばである。暴動著たちは貧困や人種差別に抗議していなかったかもしれないのに、暴動はそのような状況に起因していたというのだ。だから、たとえ暴動者たちが意識的に特定の政治的目標を表明していなくても、暴動に対処するためには、この政治的目標に取り組むしかない。

　これが有名な犯罪の「根本原因」説だ。たいがいの理論はそうだが、これにも一理ある。問題が生じるのは、度を超したとき――すべての犯罪やすべての反社会的行動が、社会的不公正の解消をめざす政策で撲滅できるなどと考えるときだけだ。ここでは、どんな社会秩序にも必ず生じる隠されたただ乗り《フリーライダー》のインセンティブを無視している。たいていの場合に、犯罪は、実は割に合う。人は犯罪から具体的な利益を得る。だからつねに、自分に益するために他人を害する道を選ぶ者の行動に対し社会の懲罰的な反応が、そしてつねに、反社会的行動と社会的抗議とを区別する基準が、必要となる。

　しかしカウンターカルチャー的批判は、互恵的な協力が生じることを可能にする「良い」抑圧と、弱い人、恵まれない人にいわれのない暴力を加える「悪い」抑圧とをほとんど区別できなくしてしまう。そして「根本原因」説が混ぜ合わされると、その結果は、知性を弱めるようなものにもなりかねない。社会を一つの巨大な抑圧装置とするなら、あらゆる行為はたとえどんなに暴力的でも反社会的でも、この装置の過度な抑圧に起因する抗議や「仕返し」の一形態とみなすことができる。したがって、どんな悪いことが起こっても、結局は「体制」のせいにされ、それを犯した個人の責任に帰されることはない。

マイケル・ムーア『ボウリング・フォー・コロンバイン』

根本原因説の有害な影響を、マイケル・ムーア監督のアカデミー賞受賞ドキュメンタリー映画『ボウリング・フォー・コロンバイン』に見ることができる。コロンバイン高校銃乱射事件は、少なくとも一つの明白な意味で犯罪行為だった。学校でいじめられている青少年のあいだでは、数人のジョックどもを抹殺し、学校を爆破するという妄想は、ほとんど誰でも胸に抱くものだ。『ヘザース／ベロニカの熱い日』でクリスチャン・スレーターの演じるキャラクターが二人のジョックを殺し、フットボールのシーズンは終わったからこの二人は「デートレイプとエイズがらみのジョークしか学校に提供できない」と主張して、ガールフレンドの異議をはねつけるシーンには、誰しもが快哉を叫ぶはず。乱射事件の犯人である二人、クレボルドとハリスと、同様の状況を強いられた他の生徒たちとの違いは、彼らは妄想しただけでなく妄想に基づいて行動したことだ。この点で彼らは、たいていの人間がそうしたい気持ちになるだけの行為をおおむねあっさりと実行に移す犯罪者たちと同類なのである。

しかし、ムーアにとってコロンバイン高校銃乱射事件は単なる犯罪行為にとどまらず、アメリカの社会と歴史の告発だった。このドキュメンタリー映画は案の定、クレボルドとハリスが使用した銃器と、アメリカでそれがいかに入手しやすいかを中心に展開していく。だが、この映画の主張は徐々に奇妙にねじれてくる。銃規制がないことは問題の皮相的な要素にすぎないようだ。ムーアによれば、カナダ人はありとあらゆる銃を持っているが、銃による暴力はほとんど起こらない。したがって、問題の「根本原因」をもっと掘り下げることが求められる。アメリカに存在する「恐怖の文化」が元凶だ、とムーアは言う。

この時点でムーアは、アメリカの通史を語り直す必要を感じる。観客は、奴隷、リンチ、KKK（クー・クラックス・クラン）の歴史について、米西戦争、CIAが支援した南米のクーデター、グレナダ侵攻、NATO軍によるセルビア空爆に至るまで教えられる。つまるところ、「恐怖の文化」の起源は、奴隷が反乱を起こすことへの所有者の恐れを反映し、軍産複合体と、アメリカの偏執的な核の覇権の追求と、右派の談話のテレビ放映で増幅された、抜きがたい黒人への恐怖に在する。これはある意味、失業や貧困にもつながっている。

結局ムーアは、銃規制に反対する立場をとることになる。銃規制は皮相的すぎるのだ。銃規制はアメリカ社会の銃による暴力という問題に対して、ローザックならば「ただ単に制度的な」解決策と呼ぶようなものだ。これでは問題の根源に届かない。アメリカ文化と精神が完全に変容しないかぎり、ムーアはよしとしないだろう。僕らはここに、ムーアがカウンターカルチャーの重大な過ちを犯しているのを見てとることができる。彼は自分が直面している問題の完全に実行可能な解決策を——同胞の生活を改善することが明らかな解決策を——それがラディカルでないとか「抜本的」でないという理由で見送ってしまうのだ。文化の革命的な変化を強く求めるばかり、それ以下のものは拒絶する。これこそ極端な反逆である。

詳しく調べてみると、銃規制に反対するムーアの主張はいかにももっともらしく思われる。銃による暴力は、ホッブズ的な底辺への競争の典型例だ。各人は銃を入手することで身の安全をより確保しているが、全員がそうすると、隣人に対する危険を増すことにもなる。最終結果は集団として自滅的だ——みんなが互いを危険にして、平均的な安全レベルを低下させるはめに陥っている。解決法は個人間でも、軍拡競争に組みこまれた国家間でも同じことだ。競争を阻むには、軍備管理協定が必要となる。これはまさしく銃規制法によって与えられるものだ。

ムーアは、銃規制は重要ではない、カナダには数百万挺の銃があるが、銃による暴力がほとんどないのだから、と主張する。この論は不正と言っていいほど率直さを欠いている。カナダにはきわめて厳しい銃規制法があることに、ムーアは言及していない。カナダには八〇〇万挺の銃があるかもしれないが、そのほぼすべてが単発式ライフルか散弾銃であり、田舎の鍵つきの陳列棚にしまい込まれている。拳銃やセミオートマチックはほとんどなく、アサルト・ライフルなど皆無だ。コロンバイン高校の銃乱射で使用されたTEC9拳銃は、カナダでは入手不可。市民はどんな理由があろうとも、カナダの都市で弾丸をこめた銃を持ち歩くことはできない。ムーアはオンタリオ州サーニアの射撃場の場面を示しつつも、そこにいる人たちは誰も、拳銃をビルの外に持ち出すことは許されないことには言及しない。

つまりカナダとアメリカの最大の違いは、文化的ならぬ制度的なものだ。むしろ文化の違いは、法律と制度の違いの結果である。カナダ人が恐怖の文化のもとで生きてないのは、アメリカとは違うテレビ番組を見ているからでも、奴隷制の遺物がないからでもなく、しじゅう撃たれる心配をしなくていいからなのだ。

精神病と社会

カウンターカルチャー的な思考は、犯罪については若干の認識の甘さをもたらしただけだが、精神病に関してはとんでもなく美化してきた。『カッコーの巣の上で』からミシェル・フーコーの『狂気の歴史』やR・D・レインの『経験の政治学』まで、狂気とされる人は実は正気をなくしたのではない、ただ普通と違うだけだ、という示唆をくり返している。彼らは病人ではなく、厄介な質問をしすぎないように薬漬けにされ、閉じこめられている非順応主義者なのだ、と。

　ノーマン・メイラーは早くも一九五七年にこのつながりを指摘して、社会慣習を軽んじる「ヒップスター」は本質として一種の精神病質者《サイコパス》であると主張した。日常生活が加速化した現代世界は「神経系が過度なストレスを受けて、昇華のような妥協がまったくできない」[*3]状況を生みだした。だから社会管理システムの個人に加える支配力が失われるにつれて、本能のエネルギーに対する神経系の抑圧は精神病理に取って代わられがちになったのだ。ヒップスターとごく普通のサイコパスとの違いはただ一つ、前者が「自分自身の状態から、自分の反逆は正しいものだという内的確信から、もっと普通の意味のサイコパスが持つ一般的な無知や反動的な偏見、自己不信とは違ったラディカルな世界観を引き出す[*4]」ことである。

　メイラーがカウンターカルチャーの反逆と狂気のあいだに見ているつながりは、実のところカウンターカルチャー的批判の核心的な前提から直接つながっているものだ。もしすべてのルールが抑圧的な制約であって、個人の自由と創造性を制限するものだとしたら、合理性それ自体もルールの体系であることに気づかずにいられない。メイラーによれば人間には二つのタイプのみが存在する。ヒップ（「反逆者」）とスクエア（「順応主義者」）だ。とすると合理性がスクエアのためのものとなるのは驚くにあたらない。無矛盾の原則は言論を抑圧すべく社会に強制されたルールでなくて何だろう？　科学的事実は、お役所に公式に認可された信念にほかならないではないか？　言語的意味とは、現代人を圧迫して思考や発言に制約を負わせる、過去の偏見や因習のしがらみではないのか？　文法のごときは、自発性、創造性、自由を制限する拘束でなければ何だというのか。

こうしたことは真実の自己表現のために、あらゆるルールを自由に破る芸術家の作品に見ることができる。しかし合理性がルールの体系にほかならず、自由は個人の自己表現の自発性に存するのであれば、自由そのものが一種の不合理に違いない。理性がアポロなら、狂気はディオニュソスというわけだ。フーコーが書いたとおり、狂気は「世界にある安楽なもの、愉快なもの、軽快なもの、こうしたすべてを支配する」[*5]。人間たちを「はしゃぎまわらせ、楽しませる」のは狂気であり、愚かさなのである。

理性がその支配権を打ち立てるためには、「非理性を服従させる」ことが必要となる。秩序と管理を確立するには、狂気を排除しなければならない。中世において教会は人心をつかんでおくために、異端者を火刑に処する必要があった。世俗化した時代に、理性は支配的な文化システムとしての宗教に取って代わった。だから体制の最大の脅威となるのは、異端者ではなく精神異常者だ。

フーコーは彼が「大いなる閉じこめ」と呼ぶもので近代が幕を開けた、と主張している。あらゆるタイプの社会不適応者が集められ、監獄、精神病院、感化院、病院に閉じこめられた。フーコーの見方によれば、これらの施設が近代社会の秩序を支える柱となったのだ。彼は監獄と精神病院の類似をしきりに指摘する。監獄はほかのみんなのように振る舞うことを拒否する者を罰するところ。精神病院はほかのみんなのように考えることを拒否する者を管理するところ。ジョージ・オーウェルが小説『一九八四年』で思い描いていた、「思考警察」が街を巡回して「思考犯罪」者を逮捕する抑圧的な社会は、フーコーによればすでに実現している。ただ監獄は「病院」と分類され、警察は「医師」と呼ばれているために、そうとは認識していないだけだ。

もちろん、ソ連では政治的異端派は実際、精神病院に閉じこめられていたし、やはり中国の共産党政府が途方もない数の人々を「再教育施設」に送ったことは、認識されているはずだ。そのうえ、西洋の精神医学はごく最近まで多くの怪しげな診断（ホモセクシュアリティが精神病に分類されるなど）を含んでいた。だが、これではとうてい、精神病院は名前違いの監獄とする結論の裏づけにはならない。ホモセクシュアリティが精神病かを疑うことと「分裂病」が精神病かを疑うこととでは大変な相違がある。しかし六〇年代には多くの傑出した知識人がまさにそうしだしたところだった。ベストセラーとなった一九六七年の著書『経験の政治学』でレインは、「分裂病」患者は社会化のプロセスによって課される正常化の機構をすべて元に戻そうとする「発見の旅路」に踏み出したのだと述べた。*6 この旅路がとても大きな苦しみを担うことは否定しない一方で、「分裂病」患者はきわめて真正な人間性を発見するとも主張した。どんな社会化でも本質は強制的であるならば、自由はその作用をすっかり元に戻すことに存するはずだ。そのためには内的な自己と外的な世界の、過去と現在の、現実と想像の、善と悪の、社会的に押しつけられた区別を否定することが求められる。そして「正常な」社会は、このことがまさに従来の社会秩序との断絶を引き起こすからこそ、混乱した思考パターンとみなす。ところが、あいにく明らかになるのは、「正常な」社会の枠内では本物の自由は得られないということだ。

この反精神医学運動の主張は、ヒッピーその他のカウンターカルチャーの反逆者によって熱心に受け入れられた。『カッコーの巣の上で』以外では、一九七二年の映画『支配階級』に、この理論の定式化をとりわけ明快に見ることができる。ピーター・オトゥールが第一四代ガーニー伯爵ジャック、自身をイエス・キリストだと信じている精神異常者を演じている。ジャックは遺産相続をするなり精神病院を退院するが、兄弟愛を信奉し、財産を貧民にやると言い出して、親戚たちを悩ませる。そこで一家は、やぶ医者を雇い、強力な電気ショックも含めた一連の怪しげな治療を施し、ジャックの幻想を払おうとするが、今度は彼は自分を切り裂きジャックだと思い込んでしまう。ところが、この新しい人格を得たジャックは英国社会に大いに受け入れられ、その狂気に気づかれないままに上院議員となる。

この映画のメッセージは明快だ。狂気とは見る人の目に宿るもの。何が本物で何が本物じゃないのか、何が正しくて何が間違っているのかを誰が決めるのか。もしもキリストが現代の世界に出現したなら、施設に入れられていたことだろう。かたや殺人鬼が政治権力の中枢に入っていくのだ。科学者、官僚、製薬会社が共謀して、さまざまな膏薬やら飲み薬やらで感覚を鈍らせて、民衆をコントロールする。現代生活の虚偽と計略にとても騙されやすい人たちには、消費財がある。それがダメでも、抗うつ剤のプロザックがある。それでもまだ満足も意義も感じられない人たちには、ハルドール〔統合失調症の治療薬〕の出番だ。僕らはどうせ数分後にわかるのに、器用に舌の下に隠して薬を飲んだふりをする精神病患者をこっそり応援する（だから『17歳のカルテ』でアンジェリーナ・ジョリーの演じたキャラクターが、単に家父長制社会に迫害されながらも自己主張する女性ではなく、本物のサイコパスだとわかると、軽くショックを受ける）。

狂気そのものが破壊の一形態と広くみなされ、正気でない考えが、中身は何にしても、破壊活動的だと見られるようになる。精神分析医が患者の怒りと防衛機制を、治療の「効果が出ている」証拠と受け取るのと同じように、社会批評家は正気じゃないと言われることを、自分の疑問と仮説とが不愉快な真実に近づいている表われと見る。正しい対応は、そんな疑問を引っこめることより、さらに問い詰めることのはずだ。

「破壊」のブランド化

狂気をロマンチックに描くことがカウンターカルチャー的思考にどの程度まで浸透してきたかを調べるには、ディスインフォメーション・カンパニーの刊行物の一部を拾い読みするだけで充分だ。カウンターカルチャー企業の典型例であるディスインフォ社は、オルタナティブな文化の卸売小売業者と呼ぶのが最も適切だろう。設立者のリチャード・メッガーの最近のプロフィールには「大物になりたい男——イカれたジャーナリズムおよびカウンターカルチャー界のテッド・ターナー」とか「カウンターカルチャーを売る、というより社会的タブーが暴かれるのを見るときに人がくすぐられ、かき立てられるスリルを売るのが仕事だ」などとある。*7 彼が目標とするのは破壊のブランド化にほかならない。

ディスインフォ社の刊行物のおおかたは「オルタナティブ思考」の寄せ集めにすぎない。問題は、ここでの「オルタナティブ思考」が「メインストリーム思考」に反するすべての意味にとられて、だからラディカルな社会批判から狂人の妄想まですべてを含む種類になっていることだ。したがってノーム・チョムスキーや（キーキーうるさいがまじめな）アリアナ・ハフィントンのような批評家がふと気づくと、クローン人間は日常的に作られているとか、アスパルテームは毒だとか、古代北アメリカにはピグミー族が住んでいたとか、宇宙には感覚がある、と主張する記事と一緒くたにされている。これではどんなシグナルを発信しようとも、たくさんのノイズにたちまちかき消されてしまう。

奇妙さの探求は、メッツガーが制作にあたり、イギリスで放映された『ディスインフォメーション』というテレビ番組でさらに過激になる。この時点でディスインフォ社は、FOXテレビのような「録画されたおバカな行為」の魅力と組み合わさった、『世界奇談集──ウソのような本当の話』ばりの奇妙さそのものの称賛へと方向転換している。この番組の内容は、互いの家に火をつけ合う白人労働者たちの「法律違反シーン」や、陰唇を縫い合わせて閉じた女性、CIAにマインドコントロールされた犠牲者へのインタビュー、タイムマシン発明者との議論など。そしてもちろん、ディスインフォ社のビジネスモデルには金のなる木があるのだ。UFO研究。オルタナティブな事業家がUFOに魅せられた大衆からあまりに大金を稼ぐせいで、たちまちのうちに業種がまるごとメジャーになる。ディスインフォ社が提供しているコンテンツの大半は、「メジャーな」テレビで誰でも視聴できるものと比べてさほど奇妙でも気持ち悪くもない。たとえばNBCの『フィア・

ファクター』では挑戦者がしょっちゅう生きたムカデを食べたり、ゴキブリ入りの大桶に体を沈めたりもしているし、使いすぎのテーマとして、いまや宇宙人による誘拐が、タフな都会の警官とワースト1を競っている。しかしリアリティTV番組とは違って、ディスインフォ社はそのテーマを大まじめに捉えている。自社の作品は政治的なものだと、限界を押し広げ、主流派に異を唱えることで体制をくつがえしつつあると信じている。またその作品は、最大限にまじめに受け取られてもいる。『LAウィークリー』誌は『ディスインフォメーション——インタビュー集』の書評で、奇想や変人の強調のもとに真剣な意図が隠されていると力説した。「こうした意志の力で現実を魔法のように変えることの強調は、一見したところ奇抜に思えるかもしれないが、情報工作《ディスインフォメーション》という課題の本質的な側面を示している。プロパガンダの解体とオルタナティブ理論の探求によって個人が自分を取り巻くフィクションに気づかされるとき、いたずら者や変人の例が、これに対抗する独自のフィクションを作動させる力になる。これは、カルチャー・ジャミング、広告破壊、支配的世論の切り崩しなど、現行の技術が最も効果を発揮することを利用したウィリアム・バロウズ流のマジックだ」。[*8]

この背景に、ギー・ドゥボールとジャン・ボードリヤールが提示していた主題が見える。人間はスペクタクルの社会に、すべては表象に、幻想にすぎない世界に生きているのだ。

『マトリックス』は現実だ。至る所に広がっている。だから何が真実で何が嘘かなんてどうでもいいじゃないか？　誰が現実を規定する力を持つかをめぐる闘争があるばかりだ。

問題なのは、この種の「破壊活動」がかれこれ四〇年もつづきながら、はかばかしい成果をあげていないことだ。ディスインフォ社がひねり出した作品で、誰でもケーブルテレビで見られる番組よりずっと奇妙なものなどない。そして、昨日の「オルタナティブ」は今日のメジャーにすぎない。これに関連して、同人誌の世界——実質的にディスインフォが生み出しているもの——が六〇年代初め以降、既成文壇の予備軍の役割を果たしてきたことを指摘しておくのは有益だ。そして「支配的世論に風穴をあけろ」という同じ過激な主張が、その発端から叫ばれていた。一九六八年、ダグラス・ブラゼックはこう書いた。「いま文学は炎の輪となって、かつてないほど多くの人たちの——たいていは、おいしいソフトクリームや観覧車より、ガス室のことを先に聞いて知った若い人たちの頭に、新しい時代を焼きつけている」[*9]。さらに傑出した同人誌についてこう批評した。「『ENTRAILS』誌はジーン・ブルーム（マリファナの手入れで捕まった刑期をシンシン刑務所で勤めるあいだに、四人仲間への布教にいそしんでいる）に代わってマイク・ベラルディが編集長をしており、ひたすら精神錯乱、アンニュイな殺人者、狂気の笑いが満載だ[*10]。『ペニス紋鑑定』なる新しい身元確認法について読め。『一年から三年、シンシンでね』と言った陽気な判事について読め。『ファック』と叫んだ尼《あま》さんについて読め。シアーズ通販カタログ一九六七年春・夏号の書評を読め」。

いったい何回、はかばかしい成果もない体制転覆の試みがなされたら、破壊活動の手段に疑問を抱くようになるのだろう？　狂気というものが本当に、別の結果を期待して同じことを何度でもくり返すのならば、こうした過激主義のどれかが体制を崩壊させると考えることこそ狂気の沙汰に違いない。あと何十年たったら、「ファック」と言う尼さんは過激派ならぬ、ただの娯楽作品だと気づくのだろうか？

オルタナティブはつらいよ

ここで、過去五〇年間に極度に破壊活動的と考えられていた物事をざっと挙げていこう。喫煙、男のロングヘア、女のショートヘア、あごひげ、ミニスカート、ビキニ、ヘロイン、ジャズ、ロック、パンク、レゲエ、ラップ、タトゥー、腋毛、落書き、サーフィン、スクーター、ピアス、細身のネクタイ、ブラジャーを着けないこと、ホモセクシュアリティ、マリファナ、ダメージ加工をした衣服、ヘアジェル、モヒカン刈り、アフロヘア、避妊、ポストモダニズム、格子縞のズボン、有機《オーガニック》栽培野菜、アーミーブーツ、異人種間のセックス。当節ではブリトニー・スピアーズのいかにも彼女らしいミュージックビデオに、ここに挙げた全項目が（もしかしたら腋毛とオーガニック野菜は例外として）見つけられる。

カウンターカルチャーの反逆者は、世界が終わるはずの日が一日また一日とつながなく過ぎていき、絶えずその日付を先送りさせられている、終末の日の預言者のようになった。反逆の新たなシンボルが体制に「取り込まれる」たびに、卑しい大衆と自らとをはっきり区別する別の証しを、次から次へと示すことを余儀なくされている。パンクはまず複数の耳ピアスに始まって、これがありふれてきたら鼻ピアスへ、次には眉、舌、へそピアスへ移っていった。女子高生までがそれをやりだしたら、反逆者はバリ島風のピアスや性器ピアスなど「原始的」スタイルに移行した。

カウンターカルチャー運動にきわめて特徴的な自己過激化の傾向がここで機能している。根本的な問題は、美と服装の規範に対する反逆は実のところ破壊活動的ではないことだ。人がピアスやタトゥーを施すかどうか、どんな服装をするか、何の音楽を聴くかは、資本主義システムの視点から見れば、まったくどうでもいい。ことグレーのフラノ地のスーツや革ジャンパーに関しては、企業は基本的に中立の立場をとる。どんなスタイルであろうと、必ずやそれを売る業者が列をなすことだろう。そして差異を与えることで成功するどんな反逆のスタイルでも当然、模倣する者が出てくる。そこに純粋な破壊などないのだから、誰もが同じスタイルをとるのを止めることはできない。誰でも、ピアスを開けることも髪を伸ばすこともできる。だから「オルタナティブ」で「クール」でも少しでもおすすめの部分があるものなら、必然的に「メインストリーム」化されるのだ。これが反逆者にとってジレンマとなる。かつて差異のもととして機能していた服装の表示の重要性はいつしか蝕《むしば》まれている。このため、反逆者には二つの選択肢が残される。必然を受け入れ、大衆に追いつかれるか。それとも新しいものを、もっと過激なスタイル、さほど多くの模倣者をまだ引き寄せていないので差異のもとになるスタイルを見つけることで、さらに抵抗していくか。結局、反逆者が求めているものは、取り込み不能のサブカルチャーなのだ。レナード・コーエンの歌でギャンブラーが、次の手が不要になるほどの高得点で自在に使えるカードを待っているように、カウンターカルチャーの反逆者は誰もあとをついてこない道を、決して主流化しないほどの過激な装いを求めている。

問題は、模倣者が離脱しだすころには、たいがいもっともな理由があるということだ。音楽を例にとると、誰もがすごい「アンダーグラウンド」バンドの音楽を聴きたいと思う。ハル・ニエドヴィエツキはこの件について長々と不満を述べている。「誰でもテレビや、ファストフードや、出来合いスナック菓子や、既製服の枷から逃れたいと願っている」が、「平凡でくだらない売上げトップ40の世界、この台湾製品に支配された世界では、個人に（…）買い手となるほかはごくわずかな余地しか残されていない[*11]」。そこで僕らは体制に反撃し、創造性と表現を求めて、「あらゆる創造的な表現を流れ作業でできあがってくる規格品に変えてしまう、硬直した利潤追求の市場経済」に逆襲する、というのだ。

ニエドヴィエッキが気づいていないのは、このようにみんなが反逆したがっていても、みんなが成功することはできないことである。誰もが「くだらない売上げトップ40」には背を向け、オルタナティブ音楽を聴きだすなら、今度はそのオルタナティブなバンドが新たなトップ40になる。これはまさにニルヴァーナに起こったことだ。しかも、アルバム制作には大いに費用がかかるが、追加のプレスにはごくわずかしかかからない音楽業界の構造を考えると、結局は大多数の人が聴くようになるバンドが極端に儲かることになる。音楽業界が「硬直」しているとか「規格品」を生産しているという考えは、その手の説に囚われている人にしかアピールしないだろう。ニエドヴィエッキはデス・ロウ・レコード〔九〇年代のヒップホップ界を牽引したレコードレーベル〕を聴いたことがないのか？　クリスティーナ・アギレラの「ダーティー」のミュージックビデオを見たことがない？　誰が誰のことを規格品呼ばわりしてるんだ？

ニエドヴィエッキは臆せずオルタナティブ音楽の、同化されない音楽の聖杯探しの旅に出る。彼はそれを少なくとも一時的には、ブレイノというトロントのバンドに見いだす。「圧し殺した反逆の遠吠え」と「内なる絶望の悲しげで哀調に満ちた表現」を備えたブレイノは、彼の論述の主人公になる。ニエドヴィエッキは明らかな満足をもって、このバンドのCD発売記念パーティーの演奏を描いている。スタッカートの爆音が「散らばっておしゃべりしている気取り屋《ポーザー》をあたふたさせ、不意をつかれた者たちを怖がらせる」と。しかしニエドヴィエッキの記述の行間を読み取ると、なぜブレイノがそんなに取り込み不能なバンドなのか、さらなる情報を得ることができる。ブレイノが決して主流にならないのはお粗末だからだと、すぐに明らかになる。彼らの音楽は聴けたものじゃないのだ。このことは論の冒頭で、ニエドヴィエッキがブレイノの音楽を「自意識過剰で皮肉めいた、前衛的なジャズ、ロック、パンク、サントラ音楽、アカペラ男声四重唱の寄せ集めだ」と評したときに、ほのめかされている。この描写では、どうやら期待できそうにない。ニエドヴィエッキはその後、ブレイノは「ぶざまで聞くのが苦痛な大きな騒音」をたてていると記し、のちには「いらいらする音楽だ。席を立ちたい」とはっきりと認めている。

まあ、こういうことだ。大衆社会の圧制を避けようとした反逆者はいつしかから空きのバーにいて、自身でも「いらいらする」と認める音楽に耳を傾けつつ、目立ちたがり屋に対する優越感に浸るのだ（ニエドヴィエッキの記述に、ぎょっとしたポーザーが登場することは重要だ。趣味は差異を伴い、差異は「自分たち」――通の人間――と「彼ら」――嘲笑と軽蔑の的――との区別を伴う。クールな人々にとってポーザーとは、一九五〇年代に他人種で「通そう」として捕まったユダヤ人や黒人に相当する）。

ニエドヴィエツキの苦境で最悪なのは、これが以前すべて起きていたのを認識していないことだ。究極のオルタナティブ音楽のアルバムは一九七五年にすでに発表されていた。ルー・リードの『メタル・マシーン・ミュージック』——まったく聴くに堪えないギターのフィードバックとホワイトノイズで埋め尽くされた二枚組だ（苛立たしくも最後の仕上げに、二枚目のB面の最後がエンドレスの構造で、レコードから手で針を持ち上げないと、演奏の最後の部分がいつまでも流れることになる）。これを買った人のほとんどが返金を求め、ロック評論家の多くはいまだに史上最悪のアルバムに挙げている。にもかかわらず、この作品を称賛する批評家とファンのエリート集団がいて、これに「魅了され」て、「絶えず噴き出す不快なエネルギーのさざ波が、聞こえるか聞こえぬかのトレモロにかぶさって、ぎらつくギターの弦の小川を流れていく」と評し、あるいはもっと正直に「慣れると癖になる」と明かしている。

本物のオルタナティブ音楽をお望みなら、こちらをどうぞ。ほかは全部イージーリスニングです。

消費主義を活性化するダウンシフト

カウンターカルチャーのこれらの傾向をつぶさに見たあとでは、人がどうして森の山小屋に電気もなしで住むようになるのかが、わかりやすいのではないか。広く推進されてきた「反消費主義」の策のほとんどは無益だ。しばしばまったく逆効果になって競争的消費を助長することもある。これは製パン業界にきわめて明快な例が見られる。六〇年代には、ワンダーブレッド〔パンのブランド〕がうんざりするほど一様に社会に流通した反動で、多くの人が自家製のパンを焼きだした。しかし有史以来、人がパン屋でパンを買ってきているのには理由がある。少量のパン種を仕込んでパンを焼くのはすこぶる非効率で、割高で、時間を食う（環境に悪いのは言うまでもない）。つまり自家製パンというのは、必然的に少数の恵まれた（富も余暇も有り余っている）人たちのための活動である。その結果、ほどなく「自家製風」パンの市場とともに、これを進んで供給しようとする製パン業者も現われた。したがって、白パン人気の衰えは、グレート・ハーベスト・ブレッド・カンパニーのような強力なフランチャイズの成長に加え、いわゆる職人型パン屋のブームと軌を一にしていた。そしてこれらの業者では大量生産技術を使っていなかったから、ワンダーブレッドよりも製造原価はかなり高かった。しかし、消費主義と大衆社会の犠牲になるのを避けるために割高の料金を払うことをいとわない消費者には事欠かなかった。またしても、カウンターカルチャーは消費傾向を活気づけていることが証明された。サンフランシスコが、三ドルのカフェラテと四ドルのサワードウブレッド、両方の本場なのは偶然ではない。

大衆社会批判を真に受けている人は「体制」の支配から逃れるために、どんどん過激な措置をとらざるをえない。まず何より、すでに言及したとおり、たとえ自分の消費を減らすとしても、収入もまた減らさなければ無駄である。あなたが稼いだすべては貯蓄か支出になり、貯蓄されたものは、あとであなた自身かほかの誰かに支出される。支出パターンの変更は、それで収入を減らせる場合に限って消費量の減少につながる。

この種の消費と収入の「ダウンシフティング」の最も著名な提唱者に、ジュリエット・ショアがいる。『浪費するアメリカ人』でショアは典型的なダウンシフター像を提示する。食料品の袋をかかえた愛らしい若い女性の写真に付した小さな矢印で、彼女が消費主義と闘っているさまざまな方法を示している。こうしたポイントをざっと見れば、この新米のダウンシフターが直面している課題がいかに困難かがすぐわかる。以下に実例を示す。

- 「有機《オーガニック》食品を買う」。これがどうして消費主義と闘うことになるのか？　われらがダウンシフターは、すべての食料品に二、三倍も多くを払おうと思ったら、必ずやかなり多くを稼がねばならなくなる。有機食品はいかにも最新の「プレミアムな」消費財だ。職人風のパン、エスプレッソコーヒー、手織り絨毯のように、労働集約型の生産物になっている。北米中の食料品店が、オーガニックの人気から利益を得ている。有機食品は、金持ちはもう貧民と同じものは食べないという、アメリカのほとんど貴族的な階級構造への回帰の大きな牽引力である。

・「地元で物々交換経済を始めるための本『ザ・タイム・ダラー』を持ち歩く」。地元の物々交換経済が国家金融経済より「消費主義」ではないとの考えは、奇妙でしかたがない。すべての財はほかの財と交換されるのだ。物々交換経済の唯一の利点は節税を促すことだが、それは左派の支持すべきことではない。

・「スポーツジムの会員をやめて、夕方パートナーと散歩をする」。これがMECやREIといったレジャー用品販売店で、安くて、さほどごつくはないジム用シューズより、三〇〇ドルもするハイテク・ハイキングブーツがたくさん売れている理由だ。ジムの会員は運動器具を共同で使うことに同意する、協力的取り決めを結ぶようになる。アウトドア好きはつくづく個人主義者なので、おのずと自分用の器具を買う。これが、アウトドアのレジャー用品の市場のほうがはるかに豊かな理由だ。「立派な」活動に従事することは、消費者が自らに浪費の許可を与えるために用いる主な心理学的手段である。

・「充実した今を送る」。素晴らしいことに聞こえるが、それがどう役に立つ？　充実した今を送る人は、本当には必要でないものを衝動買いしそうではないか？　充実した今を送ることとは、何も蓄えないことではないのか？

・「買うよりも修繕する」（金づちを手に持って）。すごい。消費者が自分でやるとなると、工具が必要になる。修繕のしかたを解説しているハウツー本が必要になる。修繕法を学ぶセミナーに出席しなければならない。これこそホーム・デポのビジネスモデルそのものだ。

・「自分で服を作る、ウールをすく、羊の毛を刈る」。これは明らかにジョークのつもりだろうが、笑いの発作が治まると同時に気がめいるのを感じながら、挙げられたポイントで実際に「消費主義」を減じるのに役立ちそうなのは、これだけだと理解する。そして消費主義を避けるには、アーミッシュ〔ガスや電気の不使用など禁欲生活で知られる宗教集団〕のように暮らすしかないのだとしたら、そもそも消費主義の何がいけないのか自問せざるをえなくなる。[*12]

こうしたダウンシフティングの助言はいずれも、社会を変革することは結局、人の意識を変えることだという、カウンターカルチャーの信念に基づいたものだ。このため、一連のきわめて個人的な方策が生み出されている。アメリカの平均週労働時間数はここ数十年で増加してきた。そして仕事と家庭の両立がさらに困難になっていると訴えるアメリカ人の数を考えると、このような現状が不本意であることに疑問の余地はない。そのほとんどは競争的な職場の構造のせいだ。ほかのみんなが週六〇時間働いているのに、子供のために午後五時にさっさと職場を出て帰宅するならば、出世の可能性はゼロに近い。アメリカ人が働きすぎというショアの主張はまったくその通りだが、この問題についてはもっとごく単純な、「皮相的な」解決策がある。ただ単に週労働時間数をさらに短縮する法律を課したり、強制的休暇を長くしたり、長期の有給の出産・育児休暇を設けるといったことだ（北アメリカには「カジュアル・フライデー」がある。週末らしい雰囲気を盛り上げるべく、職場でスーツとネクタイを着用しないよう促すものだ。フランスにはもっとずっといい解決法がある。それは「働かない金曜日」と呼ばれている）。この種の制度変更のほうがショアの推奨するどんなダウンシフティング策より、消費主義との闘いに役に立つ。

お金のかかる「シンプルな生活」

ミシェル・ローズを紹介したい。四一歳、三児の母、ヴァーモント州在住のミシェルは、結婚の失敗と虐待関係も含め個人的な悲劇ばかりに見舞われていた。だが、いまやそんな状況は一変した。人生を立て直したのだ。ターニングポイントは、火事で家が全焼して現世の財産をすべて失ったときに訪れた。これはミシェルに必要な警鐘だった。このとき

（『リアルシンプル』誌に掲載された紹介記事によると）「本当に必要なのは地球そのものだけだ

と彼女は悟ったのだ」。[13]

ここまでを読むと、物質主義の価値観を超越し、われらの文化を支配し隆盛をきわめる消費主義から脱却することを学んだ一人の女性の、健全な物語の始まりのように思える。記事に付された写真には、庭で作業中のミシェルが写っている。「彼女は新しい自宅で、草木をそうっと下ろしてから周囲に土をゆっくり押し固める。優しい動きは母親のよう。ここで、土の中でこそ、真実の彼女でいられる」。

だが少し読み進めると、ストーリーは奇妙な展開を見せる。北ヴァーモントの「土」はミシェルの話とはどうもかみ合わない。気苦労から逃れるために彼女が向かうささやかな庭というのは、実はカウアイ島にある。「ハワイで最も開発されておらず、最も緑の生い茂った島」だ。彼女はそこに通っている。州都バーリントンまで車で、そこから飛行機でシカゴへ、さらに数便を乗り継いで、最後にまた車を一時間走らせて自分の土地に着く。年に数回「栽培を始めた茶、ビャクダン、竹の一〇エーカーの農地を耕し整えるために」行き来している。子供たちが高校を卒業したら、島に移住して生活を「シンプルにする」つもりだ。

新しい消費主義へようこそ。かつて人々が日常の煩《わずら》わしさから逃れるために、北ヴァーモントへ移り住んだ時代があった。そのせいで北ヴァーモントは明らかに、ちょっと人が増えすぎた。さて、お次は？　太平洋の離島へ。そういう島もやはり不足している。だが、これまでのところ、ミシェルは他に先んじている。「マイタイやルアウ〔ハワイの伝統料理を食べながら楽しむショー〕でますます人気の島を訪れる共同別荘の滞在客とは違って、ミシェルは土のためにやってくる」。万が一、要点をつかめない読者のために、ミシェルがさらに強調する。「休暇に来る人はたいてい島の南側を好みます」。そちらはもっと日が照るのだそうだ。反対側にある彼女の所有地は、熱帯雨林の一部だ。「湿気があるのが気に入ってます」とミシェルは言う。さもありなん。観光客とは逆の、島の反対側に引き寄せられるのは、そこを独占できるからでも道徳的な優越性からでもない。湿気があるからだ。

そして紅茶を栽培するという計画は？　それは本当の資本主義ではない。「一エーカーで一、二トンの茶葉が採れる……。これがリプトンなら多くないが、地元で有機栽培茶を売るつもりなら、かなりの量である」。そのうえ、計画はおそらくあまり経済的ではない。ミシェルは自分の留守中に「土」を管理するフルタイムの職員をかかえていることが判明した。また地所に「黄褐色に着色したシーダー材」で三棟の建物——うち一棟は栽培する有機茶のためのもの——を造成するために業者を雇ってもいた。建物の様式は「素朴でかつエレガント」だ。どうしてミシェルにはこんな資金があるのか？　実は離婚の条件として、慰謝料をたんまり受け取っていたのだ。そして建物は（脇書きの説明によると）たまたま建築家で大学教授でもある新しい夫が、丹精込めて設計していた。物的財産をすべて焼失したことで、これだけ多くを学べるとは驚きではないか。

明らかにこの構図はどこか間違っている。反物質主義の価値観を公言し「シンプルな」生活の理想を支持する人のわりには、ミシェルはたしかにすごい大金を費やしているようだ。これを「反物質主義のパラドックス」と呼ぶ人もいるかもしれない。過去四〇年間、反物質主義の価値観はアメリカ消費資本主義で最大級の金のなる木だった。純然たる事実として、誰もが手ずから有機茶を栽培する暇があるわけではない。仕事がある人もいる。とはいえ、ミシェルと同様のライフスタイルを実践する時間もお金もないとしても、せめて有機茶を買うことで、その価値観を支持し、美意識を受け入れることはできる。『リアルシンプル』誌の奨励する価値観が抜群の評価を得ているのは、まさしく反物質主義だからだ。自分で茶を栽培するほうが安い量産品を買うより、あなたを好人物に、もっと地球とつながっているように見せる。だから、自分で作るために茶葉市場から「ドロップアウト」しても、現実には消費主義に反抗してはいない。それはただ自分で栽培する時間のない人のために、もっと高値の「一〇〇パーセント天然」有機茶の市場を生み出すだけだ。つまり、競争的消費を抑えるというより悪化させている。

これこそ、ヒッピーがヤッピーになるために寝返るまでもなかった理由である。体制が異議を「取り込んだ」のではない。実際に異議申し立てなどはなかったのだ。ミシェル・ローズやほかの人たちが示したとおり、物質主義の価値観を拒み、大衆社会を拒絶しても、消費資本主義を捨てるよう強いられはしない。本気で体制から離脱したいなら「カジンスキーして」俗世を離れ、森の中にでも住む（そしてレンジローバーで行ったり来たりしない）ことが必要だ。なぜなら、カウンターカルチャーの反逆を特徴づけ、抵抗を象徴している日常の行為はあいにく「体制」にとって転覆的ではなく、カウンターカルチャー的思考の論理に従う人は誰でも、当然の帰結として、いつしかますます極端になる反逆へと引きこまれるだろう。この反逆が破壊活動的なものに変わる時点は、一般にそれが反社会的なものに変わる時点と一致する。そしてそのときには、人は反逆者ではなくむしろ、ただの厄介者である。

第二部

第６章　制服《ユニフォーム》と画一性《ユニフォーミティ》

ブランドなしの「スタトレ」

『スタートレック』に描かれる宇宙の最も際立った特徴として、ブランド化された消費財が皆無であることが挙げられる。キャラクター全員がほぼつねに制服を着ていること以上に印象的だ。飲食物、仕事や娯楽に使用する設備および製品、コンピュータ、携帯用探知器、武器その他どれにも企業のトレードマーク、ロゴ、ブランド名は、いっさいついていない。しかもあらゆるものが、僕らの世界のモノにはあるのが当然に思われるバリエーションや、デザインやカスタマイズの多様性を欠いている。『スタートレック』の宇宙は、ほとんどあらゆる意味で画一的だ。この点で『スタートレック』はたいていの現代ＳＦ作品とは一線を画している。『ブレードランナー』のような映画や、ウィリアム・ギブスンやニール・スティーヴンスンといった作家の小説では、近未来は、企業、フランチャイズ、消費財に支配された、高度な情報資本主義社会だ。市場、消費財をサイバーパンクというサブジャンルでは非常に重要な情報技術の影響、ほとんど無視している『スタートレック』の近未来はそうではない。ジャン＝リュック・ピカード〔新スタートレックの中心人物〕はボーグ〔機械生命体の集合体〕との短いが決定的な戦いで連邦内の消費者の信頼感が回復すると思ったことなど、あったろうか？　ジェームズ・T・カーク〔宇宙船エンタープライズ号船長〕が、いくら見栄っぱりだったといっても、ファッションにちらっとでも関心を持ったことなどがあったろうか？　この消費文化に対する無関心という点で『スタートレック』はつねに、企業間、消費者間の市場基盤の競争にではなく、政府とイデオロギーの軍事競争に支配されている未来を予測していた一九五〇年代のSFに似ていた。

『スタートレック』の未来は明らかに、少なくとも連邦内ではアメリカ人の価値観が勝利した未来だ。多くの評者が指摘してきたとおり、このドラマの各キャラクターの政略は、カーク船長の屈強な軍国主義や弾圧から、ピカードや女性艦長ジェインウェイのいささか情緒的にすぎる多文化主義《マルチカルチユラリズム》まで、制作された時代を反映しがちである。このシリーズに、消費財や消費主義的な価値観が出てこないのは、ついつい、ただ単に脚本が悪いとか想像力が足りないせいにしたくなる。だが、それはあまりに安易で拙速な結論だ。もう一つの見方として、これを政治的な寓話と捉え、連邦市民が反逆することなく個人でいる方法や、実存を失わせる画一性に屈することなく制服を着る方法を発見した、進んだ未来と見ることもできる。

　僕らはそれとは正反対の社会に生きている。僕らはみな、かつてないほどに自分の着るものに対する人目を気にするし、カウンターカルチャーはこの自意識を高めるのに多大な役割を果たしてきた。いまでも多くのオルタナティブな時事週刊誌が、地元の流行好きの写真とともに、その服装の微に入り細をうがった明細と、それぞれの出所を詳しく記した、ちょっとした「ファッション」特集を組んでいる。この自己呈示の競争的な構造は決して奥に引っこむことはない。どのアイテムも、変わった場所でか、突飛なやり方でか、とんでもなく安く入手しなければならない。どのアイテムも独特なものでなければならない。どれも独自のストーリーを持っていなければならない。全体的な取り合わせは多岐にわたるように、ただし、ごてごてしないように。

　なんでこうなったのか？　僕らの『スタートレック』の未来はいったいどうしたんだ？

制服は個性の放棄か

まったくの実用面から見れば、衣服は体を包むためのものだ。体を温かく保って、直射日光を避け、虫を寄せつけず、一般に守る必要がある部位を守り、支える必要がある部位を支えるか、さもなければ生活に取り組みやすくする。このことだけは明らかだ。しかし、衣服はそれだけじゃないことも同様に明らかだ。人々はいつも衣服を覆いとしてだけでは（それを主目的にでも）なく、コミュニケーションのためにも使ってきた。衣服の象徴的使用は多くの意味で、さまざまな表現活動を可能にする文法と構文を備えた言語のようだ。しかもそれはジョークや皮肉な発言、スラングや比喩まで使えるほど高度な、地域および各層による方言を持つ豊かな言語である。

僕らの着るものは、その人となりの多くを語る。衣服が年齢や収入、教育や社会階層を明かす。現在の態度や政治的信条を、性別や性的指向までもあらわにする。配偶者選択に途方もなく重要な役割を演じる。服装は、僕らが生きている時代をきわめて正確に表わす目印でもある——古い写真の時代を特定するのに、服装（と髪型）に注目するのが何より簡単な方法だ。つまり、着ているものに、どんな人間であるかが確実に表われている。これらは多くの人にとって、激しい議論の的になるものではない。だが、服装が言論と同様に表現の一形態だとするなら、多少は自由であるべきだ。そして言ったり聞いたりしていいことを制限するのは考えていいことを制限する一法とみなされることが多いから、着るものの制限は、着る人のありようを制限することになると思われる。こうした考えが、僕らの社会にはびこる制服への敵意の動機となっている。その主張はシンプルだ。服装の画一化は必ずや知性の画一化につながる、ということ。他者から与えられた服装の指図に従う人であれば、外部から規定された自分のあり方にも従うだろう。アリソン・リュリーは『衣服の記号論』で制服のカウンターカルチャー的解釈をこう要約している。「軍人でも、公務員でも、宗教家でも、あるいは将軍、郵便配達人、尼僧、執事、フットボール選手、ウエイトレスなど、どんな制服でも、まったくのお仕着せを身につけるのは、個人として行動する権利を放棄することだ。言論にたとえれば、部分的もしくは全面的に検閲を受けることを良しとすることである」。*1

この種の考えは、ヒッピーに端を発した、軍隊や警察のみならず官僚機構ほぼすべてに対する敵意をよく説明づけている。規格化されたどんな服も制服とみなすなら、グレーのフラノ地のスーツを着た人も州兵と同じように扱いがちになる。だから資本主義内での軍産複合体の自然な連合は、関係者全員がある種の制服を着ているという事実から明らかだ。警察、役所、政府。制服はこうした機関を読み解くための共通のテーマとなる。

あらゆる制服のなかでも、学校の制服ほどいわれのない批判をこうむったものはなかった。理由は想像に難くない。標準的なカウンターカルチャーの考えでは、官僚国家の目的は、特定の役割または機能にすっかり従うよう、体制における自分の位置づけに同化するよう、個人に「自覚を与える」ことだった。チャールズ・ライクは『緑色革命』で、そのような体制下で人は「機械世界の住人となり道具となって、生気もなく、考えることもないまま人生の残りを過ごしていくのだ」と主張する。[*2] グレーのフラノ地のスーツは、テクノクラシー社会に不可欠の一次元的生活のシンボルとなる。まずは教育制度によって、生徒たちは自分の機能的役割を受け入れるよう教えこまれる。教育を「役割という牢獄」へ「囚人を叩きこむ」方法だと述べていることから、ライクが刑務所の比喩を好んだのは明らかだが、学校教育の目的は「組織の子供」を生み出すことだという彼の考えは広く信じられている。

学校制服はまる一世代のあいだ、現代社会の精神を破壊するものすべての象徴となった。この制服に対する冒瀆が、若者の反逆のきわめて強力なシンボルとなった。AC/DCの長年のギタリスト、アンガス・ヤングはいまでもトレードマークの男子生徒スタイルで演奏している。それは宗教にも似たロックンロールのアナーキーな魂の祈り、マドンナやシネイド・オコナー〔アイルランド出身の歌手。生放送中ローマ教皇の写真を破りスキャンダルに〕の厳密な意味の聖像破壊よりはるかに効果的だ。これがロックの不変のテーマである。映画版『ザ・ウォール』で制服姿の男子生徒のコーラス隊が、ピンク・フロイドの有名な教育と思想統制の弾劾／同一化の歌をうたいながら、徐々に肉挽き器にのみ込まれていき、反対側からハンバーガーとなって出てくる。この前の場面では、男子生徒の一人が厚かましくも授業中に詩を書いていたせいで、校長になぶられ、むち打たれていた。全校生徒を肉挽き器へぶちこめ！　創造性と想像力は何としても叩きつぶさねばならぬ。でないと、工場の操業がスムーズにいかないじゃないか？

ところが、ベビーブーマーの子供が高校に行きだす九〇年代に、奇妙なことが起こった。反動勢力はつねに、制服は規律を正し、生徒の尊敬の気持ちを高めるからと強く支持していた。士官学校やミッションスクールは制服を廃止したりしなかった。だが、このような反対意見は、カウンターカルチャーの急進派が大切にしていた、制服を廃止すれば生徒たちが解放され、創造性と自由の新しい時代につながるとの確信を強めるばかりだった。なのに九〇年代に聞こえてきた声は、まったく違っていた。多くの元六〇年代急進派を含む多くの心配症の親たちが、つまるところ学校制服はそう悪い考えじゃないかもしれないと、小声で言い出したのだ。アメリカ初のベビーブーム世代の大統領、ビル・クリントンは、学校制服への支持を公式に表明し、一般教書でも言及した。

制服の廃止に伴う問題は、規律の崩壊よりむしろ消費主義の蔓延であることが明らかになってきた。ティーンエイジャーのブランド意識とか衣服、スニーカーへのこだわりについて巷間聞かれることは、どこから来ているのか？　一つ確かなのは、制服を着ていれば服装のせいで殺されることはないということだ。クリントンはこう述べた。「子供たちが有名デザイナーのジャケットをめぐって殺し合いをするのを防止できるならば、公立学校でも制服着用を呼びかけるべきだ」。[*3]

この思いがけない学校制服の復活は、さながら現代の教訓話だ。そこにはカウンターカルチャーの神話を維持し再生産する全勢力がそろっている。さらにこの神話が廃れる理由と、そこから生まれる偽の反逆のゆがんだ結果もはっきりと見える。カウンターカルチャーの反逆からは意図した結果を生み出せないことが、これほど明白なところはない。つまり、僕らは制服の政治学で、現代文化について知っておくべきすべてを学べるのだ。しかしまずは、そもそもどうして制服がこんな激論を起こしかねない問題になったのかを、もっと詳しく見ておく必要がある。

制服の機能

ポール・ファッセルは自著『制服』の冒頭で、制服と衣装とを区別しようとしている。

「ある服装を制服と認めるには、多くの他者が同じものを着ていなければならない」[*4]。一見もっともらしく思えるが、この主張では、精細な吟味には堪えない。これを（ファッセルのように）受け入れたら、ブルージーンズまで制服とみなされ、ほとんどのカウンターカルチャー構成員も含めて、誰も彼もが制服を着ているという結論に直結する。制服を着てないのは女の路上生活者《ショッピングバッグ・レディ》と、非常識で風変わりなイギリス人男性だけになってしまう（後者にツイード好みが多いことを考えると、これを例外とすべきかも疑わしい）。このような定義は次には、こんな皮相的な非難を招く。カウンターカルチャーの反逆者は順応主義的でもあるから、単なる偽善者にすぎない。彼らはただ異なる種類のルールに従っているだけだ。

いくつか区別をつけておくと役立つだろう。まず初めに、制服の広く認められた理解は、個性を妨げる順応を確実にするために外部から強制される手段だ、ということを認識しておかなければならない。この典型が軍服だ――制服全体のなかでは、一方の極にあたる。軍服から反対側へ進むと、準制服（看護師、郵便配達人など）があり、標準化された服装（整備士の作業服など）があり、キャリア派の装い（グレーのフラノ地のスーツ）があり、流行の服装がある。その気なら、これらの服装をしたすべての人々を等しく「制服着用」扱いすることもできるが、そうすると制服の機能がその組織や集団によって変わる重要な様態が見分けられなくなる。さらに、服装が同じであることと「制服着用」を同一視することは誤りなので、これらをすべてひっくるめて制服として扱ってはならない。赤いチュニックを着て黒い毛皮帽をかぶった二人のバッキンガム宮殿の衛兵は、制服を着用している。学年末のダンスパーティーに、うっかりまったく同じドレスを着てきてしまった女子生徒二人は、そうではない。

「制服着用」であることとは、実際着ているものより着用者が組みこまれた象徴的・社会的関係に深くかかわっている。第一に、制服自体は組織の成員であることを認定するシンボルだから、二つの機能を担っている。第一に、制服はその集団の成員を、他の集団の成員から、また社会全般から区別する。第二に、制服は、外部から認められる地位、特権、所属の表示を使用させないことで、集団への順応を課す。矛盾するようだが、制服は地位を暴きもし、隠しもするから、民主主義であるのと同時にエリート主義でもある。部外者に対しては、着用者がある集団の成員という地位を有することを明かす一方で、集団内では、外部から与えられた地位や属性の表示をすべて押し隠す。

最も純粋な形の制服は、政府官僚機構内で指揮管理を行なうために用いられるツール。目的は、ネイサン・ジョセフが「全体的制服」*5と呼ぶアイデンティティを、着用者に生み出すことにある。それは、他のすべてのアイデンティティが従属する「主地位」だ。その制服の着用者は、すべてに優先する組織の規範のみに支配された一次元的人間の様相を呈してくる。着用者について知るべきことは、着ているものを見るだけで明らかだ。軍隊は全体的制服の好例を提供してくれるが、なかでも最高なのはアメリカ海兵隊だろう。

軍司令官はかねてより、兵士は一般に思想のために、王や国や自分の家族のためにさえ戦うのではないと、理解していた。兵士はお互いのため、自分が所属する組織単位のために戦う。兵士をして塹壕を匍匐《ほふく》させ、あるいは機関銃陣地へ駆けつけさせるのは、その同志愛、自分と戦友が鍛えられた部隊への忠誠心なのだ。このため軍司令官は、兵士に政治理論や込み入った地理的要因などを教えるのに長い時間を費やすことはしない。その代わりに、集団同一化の感覚をできるだけ強く植えつけるための労はいとわない。最終的な目標は、仲間の期待を裏切るくらいなら死ぬほうがましだと兵士に思わせることだ。

多くの軍で、集団への帰属意識の主な対象となるのは連隊だ。たとえばカナダ陸軍では、プリンセス・パトリシア軽歩兵連隊、ロイヤルエドモントン連隊、第22ロイヤル連隊の兵士は、連隊の歴史とプライドを叩きこまれる。アメリカ海兵隊は、全体としての海兵隊が重要であるという点が異なる。海兵隊のモットーは「センパー・フィデーリス（通常はsemper fi《センパー・ファイ》と略す）」つまり「生涯忠誠」であり、海兵隊員は除隊後も長く同志愛を保つことで知られている。

この分離と集団への帰属との強力な組み合わせの進行は、スタンリー・キューブリック監督の一九八七年の映画『フルメタル・ジャケット』の前半の焦点となっている。冒頭、新兵が軍の床屋で頭を剃られながら、文字どおり個人のアイデンティティを刈り取られるモンタージュ。その後の訓練は、制服が持つ二つの機能のケーススタディだ。手始めに、早い段階の有名なシーンで、新兵たちは教官のハートマン一等軍曹（本物の元教練教官のR・リー・アーメイが演じた）からとことん激しい叱責を食らう。海兵隊内部の民主的な性質を強調するため、ハートマンは時間をとって（威勢のいい言葉で）訓練キャンプには偏狭な人種差別などない、どいつも同じように役立たずだからだ、と新兵たちに伝える。*6 訓練が完了して、パリス島の訓練所を去って各自の部隊へ送られる準備をしている新兵にハートマンは、おまえたちは一般社会の人々とは根本的に異なる集団だ、と思い出させる。もう「ウジ虫」じゃない、海兵隊員、この同志の結びつきの一員だと。*7

制服を着くずす意味

このような軍隊の典型例を見るにつけ、文化反逆者たちが制服を、そして制服を着た男女をひどく軽蔑し敵視していることは、まったく驚くにはあたらない。全体的制服は、社会を専制的で、抑圧的で、疎外を生じ、同調を強いるものとみなす、完全にカウンターカルチャー的な理解をはっきり目に見える形で体現している。制服を着る人のおおかたは政府が認可した暴力や強制の主体であることを考えると、自分が制服を着るという決断を、魅力のないライフスタイルの選択であるばかりか明らかに危険なこととみなしやすくなる。したがってヴェトナム戦争がカウンターカルチャーからの抗議の的になったのは、当然のことだった。大勢のヒッピーが実際カーキ色の軍服を着て、軍の価値観を公然とあざけり、裏表にすることで不満の意を表した。

だが、個人が置かれることになった社会的状況やそこでの役割が何であれ、これを画一的な服装全般への非難に利用するのは間違っている。衣服を言論になぞらえた表現に戻ると、表現の個性がつねに望ましいと考えるのは誤りだ。僕らには、もっと広い統合や、合唱や祈りとして全体のなかに自分の声が包摂されることを求める場合だってある。オーケストラの団員のフォーマルな夜会服や、アメリカ中西部の高校楽隊のきっちり統制されたピカピカ光るユニフォームは、服装の統一が集団の演奏の効果を高めるという二つの例だ。軍隊でも、暴力を行使する際の統制にしか用いられていないわけではない。ナポレオン戦争中の英国海軍の生活を描いた、パトリック・オブライエンの小説諸作には、以下の『提督』からの引用のような一節がちりばめられている。「スティトリー号の司令官艇が現われた。舵を取るダフの誇り高き艇長の横には金モール帽をかぶった少尉候補生が控え、艇を曳《ひ》く一〇人の若き乗組員たちは、船員の優雅さ煌びやかさの極みにまで着飾っている。

縫い目に沿ってリボンをあしらった白いぴっちりとしたズボン、刺繍をほどこしたシャツ、真紅のネッカチーフ、つば広のカンカン帽、きらめくハットバンド。ギフォードの言葉を思い浮かべて、スティーヴンは彼らをじっと眺めやった。一人ずつ別々であれば、どの兵もさぞかし立派だったろうに、みな一様に着飾っていたから、やり過ぎのように感じられた」。*8

このような場合には船長は明らかに船員を、ヴェブレンが「代行的衒示的消費」と呼ぶもののために利用している。だが、水兵たち自身もただの手駒ではなく、オブライエンの描写では、彼らもこの風貌にかなりの自負を持っている。したがって、制服を着ることは個人として行動する権利を放棄することだというリュリーの主張は、ひどく大げさである。リュリーが見落としているのは、きちんと装った集団の一員であることは、個人の強力なプライドの源泉になりうることだ。制服を着ることはファッセルが「所属による虚栄」*9と呼ぶものの資格を得ることなのだから。海兵隊のようなものを制服があるすべての組織のモデルとするのは、なおさら間違いだ。軍服にはつねに、それに関連したヒエラルキーと命令と強制の含意とともに、暴力の示唆がついてまわる。そのために、軍服はできるだけ全体的制服でなければならない。軍隊が一次元的人間を必要とするのは、戦争が一次元的生活であるからだ。

しかし、制服はどれも全体的制服というわけではない。医師や看護師、尼僧、聖職者、航空会社の職員はみな、官僚社会とまではいかなくても疑似官僚社会で働いており、その制服は一般に、集団を部外者から区別し、職業上の地位と規範を受け入れさせ、団結した単位にまとめる目的を果たす。ここでもまたリュリーは「制服は、ある人を一個の生身の人間として扱うべきでない、またはその必要はないとする考えの表明であり、それを着ることはその考えを受諾しているしるしである」と、ひどく大げさに主張している。[*10] 医師や聖職者と相対してきた人なら誰もが知るように、一方では、医師らとは純粋に事務的に、「職業的に」接したいと思いつつ、その反面でもっと人間味も求めるという緊張関係がつねに存在する。制服の着用者たちは、この緊張関係を充分に意識していて、制服に個性を加えたり、着くずしたりして、しばしば解決を試みる。

尼僧の多くがいまでは僧衣なしですますか、たまの機会にしか着ないのに対し、医師は白衣の下に遊び心のあるネクタイを締めたりカジュアルなシャツを着ることも少なくない。こうした逸脱が許されるのは、信徒や患者の側に、制服がその人の全体にならないでほしいという強い要望があるからだ。主治医のバカンスについて聞きたがったり、牧師先生の普段着の趣味を知りたいと思う人は多い。そうすることでお互いもっと人間らしく遇することができる。しかし、それによって双方とも一定の犠牲を払わされる。尼僧の多くは、私服の女性から魂の導きなど受けたくない人たちの猛反発を受けたし、たいがいの患者と医師にとっては、なるべく客観的かつ非個人的なやり方で前立腺検査を行なうほうがいい。結局のところ、誰もが銀行や郵便局や医院に、仲よくなろうと思って行くわけではない。制服が人々のあいだに創り出す社会的距離は、たいていの場合には望ましいものだ。制服が望ましくない社会的階級を強制するために用いられるからといって、制服を廃止すべきだということにはならない――望ましくない社会的階級のほうを廃止すべきなのだ。

軍隊の伊達男

制服は個性を排除するとの考えもまた、一種の錯覚である。強いて言えば、制服はただ個人が個性を発揮する方法に制約を加えるだけだ。きわめて厳格な制服にさえも一定のバリエーションは認められる。むしろ、逸脱を公式に容認することは、集団に官僚的統制を行なう一法である。大筋で施行される明確なルールがあるかぎり、今後は「ルールどおりに」と威嚇するだけで、実際に逸脱が起こっても許容範囲内に抑えられる。スタンリー・キューブリックは『フルメタル・ジャケット』のあるシーンで、公式な容認の範囲を探っている。マシュー・モディーン演じるジョーカー二等兵は胸に平和のシンボルバッジをつけ、ヘルメットに「生来必殺(born to kill)」と書いて、軍服を着くずしている。海兵隊大佐は彼に、祖国を愛しているかと尋ねる。ジョーカーが「はい」と答えると、ならばきちんとしろと諭す。大佐がジョーカーの国への忠誠を疑うのは、逸脱が過ぎると制服が象徴するはずの組織の規範が揺らぎ、矛盾する価値観が持ちこまれかねないと了解しているからだ。

それでも、志願兵による因習打破は軍服にとって最大の脅威ではない。伝統的には、貴族ぶった軽視が、制服を拒否するための有効な言い訳だった。階級への所属は、制服のある組織が内部の団結や序列を絶えず強いようとすることに対するカウンターとなる。外部の地位のしるしの侵入が許されると、制服の象徴的な役割がかなり弱まってしまう。軍隊では、ここから主として生じているのがダンディズムの一形態、金モール、真鍮のボタン、本物の金糸で作られた肩章といった装具による男の虚栄心の、これ見よがしの表現だ。例として、マーク・キングウェルがカナダ空軍将校であった父親の会食服を描いた文章を見てみよう。「青みがかった灰色のメルトン地のジャケットは短い丈で後ろの裾が波形仕上げになっており、ズボンはハイウエストで、ぴっちりとしていて、土踏まずに引っかけるタイプだ。金色の側章が伸びた先には、両側がゴムで、かかとに革のループがついた輝くウェリントンブーツを履いている。ジャケットは金のカフスボタン、衿《えり》にほどこした拝絹、対になった航海士の翼章、大尉の階級章がついた小さな肩章、そして二つの勲章のミニチュア版で飾られていた」。[*11]

理解すべき重要な点は、このようにすることで結局のところ、制服の本質が弱められ、軍隊の伊達男の衣装と化していることだ。ファッセルは、ジョージ・S・パットン将軍の見かけへのこだわりを――真鍮のボタンが大好きだったこと、変てこなラッカー塗装した中帽（それが何であれ）を――大いにあざけっているが、[*12]これをパットンが、所属による虚栄に従っていた証拠だとみなすのは誤りだ。それどころか、その正反対である。パットンは所属するためではなく目立つために装った。彼は、平《ひら》の兵隊たちには同調が求められる一方で、優れたリーダーシップには独特の服装が不可欠だと考えていた。リーダーは集団のなかで目立って、その重要な特質を表明しなければならないのだ。

反逆のファッション

僕らとは僕らが着ているものである。そして原則として服は買わなければならない。だから、人間を愚かにする大衆社会の順応性に反逆するために、僕らは消費しなければならない。結果として、メンズ・ファッションの「公式」な装い（たとえばスーツ、ネクタイ、その他の職場着）は一世紀以上たいして変わってないのに、若者文化をターゲットにした服の流行り廃りのサイクルが驚異的なペースで加速しているのは、さほど驚くことではない。

「かっこよさ《クール》」の転換ときたら突拍子もなくて、カウンターカルチャー運動の最も根深いアイロニーをあらわにしている。トマス・フランクの所見では、大衆社会の最も好ましからざる側面の一つは、ヴァンス・パッカードの『浪費をつくり出す人々』で暴露されたのが最も有名な「計画的陳腐化」のシステムであった。[*13] しかるに大衆社会への解決策としてのカウンターカルチャーの反逆は、個性の表現の名のもとに、流行り廃りのサイクルをかえって速めてしまった。

テクノクラシーの停滞と順応性の、他の何よりも好例となったのが、一九五〇年代の男性ファッションだ。ブルックス・ブラザーズのグレーのフラノ生地のスーツも、ネクタイを首つり縄だの首輪だのになぞらえた、一次元的人間の囚人服と大差がないようだった。このイメージはいまだに強烈で、広告業界では定期的に、ネクタイをはぎ取る男性というモチーフが用いられ、彼らはＳＵＶに飛び乗り田舎へと走り去ったり、仕事帰りにバーに寄って元気いっぱいの友達と会ったり、自宅で大画面テレビの前に腰を落ちつけたりする。

こうした批判にも功がないわけではなかった。特に五〇年代の男性の服装は味気なく、画一的だった。しかし主な理由は、男性があまり服を持たなかったことだ。当時は男性がウィークデーは毎日同じスーツで過ごすのが普通だった。シャツでさえ何日も同じものを着つづけた――だからアンダーシャツを着たのだ。こうした習慣は紳士服メーカーおよび広告業者を大いに苦しめた。彼らは低迷する産業に弾みをつけようと必死だった。重要なポイントは、画一的な服装はテクノクラシーから課されたのではなかったこと、まったくその反対だったことだ。グレーのフラノ生地のスーツは、男性に消費主義が欠けていたことの症状なのである。このような関係においては、カウンターカルチャーの反逆は体制を打倒するどころか、六〇年代の「ピーコック（孔雀）革命」――ネルージャケット〔インド首相ネルーに由来する立ち襟の上着〕からレジャースーツまで男性ファッションが多様化した――の創出に必須のことであった。*14

男性が服装にもっとお金を使うようになったきっかけは、やはり反逆者のスタイルだった。クラーク・ゲーブルが『或る夜の出来事』にアンダーシャツを着ないで登場して、このスタイルの先駆けとなった。数週間とたたぬうちに、この新しい、これまでより大胆な装いは、北米中の男性に爆発的なブームを巻き起こした。衣料品メーカーはほどなくこの点に目をつけた。男性はシャツを洗濯する回数を減らすためにアンダーシャツを着ていた。それでシャツの寿命はずいぶんと延びた。アンダーシャツを着ないということは、これまでクロゼットに三枚の上質なシャツと一ダースの安物シャツを持っていればよかったのに対し、現代の男性は一ダースの上質なシャツが必要になるのだ。

衣料品メーカーが標準的な服装をも排除することを積極的に推し進めたからといって、

何の不思議があるだろうか？　重大な問題なのは、六〇年代から七〇年代にかけてのカウンターカルチャーのスタイルはどの程度までが反逆者によって生み出され、どの程度までが衣料品メーカーによるものかということだ。反逆者サイドは業界が自分たちのスタイルを「取り込んだ」のだと主張したが、実情はもっとずっと込み入っている。ファッションの一部は街《ストリート》で始まってデザイナーズブランドに採り入れられたが、もっと多くが業界で興《おこ》され、街へ伝わっていったのだ。誰が操り誰が操られているかを見分けるには、これらの関係をいちいち調べるより、もっぱら、資本主義的企業家とカウンターカルチャーの反逆者とのあいだにある利害関係の本質を観察するほうが簡単だ。カウンターカルチャーはそもそもの最初からきわめて企業家的だった。GAPが一九六九年にサンフランシスコで創業しているのは偶然ではない。GAPの成功を理解するには、一九九六年にシャロン・ストーンが、アカデミー賞のイベントにGAPの二二ドルの既製品のタートルシャツを着て登場したときに起こした騒ぎを見るだけで充分だ。

アーサー・マーウィックがその非常に広範囲にわたる六〇年代の分析に記したとおり、「六〇年代の変革の中核をなす運動、サブカルチャー、新しい団体のほとんどに企業的な営利目的の価値観がすっかり染みついていた。ここで私が思い浮かべるのは、ブティック、実験劇場、画廊、ディスコ、ナイトクラブ、『ライトショー』、『マリファナショップ』、写真・モデルエージェンシー、アングラ映画、ポルノ雑誌だ。六〇年代は、マスコミュニケーション、とりわけテレビの高度な発達に助けられ、大いに『スペクタクル』な時代となった。カウンターカルチャーの立役者たちはこのスペクタクルに深くかかわることで、地位や特権を得るとともに普通のお金も稼いでいた」[*15]。

反逆とは体制への脅威ではなく、体制そのものなのだ。最も過激なファッション界の反逆児ことアレキサンダー・マックイーンがジバンシィの主任デザイナーになったのには理由がある。ファッションを大衆社会批判のレンズを通して見る人々は、パリやミラノのデザイナーの一派が、強迫的なほどの順応主義者たちに毎年新しい服を買いに走らせるために、ドレス丈を変えるよう指図しているのだと想像する。現実はまったく反対のことだ。ファッションの競争は激しい。人々は去年の服をまだ着ている人から自分を際立たせんがために、今年のスタイルを買う。高級ファッションブランドは差異を売る事業である。反逆は現代世界の差異化の巨大な源泉となっている。そのため人々は、ほかの形の社会的地位を手に入れるためにお金を惜しまないように、反逆のために大金を支払うこともいとわない。ここでは誰も「身売り」なんかしていない。そもそも売るものなどないのだから。

イリイチ『脱学校の社会』

六〇年代に政治的左派から出てきた、教育制度批判の根深さを理解することは難しい。なぜなら、当代のいわゆる進歩派に広く認められる意見では、今日の学校が直面している唯一ならずとも最大の問題は、新保守主義政権のせいで資金難であることだというのだから。そこで皮肉なのは、バウチャー制度〔学校に競争原理を採り入れるために導入されたクーポン制度〕やチャータースクール〔認可されて公的資金の援助を受ける民間運営校〕といった、政治的右派に現在支持されている教育改革の多くは、元を正せばカウンターカルチャー革命の重要な側面として推進されたものだったことだ。カウンターカルチャーにとっては多くの意味で、社会革命とはすなわち教育革命であって、学習実験が盛んに行なわれた時代だった。イギリスのサマーヒル・スクール〔A・S・ニール創設の最古とされるフリースクール〕からトロントのロッチデール寮舎まで、カリフォルニア大学バークレー校から世界各国に出現しはじめた「自由大学」まで、カウンターカルチャー革命の特質である意識変革を起こすのに必要なのは教育制度改革だけだ、との確信が広く行き渡っていた。ローザックはこの時代の趨勢を見事に捉えつつ、こうした実験の一つの末路を描いている。

わが国の自由大学の英国版であるロンドンの反大学〔アンチ・ユニバーシティ〕が一九六八年初めに開校したとき、講座案内には「反文化」「反環境」「反詩」「反演劇」

「反家族」「対抗制度」を扱った講座が、目白押しに並んでいた。どうやら大人の社会が提供できるどんなものも、若者の受け入れるところとならなかったようだ。反大学の過熱化したラディカリズムは、その後ますます燃えさかって、とうとう昔ながらの学生と教師の関係までもが、耐えがたい全体主義の一形態として火の手にさらされることとなった。結局、誰にも何も若者たちに教えるべきことがないという想定に基づいて、学生と教師の関係も解体され、若者たち自身がゼロから自らの教育を築き上げることになった。不幸にも――もっともこの種の不幸は喜劇的とも悲劇的ともつかないが――反大学はこのラディカルな改造劇をついに生き抜くことはできなかった。[*16]

ここでの一貫性は称賛すべきことだ。結局、文化全体が抑圧のシステムにすぎないなら教育からどんな利益が得られるというのか？　過去はイデオロギーの安定装置でしかない。そのような「知識」はカウンターカルチャーに役立たないばかりか、明らかに呪いである。結局、それを若者に伝えたいと思う理由は、彼らを同じシステムに組みこむことだけだ。したがって学校は、これまた大衆社会の順応主義で官僚主義の制度というだけではなく、テクノクラシーの究極の手段とも見られるようになった。ライクが教育のことを「囚人を叩きこむ」と述べたように、牢獄の比喩はありふれていたが、それでも学校の凄まじさを完全に捉えてはいなかった。

こうしたカウンターカルチャーの意味するものを最も影響力を持って明確に述べたのは、イヴァン・イリイチの『脱学校の社会』だった。イリイチにとって学校は大衆社会の縮図、カウンターカルチャーが激しく非難しているすべてのものの完全な象徴だった。その「脱学校」の社会の提唱とは、社会を根底から脱官僚化し、脱職業化し、脱制度化することの要求にほかならない。

イリイチは「制度スペクトル」と呼ぶもの、そのあいだにさまざまな社会制度をおくことができる左右の座標軸なるものを説明した。スペクトルの右側には「操作的」制度があり、左側にはもっと望ましい「相互親和的」制度がある。[*17] 操作的制度は官僚的で、順応主義で、大衆社会に奉仕しているのに対し、相互親和的制度は個人の自由と自発性のために役立ち、これらを高めていることで区別される。だからスペクトルの右端には、おなじみの面子がそろっている。警察、軍隊、大企業、刑務所、病院。左端には、電話ネットワーク、郵便、公共交通機関、公営市場などの公的または準公的制度がある。スペクトルの中間には、小企業（パン屋や美容院）と、公選弁護人や音楽教師のような一部の専門職が位置づけられる（ここには興味深い問題点がある。イリイチは高速道路網を「偽りの公益事業」と呼んだ。[*18]その性質上、相互親和的制度のように思われるが、石油製品や自動車などスペクトルの右側の財とサービスの需要を生み出すことで、実は人々の隷属化の一因となっている、というのだ)。

イリイチの問題へのアプローチはときに洞察に富んでいる。「ネットワーク社会」なるものの到来を予期して、のちにインターネットのためになされる解放論的な主張の多くの概略を示した。イリイチは、左右のスペクトルを公的と私的所有で分ける従来の考えが重要な要因を見落としていることを理解していた。肝心なのはアクセスと利用のあり方だ。イリイチはネットワークの価値を知っていた。コミュニケーションや協力を利用者自身が自ら選んだ条件で開始する、非集権化されフラット化された制度だ。電話や郵便制度はこのネットワークの一部であり、やがてインターネットもそうなる。

ここで本書の趣旨にとって何より興味深いのは、イリイチが学校を、制度スペクトルの右の極に位置づけたことだ。学校は教会より、軍隊より、精神病院よりも悪いのだという。学校は、教会が聖と俗をはっきりと区別するように、アクセスを管理している少数の手に握られ、大衆に少しずつ与えられる知識をもとに知と無知を区別する。だが少なくとも教会通いは任意である。イリイチにとって義務教育は、義務宗教という考えと同じくらい不快(でなおかつ憲法違反)なのだ。ヴェトナム戦争と引き比べても、公立学校はどうも好ましくない。「アメリカが自国の青少年の義務教育に身を入れて取り組んでみても、それはアメリカのヴェトナム人の強制的民主化への偽装された努力と同様に、実りのないものであることが、いまや明らかになっている」のだから。[*19]

　このように学校は、高速道路にも似て、もっぱらスペクトルの右側の他制度の製品とサービスの需要を与えるためだけに存在する。だが高速道路が自動車だけのための需要を生み出すのに対し、学校はスペクトルの右側に集まるすべての制度の需要を創り出す。大衆社会のどの制度も、ある程度は個人を規定するが、学校はもっと抜本的かつ体系的に隷属化を行なう。学校は、ノーマルと逸脱の、適法と不法の、健康と病気の、教会、警察、病院が機能する前提条件のすべての基準を定める。学校は制度の制度である。というのも、生徒がその後の人生を過ごす機関を事実上決めるのだから。学校は、精神の萎縮と資源の枯渇と環境の汚染を確実にもたらすことにより、学生たちを、大衆社会の産物の消費への生涯にわたる中毒に陥らせる。

　この理論はそれから数十年間の進歩的左派の想像力に、驚くほどの制約を加えている。『ハーパーズ・マガジン』は二〇〇三年になっても「学校反対論」という特集記事を組み、「わが国の学校制度の実態に気づくべきだ」と促すことができた。[*20]「若い頭脳についての実験場、企業社会が求める習慣と態度の養成所だ。義務教育がもしも子供に役立つとしても偶然のことにすぎない。その真の目的とは、子供たちを奉仕者にすることだ」。これはいたって真面目に暴露記事として、以前には聞いたこともない内容として書かれている。

「学校は子供たちを従業員でなおかつ消費者になるよう（…）命令に反射的に従うよう訓練する」。カウンターカルチャー的思考は、どうやら社会批評家に、同じくたびれた月並みな考えを何度も何度も……ほとんど反射的に、くり返すことを強いているようだ。

学校制服の復活

学校への敵意の深さと広がりを考えると、それに関連して学校の制服が敵視されるのも理解しやすい。学校が刑務所、軍隊、収容所と同じで、究極の全体主義的制度だとするならば、学校制服はその制度の究極のシンボルだ。そして軍服が兵士を、所属による威厳や虚栄に浸らせるとすれば、学校制服はさながら囚人服や、ナチスがユダヤ人全員につけさせた大きな黄色いダヴィデの星のようだ。それは所属による恥と不名誉のしるしである。大衆社会の批判者にとっては、学校制服はすべての制服と同様に、集団を認定し他から区別する働きを持つが、この区別の重要な点は、学生に絶えずその従属的な地位を思い出させるようになることだ。学校の主たる機能は学生に生涯にわたる服従と順応に備えさせることだから、制服は教師に、権威を行使し、罰を科するための都合のいい口実を与える。いつでも取り締まれる可能性があるかぎり、公式の制服規定からの逸脱を大目に見ながら管理しうることを思い起こしてほしい。学校制服に関する文献は、いまも心に痛手を負った元囚人（おっと失礼、学生）が服装規定の字面に専制的に絶対服従させる教師に愚弄され、叩かれ、毎日さまざまに辱められたエピソードに満ちている。ずっと昔から管理の道具として利用されていることを思えば、学校制服が伝統的に、法と秩序を好むタイプに、たいがいは政治的保守派に支持されてきたのは驚くことではない。ところが九〇年代に奇妙な変化があって、学校制服が大衆志向の政治的左派からかなりの支持を集めだしたのだ。この変化は、二つの重大な問題が公立学校の教育環境に悪影響を及ぼしているとの認識が広がったことに端を発していた。一つ目は、校内暴力が急増し、その多くはストリートギャングがらみか、それに影響されたものであったこと。二つ目は、九〇年代にティーンエイジャーたちが一気に、現代の贅沢品経済に参入したことだ。

　この二つは互いに無関係ではなかった。ストリートギャングの記号体系《シンボリズム》（ジャンパーとかバンダナとか）の台頭はおおむね、ミュージックビデオ、広告、プロバスケットボールを通じてアメリカ都市部の黒人文化を郊外の白人青少年に大量販売した結果だった。その間、ティーンエイジャーは莫大な額の可処分所得（二〇〇〇年だけで総計一五五〇億ドル）を管理しはじめ、どんどん若いうちから消費主義の論理を受け入れるようになっていった。そのため学生間でファッションがらみの競争的消費が勃発したのである。この競争は学生に非常に大きな社会的圧力を与え、もちろん階級的格差をひどく悪化させた（そして多くの貧しい家の学生に、クールでいるための金銭的なゆとりを持ちたいがために、「放課後」仕事でフルタイムに近い時間を働くことを促した)。この成り行きはナイキのスニーカーやオークランド・レイダーズのジャンパーといった品物のべらぼうに高い代金を考えると、意外でも何でもない。

これらの影響がすべてあいまって、明白な理由から、学生にとっての優先順位として学習はずっと下になるような学校の雰囲気が生み出された。

重要なので指摘しておくと、これらは個人の規律や服従の問題ではない。一人の学生、一つの学生集団の力はまったく及ばない要因によって駆動されている。ストリートギャングに影響された暴力ともっと主流のファッション競争は、本質的に底辺への競争だ。ナイキの最新モデルを誰も学校に履いてこなければ関係者全員にとって結果はよくなるが、人より上を行きたいという誘惑と後れをとりたくない思いはあまりに強すぎる。いずれの場合も結局はファッション版の軍拡競争に陥って(銃社会のアメリカでは、しばしば本物の軍拡競争にもなって)勝つことは定義上ありえない競争へとつぎ込まれ、増大する一方だった資金の低下を招く。

これに反応して、多くの人が、公立学校に制服を義務づければ問題は簡単に解決すると考えるようになった。きちんとした服装規定は競争の可能性を制限することで、さながら軍縮条約のように役立てられる。金持ちも貧乏人も、みんな同じ格子縞のスカートをはき、同じスクールタイを締め、同じエナメル革の靴を履くのだ。いずれも生徒の自信を高め、ストレスとプレッシャーを減らし、学習と生産的な課外活動にもっと時間とエネルギーを費やせるになると思われた。

この学校制服への新たな関心の背景となった理論は、健全なものに思える。学生の直面している主な問題がさまざまな形のファッション版の競争的消費から生じているならば、シンプルな解決法は、学校制服を義務づけることで競争の機会を制限するよう教育環境を整えることだろう。残念ながら、期待された利益を達成するのに学校制服が与えた影響に関する包括的なデータはない。制服を支持する研究で最もしばしば引用されるのは、カリフォルニア州ロングビーチ統合学区のものだ。一九九四年、この学区では幼稚園から第八学年までの全校に制服着用を義務づけたところ、劇的な成果があった。破壊行為から武器不法所持までのいくつかの規律の問題で、そのような違反の発生総数が一年で三三パーセント減少した。これには暴行の四四パーセント、性的非行の七四パーセント、けんかの四一パーセント減少が含まれている。アメリカ全土の他の教育委員会からも同様の結果が報告されているが、情報がケーススタディに偏りがちで、あまり体系的ではない。それに、こうした成果は時間がたっても持続するものなのか、それともある種の物珍しさのおかげかは明らかになっていない。

しかし一つだけ、はっきりしているようなのは、制服廃止で出てくると考えられていたメリットが実現していなかったことだ。新しい個性化の雰囲気は子供たちをより創造的に、芸術的にしただろうか？　もっと愛情豊かに、思いやり深くした？　もっと表現力豊かに、自由にした？　設問を考えるだけで、この提案の愚かしさが浮かびあがってくる。制服の廃止は、むしろ個性よりも群れ意識を育んでいたのだった。

女子高で現地調査

制服を知るいちばんの方法はそれを着ている子たちと話すことだ。そこで僕は、競争と消費主義とグレーのスカートについて語るべく、制服の規則が厳しいトロントの優良私立女子校、ビショップ・ストローンへと赴いた。

予想どおり、女生徒たちは服のことを考えるのにかなりの時間を費やしており、制服のいい点、悪い点について山ほど聞かせてくれる。いい点に関して言えば、毎日制服を着て登校することで日常のストレスが軽くなった、ということで全員の意見が一致した。何を着るかを心配しなくていいのは、毎朝決めないといけないことを一つ（数え方によっては三つ）減らしたのだ。多くの生徒が、制服のおかげで愛校心と団結が強まったとも感じていた。だが制服のせいで個性がなくなったのでは？　それで気持ちがくじけなかった？　歯車になった気分じゃない？　ぜんぜん。

もし学校制服をアレンジする千と一つの方法が知りたければ、それを着ている女生徒に訊けばいい。袖口はまくり上げるか折り込むか、裏返すか、ぴんと伸ばすか。ネクタイはゆるく結ぶか、きつく締めるか、まっすぐ垂らすか、斜めにかしげるか。ボタンは狙った位置まで外し、スカートは五、六通りある方法のどれかで裾を上げたり下ろしたりできる（ウエストで巻き上げるのが典型的なやり方――朝、家を出たあとで巻き上げ、帰る前に戻す）。そして、アクセサリーがある。制服規定のグレーゾーンながら、女性アパレル業界では一つのサブジャンルを成している。ジュエリー、腕時計、バッグだけに限っても無数の選択肢が存在する。女生徒はまた好きな髪型にすることもでき、予測できる範囲の可能性を広げている。

かくて全員一致を見た全般的ポイントは、制服は個性を排除しないが、個性を表現できる方法をある程度は制限するということだ。すると、競争的消費は緩和される。差異を踏み消すことはできないし、生徒たちの競争を止めることもできない。競争はまだそこにある。ただ、もはや無制限ではない。この点で、制服は核拡散防止条約のようなものだ。加盟国はまだ兵器を製造したり備蓄したりできる。条約はただ各国が全面戦争を行なえる能力を制限するだけだ。

これが意味するところは明らかだ。制服は特効薬ではない。階級に基づいた怨恨を消し去るわけではない——ある奨学生がこっそり僕に不平をもらした。デザイナーズブランドの靴もハンドバッグも買うお金がないから、恥ずかしい思いをしている、と。ほぼ全員が、ファッション競争のプレッシャーはなくなってはおらず、生活のほかの部分に移ったと認めた。放課後とか週末に出かけるたびに、どのパーティーも学年末のダンス会みたいに感じるくらい、余計に緊張するという。まるで一週間分のファッションのお披露目が一夜に凝縮されるかのように。僕が話をした女生徒たちは、制服に幻想を抱いてはいなかった。学校制服はけっこう本質的な意味で生徒の自由を抑える役目をしている、と理解していた。しかし最も重要な点は、圧倒的多数が制服を気に入っていたことだ。彼女たちは総じて、学園の環境が改善されることで得た利点はそれだけの価値があると感じていた。

いろいろな意味で女生徒たちは、その支持者を自任する者たちよりも状況をよくわかっていることを示した。ニューヨーク在住のジャーナリスト、アリッサ・クォートはその著書『ブランド中毒にされる子どもたち』で現代の若者文化に厳しい目を向け、発見したことにショックを受けている。化粧をする一二歳以下の子供たち。企業の「トレンド予測者」として働くティーンエイジャーたち。ステロイドを常用したり、美容整形をしたり、モデル体型になるために断食する高校生たち——みんな、どこもかしこもブランドだらけの海へと足を踏み入れている。

クォートは、マーケティングと広告に責任を負わせる。そうすることで、ほぼまったく裏づけのない解釈による大衆社会批判の立場をとってしまっている。マーケティングを洗脳の一形態と考えているクォートの著書には、ビデオゲームをしたり、ショッピングセンターへ服を買いに行くようにと、そそのかされ、強制され、プログラムされ、あるいはペテンにかけられる十代の若者への言及でいっぱいだ。クールでなくちゃいけないというティーンたちの欲望から消費主義が生じる、とクォートは考えていて、クールとは流行の最先端を追う仲間とつるむことだから、彼女の見るところ、ティーンたちは同じ靴を履き、同じバンドを聴き、同じ学校に行こうとしている。だから、クールになる努力はすなわち順応する努力だと結論づける。そして敵は競争ならぬ順応であると確信している彼女は、自ら診断した若者文化の問題への解決策として学校制服を認めない。そんなわけで二州で公立学校を運営する営利企業、エジソン・スクールズ社は、学校制服を必要としているという理由からも、その牢獄のごとき「型にはめる」教育方針をあざけられている。

　クォートはちょっとしたパラドックスに自ら陥っている。彼女はもともと、周囲に同調しクールでいたいというティーンの欲望につけ込んでブランドを売りつける企業を批判している。それはけっこうだ。だが、その問題には手っとり早い解決策がある。教室からブランドを締め出す最も簡単な方法は、単に子供たちがそれを身につけるのを禁じることだ。

制服を着せることだ。しかしこの解決策もまた、順応を課す訓練だからと認められない。そうして、生徒に自分の着る服を選ばせるのも制服を着せるのも、どちらも順応につながるのだとしたら、いったいどうすればいいのか？

クォートによれば、生徒たちがすべきことは反逆である。彼女は、地下室で音楽を演奏したり、街頭パーティーを催したり、お互いの髪を切りあったりすることで、社会批判と文化的創造性を結びつける「ドゥ・イット・ユアセルフ」パンクの活動や「カルチャー・ジャマー」を称賛する。これは以前どこかで聞いたことがあるぞ。六〇年代からずっとしていることじゃないか？　しかしクォートは、今回は事情が違うと思っているようだ。実際、いまの子供たちは、あの当時、ファッションに必要だったのはコンバースのスニーカーとラモーンズのTシャツだけだった彼女のようになるべきだと示唆している。彼女が青春の反逆時代に履いていた靴のブランド名を挙げていることに驚いてしまう。どういうわけかクォートは、自分が履いていたコンバース（ジュリアス・アーヴィングが有名にしたバスケットボールシューズ）と、いまどきの子が履くナイキ（マイケル・ジョーダンが有名にしたバスケットボールシューズ）とでは根本的に違うと、自分は「反逆者」だったのにいまのティーンは「犠牲者」だと考えているのだ。ちなみにクォートはたしかに、人々は「ブランドから自分のアイデンティティを守ろうとする過程で」、かえって自らをハードコア、スラッシャー、パンクとして再ブランド化するはめになると指摘しているが[*21]、この再ブランド化はずっと競争的消費を牽引している差異の追求とまったく同じことだとは、まるで気づいていない。

ここに、カウンターカルチャーの神話が起こした非常に大きな弊害を見ることができる。そこからクォートは、カウンターカルチャー的思考の重罪を犯すことになる。すなわち、効果がないばかりか、彼女が解決したいと望むまさにその問題を明らかに悪化させてきた解決案（サブカルチャーによる反逆）を支持せんがために、ティーンの消費主義の問題に対する申し分のない解決策（制服）を斥けてしまっている。

なぜ消費主義が勝利したか

消費主義は根本的には、財が個人のアイデンティティを表現もし、規定もするという考えに由来している。消費主義が本物の自己表現の追求への文化的な執着と結びつけば、多数の消費の罠に集団として囚われた社会が到来する。ファッションは優れた表現形式だと、衣服は独自の表現を持つとの深い確信ゆえに、容赦のない流行の周期がなぜ競争的消費の中心軸となったのかは理解しがたいことではない。しかし、このファッションへの懸念には利点が一つある。服装をめぐる競争を取り除ければ、きわめて重大で支障をきたすタイプの競争を廃すことができる。これは制服が解放に役立つ点だ。消費主義が政治的に不活発でも中立でもないことは重要なので、覚えておいてほしい。消費主義が栄えているのは、いろいろな意味で主要な政治的理念――自由、民主主義、自己表現――に身近に、個人的に、すぐ満足がいくように、かろうじて携わっているからだ。民主政治は、理論的には素晴らしく思えるだろうが、その実践はショッピングにはかなわない。消費者主権ほど望ましい主権はない。

ここで話を『スタートレック』に戻すと、同作はさまざまな面を持つ作品だが、奇妙なほどに政治的なドラマである。きわめて合理的で技術の進歩した社会におけるヒューマニズムの位置づけ――ピカードのボーグへの対処に最も顕著なこと――という、より現代的なSFのテーマを取り入れるときもあるが、この作品は何より自由、平等、幸福という建国以来の政治的神話をどのように表現するのが最善かという、アメリカの進行中の自問についての物語だ。『スタートレック』の世界は、政治生活と地域の価値観と社会連帯の問題が、労働、消費、個人の自己表現といったもっと私的な問題に対する優位を保っている世界である。人々が消費財に意味を見いだしたりはしない世界である。

このことを最も明らかに象徴しているのが、登場人物全員が着ている制服だ。ただ単に制服を着ているというだけでなく、制服自体にいささかの虚飾も見られないことだ。このドラマのキャラクターは、起きているあいだずっと、みっともないパジャマもどきの制服で過ごすことを気にするそぶりもない。だって連邦の政治課題の遂行によって、もっとずっと直接に生きがいを感じられるのだから、なぜそんなことを気にすべきだというのか？

異論はあるだろうが、『スタートレック』とは、最もありそうにない政治的ユートピアを描いた作品だ。つまり公民権と議会制民主主義の基本的価値観が、充分なレベルの個人の存在意義と社会の連帯をもたらす理想社会である。僕らの世界で消費主義が勝利したのは（そして異論がつづくのは）まさに現代のデモクラシーが、人々の求めてやまない生きがいを与えることができないテクノクラシーに取って代わられたからだ。そして、たぶんそれは悪いことではない。政治理論家のC・B・マクファーソンがかつて主張していたとおり、一七世紀の所有的個人主義は悪徳ではなかった。むしろ復讐と栄光の価値体系の代替として役立った。同様に消費主義は、ほかの形の市民的社会参画をおおかた駆逐してしまったが、それで帝国主義や民族主義といった二〇世紀の脅威に対する大衆の熱狂を静められるのなら、そう悪いことではあるまい。

おそらくは。だが状況は反対側に大きく振れすぎたかもしれない。文化的生活のほかに政治的生活を再導入する余地を見つけることが必要である。この余地を創り出す一つの方法として、消費主義のがらくたを片づけて、もうちょっと統一性を生活に組み入れることから始めてもよさそうだ。「あえて違うように」よりも、あえて同じようにすべきではないだろうか。

第7章　地位の追求からクールの探求へ

「クール」体験

クール（かっこよさ）の容赦なき移ろいやすさに初めて接したのは、ご多分にもれず、第九学年〔日本の高校一年または中学三年に相当〕のときだった。その年最初の大雪の朝、僕は頼もしい相棒クーガーを取り出した。この赤い裏地が際立つ茶色のブーツは、記憶にあるかぎりでクールの極致として存在していた。クールな子なら誰でも――いや、僕の知っている誰もが――クーガーを履いていた。冬の定番だった。そうやって乾いた足と安らかな心で、何にもわかっちゃいないやつの能天気さをふりまきながら、僕は学校に着いた。ロッカーを開けて授業の用意をしていたとき、後ろから大声でからかわれた。「いまどきクーガーかよ！」。

みんなに笑われて、振り返った。クーガーを履いているのは僕一人だ。というかブ、い、ブーツを履いているのが、だ。ほかのほぼ全員がデッキシューズ（バスかスペリーの）を履いていた。秋からひきつづいて、どうやらこれが一九八四年冬の流行の履物だったのだ。僕の足は温かくて乾いているのに、みんなのは冷たくて濡れているなんてことは、どうでもいい。みんなはクールで、僕はクールじゃなかった。このあとほぼ四年間を費やして、冷たくて濡れるデッキシューズを履いて、みんなと同じようにクールになろうとした。

誰にでもこの手の話が一つはあるものだ。だが、その意義を、消費主義批判はまったく理解していなかった。クールとは現代経済の主要な推進力だ。クールは消費資本主義の中心的イデオロギーとなった。あなたが最後にちょっと高すぎる買い物をしたときの、賄う余裕がないものに手を出したときのことを振り返ってほしい。なぜそれを買ったのか？　たぶんほんとにクールだったからだろう。クロゼットや地下室をざっと見たら、すぐわかることだ。

ここで完全な情報開示を。アンドルーが過去数年間に、クールだと思って買ったもの。バーバリーの純正品レインコート一着（八〇〇ドル）、上海灘《シャンハイタン》のシルクのジャケット一着（五〇〇ドル）、ジョン・フルーボグの靴三足（一足二〇〇ドル）、ワイド型ディスプレイ搭載デル社のインスパイロン8500一台（三八〇〇ドル）、レイバンのプレデター・モデルのサングラス一本（一五〇ドル）、ケネス・コールの腕時計一本（二〇〇ドル）。そして以下、ジヨー（ジョセフ）がクールだと思って買ったもの。サロモン500プロ・スノーボード一枚（五五〇ドル）、ブランドストーンのスチールトゥのブーツ二足（一足一八〇ドル）、デューウェストの革ライダーズジャケット一着（六〇〇ドル）、ルーツの革張りクラブチェア二脚（一脚二二〇〇ドル）、ミニクーパー一台（三万二〇〇〇ドル）。

たいていの人は簡単に、この種のリストを作成することができる。しかも、そのリストのほとんどは、ブランドの消費財でいっぱいになる。だが、こうしたことの意味するところは何なのか。ブランドを重視することを考えると、僕らは広告を通じてマスメディアから分配される大衆市場向けクールにすっかりのみ込まれたということか？　それとも、議論をちょっと狭めるために言うと、僕らはただ見せびらかしているだけか？　そもそも、クールとはいったい何なのだろう？

クールとは何か

近年は「クール」の意味についての混乱した発言がものすごく多かった。好評を博した『ニューヨーカー』誌掲載の記事「クールハント」でマルコム・グラッドウェルは、自らの考えるクールの三つの鉄則を列挙した。その一、急いで追えば追うほど逃げ足が速くなる。つまり、クールは発見したと思ったそばから消えていくものだ。その二、クールは無から作られるものではない。企業は、クールの周期に介入することはできても、それを開始することはできない。この二つに最後の鉄則、クールを知るにはクールであらねばならない、を加えると、クールは閉じた回路になる。クールを作るのも捉えるのも不可能なばかりか、クールとは何かを知ることもできない、閉じた系になる。つまり、それができるのはすでにクールな人だけだが、その場合にはそもそもクールを探し求める理由がない。

グラッドウェルの見方では、クールは抽象的で漠然としたもの、哲学者G・E・ムアの「善」とは「単純で、定義不可能で、非自然の属性」という有名な主張によく似たものだ。[*1]クールとは何かを知る人間はほとんどいないが、それでも存在する(現実にクールな人はいるし、クールなものはある)ことに従って、これを「抽象本質主義」のクール観と呼ぶことができる。

それに対し、クールとは大衆を騙してサングラスや革張りの椅子を売りつけるために企業がひねり出した消費主義の幻想にすぎないと考える一派がいる。『アドバスターズ』編集長カレ・ラースンは著書『さよなら、消費社会』で、クールは(その発祥の地)アメリカを一つの国家から世界ブランドに変えた「高度に操作的な企業の行動原理《エートス》」と評している。[*2]オルダス・ハクスリーの『すばらしい新世界』を引き合いに出して、クールは広告を通じてメディアにばらまかれる現代の「ハクスリーの麻薬《ソーマ》」だと述べてから、ハクスリーからマルクスへと移って、クールはブランド化された順応の一形態、現代の大衆にとってのアヘンだと主張している。そして、イメージは変えながら中心点はそのままに、『アドバスターズ』二〇〇三年秋号は「クール・ファシズモ」の行動原理と呼ぶものを攻撃する。この考えによれば、アメリカ企業の容赦のないブランド化に見えるものは、新たなアメリカ帝国主義の一要素にすぎない。国防総省がイラクとアフガニスタンに「民主主義」（と書いて、資本主義と読むもの）を強制的に与える一方で、トミー・ヒルフィガーやナイキが全世界の人々に「クール」を無理強いする。この「クール・ファシズモ」理論によれば、クールはまったくの欺瞞である。

　ほとんど正反対の考えに見える抽象本質主義とクール・ファシズモだが、クールの最も顕著な特徴にどちらも注目している。すなわち、クールとされるものはきわめて不安定に見えることだ。ある週にはクールなものも翌週にはひどく古びている。したがってあらゆるクールな雑誌の巻頭をしめくくる月次格づけリストでたどれるように、クールの転換はしじゅう起こっている。イン／アウト、ホット／ノット、いま《ナウ》／昔《ゼン》、興奮《ワイアード》／退屈《タイアード》、ヒップ／スクエア。または何がデッキシューズで、何がクーガーか。何がクールで、何がクールではないのか。

　グラッドウェルにとって、この不安定さこそがクールの抽象性の証拠なのだ。「すると、クールハントの秘訣はまずクールな人を探して、それからクールなものを探すことだ。その逆ではない。クールなものはつねに変化していて、クールであるという事実ゆえに、何を探せばいいのかは知りえないから探せない」[*3]。クールな人々はさながらファッションの捜索犬である。ラースンにとって、クールの絶え間なく変わるという性質は、まさに資本主義の根本的な不誠実のさらなる証拠なのだ。ある月にはあるものが「クール」でも、翌月には別のものが「クール」になる——それが何なのかは、みんながもっとたくさん買いつづけるかぎりは、どうでもいいことだ。

現実にはクールはそんな神聖なものでもなければ、そんな不吉なものでもない。現代の都市社会の中心となる地位《ステータス》階層制と考えるのがよい。そして階級《クラス》のような従来の地位と同様、クールは本質的に局地財である。誰もが上流階級になれるのでもなく趣味のよさを持てるでもないように、誰もがクールになれるわけではない。これは一部の人が元来ほかの人よりクールだからではなく、クールは結局のところ差異の一形態だからだ。本質的なクールというイデオロギーは、ピエール・ブルデューが「自然な趣味というイデオロギー」と呼んだものとまったく変わりはない。

「ヒップとスクエア」

局地財とはそういうものだが、クールであることの価値は他者との比較から生じている。人がクールになれるのは、ほかの人たちが——実際には、ほかのたいていの人たちが——クールではないからだ（もっと具体的には、何かがクールになるためには、ほかがお粗末《サック》でなければならない）。だが、時間を超えた継続性を重視する従来の地位階層とは違って、クールはたゆみない非順応主義の追求に基づいている。文化理論家のジェフ・ライスが述べた定義のとおり、個人であることが他人には関係なしに自分の望む自分であることではなく、むしろ何でもいいから他人がやらないことをすることと理解されている世界での「個性の普遍的なスタンス」である。[*4] クールな人とは大衆社会とわざと対立した人だ。反逆者で、アメリカの映画、音楽、小説の主人公にはよくあるタイプで、非順応型の取るに足りない人物。

そのように理解すると「クール」とはまさに、最先端、オルタナティブ、ヒップなどとさまざまに表わされる文化的スタンスの主要条件である。そしてクールはしばしば「単に文化系の」人（俳優、作家、音楽家）や物（靴、服、電子機器）に使われるが、クールの支持者はつねに自らの行動をきわめて政治的に解釈してきている。彼らの見方ではクールもしくはヒップであることは、大衆社会の束縛から個人を解放するための姿勢をとって、実践に取り組むことだ。

ノーマン・メイラーはここぞとばかり、「白い黒人《ホワイト・ニグロ》」というエッセイで議題を提示した。

一九五七年に書かれたそのヒップスターの解説は、いまでも同時代の響きがある。「青春期から、まだ時至らぬのに老衰してしまうまで、こうした死とともに生きることが二〇世紀の人間の運命であるとしたら、命の糧となる唯一の答えは、死の条件を受け入れ、身近な危険としての死とともに生き、自分を社会から切り離し、根なし草として存在し、自己の反逆という至上命令への海図なき旅へ船出することだ。つまり、自己のうちにサイコパスを鼓舞すると決めることだ。人はヒップになるかスクエアになるか、反逆者になるか同調者になるかなのである」*5。そして大衆社会が「神経系の牢獄」*6だとすれば、真の個人は、この選択をめぐって熟考することに多くの時間を費やす必要はない。

クールに力を与えているのは「あれかこれか」という性質であり、クールがカウンターカルチャーの中核をなす地位制度を築き上げていることは、社会全体に高校生のロジックがまかり通っていることの表われにほかならない。メイラーはそれを理解していたから、これほど完璧にヒップスターを非順応主義のボヘミアンと、反社会的な非行少年と、性の冒険者で社会の周縁に追いやられているニグロの融合であると喝破できたのだ。おい、あの裏でこっそりタバコ吸ってるの、彼じゃないか？

クールの二項対立的な性質のとりわけ大きな長所は、社会のすべてを文字どおり、クールか、クールじゃないかのどちらかの側に分けて位置づけられることだ。映画評論におけるシスケル&エバートの「サムアップ（良作）／サムダウン（駄作）」スタイルと、音楽批評におけるビーバス&バッドヘッドの「ロック（すげえ）／サック（ダセえ）」スタイルとを活気づけているのは、この論法である。また、これによってホット／ノット式のリストが続々と登場している。その嚆矢となったのは、メイラーが一九五九年に発表した「ヒップとスクエア」だ。

ワイルド、ロマンチック、自然発生的など、ヒップなものと予測できる性質（その反対に、スクエアでは実際的、クラシック、秩序正しい）に加えて、ヒップはシュレーディンガーの原子モデル（スクエアはボーアの原子モデル）、ヤード・ポンド法（スクエアはメートル法）、そしてフットボールのTフォーメーション（スクエアはシングルウィング）でも例示されている。興味深いことに、クールの概念の批判者はその移ろいやすさ、はかなさを好んで指摘するのだが、メイラーが五〇年以上も前に選んだこの対比の多くは、あいにく反論しがたいものである。

ヒップ	**スクエア**
黒人（「ニグロ」）	白人
ニヒリスティック	権威主義

自我	社会
肉体	精神
ドストエフスキー	トルストイ
コールガール	精神分析医
無政府主義者《アナーキスト》	社会主義者
罪	救済
マリファナ	アルコール*7

以下同様。流行のうわべは変わっても、反逆者の非順応性としてのクールの深層構造は、驚くほど安定した永続的な指針を与えている。どうやらクールは社会制度になったようだ。

アメリカの階級制

ヒップ（クール、オルタナティブ）は、ずっと僕らの地位階層の中心だったわけではない。アメリカ人がクールより階級のほうに関心を持っていた時代が、はるか昔のことながら、あったのだ。

こんなことを言うとアメリカ人の多くは腹を立てるかもしれず、さもなくとも間違っていると思うだろう。すべての公民の平等のもとに築かれた共和制国家であるアメリカには、イギリスや他のヨーロッパ諸国に見られる世襲貴族や階級制は公式には存在していない。アメリカ人の大多数はこれを大いに誇りに思っている。しかし、多くの人の考えや希望に反して、アメリカが階級のない社会であったことはついぞない。アメリカに階級がないと称賛する人がいたのと同じくらい、アメリカの階級構造について同胞たちに喜んで解説する人もいたのだった。

社会階級の最も伝統的なシステムは、家系などの「生得的」財産に由来する地位を持つ、貴族制度である。たとえば、イギリスの貴族は、土地は売買できず（低い貴族の地位は金で買えたにもかかわらず）相続されるだけだった時代の、土地所有に基づいた世襲の社会階級だ。このシステムの根底にあった選良主義の前提は、共和制革命が起こるまでの長年のあいだに英国領に持ちこまれた。アメリカでは古くからの知恵として、国が富めば、階級の名残りはやがて消え去ると考えられていた（このことは、ヴァンス・パッカードの一九五七年刊の著作『地位を求める人々』に非常に明確に描かれている）。社会の進歩は、徐々に一つの巨大な中産階級となりつつあったこの国では、平等への歩みでもあるはずだ。こうした考えはアメリカの民主主義的な自己像には合っていただろうが、まったく現実の状況を把握できていないとパッカードは反論した。地位を求める闘争は激化さえしていて、階級の区分はむしろ強固になったようだと。

その四半世紀後、ポール・ファッセルは「アメリカ社会のタブー」と題した一章から、階級についての解説を始めた。[*8] そこで、アメリカ人は階級に言及するだけで、「一世紀も昔、とりすましたお茶の席上で露骨にセックスの話をすれば人は黙りこんだものだが、それと同じくらいに」激怒しかねないと指摘している。ファッセルはパッカードを反復して、自称平等主義のアメリカ人の生活では、階級の重要性は弱まるよりむしろ強まると主張した。結局のところ、すべての市民の公式の平等を確約する社会では、「社会の同意に基づいた自尊心を求めて一人ひとりが絶えず奮闘することが、この国特有の不安となる」のである。[*9] パッカードもファッセルも異口同音に指摘しているのが、アメリカ人がこの国に階級などありえないと否定したその口で、ろくに隠されてもいない、おらが町の階級構造について詳しく、嬉々とさえして語り合うことだ。

初期のプロテスタントの名士を中心にまとめられたアメリカの階級制は、物質的な富や生産的な仕事、社会の安定、品行方正といったブルジョワの価値観に根ざしていた。このブルジョワのエリートは、かなりの程度イギリス貴族を手本として、地位の第一の基準としての土地を富に置き換えたものだ。アメリカの階級構造における富の役割を分析した最大の功労者は、いまだにソースティン・ヴェブレンだ。『有閑階級の理論』でヴェブレンは、現在でも階級をめぐる奮闘について語るときに使われる数多くの用語を生み出した。衒示的消費、代行的閑暇《レジャー》、金銭的競争、競争心に基づく比較など。ヴェブレンにとって、階級区分は所有制の存在する社会に必ず生じるものである。社会が生存ぎりぎりの水準を超える富にまで成長すると、さらなる富を獲得する目的は、ひたすらそれに伴う「妬みを起こさせるような差異」*10を達成することになる、というヴェブレンの分析は、賛否両論を呼んだ。

そしてブルジョワ産業社会では、富の所有と蓄積が、敬意と尊重を集めるための慣習的基準となってくる。地域社会で何らかの地位につくためには、一定の水準の富を手に入れなければならない。それを上回れば尊敬されるように（そして上流階級に）なる一方で、最低基準を下回ったならば尊敬されないことに（そして下層階級に）なる。資本主義に生じる大問題は、人々がますます一夜にして大金を稼げる（そして失いもする）ようになって、富に基づいたシンプルな地位階層がきわめて流動的になることだ。社会学者はアメリカの社会階級の正確な数については意見が一致しない（五つが大勢を占めるが、ファッセルは九つと考えている）としても、このような社会で社会的エリートを規定し確立するのには富だけでは不充分ということは全員が同意している。どうやって金銭を得たかも重要だし（稼ぐより相続するほうがよい）、生活のために働かなくてはいけないなら、肉体労働より頭脳労働のほうが望ましい。

アメリカのエリートは、資本主義で平等主義の社会で収入の浮き沈みに負けないための一手段として、富だけではなく教養、政治力、趣味にも基づいた階級標識という、いささか奇異なシステムをひねり出した。ほぼどんな場合にでも重要な特徴は、歴史である。にわか成金より代々の素封家のほうがよく、アイヴィーリーグ〔アメリカ合衆国北東部の有名大学の総称〕は他の大学より望ましく、古い政治家一族は若き努力家より好ましい、など。同様に、所有物に関しては実のところ何も買わないようにするのが最善である。自動車から衣服まで何もかも相続するのが望ましい。ナイロンやポリエステル製品、量産品、宝石店で買う品よりも天然繊維、アンティーク、高い地位を与える先祖伝来の品のほうがいい。カーメラ・ソプラノ〔ドラマ『ザ・ソプラノズ』のマフィアのボスの妻〕が誇らしげに、家にアンティークはない、あるのは「伝統様式の」家具だけだと告げるとき、彼女の社会階級について知るべきことはすべて語られている。

こうして新しいものより古いものを好むのは、イギリス貴族の古来の世襲制、ほとんど封建制の特質を故意にまねようとしたことに由来する。このブルジョワ的序列は建国以来ほぼ二世紀にわたってアメリカの社会生活を支配した。その間、ブルジョワと対立したのが、一般には「ボヘミアン」と呼ばれる相容れない価値体系だった。ブルジョワが勤勉を重んじ、支配的な大きな社会制度内にとどまったのに対し、ボヘミアンは快楽追求と個性と感覚に価値をおき、経験、探求、自己表現を尊び、順応を嫌った。要するに、これはおよそメイラーがヒップと認めた（そこに非行少年の危険な反逆の風合いを加えた）価値体系だ。

だから、メイラーのヒップ／スクエアの対立項はいろいろな意味で、ボヘミアン対ブルジョワという伝統的なテーマの一変種にすぎない。これらは単に二つのありうる価値観を表わしたものではないと、ずっと双方から広く信じられてきた。両者は美的にのみならず政治や経済の分野でも全面的に相争っていた。ブルジョワの価値観を批判することは資本主義体制の基盤そのものを批判すること、という点には全員が同意した。これはいかにもメイラーの考えだった。

あるとき、どうしたことか、文化面でとてつもない変化が生じた。ボヘミアンの価値観――つまり、クール――がアメリカの地位体系における支配的階級を奪ったのだ。すでに一九七六年にはダニエル・ベルが（『資本主義の文化的矛盾』で）資本主義はまさにその脅威であったボヘミアンの価値観に事実上降伏したのだと指摘した。「反体制文化の主唱者たちは、伝統的なブルジョワの価値観を徐々にくつがえすことで、今日の文化の体制を支配とまではいかなくても、かなり左右している。出版社や美術館、画廊を見るといい。主要なニュース、写真、文化の週刊・月刊誌、演劇、映画、そして大学」[*11]。さらにはこう述べている。「今日、社会の多数派のほうに知的に尊敬できる文化がないという驚くべき事実がある。文学においても絵画や詩においても、反体制文化に対置すべき業績はない。その意味では、ブルジョワ文化はもう粉砕されてしまったのだ」。旧弊のブルジョワの価値観との争いに、ボヘミアンが勝利したことに疑問の余地はない。しかしその過程で――ベルの悲観的予測に反して――ボヘミアン的価値観はどうにかして資本主義を無事に保ったばかりか、かつてないくらい健全に、優勢にしたのである。どうしてこうなったのか？

ブルジョワでボヘミアン

一九六〇年代末から九〇年代初頭にかけての二〇年間に、北アメリカの社会の文化面で著しい変化があったことには、誰もが同意するはずだ。特に七〇年代は大きな文化的変革の一〇年であった（僕らが六〇年代と結びつける変化の大半は実際には七〇年代に起こっていたことを、知識をひけらかすように思い出させたがる輩《やから》もいる）。ベビーブーム世代が大学を卒業して、権威側の地位につくようになり、ヒッピーの価値体系を持ちこむにつれ、古いプロテスタントの序列は崩れた。この集団が九〇年代の政治、経済、文化エリートになっていったあとでは、社会は一変していた。

この変化が起きたということには、みな同意している。意見が異なるのは、この変化が厳密にはどんな性質のものかという点だ。よくある説明は、ベビーブーム世代のヒッピーがマリファナをBMWと交換して身売りした、もしくは体制に取り込まれた、ということ。この見方では、カウンターカルチャーの価値観は本当は勝利していない。というより、勝利は部分的でしかなく空疎だった。体制を支配していたエリートたちは多少は戦術的に譲歩したが、カウンターカルチャーの中心的価値観に関してはいっさい認めなかった。体制がしたのは、カウンターカルチャーの最も危険な要素、とりわけ音楽のそれを、マスプロ式の模造版をこしらえることで取り込んで、本物として大衆に売り戻すことだ。こうして六〇年代に出現した革命の可能性は、抜本的な改革に断固抵抗する体制によって破壊的エネルギーをじわじわと奪われていった。クールは六〇年代の急進主義をなつかしむ見せかけとして、細々と生き長らえている。

もっと明敏な分析が、近年デイヴィッド・ブルックスによって紹介された。この大きく対立する両者、ヒップとスクエアは単に合併したのだという（いやはや資本主義的だ！）。この説によれば、ベビーブーム世代は空前の数の大卒者を世に送り出して、学歴と実力に基づいた新たなエリートを形成するようになった。彼らはほどなく、反逆の過去か順応の未来かのどちらかを選ばなくてもいいことに気づいた。そう、マリファナ入りチョコレートケーキを手に入れ、かつ食べる方法、一挙両得の道を、ストックオプションを持つ反逆者になるという生き方を創り出すことで見つけたのだ。誰かが身売りしたのか？ そうではない――「この二つの文化間の和解では、どちらが先に相手を取り込んだかを語ることは不可能だ。ボヘミアンとブルジョワとは、それぞれに相手を取り込んだというのが事実なのだから」[12]。

この新しいエリートは昔ながらの家柄や財産や学閥でつながっているのではない。このボボズ（「ブルジョワ・ボヘミアン」の略称）は、シアトル、オースティン、トロント、パロアルトなどの都市に住み、大学やハイテク企業やデザイン事務所で知識産業の仕事に従事している「能力主義者《メリトクラット》」のゆるやかな集団だ。彼らを結びつけているのは、妥協してブルジョワかボヘミアンかどちらかの側に立つことをよしとしない、共通の態度である。「貪欲に見えることなく裕福である。同調主義に見られることなく年配者を喜ばせられる。目下の者をあからさまに見下すことなく、トップの地位に昇りつめた。社会的平等という理想を侮辱したと世間からみなされずに、成功した。衒示的消費という陳腐な振る舞いに陥らないで、豊かなライフスタイルを築き上げた」[13]。要するに、けったくそ悪い連中だ。

このベビーブーム世代のボボズは「クリエイティブ・クラス」と呼ばれるようになった大きな集団の最先端だ。五〇年代の支配的階級と同じように、この強力な新しい階級は、社会全体の包括的な規範を示している。そして組織人間を特徴づけていた均質性と同調性とは違って、クリエイティブ・クラスが評価するのは個性、自己表現、差異である。クリエイティブたちの勃興は、ファッセルが著書『階級《クラス》』の最後で予測していたことだが、ただし彼はこの新しい「X人類」が実のところ階級をすっかり超越する最初のグループになると考えた（以後はほぼ一〇年ごとに、誰かが必ずカウンターカルチャーの反逆者の最新の集団をとりあげては同じ予測をした）。ファッセルの考えでは、この俳優、音楽家、芸術家、ジャーナリストたちは、どうにかして「人間を閉じこめる階級という劇場の裏口から抜け出す」ことで、お金のない貴族のごときものになるはずだったのだ[*14]。

　クリエイティブたちの最も徹底した分析は、経済学者リチャード・フロリダが行なっている。ブルックスがこの個人主義で非順応主義、反制度的、実力重視で寛容な人たちを単に文化的エリートと見ているのに対し、フロリダはこの勢力はまず何より経済的なものだと理解している。フロリダが彼らのいよいよ大きくなる影響力を感知したのは、もはや人が仕事を求めて動くのではない、仕事のほうが人へと移動するのだと気づいたときだった。ニューエコノミーのもとでは、創造性こそが競争優位の決定要因となり、企業は創造的な人材が住むところ（たとえば、シアトル、オースティン、トロント、パロアルトなど）へ移転しなければならないと悟ったのである。いまやクリエイティブたちは、アメリカの全労働人口のほぼ三分の一を占め、平均で、サービス部門で働く労働者階級の収入の二倍を稼いでいる。

フロリダによれば、このグループが力を得たのは、ただ単にヒップとスクエアをごちゃ混ぜにして巨大な合併体にしただけでなく、対立全体を超越したからでもある。トニー・ブレアさながら奇跡の第三の道を、ボヘミアンの価値観とプロテスタントの労働倫理とのあいだに見いだし、フロリダが「ビッグモーフ」と呼ぶ変化を起こしたのだ。[*15] その詳細はほとんど語られていないが、フロリダの主張の骨子は、ヒッピーがスクエアとしのぎを削っているあいだに、サンフランシスコ周辺でなりをひそめていたオタクたちの集団——たいていはコンピュータのハッカー——が新しい価値体系を創出した、ということだ。それがブルジョワとボヘミアンの対立を超越した、彼の呼ぶところの「クリエイティブ精神《エートス》」である。要するに、このグループはあるとき、職場でのクリエイティビティの倫理を育てようと決めたのだった。

しかし過去三〇年間の価値観の変化を合併の過程と見るか、超越の過程と見るかにかかわらず、社会の基本構造がほとんど変わっていないという所見は、どうにも免れられない。資本主義は順調にやっており、アメリカ社会では相変わらず階層性が幅を利かせている。ボヘミアンの価値観が体制の脅威となると考えたのは、明らかに誤りだった。フロリダはこのテーマに思い至って、こう述べている。「カウンターカルチャーという言葉自体に語弊がある。カウンターカルチャーとは大衆文化のことでしかなく、大衆文化とはモノを売ってお金を稼ぐ手っとり早い手段にすぎないのだ[16]」。ヒッピー文化のマス・マーケット化は何ら裏切りを伴うものではなかった。「そもそもが文化的作品は、たいして中身のないものがほとんど」なのだから[17]。

さらに興味深いのが、クールの出現でアメリカ社会の地位の階層がどう変化したかだ。クールは階級を打破するよりむしろ、事実上、改めて社会的名声の主要な決定要因となったのだった。ジョン・シーブルックは著書『ノーブラウ』で、古来の「ハイブラウ（知識人）」と「ローブラウ（無教養人）」の対立は市場に絶滅され、いまや僕らの住む世界は、画一的な「ノーブラウ（愚か者）」商業主義の世界だと主張する。しかし、古来のプロテスタント支配層に特有の価値観や文化がかなり影響力を減じたことは間違いないが、地位階層が消え去ったということではない。シーブルック自身は、下位文化《サブカルチャー》がさまざまな意味で、まさに新しい上位文化《ハイカルチャー》になったのだ、と指摘している[18]。

クリエイティブ・クラスの台頭

古いブルジョワのプロテスタントの序列内で、人がどう位置づけられるかは、かなりの程度までは職業で（女性なら夫の職業で）決まっていた。一九五〇年代には、パッカードがある職業の名声の確立に結びつく六つの要因を特定している。遂行される仕事の重要性、その職務に特有の権限、要求される知識と思考力、遂行される仕事の尊厳、金銭的報酬である。そのあとパッカードは、名声に従って職業を総合的にランクづけしようと五〇年代に行なわれた多数の調査を引用した。

その結果はきわめて一貫していた。ほぼすべての事例で、最高裁判事がアメリカで最も信望ある職業とみなされた。次点は僅差で医師。ほかの名声の高い職業は、銀行家、企業経営者、聖職者、大学教授などだ。リストの下位へ進むにしたがい、会計士、広告会社の幹部、ジャーナリスト、労働組合の役員が見つかる。

ここに、五〇年代アメリカの大衆社会のものと直感でわかる地位階層制のきわめて明確な表現を見ることができる。「名声の高い職業」はエスタブリッシュメントの主柱であり、社会の最重要機関の高位となっている。さらに、とても家父長主義的な職務でもある。判事、聖職者、銀行家、医師、教授――すべて専門職で、信任関係の権威者側であることで他と区別される。だから、この職業グループのメンバーは大いに名声を得ていたばかりか、強大な権力と威光をも有していた。家柄、出身校、所属機関のつながりに支えられた支配的エリート集団の主要人物。こうした点で、この人たちは平民化した貴族であり、社会の命運を握る社会的エリートであった。

今日、このグループのメンバーは伝統的な基準ではまだ高く評価されるだろうが、その地位に伴う影響力は確実に衰えている。名声はかつてのそれではない。権力をふるうのはブルジョワの家父長主義的な貴族の側から、クールなボヘミアンのクリエイティブ人間の側へどんどん移っている。過去一五年にわたって、このクリエイティブ・クラスは文化と経済の地勢を変貌させてきた。どのようにこの変化が起こったかを知るのは難しくない。現代の資本主義経済では、知識と教育が、家系やコネよりはるかに重要になった。市場は非常に大きな地理的機動力を要求する――いまや支配階級の人々は、同時に二、三の都市で仕事を保持しているのだ。そして最後に、社会的エリートのライフスタイルと消費習慣を維持するにあたっては、富は収入に比べてはるかに重要性が低くなった。映画スターから企業のCEOまでアメリカの超大金持ちは、投資ではなく給料で稼いでいる。

裏返して言えば、腰を落ちつけて移動しない、生活習慣も様式も基本は古い英国貴族を範としたブルジョワのエリートは、資本主義それ自体の力でごく早くに絶滅する運命にあった。絶えず移動していて、個人主義で、自由奔放なボヘミアンは多くの意味ではるかに、真の資本主義の精神と調和している――ある一日の午後だけで財産を築いて失うこともあるし、ワンクリックで世界の端から端まで資本が流動し、商業はあまりに動きが速くて定着することができず、最も重要なことには誰もが同じ色のお金を持っている、そんな資本主義だ。もともと封建社会の規範の模倣である、いわゆるブルジョワの価値観とは異なるヒップの価値観は、この資本主義の精神を端的に表わしている。

こうした地位体系の変化ははっきりと職場に反映されている。昨今のあこがれの職業は、もはや医師のような旧来の「花形」仕事ではない。「クールな仕事」は現代経済の究極の目標となった。企業国家アメリカは長い時間をかけて方向を定めてきた。五〇年代からタイムスリップしてきた人には、現代のブルーカラーでもホワイトカラーでもない職場が職場だとはわからないだろう。服装規定はゆるやかで、勤務時間はフレキシブルで、創造的アイディアの満ち引きを反映するように工夫されている。全体としては、さながらプロが運営するヒッピー共同体である。クリエイティブなオフィスは開放的なデザインで（個別の仕切りはない）、天井が高く、間接照明で、壁にはファンキーなアート作品がいっぱい掛かっている。食堂の代わりに、従業員がフリスビーを投げたり、ビデオゲームに興じたり、運動をしたり、エスプレッソを一杯淹れられる「たまり場」スペースがたっぷりとってある。給料の支払いに関しては、クリエイティブ・クラスは現金よりも、ゲームの無料券や、ただで受けられるマッサージや持ち帰りの夕食のサービスを要求する。そして支配階級のご多分にもれず、求めるものはたいがい手に入れる。

クールこそ資本主義の活力源

クールな職場環境を持つのと同じくらい重要なことだが、クリエイティブたちはどんな都市でも働くというわけではない。同好の士が多数集まった「クール・コミュニティ」に住むことが必要だ。才能ある知的職業人を引き寄せるためには、もはや単に犯罪率が低く、空気と水がきれいで、公共交通機関が整備されていて、博物館や美術館が少々あるだけの都市では不充分だ。いまではクリエイティブ・クラスの具体的ニーズを満たす必要がある。つまり、この都市には大規模なリサイクリング・システムを備えねばならず、たくさんのファンキーなカフェ、ベジタリアン料理のレストラン、有機農産物をとりそろえた専門店が求められる。住民は多様で寛容で移民やゲイの人たちも多数おり、繁盛しているクラブやライブの店もあり、マウンテンバイクで走ったりロッククライミングをしたりカヤックを漕げる地域が近くて、アクセスが容易でなければならない。二〇〇一年に、ネクスト・ジェネレーション・コンサルティングというグループが行なった調査では、全米一のクールな都市はサンフランシスコとなり（コンサルタントが料金をたんまり取れるたぐいの識見だ）、つづいてミネアポリス、シアトル、ボストン、デンヴァーという結果だった。

ニューエコノミーの唱道者がインターネット革命の初期に広めた、あからさまな作り話に、テクノロジーの発達で地理は重要でなくなる、というのがあった。在宅勤務が軌道に乗り、誰もが過密都市から田舎のコテージへと逃げ出し、バーチャル経済の一員として自宅で働くようになるのだと、多くの人が考えた。この手のナンセンスをばらまいたエスター・ダイソン〔アメリカの投資家、ジャーナリスト、慈善家〕、ジョージ・ギルダー〔アメリカの未来学者、技術評論家〕、ケヴィン・ケリー〔『ワイアード』誌創刊編集長〕といった論客は明らかに、実際にこの経済で就業するような人たちの価値体系をまったく理解していなかった。そうした人たちは、古いブルジョワ主義エリートと同じくらい差異に関心がある。地理的条件はかえって以前より重要になったのだ。フロリダの説得力ある主張のとおり、少数の「クールな都市」に集うクリエイティブ・クラスの影響力が増すにしたがい、アメリカの国土で地位による区分が急速に進んでいる。ただし、いまや地位階層制の基準は階級《クラス》ではなくクールである。

これはある面では新しい現象ではない。ニューヨーク、ロンドン、パリなどの都市にはいつも不均衡なほど多くのボヘミアンが引き寄せられてきたが、フロリダの見るところ、この階層区分はますます目立っている。ある人物の郵便番号がその人の消費選好について、家系図よりもずっと多くをマーケット担当者に教えてくれる。もう一つの重要な違いは、過去にはどの都市にもそれぞれブルジョワのエリートが――地元の経営者、判事、銀行家、医師などが――いて、さまざまな形でより大きな全国レベルのエリート集団とつながっていたことだ。いまではクリエイティブ・クラスの人々が地方からはほとんどいなくなってしまい、少数の中心地に集まっている。

しかし理解すべき最も重要なことは、この階層区分は自らを糧として、いよいよ不均衡に経済的影響力を増すにつれて、強くなる一方であることだ。それはこのクリエイティブ・クラスが、旧弊なエリートのいささか貴族めいた生ぬるさとは好対照に、たゆみない資本主義を志向する精神に駆り立てられているからである。

このような主張は、この新しい階級の人々があからさまに反逆的で反制度の態度をとっていることを考えると、奇妙に思う人が少なくないだろう。だがブルックスが特徴づけたブルジョワとボヘミアンの対照的な価値観を見てほしい。「ブルジョワは物質主義、秩序、規則正しさ、習慣、合理的思考、自制、生産性を尊んだ。ボヘミアンは創造性、反逆精神、新奇さ、自己表現、反物質主義、鮮明な経験を称賛した」[19]。さあ、自分に問うてみよう。このどちらが現代の資本主義の精神をより正確に表わしているか？

「ブルジョワ」と答えた人は、資本主義が正しく機能するには順応が必要という考えに幻惑されたのだ。そうではない。むしろその逆が正しい。資本主義は、有名な「創造的破壊の絶えざる烈風」[20]とヨゼフ・シュンペーターが呼んだもので栄える。シュンペーターは資本主義が「生成と検査《テスト》」のサイクルで動く進化の過程であることを理解していた。このシステムは新しさの流れを絶えず生み出していく。新しい消費財、新しい生産・輸送方法、新しい市場、新しい組織形態など。この過程は、古い経済構造が破壊され、新しいものが取って代わる絶えざる革命の一つなのだ。シュンペーターにとって、これが「資本主義の存するところであり、すべての資本主義の事業は、ここで生きていかなければならない」。新しい発明を役立てるか、既存のテクノロジーを斬新な方法で用いるかして、この革命の製品と手順を生み出すことが、企業家《アントレプレナー》の役割である。

つまり、もってまわった言い方だが、ボヘミアンの価値体系――クールのこと――こそが資本主義の活力源ということだ。クールな人たちは、自分をラディカルだと、一般に認められたやり方に従おうとしない危険分子だとみなしたがる。そして、まさしくそれが資本主義の推進力である。たしかに本物のクリエイティビティはとことん反逆的で破壊活動的だ。それというのも創造性とは、既存の思考や生き方のパターンを壊すものだから。資本主義自体を除いてすべてを破壊するのだ。だから、トマス・フランクが「クールの征服」と表現する過程は実のところ、征服でも何でもない。フランクはこう書いている。「カウンターカルチャーはアメリカ中流階級の価値観の発展の一段階である、というふうに理解するほうが、正確かもしれない。消費者の主観という二〇世紀のドラマの波乱含みの一挿話であると」[*21]。

広告は意外に効果なし？

この資本主義とクールの根源的なつながりに、消費主義の批判者が気づかずにはすまなかった。たいていの批判者はそのことに多少のショックを覚える――ショックのあまり、そんなのは間違いだと思う。そうして企業の売る「クール」は偽物で、消費者がお値打ち品と信じこまされ買わされる、パッケージ化した代用品だと主張する傾向があった。

この反応の強さはさまざまだ。ナオミ・クラインは『ブランドなんか、いらない』で、マーケティング担当者はただでさえ悪い状況をなお悪化させている、と批判する。[*22] クールのグローバルな大量販売の時代に、「若者が（クールかどうかと）市場に投げかける問いは一〇億ドルの価値をもつ」という。だが消費主義的クールの批判者で、とりわけカウンターカルチャーの体制転覆性に傾倒している評者の多くにとっては、企業は人々のクールになりたいという気持ちにつけ込んで「クールな」商品を売っているというだけではない。企業はクールのニーズを本当に生み出しているのだ。人々は組織的に騙され、操られ、消費主義的クールの思考様式をプログラムされ、さもなければ本気で欲しくなどならない商品を買わされている。

カレ・ラースンは現状を映画『影なき狙撃者』になぞらえて、おそらくこの議論で最も純粋かつ直截な主張を行なっている。映画では朝鮮戦争で捕虜となっていたアメリカ兵が洗脳され、潜伏スパイとなって帰国する。規定の指令を受けると大統領候補者を殺すようプログラムされた、ロボット暗殺者だ。ラースンによれば、僕らは「影なき消費者」の時代に生きている。広告は僕らの潜在意識にさまざまな欲望を植えつけてしまい、僕らはあらかじめプログラムされた買い物ロボットと化すのだという。

現実の消費者行動の説明としては全然ありそうにないことはさておいて、この主張で興味深いのは、マーケティング業者と広告、とりわけ国内および国際ブランドの発展を狙った広告に帰される、途方もないパワーだ。クラインは消費者をブランド攻撃の犠牲者と見ている。ラースンにとっては、ブランド洗脳の犠牲者である。

広告はこの欲求を生み出す力を持ち、そのために心理学理論が巧みに利用されるとする考えが初めて広く脚光を浴びたのは、一九五七年刊のパッカード著『かくれた説得者』がきっかけだった。ペーパーバック版の広告文はこんな不吉な宣言を発していた。「本書には心理学教授、転じて販売担当者の世界が広がっている。彼らがどう操作するか、あなたと隣人について何を知っているか、その知識をどう駆使してケーキミックスを、タバコを、車やせっけんやアイディアまでをも売るのかがわかるだろう[*23]」。

広告が大衆の説得に用いられる主要な制度であることは疑いない。アメリカの広告費は総計でざっと年間二〇〇〇億ドルにのぼる。ラジオやテレビから広告板、インターネット、雑誌や新聞まで、広告から逃れることはできない。携帯電話やメールに送られてくるし、空に描く企業すらある。平均的な人が毎日どこかで出くわす広告の数は推定で七〇〇から三〇〇〇とされており、これが人間の意識に多少は影響しなければ驚きである。

広告業者に向けられる痛烈な批判や、影なき消費者をめぐる懸念にもかかわらず、一つ重要な問題が答えられないまま残っている。マーケティング業者には、批判者が言うほどの消費者ニーズを形成する力があるのか？　広告はそもそも有効なのか？　驚いたことに、誰も確信を持てていない。まず間違いなく確かなのは、広告には批判者が言い張るほどの力はとうていなく、マーケティング業者がメッセージを人の潜在意識に正確に届けているとの疑惑は、ただの見当違いだということだ。

毎日みんなが何百何千もの広告を見ているという前述の主張から始めよう。これだけの広告をいったいどういう意味で「見ている」というのか？　いくつの広告がまがりなりにも意味ある形で記憶される？　ある一日に平均的な通勤者がたぶん数千人の人を見るであろうことも同様に確かだ。いくつの顔に気づく？　一時間後や翌日に覚えていられるのはいくつ？　人間の頭脳はきわめて効果的なフィルタリング装置を備えていて、絶えず感覚印象を気にすべきもの気にすべきでないものに分けている。一瞬ごとに感覚を攻めたてる無数の情報の断片のなかで神経系で処理されるのは数分の一にすぎず、働いている意識に届くのは、ほんの一握りしかない。広告も例外ではない。ほとんどの場合には、たいていの消費者は広告を見た商品を買おうとしないことを考えると、前の日にテレビで見た広告を一つだけでも覚えている人は調査対象のわずか四分の一だというのは、驚くにあたらない。

広告で商品の売上げを増大できるとの仮説は証明されていないし、企業自体がその広告キャンペーンの効果のほどを突き止める努力をほとんどしていない。それどころか、最も信頼のおける研究は、売上げは広告についていかない、むしろ逆に広告が売上げについていくことを示している。つまり、売上げが上がると、企業はそれに従って広告費の予算を増やし、売上げが落ちたら広告費を削るのだ。これはとうてい、消費者の欲望を操れると確信している人たちに期待される行動ではない。

広告担当者の多くは、真の目的は消費者の新たな欲望を生み出すことでも、自社の製品分野の総消費を高めることですらなく、もっぱら競合他社から消費者をもぎ取ることだと認めている。広告はマーケットシェアをめぐる戦場と化しており、全体的な需要が減っている産業でしばしば戦闘が起こる。この最も顕著な例がビール業界で、あらゆる業種でも最高レベルの広告予算を計上している。その間、北米のビール消費量は、一九八〇年代以降じりじりと減少してきた。

広告と売上げとの関係は、広告なしでも生じる売上げの重要な事例があることがわかると、いっそう危うくなる。ハーシー、スターバックス、ザ・ボディショップ、サブウェイは、いずれもほとんど広告をせずに巨大な消費者ブランドになった。なかにはいまは大々的に国際的広告キャンペーンを展開している会社もあるが、それは売上げの増大を目的としたものではない。主な狙いは、競合他社に対し現在の市場での地位を守ることだ。実際、『ブランドなんか、いらない』でクラインは、広告を行なわないでザ・ボディショップとスターバックスがこれほどの強大なブランドを築けたことに不満を述べている。クラインの考えでは、この事実は「ブランド攻撃」の慣行がどんなに悪辣になったかを表わしている。彼女はそう認めることで「影なき消費者」理論そのものの正否を証明しそこなってしまうことに気づいていない。

どうすれば効くのか

何も広告はまったく無害だと、消費者の考えや消費習慣にいっさい影響しないと言いたいのではない。ただし、広告は洗脳よりもむしろ誘惑のようなものであることを理解する必要がある。巧みな誘惑が、みな実のところある程度はセックスしたいのだという事実を利用するように、効果てきめんの広告はすでにある欲求や願望に作用することができる。セックスに関心のない人を誘惑はできないし、見かけを気にしない人に歯の漂白剤を売ることはできない。

広告に関しては、人を無防備にする欲望とはすなわち、競争的消費を引き起こす欲望である。広告主はさながら武器商人だ。対抗する二つの勢力に戦争をするよう説得はできないが、喜んで両勢力に武器を売る。そして武器商人が戦争を激化させ犠牲者を増やす製品を提供することで状況を悪化させるように、広告主は消費者間の競争的消費の影響をさらに増幅する。しかし広告と大量破壊兵器とをひとくくりにする前に、広告が効果を発揮する条件と、その効果を軽減するためにできることを明らかにする必要がある。

広告に関する最も考察に満ちた本として、社会学教授マイケル・シャドソンの著わした『広告――不穏な説得』が挙げられる。シャドソンが広告を社会の「認知のための諸制度」――政府、学校、ニューメディア、テレビ、映画、NGO（非政府組織）、親や仲間集団など――の一つと考えるべきだと述べるとき、その指摘は正鵠を射ている。[*24] 広告がどのように意見や価値観を形成しているかを問うことは、文化のあらゆる側面がどのようにそうしているかを問うことでもある。だから本当に問うべきは、単純に「広告は有効か？」

ではなく、むしろ「広告はどんな状況のもとでなら、多少とも有効になりそうか？」ということだ。

広告は何もないところで生産され消費されるものではない。その効果はかなりの割合で、消費者が入手できる他の形態の情報によって決まっている。以下はその例。

・過去にその製品（または類似品）を使った個人的な経験
・その製品に関する（新聞、雑誌記事などからの）他の情報
・（仲間、両親、同僚などからの）口コミ
・消費者教育の媒体（公益団体、消費者監視団体）
・一般的なメディアリテラシーと文化的意識（家庭や学校などで）

多くの消費者にとって、これらの追加の情報源は広告、メディア、認知のための諸制度全般への世間一般の懐疑を吹きこむ助けになる。製品の特質と価格に関する情報を提示する以外の、あらゆる形態の広告は原則として、生産者も消費者も嘘だとわかっている主張を行なう、悪意の行使である。だから、どこを向いても皮肉があふれているのも無理はない。大衆は何世代にもわたって、広告側からの主張は信じないようにしてきている。六〇

年代にはすでに一般に「新世代」は疑り深く、メディアに明るいと言われていたので、従来の広告による訴求はもはや効かないだろうと思われていた。この同じ主張がまた次の世代へと引き継がれていくのだ——そのつど、それが世界を揺るがす発見であるかのように。

ブランドの役割

それでも批判者の大多数が抱いている、「広告のせいで、さもなければ欲することのないものにお金を使わされている」という確信は揺らがない。この確信の源流は、ブランディング（ブランド構築）がマーケティングの形態として普及してきたことにあるようだ。競合するブランド間でたいした差はないのに、消費者があるブランドに選好態度を保つという現象は、きわめて不合理なものと考えられている。

「焼き印《ブランド》は牛のもの」とは、反消費主義の活動家のあいだで人気のスローガンだが、当たらずと言えども遠からずだ。マーケティング戦略の権威、アルとローラのライズ父娘は、市場におけるブランディングは牧場でのブランディングと似ていると指摘した。「ブランディング・プログラムは牧場であなたの牛を他の牛と区別できるように設計すべきである。たとえ牧場の他のすべての牛がまったく同じに見える場合でも」[*25]。ブランディング戦略の要諦は、製品の**アイデンティティ**を生み出すこと、他とは異なる独自のブランドに伴う、意味と価値観の体系を創り出すことである。

ブランド品が初めて登場したのは一九世紀の終わりごろ、工場で大量生産されだす品が増えてきた時期だった。機械生産によって、ある会社のシャツ、靴、せっけんを他社のものと区別するのがいよいよ難しくなった。生産者には市場で自社製品を他から区別する方法が必要になったから、製品自体に商標名を浮き彫り加工で入れはじめた。だが、それだけでは商品名を目に見えるようにするには不充分だ。消費者には他のブランドでなくその一つのブランドを買う理由が必要だ。誰もが同じ素材や材料や製造方法を使う世界では、それが何でできているかよりも、美、若さ、健康、洗練、またはクールといった価値を商品に結びつけることが肝心だ。アイデンティティを固定する、意義の「オーラ」をブランドにまとわせなければならない。

この**アイデンティティ**の――物質に対立する意味の――獲得こそ、批判者の多くがブランドに関してとても不合理で不快だと思うことだ。それはあまりに奇妙だから（たとえば、誰かが心底、シャンプーが興奮をもたらすことができると信じるなんてことが）、消費者はどうにかして騙されたか操られたに違いないと結論づける。でなければ、どうしてボトル入りの水がガソリンよりたくさん売れることの説明がつくだろうか。あるいは、高級レストランではいまや「水ソムリエ」が導入され、それぞれの食事のコースに合うボトル入りの水のブランドをおすすめしている、などということの。

とはいえ、消費者をあまりに侮辱するのはいただけない。シャドソンが主張するとおり、ブランドは差異のないところに差異を生み出す必要から発達した一方で、ブランドが受け入れられ盛んになった理由はまったく違う。僕らはお金を使うたびにリスクを冒している事実を忘れやすい。払った目的である品を、お金に見合う価値を得られないかもしれない。ガジェットは欠陥品かもしれず、食べ物は新鮮でなかったり腐っているかもしれず、発明品は広告どおりに機能しないかもしれない。返品条件、保証、消費者監視、保護法規など、過剰なほどの消費者保護に慣れているせいで忘れてしまっているが、商取引の歴史が始まってからこっち、相手に騙される心配はついてまわっていた。

そのため消費者は、リスクを最小化するための措置をとらねばならなかった。小さくて比較的変化のないコミュニティでは、住民が食料雑貨店、小売店、販売員と個人的な信頼関係を築くよう努め、地元産品のどれが上質で、どれがそうでないかを徐々に学んでいった。社会の都市化が進むにつれて、こうした関係は構築するのも維持するのも難しくなった。住民の流動性が増すにつれて、頼るようになっていた地元産品の現状がつかめなくなった。ナショナルブランド商品の広告がうまくいったのは、主に、限定された形の消費者保護を提供したという理由からだ。町を越えて、国全体で、堅実なブランドの商品に依存できることがわかったのだ。

包装もまた一種の消費者保護を高める方法として導入された。標準的な包装の導入前は、食品の重量をごまかしていないか、混ぜ物をしていないかと消費者が目を光らせなければならなかった。包装と規格化のおかげで、特に印刷ラベルが導入されてからは（いったん開封したら閉じ直しにくくなったので）この種のインチキはずっと困難になった。缶詰品の先駆けの一つ、ハインツ社は、広告の草創期にこうした不安にあからさまに言及していた。一九二二年からの有名な広告で、食品店主がハインツの缶詰を紙で包んでいる。そこに付された説明が読者に、ハインツは「あなたの店主」にも目を光らせていると伝えている。「わが社の営業部隊は充分な規模なので、食品店をしょっちゅう訪ねることができます。数週間おきにでも」。

消費主義の批判者はほとんど、全米の（そしていまは国際的な）ブランド商品の広告が、消費者保護の一形態となっている程度を無視する。だが、彼らが本気で怒っているのは、ブランディングの最も明白な側面、それが実際の商品とはあまり関係ない意味のオーラを売ることだ。どちらかというと、僕らはシャツの素材やジーンズの縫製やボトル飲料のアルコール量は気にしない。気にするのはトミー・ヒルフィガーやJクルーやアブソルートウォッカが与えるアイデンティティだ。このことから導けるのは、僕らが騙されているということではない。消費者はきわめて賢く、膨大な数のブランド間にさほどの違いはないことは百も承知だ。酒ではなく広告を飲んでおり、ジーンズではなく商標をはいていると自覚している。自分はどんな人間か、何を評価するかを、僕らはブランドを通して表現する。ヒップなブランドの消費を通して、クールをめざしている。

選好とアイデンティティ

マーケティングの専門家には、僕らがどのブランドを消費するかの判断はでたらめでも恣意的でもなくて、実はきわめて予測可能なものだとわかっている。ほぼ誰もがおのおの異なるライフスタイルを反映した少数の「ブランド・クラスター」の一つのなかで消費を行なう。各クラスター（専門家は「若き郊外生活者」とか「マネー&ブレイン」といった名称で把握している）内には、どのブランドを買い、どのブランドに手を出さないという、暗黙のものながらも非常に強い規範が存在する。こうしたブランド・クラスターが差異の追求の土台を形成していて、それはここまで見てきたように消費主義の中心にあるものだ。

この基本となる考え――僕らがどんな人間かが消費するものに表われる――にいささか不安を覚える人は少なくない。哲学者のマーク・キングウェルはその不安を以下のように表現している。

　現代世界でこれ以上に落ちつかない、めまいがするような経験は、私には考えられない。つまり、慎重に構築してきた個性が、この顔にニッチ市場報告が書いてあるとばかりに、抜け目ない広告業者には見え見えで操作可能なものなのだと悟ることだ。どのウォッカやスコッチを買うかをほぼ確実に誰かに知られてしまうことは、個人のアイデンティティの感覚をどんな向精神薬よりはるかに強く脅かすものだ。たとえ自分の選択は自分だけのものだと、熟慮したうえの個人的なものだと思っても、操作され、予測可能であることがあらわになる。だから、怪しまざるをえない。私は結局のところ自由ではなく支配された文化的なカモなのだろうか、と。[*26]

　ここでキングウェルが提示した問題は、自由意志に関する古式ゆかしい哲学の問題に関連したものだ。僕らは自分の行なう選択をある程度は自分が決めていると思いたがる。自分がどんな人間かが反映され、自分の行動の責任を負い、称賛も非難も受け入れるのは、それが自分の選択であるからだ。だが、もし僕らの選択がどうにかして予想されており、僕らは自由行為者ではなく消費主義の規範の影響下で踊らされる文化的なあやつり人形になり果てたのだとしたら？

予測可能性によって自由が損なわれるとの懸念は古くからあるが、それは興味深いパラドックスを示している。消費選択も含めた自分の行動が予測可能でないと仮定するとどんなことになるか、ちょっと考えてみよう。毎日あなたがどこへ出勤するか（そもそも出勤するかどうか）は誰にもわからないと想像してほしい。あるいは、あなたが注意深く慎重に運転するときもあれば、一六歳のスピード狂よろしく無謀運転するときもあると。ウィットと社交性に富んだ人物だと思ったら、次の瞬間にはむっつりとふさぎ込むこともあると。ある週はスシが好物だったのに、翌週にはこんなの食えたものじゃないと言い張ると。毎週きちんと『ニューヨーカー』を読むが、『ハーパーズ』や『アトランティック・マンスリー』にはいっさい興味がないと。新車のレクサスがすごく気に入っているけれど、毛羽立ちサイコロ〔五〇～六〇年代アメリカでカーアクセサリーとして流行〕をバックミラーからぶら下げて、ボンネットにファンタジーのドラゴンの絵をエアブラシで書きたいと言って聞かないと。

つまり、まったくでたらめで予測不能な行動をしだしたらどうかということだ。それは個性の主張になるだろうか。友達はあなたの独特のアイデンティティをほめてくれるか、それとも「いったいあんた誰なの？」といぶかしむだろうか。

奇妙な話だが、予測可能であることはアイデンティティを持つことの真髄なのである。

哲学者ダニエル・デネットはアイデンティティを「語りの重心」[*27]と呼んでおり、それこそぴったりの形容だ。重心が物質の集まりの振る舞いを統一し予測するのに用いられる抽象概念であるように、アイデンティティは個人の行動を系統立てて予測するのに使われる抽象概念である。個性を脅かすどころか、むしろ人の消費選択が高度に予測できなければ、ほとんど病的に不気味なことだ。個性の主張と称して好きでもないものを買うというのは、いかがなものだろうか？

それではまったく筋が通らない。人々が個性やアイデンティティへの脅威を訴えるとき、実は、ヒップな消費主義の競争的な構造がもたらす、地位への脅威に反応しているのだ。つまり「大衆」はまだ自分の立場にこだわっている。もし本当に確立したいのが個性であるならば、とても簡単なことだ。でたらめに振る舞うだけでいい。だが本当に求めているものは個性ならぬ差異であり、差異は、ただ違うのでなく、排他的クラブの一員として承認される形で違うことで達成される。社会階層のどこに属していても可能な行動はそう多くないから、選択は著しく予測しやすくなる。どんな人物がとる行動でも、自信満々で予測するためには、同様の立場にある他の人たちはどうするかと問いさえすればいい。

本当に疑問なのは、なぜそれを争うかだ。「次のブーム」を突き止めるのは大仕事になりかねない。おおかたの人は三〇歳になるまでに息が切れる。マーケティング担当者のツールを自分の競争優位の参考にしてみたらどうだろう？　やり方は簡単だ。アマゾンにアクセスして、ほしい物リストを作成し、買い物をしてから、自分のコレクションに加える新しいCDや新しく読む本のおすすめを尋ねよう。自分で選ぶよりよい――そしてたぶんクールな――ものになること請け合いである。

流行の構造

近年、大衆の意識に浸透した魅力ある学術研究の成果に「普及学」というものがある。多くの互いに無関係に見える別個の社会現象が、どのように出現して、着実かつ予測可能な形で社会に伝達するかを示すものだ。犯罪の急増からヘアスタイル、新しい音楽、ティーンの自殺まで多数のトレンドはどれも、基本的な発達パターンに従っているように見える。それればかりか、そのパターンをたどる最良のモデルは社会学ではなく疫学に依拠している。つまりアイディア、ファッション、行動、そして新製品は、風邪やインフルエンザなどのウイルスが広がるように拡散するらしい。

伝染病は安定した線形状に、毎日少数の新しい感染が起こるように広がって、ついには流行するのでないことは、ずいぶん前から知られている。実際には少人数の集団が感染し、即座に隔離されなければ、やや大人数の集団にほどなく感染する。そしてこの集団が一般住民に交じったら感染は突然「臨界」に達し、ほぼ一夜で爆発して本格的な流行となる。

クールの普及もまったく同じように起こる。まず「イノベーター」と呼ばれる小集団だ。根っからの非順応主義者で、ほかの誰もしていない、言っていない、着ていない、使っていないことをつねに探しまわっている。イノベーターはすぐやや大きな集団「アーリーアダプター」に追従される。これら二つをクールブローカーと呼ぶことができる。アーリーアダプターはイノベーターの動きに目を光らせ、やっていることを評価し、まねるかどうかを決める。まねると決めたら、今度はアーリーアダプターがただちに「アーリーマジョリティ」に、次には、あえて前衛になろうとは決してしない安全運転の大衆「レイトマジョリティ」に手本にされて、トレンドは急激に成長していく。最後に、ヒップの蔓延は、流行と変化に非常に抵抗がある「ラガード」がしぶしぶ参加してくるころには尻すぼみになる。なにせインターネット熱はつづくのかどうか、いまだに静観しているという人たちだ。

「ファッション」と呼ばれるものの多くがこの一般的パターンに従っていると理解すれば、キングウェルのような人の表明する不安の原因を解き明かす助けになる。たしかにマーケティング担当者は、あなたが個性の表現と称して買うものを知っている。同様にたしかに、ほとんどの友達も同じものを、同じ理由で買う。だが、トップダウン式に操作された順応主義のように見えるのは、社会の大多数がその名のとおりアーリーマジョリティかレイトマジョリティに属しているという、その事実がもたらす幻想にすぎない。イノベーターはごく少数しか、アーリーアダプターもそれよりやや多いくらいしかいない。僕らクールな人間はせいぜいアーリーマジョリティのトップで、最先端の近くにいるせいで自分たちがどんなにダサいか気づかないでいるだけだ。

クールのトレンドの拡散で一つおもしろいのは、広告がほとんど役立っていないことだ。強硬的な非順応主義者のイノベーターは、きっと大量市場からは何も買わない。大衆との橋渡しを担っているアーリーアダプターは、イノベーターの例に倣う。そして同じように最後まで伝わっていく。伝染病が人対人のじかの接触で広がるように、クールは横方向に仲間集団を通じて伝わる。広告はもし効果があれば、レイトマジョリティかラガードに、世間ではこんなものが流行っていたと気づかせるかもしれない。しかし、そのころには、クールは別のものに移ってしまっている（黒人のストリート用語は、四〇年以上も同様の周期で動いてきた――「ブリンブリン（ピッカピカ）」を覚えておいでだろうか?）。

広告がクールを売る能力にいささか欠けるといっても、マーケティング担当者が流行の周期に介入できないということではない。アーリーアダプターが何を好むようになったか、爆発の可能性を秘めているのはどの製品かを把握することで介入できる。その方法の一つが「クールハンティング」を通じてのものだ。若者文化に目を光らせ、イノベーターが何をしているかを監視し、アーリーアダプターがどう反応するかに気をつけるのを専門とした、少数の顧問グループがある。調査結果をクール報告書としてまとめ、それにリーボックやアバクロンビー&フィッチ（アバクロ）のような企業が大金を支払う。

企業が流行の周期に入りこむもう一つの方法は「バイラル（口コミ）マーケティング」と呼ばれる。トレンドの疫学的な性質をまったく文字どおりに捉え、自社のクールの流行病を起こそうとするものだ。バーで魅力的な女性がやってきて、特定のブランドのウォッカをおごると言ってきたことはないだろうか？　クラブで誰かが近づいてきて、彼が聴いている「この素晴らしい新人バンド」について語られたことは？　チャットで、どんな種類のスニーカーを履いているかに触れる人と会った？　通りで呼び止められて、新型デジタルカメラで写真を撮ってくれと頼まれたことは？　たぶんあなたはバイラルマーケター、つまり風邪を伝染《うつ》すごとく広めることを期待して口コミを伝えるために、お金で雇われている人から、狙われたのだ。

広告競争のなくし方

クールハンターやバイラルマーケターは、かなりの軽蔑の的になった。「文化的謀反人」もしくは、クラインの言葉を借りれば「若者文化の合法的ストーカー」と呼ばれた。*28 彼らをこの時代の売国奴であると、フランスのヴィシー政権の対独協力者のポップカルチャー版だと考えるのは、ちょっと行き過ぎだ。そもそも裏切るほどのものなどないのだから。むしろ、この人たちは、地位の低い（つまりクールじゃない）グループにクールを急速に普及させて、地位の高いグループからあまり侮辱されないようにするという、貴重な貢献をしている。しかしクールハンターが、青少年の生活を標的として侵入している度合いに問題がある。ティーン（一三歳以上）とプレティーン（一三歳未満）とうわさの新たなホットな年齢層「トゥイーン」（九歳〜一二歳）が、ディズニーやワーナー・ブラザーズからGAPまで世界で指折りの大企業からもてはやされ、販売対象とされている。

これにはビジネスとしてもっともな理由がある。ほとんどすべての人のブランド選好はプレティーンとティーンのあいだに固まる（そして大人にブランドを変えさせるのは非常に困難だ）から、ブランドの最終決定を下す前の消費者にかなりの資源を振り向けることは理に適っている。アリッサ・クォートは『ブランド中毒にされる子どもたち』で、現代のティーンが容赦ない販売作戦の対象とされている度合いを見事に例示している。それは目を覆わんばかりの惨状だ。SUVのどのモデルを買うべきかを親にアドバイスするプレティーンたち。ファッション企業に「コンサルタント」として採用され、クラスメイトに新製品を売りこむために学校へ送り返されるティーンたち。ステロイド剤を摂取し、ダイエットをして下着のコマーシャルのモデルみたいになりたい高校生たち。クォートいわく、マーケターはティーンの脆弱な自我と形成途中のアイデンティティにつけ込んで「現代の贅沢品経済の犠牲者」にしている。[*29]

見られたものじゃない光景だが、クォートは問題解決に役立つ方法の提示にはあまり貢献していない。しかしティーンとさらに幼い子供たちが誰よりマーケティングの誘惑に弱いと指摘する際の、目の付けどころはよい。この点で青少年というのは、移民、高齢者、非識字者も含めた特に弱い消費者グループの一部である。広告は数ある認知にかかわる制度の一つにすぎないことを先に述べたが、それは図らずも最も普及していて避けがたい制度である。若者が特に広告に弱いのは、都会生活から身を守るために必要な健全な懐疑心を植えつける他の形態の知識、経験、代替の情報源を欠いているからだ。アイデンティティがまだ形成されていない(そのせいでライフスタイル販売戦略に弱くなる)ことに加えて、青少年は多岐にわたる製品を実際に使った経験に乏しい。また価格障壁にも無頓着になりがちで、親に押しつける支出プレッシャーを悪化させかねない。端的に言えば、子供向けのマーケティングは家庭の事情や学校の友達との関係から見ても、深刻な問題である。

だが、それにもかかわらず、クラインやクォートのような評者はこれらの問題に有効な解決策をまったく持っていない。ここではカウンターカルチャー的思考の影響が明らかだ。『ブランドなんか、いらない』は広告主導の現代経済のあらゆる面を厳しく非難している。それでもこの本を最後まで読んだ人は、どの問題に対しても積極的な解決策が（「グローバルな抵抗運動」の地元支部に参加するという以外は）いっさい出てこないことに驚くだろう。クォートは純粋にスタイルにこだわった反逆を勧めるが、これまで見てきたように、それでは問題を解決するより悪化させる確率のほうがはるかに高そうだ。

困ったことにはクラインもクォートも、広告を企業の覇権と支配のシステムに不可欠の要素と見ているから、システムを完全に崩壊させないで正す方法をまったく思いつかない。広告を企業間の集合行為の問題と考えるほうが、はるかに役に立つ。企業はもっと広告を減らすべきだとか、子供向けの広告はすべきでないと言うのは、それはそれでけっこうだ。しかしどこか一社がしていれば、他社は立場を保つだけのために同様にせざるをえない。広告キャンペーンのほとんどは、製品の新たな需要を生み出しはしない。ある企業がライバルから多少は顧客をかっさらえるというだけだ。他社も同様に反応すると、そこで全社がふりだしに戻され、いまや広告費だけが膨れ上がっている。

高騰する広告費とどんどん攻撃的になる販促キャンペーンに直面した企業に必要なのは、軍縮条約の企業版である。この点で広告費は、多くの会社がしょいこむ交際費や、ときに海外契約の確保のために払うことになる賄賂とよく似ている。経営者は顧客や納入業者を高い食事や週末のスキー旅行に連れて行きたくないだろうが、競争相手がそうしていたら選択の余地はない。戦うか、仕事を失うかだ。

しかし企業がこうした罠にはまっているからといって、社会として何も対処できないということではない。外国の高官への贈賄を違法にできるように、子供を狙った広告を禁じることはできる。企業の交際費に歯止めが利かなくなったとき、カナダ政府は企業がそうした支出で得られる税額控除を減らして対処した。現在では交際費の五〇パーセントしか経費として控除対象とされない。まったく同じことを広告にもすればよい。税控除対象を一〇〇パーセント未満にするだけだ。これで企業の広告がなくなるわけではない。企業が顧客をもてなすことが正当な需要とされる時代があるように、広告が重要かつ適切な時代もある。この経費の控除率を下げれば、このような経費のもとで勃発しがちな非生産的な競争の極端なものを緩和し、われらが社会のくだらない広告にかかる総費用を抑えるくらいのことはできる。

私的な広告による公的空間の商業化または植民地化を本当に懸念するならば、この種の現実的な解決策を推進していくべきなのだ。税制の一つの簡単な変更が、世界のすべてのカルチャー・ジャミングを合わせた以上に、広告の抑制に貢献することができる。なのに、こうした実行可能なささやかな提案は、文化の政治やら世界の革命やら、もっと魅力的な探求のために無視を決めこまれている。

第8章　コカ・コーラ化

レヴィットタウン

一九四七年、ニューヨーク市から二〇マイル離れたジャガイモ畑だった土地に、元海軍技師ウィリアム・レヴィットが、のちに世界で最も有名な郊外となるものを築きはじめた。レヴィットの発明はシンプルだ。標準的な大量生産システムでは製品が組み立てラインを流れていくなかで、高度に分業化された労働者がそれぞれこの製造にかかわる特定の作業を行なう。明らかに、こうしたシステムは自動車を造るのには有効だが、家を建てるのには使えない。それは単純に、家は大きすぎて流れ作業のラインに乗らないという理由からだ。そこでレヴィットは、製品が流れていくベルトコンベア方式と同じことができる工夫をした。固定されたラインに沿って製品が動く代わりに、製品はその場にとどめてラインのほうを動くようにしたのだ。作業員を集め、高度に特化された作業を一度に一工程ずつ進めて、住宅を量産していったのだった。

そうすることで、北米人たちの意識に消しがたい衝撃を与える現象を生み出しもした。つまり郊外の「住宅地」の家である。大量生産の利点を得るために、レヴィットタウンではどの家もまったく同じ造りだった。レヴィットはまずは原型となる「ケープコッド」スタイルの家を六〇〇〇戸以上も建てたのちに、生産ラインを多様化させ、やや変更を加えた「ランチ（牧場主の家）」スタイルを導入した。この画一性の理由は明らかだ。そのおかげで驚異的なペースで住宅を建造できた。平均的な業者が年に五軒しか建てられなかった時代に、レヴィットは一日あたり三〇軒も建てていた。しかも、どこにも負けない価格で提供した。一九四九年に発売となった住宅（無料のテレビと洗濯機つきで、たったの六九九九ドル）は初日に一四〇〇戸を売り上げた。

レヴィットの方法と建築物は、たちまち北米全土の住宅開発業者が模倣するところとなった。実際、たいていの人がレヴィットタウンに不気味なほど見覚えがあるとしたら、ほとんど誰もがこの二種類の家のどちらかに行ったことがあるからだ（サスカトゥーンで過ごした子供のころを思い返してみると、僕の友達のうち二人の家がレヴィットタウンのケープコッド住宅の模造品だった）。複数の世代の子供たちが多くの友達とまったく同じ造りの家に住むことを経験した。いまでも、昔ながらの郊外の家を訪れた人はたいがい、トイレはどこかと尋ねなくてすむ。

大衆社会の批判者が激怒したことは言うまでもない。ルイス・マンフォードはレヴィットタウンのような郊外住宅地を次のように描写して、支配的だった見方を要約している。「木も生えていない社会的な荒地の一様な道路に一様な間隔できっちりと並んだ、一様で見分けのつかない多くの家、そこには、同じテレビ放映を見、同じ冷蔵庫にしまっていた同じまずい調理済み食品を食べ、内面的にも外面的にもあらゆる点で共通の鋳型に従った同じ階級、同じ収入、同じ年齢層の人々が住む」。[*1] ある時期の漫画が、職場での長い一日を終えた組織人間が帰る家を間違えて、他人の妻と夜の営みに及んで云々というジョークで、大当たりをとった。

マンフォードのような批評家にとって、レヴィットタウンは大衆社会の中心でのファウスト的な取引を劇的に表現していた。いわば、安かろう悪かろうの住宅だ。そこには価格と多様性の端的なトレードオフがあるように見えた。そして、これは住宅だけのことではなかった。フランチャイズ化はどんどん一般的なビジネスモデルとなって、生活のさまざまな分野を次から次へと、後期資本主義の画一化傾向のえじきにしつつあった。五〇年後には、この懸念はさらに激化した。グローバル化の進展とともに、アメリカを席巻した文化的画一化の波が今度は全世界へと広がって、非西洋文化を根絶し、蔓延する消費資本主義の一様な集合体に誰もがのみ込まれるのではないかと、多くの人が恐れている。しかし、一つ大きな問題への答えがまだ出ていない。資本主義には本当に画一化傾向があるのか？　レヴィットタウンは原則か、それとも例外なのか？

現代の建売住宅事情

レヴィットタウンを手本に建設された郊外住宅地が世間の人々の想像力にあまりに強い影響を残したがために、都市問題の重要な議論の多くは現代の郊外の現実とはかけ離れたものになっている。なにせ、おしゃべり階級〔ジャーナリスト〕はたいていダウンタウンに住んでいる。そう望んだからだけでなく、そうせざるをえないからだ。大衆社会批判のおかげで郊外生活《サバービア》といえば、いまや脳死と同義と広く認められており、ダウンタウンか田舎に住んでいない知識人などまともに取り合ってもらえない。そのため、郊外暮らしを批判する者の多くは、実は子供のころ以降、郊外で長い時間を過ごしたことがない。

僕がそのことに気づいたのは、新しい郊外住宅地の広い区画を買って鼻高々な義弟が、これから建てる家の「オプション」を選ぶのを手伝ってほしいと頼んできたときだった。トロントのダウンタウンにヴィクトリア様式のぼろ家を買ってからというもの、僕はちょっとした細かな改装のエキスパートになっていた。ペンキ塗り、しっくい塗り直し、幅木の補修、タイル張り、照明設備の変更など。ホーム・デポで店員を捕まえては、築一〇〇年の家のさねはぎのモミ材の下張りの継ぎ当てにはどれくらいの厚さのベニヤ板を使えばいいかと尋ねているようなやつだ。だから義弟の新居をどう装備するかのアドバイザーにはうってつけの人材と思われた。引き受けた僕の脳内では、レヴィットタウンと映画『トゥルーマン・ショー』〔主人公の人生がリアリティ番組としてTVで放送されていて、日常生活のなかで商品の宣伝が行なわれる〕の映像が躍っていた。郊外新築住宅のオプションを選ぶ——それはどれほど難しいのだろうか。僕はそれが車のオプションを選ぶようなものだろうと考えた。紙一枚にびっしり書かれた五〇ほどの選択肢と、たぶん三つか四つのパッケージ契約案が提示されるのだ。

さて「タウンセンター」に到着して、建て売り業者が僕らの目の前に厚さ五センチものバインダーをどさっと置いたときの驚きを想像してほしい。そこには選べるすべてのオプションが列記されていた。どうやら郊外住宅地はかつてのそれとだいぶ違うようだ。僕が抱いていた判で押したような画一的な住宅のイメージはたちまち消え去った。オプションの多さは本当にとてつもなかった。半分は聞いたこともないようなしろものだ。そして、オプションはうわべだけのことではない。住宅の基本構造の仕様がすべて変更可能なのだ。まず手始めに、床面積が一四〇〇～三四〇〇平方フィートの範囲で二〇種類から選べて、それぞれ三つの異なる「外壁材」——煉瓦、石、羽目板のどれかで建て上げることになり、次にはバルコニーや窓の配置を決めた。業者は同じ二軒を隣り合わせに建てまいとした。特に街並みが画一的になるのを避けるためだ。つまり、どんな家を望むか決めたあとで、それを建てられる区画を見つけることになった。

住宅と区画がひとまず決まって、それからが本番だった。天井の高さはどのように？　八フィートか、それとも九フィート？　天窓はつけますか、いくつ、どこに？　地下室は造りますか？　床は堅木か貼り合わせフローリング、タイル張り、それとも絨毯敷き？　階段の手すりはどの種類で？　天井の仕上げは凹凸ありかなしか？　石膏の繰り形をつけますか？　食器棚は？　電気系統は規格どおりか二重配線化しますか？　キッチンはアイランド型？　シンクの有無は？　カウンターはプラスチックか御影石か人工大理石か？　これらの構成を選んだら、やっと内装の詳細にとりかかれる。ここではオプションの数が数百から数千に増えている。決めやすくするために異なる「等級」の価格帯にグループ分けされ、各等級には多数のスタイルがあり、スタイルごとにさまざまな色が用意されている。たとえば、タイルには五等級あって、それぞれ約二〇種のスタイルがある。絨毯は四等級ごとに一〇種のスタイル。幅木は六等級。そしてキッチンキャビネットにはほとんど無限にバリエーションがある。最後に、電話用ジャック、ケーブルTVのプラグ、イーサネット（LAN）の接続部をいくつ、どこに設けるかを決めることとされていた。

明らかに、こうしたもろもろを一気に決めるべきであることに疑問の余地はなかった。僕はよい幅木をつけることとオーク材のフローリングの一般的な効用をひとくさり述べてから、義弟とその妻に翌週いっぱい、間取りや備品やバインダーに満載のオプションについてじっくり検討させた。彼らは事実上、注文建築の家を建てる指図をしていたも同然だった。なのに支払う料金は、トロント市内の住宅の平均的な再販価格よりも安かった。だから、大量生産による価格の恩恵はふんだんに得ながらも、その制約はわずかしか受けていないように見えた。

それから数カ月間この家が建てられていく様子を見るうちに、どうして建て売り業者はこれをやってのけられるのかが容易に見てとれた。大量生産の技術は五〇年代以降、大きな飛躍をとげていた。レヴィットは元来は一般的な建材を用いており、それから建て売り住宅の建築に大量生産の技術を応用した。それ以後は、住宅は一式のモジュール部品に分けられ、そのすべては敷地外で大量生産された。建設は多くの場合に、これらの部品をただ異なる配置ではめ込むだけだ。たとえば屋根の垂木は、すべて前もって組み立てられたものを、既成のアルミの腕木を使って正しい位置に釘づけにされる。ビニールの羽目板はストラッピングを掛けてしまえば、釘もネジもなしで正しく固定できる。フローリングの床は釘も接着剤も使わずにきちんとはめ合わせられる。

この建て売り業者のビジネスモデルでもう一つの目立つ特徴は、日本の「トヨタ生産方式」技術を用いていることだ。ある日、すべての煉瓦とともに、必要な家に煉瓦を積む職人が現われる。翌日は数トンの屋根板が届いて夕方までに葺き終えられるという具合だ。そのうえ、建て売り業者はいっさい実際の建築にかかわってはいない。モジュール部品はもちろんのこと、組み立てもだった。全工程が別個の仕事に分けられ、それぞれが個別の企業であらかじめ組み立てられており、建て売り業者には二〇〇戸以上の家の建設を監督、調整する従業員が四人しかいなかった。

こうした融通のきく建築技術の効果は完成品にありありと見ることができた。なおも金太郎飴スタイルで建設されているのは、郊外でも最低レベルの宅地だけだ。生産技術はもはや大量生産に伴う、コスト削減を達成するための画一化を必要としない程度にまで進化していた。そして同様の発展は、製造業の多くの分野に見られる。現代の自動車工場では、同じ組み立てラインで異なる車種が同時に造られている。

ここから、大量生産に伴う画一性というのは「大衆社会」に固有の性質などではなく、生産力の発展の一段階にすぎないのではないかとの疑念がわき起こる。だが、もしそれが正しいとしたらカウンターカルチャー的批判には大打撃だ。この理論によると、資本主義は大量生産で生じる単一商品の「剰余」を処理するために、画一的な欲望のシステムを生み出す必要があるからこそ、消費者に順応を求めているのだから。それなのに大量生産ではもはや同一の商品を生産しなくてすむのであれば、資本主義システムが順応を要求すると考える理由はまったくない。

画一化の良し悪し

もちろん、これらは、そもそも画一的であることのどこがいけないのか、というもっと根本的な疑問に答えてはいない。もし人々が自由意志で同じような家に住み、同じような服を着、同じような活動に参加することを選択しているならば、画一性を批判するほうがおかしい。心から望んでいるのであれば、それに反対することはきわめて困難だ。さらに大量生産のおかげで、さもなければ買えない個人が入手できるのなら、その美的な影響が気に入らないからといって、こうした機会を否定するのは、鼻持ちならない態度である。

これは、ウィリアム・ホワイト（『組織のなかの人間——オーガニゼーション・マン』著者）のような大衆社会を批判する知識人が早くから気づいていたことだ。ホワイトは「郊外生活者の個人主義」という論文で、「まったく同じランチ様式の家が何列も建ち並んだ光景には気がめいる」と認めながらも、この種の建築は「住宅の建設費を手ごろに抑えるために支払われる代償なのだ。そしてこれは不当に高い代償というわけではない。貧困が人格を高めると思うのでなければ、この新しい住宅群は、それ以前の安アパートが何列も建ち並んだ光景よりはるかに個人の発達にとって望ましい」と述べている。*2

すなわち、貧困と画一化のどちらを減らすことを選ぶかといわれたら、たいていの人は貧困を減らすほうを選ぶということだ。そしてその選択の結果が何エーカーにもわたって大量に建てられた家々だとしても、自らの決断の帰結として受け入れなければならない。画一性が本当に問題となるのは、それが選択よりもむしろ強制の産物である場合だけ——本心では望まないことをするよう従わないと罰せられるか、騙されるか言いくるめられる場合だけだ。

すると本当の問題は、市場が画一性を推進するかどうかではない。ある程度はそうなることは誰にも否定できない。問題はそれが不当な画一性かどうか、つまり自主的な選択を反映しているかどうかだ。人々が似たような服装をしたがるのには、いろいろ理由がある。例を挙げると、多数の商品からは経済学者が「ネットワーク外部性」と呼ぶものが生じる。ファクス機がいい例だ。あなたが送信しようとしている受信先にもファクス機がなければ、送ることはできないから、ファクス機を買う各人はそれぞれ、原理的に送信可能な人数を増やすことで、他のすべてのファクス機所有者にとってわずかながらも明確な利益を生み出している。一九八四年に発売された低価格ファクス機が、実際のところ八七年になってやっと売上げが急増したのは、こうした理由からだ。ファクス機は当初ほとんどの人にとって、価格に見合う価値を持たなかった。それというのもファクスを送れる相手がごく少数しかいなかったからだ。だから一九八四年には八万台しか売れなかった。しかし利用者の数が増えていくとシステムが「クリティカル・マス（臨界）」に、ファクス機を買う価値があるだけの受信者がいる状態に達した。そうして一九八七年には一〇〇万台ものファクス機が売れた（電子メールや携帯電話もほぼ同じように発達した）。

ネットワーク外部性がある場合にはいつでも、標準化に伴って便益が生じる。キーボード配列が標準化されているから、どのコンピュータの前に座ってもタイプを始められる。ボルトとナットが標準サイズでできているから、一そろいのレンチで事足りる。自動車は標準化されているから、どちらのペダルがアクセルで、どちらがブレーキなのかわかる。ファストフード店は標準化された発注方式を持っているから、世界のどこでも五分以内で食事が出される。TCP／IPというコンピュータ通信の標準的プロトコルのおかげで、僕らはみなインターネットの奇跡を享受できる。

標準化から便益を得るのは、有形財だけのことではない。文化的商品の多くも、個人が多数の観衆の一員であることから得られる便益によって評価されている。映画鑑賞、テレビ視聴、読書の楽しみの大部分は、あとで友人や同僚とそれについて語ることから生じる。これで「ブロックバスター」現象の説明がつく。ある映画がクリティカル・マスに達するのは、多くの人が話題にしていて、ほかの人も話に加わりたいばかりに(または、ただみんなが何の話をしてるのかを知りたくて)見なければという気にさせられるからだ。書籍市場も同様の構造を持っており、それが普通の本とベストセラーの売上げの差があまりに大きい理由である。だから、他人と同じ服装をしたいと考えがちなのは、財は社会的な文脈において消費されるのであって、ばらばらの個人によってではないからだ。

たとえば、リアリティTVの成功には、単なるショーの内容よりもっと大きな要因がある。視聴者がこうした番組を好むのは、それについて話すのが好きだからだ——どの求婚者が報われるべきか否か、それはなぜか、どの参加者が勝利または敗北にふさわしいか、その作戦はどうして成功または失敗したのかと。テレビ放送の黎明期には、人々は(マンフォードが述べたとおり)「同じテレビ放映を見」るほかに選択の余地はなかった。その技術的制約はいまや解消されている。しかし、五〇〇チャンネルもあるテレビ局の中から僕らが発見するのは、実は人には人と同じ番組をたくさん見たいという強い欲望があることだ。そういう番組が、多くの北米人にとって、あらゆる階層の人々がなおも共有する唯一の物語を提供している。

もちろん、ネットワーク外部性を伴う財が消費されるとき、必ずしも最良の結果になるわけではない。最適状態に及ばない局所的な均衡に全員がはまることも起こりうる。具体的にいうと、ただ単にみんなが使っているという理由で、ほかに手に入るものより劣った財が選ばれることもある（ビデオのVHS対ベータマックスはこの典型例だ）。原理上は古いものよりも優れた新しい画期的な製品や基準は、クリティカル・マスに達するまではその価値が充分に実現されないため、市場へ浸透するのに苦労するかもしれない。

同じ現象が、書籍、テレビ、映画に働いている。人々は夏のブロックバスター映画を嫌がりながらも、ただ話題にできるというだけで見に行くかもしれない。ある種の平準化効果もあって、最も人気が出るだろうと人々が思うものが、実際そうなるよりも前に買われている。人々は転売価格が気になるからと、より一般的な住宅を買うかもしれない。多くの人が同じことをすれば、これは自己成就予言となる。つまり多くの人は、たいていの人が買いそうだと予期するだけでその家を買うようになる。

当然ながら、自社製品を売るために支配的な普及品から消費者を奪いたい企業にとって、大衆社会批判は、広告コンセプトの尽きることない源泉だった。たとえば、コンピュータのOS（オペレーティングシステム）では、キーボード配列とほぼ同じくらいに、ユーザーが、初期標準化と互換性から多大な便益を得ている。IBMと、のちにはマイクロソフトが、初期に世界標準となって市場を支配できた。だからアップル・コンピュータなどの競合他社は、普及品のユーザーはただの順応主義者で、集団思考の犠牲者だとほのめかすことで、自社製品を売りこもうとした。アップルの有名なコマーシャル「1984」について考えよう。多数の雄バチのような労働者が整列しているなか、巨大スクリーンにビッグ・ブラザーが現われ、群集にこう呼びかける。「本日、輝かしき情報浄化指令一周年を記念する。有史以来、初めて純粋なイデオロギーの楽園をわれわれは創生した。そこでは矛盾し混乱した真実という悪疫から、すべての労働者が守られるであろう。思想の統一は地上のいかなる艦隊や軍隊より強力な武器となる。われわれは一つの国民である。意志は、決意は、大義は一つ。敵は死ぬまで議論しつづけ、われわれは混乱もろとも敵を葬り去るであろう。勝利はわれらの手中にあり！」*3。

画面全体は白黒だが、あるブロンド女性だけが鮮やかな赤を身につけ、威嚇するような機動隊に追われながらスクリーンに向かって走っている。彼女は絶叫しスクリーンへと大ハンマーを投じ、スクリーンは閃光を放って爆発する。新発売のマッキントッシュの宣伝文句が画面に流れていく。アップル・コンピュータ社のおかげで一九八四年は小説『一九八四年』のようにはならないと、僕らは請け合われる（リドリー・スコットが監督したこのCMは、業界紙『アドバタイジング・エイジ』によって一〇年間で最高のコマーシャルとして表彰された）。

これ以上に完璧な反逆の商売の例はなかなか見つからないだろう。それでもこのコマーシャルをいっそう光らせているのは、僕らの社会には「情報浄化指令」などないことだ。コンピュータ産業に普及品が存在するのは、人々が選択を行なった結果として、自発的な同意が結ばれたからである。もっとざっくりと言えば、すべての画一性が悪い画一性とは限らないし、必ずしも強制的なものでもない。誰もが自分自身で純粋に個人的なやり方で行動したがっている（純粋な任意性から逸脱するには強制力が必要となるほどに）というわけではない。ほかのみんなと同じように行動することには、しばしば大きな便益が伴う。職場にひょうきんなネクタイを締めていって個性を表現するのと、同僚のコンピュータと互換性がないファイル形式を使って個性を表現するのは、同じことではない。

みんなが好きなものはあまり変わらない

北アメリカの農業の歴史に明るい人なら誰でも、サンプウィード、アカザ、タデ、メイグラスなどの重要な作物の詳細にきっと通じていることだろう。あれ？　聞いたことがない？　いや、あなただけじゃない。こうした作物は北米大陸で何世紀ものあいだ先住民の農業を支えていたが、ヨーロッパ人が上陸したころには、もう生産されなくなって久しかった。これらは事実上、メキシコから到来した穀類と豆類とに駆逐されたのだ。

ジャレド・ダイアモンドの『銃・病原菌・鉄』を読めばわかるように、南北アメリカに適した農作物が得られるまでには、あれこれいじったり掛け合わせることを要した。たとえば自然に生えるサンプウィードは、決して理想的な作物ではない。有害なブタクサの仲間で「群生している地域で花粉症の原因ともなりうる」。また「人によっては悪臭ともとれる強烈な臭いがある」うえに、「触れると肌がかぶれる場合もある」[*4]。先住民がこれを栽培していたのは、ただ単にもっといい作物がなかったからだ。

それにひきかえ、トウモロコシは初期の農民たちの、少なく見ても数百年もの異種交配と作物実験の産物である。要するに、これはごく長く、ゆっくりとした遺伝子工学のプロセスを通じて生産されたものだ（その最終生産物はあまりにも人工的なため、野生の原種の特定に関しては、いまだに科学的なコンセンサスが得られていない）。メキシコ原産のトウモロコシだが、明らかに自然の在来種より優れていたので、アメリカ先住民の農耕者はこれが伝わった時点で、伝統的な作物を捨て去ることになった。

古代社会を通して、コメ、キビ、ヤムイモ、タロイモ、コムギ、オオムギなどの拡散に同様のプロセスが進行していたのを見ることができる。結果として、種の多様性が大幅に失われた。初めは一つの小さな地域に固有だった作物が、全世界に広がって、さまざまな他種に取って代わった。とはいえ、こうしたことが起こったのは、科学技術や資本主義やグローバリゼーションが発達するよりはるか前である。こうした後世の発達が、このプロセスを加速させたことは間違いないが、それを生み出したわけではなかった。基本的に、トウモロコシがサンプウィードを駆逐したのは、トウモロコシのほうがいい作物だからだ。この二つのどちらかを選ぶとしたら、どの農耕者でもトウモロコシのほうを栽培するだろう。古代と現代とで違うのは、昔はこうした革新が一つの地域から次の地域へと広がるまでに何世紀もかかったのに対し、僕らの世界では通信と貿易の障壁が減じたために、ほとんど瞬時に広がるようになったことだ。

こんなわけで、消費市場に生じる好みの一定の画一化は、消費需要の直接の帰結である。最近ジャガイモやトウモロコシを買った人は、たぶんこの傾向の悪化に手を貸している。オンタリオ州のゲルフ大学の研究者が開発した黄色い実のユーコンゴールド種のジャガイモは、並はずれた勢いで市場シェアを獲得してきている。そうしてバイカラーコーン（二色の実の種）以外のトウモロコシを見つけるのが、いよいよ困難になりつつある。いずれの場合も、消費者がもっと多く支払うのもいとわないほどにこれらの野菜を好んでいるからだ。そしてこれらの作物はどれも広告されていないから、消費者が不当に影響を受けているとは誰も主張できない。みんながユーコンゴールドを食べていることの、いちばんもっともらしい説明は、これが本当にいいジャガイモで人々に好まれているということだ。全体の結果が画一的だからといって、どうして文句をつけられるだろうか。なにしろ、この結果を避けるためには、誰かが好きでもないジャガイモを食べるはめになるのだから。

種の多様性を保つために、あまり好まれない植物が絶滅しないようにすべきだとの議論は有力ではあるが、それを商業生産しつづけるべきだと主張することは、はるかに難しい。サンプウィードが栽培されなくなったのは、有害な植物というだけでなく、生産高が低く、ことさら食欲をそそる穀物ではないからだ。生産に大きな労働力を要し、それで割高になるのに、あまりおいしくない。どこかの誰かが農産物の多様性を保つのに充分なサンプウィードを食べてくれないものかと願う一方で、みんなその誰かになりたくはない（そしてもちろん、ある人々の集団に、他の作物を入手させないことでサンプウィードを消費させるのであれば、それはきわめて不公平なことだ）。だから、誰が貧乏くじを引くことになるのか、という疑問は残る。僕らはみな多様性を望みながらも、そのくせ自らの消費選好によって画一性を推進しているのだ。

画一化がとりわけ顕著なのは、経済学者が「ひとり勝ち」市場と呼ぶ部門においてである。誰だって最良のものを望むし、技術開発が多くの場合に最良のものをすべての消費者に届けることを可能にしてきたから、一位と二位の差はものすごく大きくなった。競争相手よりほんのわずか優位なだけの製品が、かつてないほど市場をすっかり支配することができる。これは消費者の選択の総合的な結果にすぎない。ハリウッドのセレブ、スーパーモデル、ポップス界のスターなどなどの「スーパースター」がその典型的な例だ。でっちあげだの、才能もないのに誇大宣伝と広告であおったマスコミの寵児だのと、しじゅう非難されるが、マスコミの操作や広告がごく限られた役割しか持たない多くの分野に、スーパースターは存在する。たとえばクラシック音楽の市場は、いまでも第一に才能主導である。ただし、ここには同じくらい明らかに、ひとり勝ちの傾向も見てとれる。経済学者シャーウィン・ローゼンの所見はこうだ。「クラシック音楽の市場がいまほど大きかったことはなかった。しかし、どんな楽器でもフルタイムの独奏者は二〇〇～三〇〇人程度しかいない（声楽、バイオリン、ピアノ以外の楽器の場合はもっと少ない）。第一ランクの演奏家は、これら小さな合計のうちほんの一握りしかいないが、収入は非常に大きい。聴衆のほとんどが演奏者を知らずに聴いたならば、ほんの小さな違いさえ見つけることは難しいにもかかわらず、〔第一ランクと第二ランクの〕収入には大きな差があることが知られている」[*5]。

当然、一人のスターが市場をあまりに完全支配しだすと、群衆のなかで目立ちたい者に、このスターは嫌いだと公言することで名をあげるチャンスが生じる。だから本物のクラシック通にとってルチアーノ・パヴァロッティが何年も前から聴くに堪えないとされたのは、才能に欠けるからではなく、ただ単に「メジャー」すぎるから、もっと具体的には「大衆向け」すぎるからだ（この美的判断のシステムでは、まさしく大衆に好まれるからこそ、優れているはずがないのだ）。こうした差異の追求によって、スターシステム内で絶えず顔ぶれが入れ替わることになる。今日の崇拝の的は明日には過去の人になる。だが、こうしたすべてのことは消費者選好の構造の当然の帰結であって、操作や強制の産物ではない。企業はこのプロセスをどうにか方向づけようとするが、どだいコントロールできはしない。

だからといって、市場がつねに正しいわけではない。市場は消費者選好を充分には反映しないことが多い。特に所有権の行使がきわめて難しい、文化的および知的生産の分野では。しかし、市場が必ずしも間違っているとは限らないのは確かである。そのうえ、批評家は大衆の好みを拒絶するきらいがあり、人々はマクドナルドの食品を本当は好きなわけはないし、セリーヌ・ディオンを本気で好んで聴くはずなどないと考えがちである。だから、画一化がどの程度まで純粋な消費者の選好の結果であるか、その点について甚だしい過小評価をしてしまう。

少数者の好みが高くつく理由

過去一〇年間に紹介されたブルジョワ・ボヘミアンな食品のなかで断然おもしろいのは、

「放し飼い」のニワトリだ。死ぬまで狭いかごに閉じこめられる飼育工場の生活条件への懸念が、きっかけとなったことは間違いない。消費者は家畜がもっと人間味ある条件下で飼育されることを求めだした。そうした家畜にもっとお金を払うにやぶさかではなかった。ほどなく、屋外に出られるニワトリを「放し飼い」と称して法外な値をつけて売るという、素晴らしいアイディアを誰かが思いつき、この新商品はたちまちヒットした。商品名から喚起されるイメージは、広々とした草原だ。ニワトリが風に羽毛をなびかせ、地平線上を歩きまわっている。これは、実際に生きたニワトリを見たこともない人にしかうなずけないイメージだ。

農場で過ごしたことのある人なら、放し飼いのニワトリというのは日光好きのミミズと同じ程度にしかありそうにないとわかる。好天の夏の日に、ニワトリを捜すのに最もいい場所は、鶏小屋のいちばん暗い隅だ。何十羽もの鳥たちが、たいていは眠りながら重なり合い、ちんまりと丸くなる。ニワトリはうろつくタイプではないのだ（このことは、放し飼いのニワトリの一五パーセントしか、動きまわれる屋外スペースを実際に利用してないという最近の研究結果で確認された）[*6]。「放し飼い」という概念は、消費者自身の食品に対する願望の投影にすぎない。たとえ人間がどうであろうと、ニワトリは決して僕らが望むような徹底した個人主義などにはならない。

では、大量生産と順応主義への懸念のどのくらいまでが、消費者に対するこれらと同種の願望の投影なのだろうか。従来の大衆社会批判では、消費者は途方もなく不均質な欲求を持つもので、広告で騙しでもしなければ同一の量産品は売りさばけないと考えられている。体制は「大量生産」を容易にするために「大衆意識」を生み出さなければならない、と。しかしもっと明白な説明がある。量産品は注文品より安価であり、消費者は価格に敏感だ。人々は自分のニーズにぴたり合っているが高価な品と、ニーズに完全には合っていないが安価な品のどちらかを選ぶのなら、きっと安価なほうにするだろう。すべてはどのくらい価格を気にするか次第だ（だから金持ちより貧しい人のほうが、量産品を消費する傾向が強いことが予想される）。にもかかわらず、市場は少数者を締め出すことでこの傾向を悪化させていると主張する向きもあった。例として、経済学者ティボール・シトフスキーは次のようにこの議論を述べている。

規模の経済は大規模生産を安くするのみならず、賃金を上げることで小規模生産のコストを増大させて収益性を減じてもいる。これが次には、利益を生むのに必要な最低生産量を上昇させ、そうして提供される商品の種類がますます狭まり、生産販売される商品の性質やデザインにおける少数者のニーズや嗜好がいよいよ無視されることにつながる。少数の選好が無視されるのがよくないのは、それがリベラルでなく、同調性を助長し、市場経済の主要な長所をある程度まで損なうからだ。すなわち、異なる人々の異なるニーズや嗜好に同時にそれぞれに応えることができなくなるからだ。[*7]

とはいえ、これではいささか論を急ぎすぎだ。まずは、商品が、個別の顧客ごとに注文生産する小規模供給者に特注されると仮定しよう。そこへ、たとえば三種類だけだが同様の商品をつくる大規模生産者が出現する。この生産者は種類を限定することで、かなり低い費用で製造販売をすることができる。シトフスキーはこの大規模生産者が小規模生産者を廃業に追いやると推論している。

しかし必ずしもそうではない。小規模生産者がつくる商品の多様さを考えると、三種の量産品では少なくとも一部の消費者の好みには必ずしも合わない。つまり、その消費者は量産品にくら替えするとすれば、厚生の損失をこうむることになる。だから替えるとすれば、あまり好みに合わない商品を買う不都合より節約できるお金のほうを優先してのことだ。少数の好みを持つ人たちに、多数の好みの商品より高額の商品を買う用意があるならば、小規模生産者がつぶれることはない。画一化が生じるのは、低コストで好みの商品に充分近い代替品が手に入るのに、自らの選好を満たすことに伴う総費用を支払う、それをする気になれない場合だけだ。これには何ら強制的なことも、リベラルでないところもない。

もちろん、好みがメジャーでない人たちは不公平に扱われていると訴えるかもしれない。たまたま好みが変わっているというだけで、どうして高い金を払わなきゃいけないんだ？しかしながら、この疑問に対しては決定的な答えがある。量産品が注文品より安いのは、生産に要する時間、エネルギー、労働力が少ないからだ。あなたが床屋へ行って散髪する場合に、かかる時間は一五分だけだ。普通の散髪に飽き足らず、ユニークな髪型で個性を表現したければ美容院へ行けばいい。そこではヘアカットに一時間かかる。だから料金も四倍になる。それはもっともなことだ。美容院へ行けば、他者の時間をより長く使うから、余分にお金がかかるのは当然なのである。

実際、ここにあてはめるべき優れた経験則がある。社会があなたに順応を強いていたり、人物ならぬ頭数のように扱っていると感じるときはいつでも、次のように自問することだ。「自分の個性は他人の仕事を増やしているか？」もし答えがイエスならば、より多く支払う用意をするべきだ。この社会のほとんどの制度には則っているシステムがある。ファストフード店で、銀行で、病院で、顧客とやりとりをしてサービスを提供するための標準化されたシステム。こうしたシステムは一般に、定められた価格（または定められた予算財源）で提供できるサービスを最大化することを目的としたものだ。このシステムに従うことを拒む者は、サービスにより多く支払うだけでなく、しばしばほかのみんなの仕事を妨げることにもなる。このような状況では、個人主義はとかく自己愛がかった、他者のニーズの無視へと変わりかねない。

この自己愛の最たる例が、カレ・ラースン著『さよなら、消費社会』の巻頭に登場する。ラースンは消費資本主義が根っから反倫理的なものだと悟った、「啓示」のおりた瞬間を描いている。近所のスーパーに食品を買いに行って、ショッピングカートを借りるためにコインを入れようとしたとき、「急に自分が何ともアホに思えてきた。なにしろ買い物をさせていただくには、まず二五セント玉を突っこまなければならない。このスーパーには毎週のように来ているが、どうにも好きになれなかった。地元の農産物をほとんど扱わないし、レジの待ち時間も長い、まさに不毛のチェーンストア！　買い物が終わったら、店の効率アドバイザーが定めた場所に正確にショッピングカートを戻し、ほかのカートに引っかけ直して、赤いボタンを押さなければ、いまいましいコインは返ってこない」*8。ラースンはこのいささかうんざりする消費主義という迷宮譚を勝利のファンファーレでしめくくる。投入口に差した二五セント玉をキーホルダーで叩いて詰まらせたのだ。これは映画『フォーリング・ダウン』で暴走するマイケル・ダグラスとは比べるべくもないが、誰もが自分なりのやり方で権威者に反抗するものだ。店には気の毒なことに、お金を払って修理を呼ばなければならず、その間、ほかの買い物客は貴重な時間の一部を使って駐車場に散らばったカートを取って来なければならない。要するに、個人主義それ自体は何も悪くない一方で、重要なのは、ほかの人たちの時間とエネルギーを犠牲にしてまで守るべき個性などないということだ。なにせラースンはヴァンクーヴァーに住んでいて、この都市には地元産のオーガニック食品やフェアトレードコーヒー、手作りのキッシュを売っていて、レジ待ちなどさせない仕事熱心な大学生アルバイトでいっぱいで、ましてやショッピングカートに二五セント玉など入れなくていい店があふれ返っている。ちょっと嗅ぎまわれば、すぐに見つかるはず。そういう店の問題点は値段があまりに高いことだが、それは二倍の数の店員を雇わなければならない（「さあどうぞ、お客さま、いまカートをお持ちします」）からである。これはしかるべきことだ。もしあなたの個性のために他の人々がまめまめしく仕えるる必要があるなら、法外な料金を払う覚悟をしなければならない。

「マクドナルド化」批判の落とし穴

もしもほかの何より画一化の恐怖をかき立てる営みが一つあるとしたら、それはフランチャイズ制だろう。アメリカ合衆国を旅してまわる人は、どこもかしこも異様なほど同様であることに強く印象づけられずにはいられない。どのショッピングセンターにも、ほかのどこでも見られるいつもの店がひしめいている。そしてどの主要な連絡道路にもよく見る看板がびっしりついていて、お決まりのガソリンスタンド、レストラン、ドーナツ屋へといざなう。「ブランドの風景」はありふれたものになったから、多くの人々が、アメリカの小売市場のフランチャイズおよびチェーンの占有率が三五パーセントしかないと知ると驚く。

フランチャイズに対するよくある反論は、それが地域や文化の独自性を壊してしまうということだ。そしてその反論の矢面に立つ企業といえばマクドナルドをおいてほかにない（実際、場所によっては「マクドナルド化」は現代社会のあらゆる病弊と同義となった。それは『マクドナルド化する社会』『マクドナルド化する高等教育』『マクドナルド化する教会』そしてもちろん『マクドナルド化への抵抗』といった本のおかげだ）。『マクドナルド化する社会』の著者ジョージ・リッツアによれば、フランチャイズ制が解き放った画一化のプロセスは、人間の魂そのものを危機に陥れている。もし世界がこれほどマクドナルド化されていなければ「人々は現在よりずっと思慮に富み、技能に恵まれ、創造的で、円満で釣り合いのとれた存在である可能性を秘めている」。*9

リッツアの思考の経路はきわめて明らかだ。マクドナルド化の発生の歴史的な分析で、重要な出来事を以下の順序（これらは著書のある章の実際の節の表題である）へとまとめている。*10

ホロコースト――大量生産された死
科学的管理法――最良の方法を見つけること
組み立て作業ライン――労働者をロボットに変身させること
レヴィットタウン――住宅建設「ブーム、ブーム、ブーム」
ショッピングセンター――モール化するアメリカ
マクドナルド――「ファストフード工場」の創出

この「アウシュヴィッツからの帰還」式の思考はまたもや、ホロコーストの恐怖が大衆社会批判をどれほど深く特徴づけているかを示している。多くの人にとって世界中にマクドナルドの黄金のアーチが出現しているという事実だけで、ニュルンベルクでのナチ党大会の記憶が呼び起こされる。リッツアの見方では、ビッグマックを買う列に並ぶ客は、総統に敬礼するヒトラー・ユーゲントの一団と同じくらい洗脳の犠牲者なのである。
ただし、リッツアはマクドナルドに集中することで楽をしている面がある。最古のファストフードのチェーン店であるマクドナルドではメニューも商慣行も、多くの意味で時代後れになっている。だからフランチャイズ制に関する議論が、環境問題やブラジルの熱帯雨林の農場化の影響についての討議とか、健康問題や全米にはびこる肥満をめぐる論争へ逸れてしまうこともしばしばだ。これらも興味深い問題であるには違いないが、マクドナルド化批判の中心である画一化というテーマにはあまり関係がない。このテーマに焦点を絞るためには、マクドナルドから重心を移してアメリカ第二のファストフード店を調べることが有益かもしれない。サブウェイもほぼ同様に「ファストフード工場」ではあるが、提供される調理品の質やメニューの多様さ、その商慣行の環境への影響についても不満を訴えるような本当の理由はない。そのうえアメリカの「サブウェイ化」について論じることは、マクドナルド化ほどに不穏には感じられない。

マクドナルド化を強調することで曖昧になる重要なポイントは、もう一つある。文化的なエリートのほとんどはマクドナルドの飲食物が嫌いだと公言している。実際のところ、フランチャイズ制は不釣り合いに下層階級に役立っているから、その商品はおのずから上流の美的感覚には侮辱となる。だが偏見なしに、成功しているフランチャイズやチェーン店に行ってみれば、なぜそれが成功しているかはすぐわかる。たいていの場合は値段のわりに明らかに上質な商品を提供するからだ。ウォルマートは低価格のプレミアム・ブレンドを販売し、在庫管理に優れている。高齢者にはディスカウント価格の処方薬を、行楽客にはRVの無料駐車を提供している。ホーム・デポは本当に知識が豊富な分野別の店員を置いている。その場で面倒がらずに客のために材木をカットしてくれる。それを家に運ぶためのバンをレンタルできる。サブウェイでは多くの場合に、まだ湯気が立っているような焼きたてパンのサンドイッチを売っている。メニューのなかで好きなようにオーダーメイドできる。ティムホートンズでは、カナダで最高のドリップコーヒーが飲める。それに忘れることがままあるが、マクドナルドでさえもパリのビストロの半分で出されるより上質なフレンチフライを売っている。

こうした企業はいまは大量に広告していても、広告で事業を築き上げたのではなかった。特定の市場に大々的に進出できたのは、たいてい以前はサービスが悪い市場だったからだ。独立系書店はもっと前から座り心地のいい椅子を置き、コーヒーを出せていたはず。ただバーンズ&ノーブルやチャプターズからの重圧を感じるまで手がまわらなかっただけだ。ランバーヤードの店員はいやなやつになるのも、女性客を怖がらせるのも、とっくにやめていたはず。ただホーム・デポがすぐ近くに開店するまではその気にならなかっただけだ。ガソリンスタンドはいつでも都合いいときに、客にふっかけるのをやめられたはず。ただマイダスのようなチェーン店にかなりの売上げを取られるまで腰を上げなかっただけだ。

コーヒーショップはいつでも望んだときに、エスプレッソマシンに投資できたはず。ただスターバックスが登場するまでそのチャンスをつかまなかっただけだ。百貨店は最初から「面倒のない」返金方針をとれたはず。ただ巨大チェーンがそれをやりだすまで着手しなかっただけだ。このような例は枚挙にいとまがない。

これら成功したチェーンの非常に多くがアメリカ発である理由の一つは、アメリカ人が小売店での楽しい経験をどうやって生み出すかという問題に、とてつもない時間と知恵を捧げてきたことだ。店に入って声をかけてきた店員が恩着せがましい態度だったことは何度ある？ 修理工を見たら、騙されるんじゃないかと疑ったことは？ 工具店で店員にバカにされるのを心配して質問できなかったことは？ 高級レストランのウエイターから、本日のおすすめ料理を立て板に水で説明されながらも、値段は知らされなかったことは？ これらは顧客を遠ざけてしまうネガティブな経験だ。成功するフランチャイズでは一般に、この種の経験を排除するシステムが備わっている。でなければ、どの支店もチェーン店も苦戦する。

最後に、フランチャイズ（マクドナルドなど）とチェーン（スターバックスなど）には重要な区別がある。これは無視されることが多い。たとえば、反消費主義のPBS（公共放送サービス）シリーズ番組『アフルエンザ』の作者たちは「大規模で本部が地元にないフランチャイズ」と地元の小規模ビジネスとを対比している。「地元の人が経営するコーヒーショップで、そこの通りに住んでいる人の手工芸品を見かけることもある。その店はあなたたちのコーヒーショップなのだ。また地元の独立系書店のほうが、小さな出版社が出しているが大手は出さない、幅広い種類の本を見つけられる可能性はずっと大きい」[*11]。この経験からの主張のうさんくささ（グレート・ハーベスト・ブレッドの特約店の全店で地元の子供たちの図画工作が見られる）はさておいて、ここで導かれるフランチャイズと地元の人が経営するショップとの対比は、混乱に基づくものだ。どの店舗も親会社が所有運営するチェーンと違って、フランチャイズでは親会社が独立事業者にビジネスモデルと商標の使用を認可するだけで、事業者が特約店を運営する。マクドナルド、サブウェイ、KFC（ケンタッキーフライドチキン）などの主要ファストフード企業は、すべてフランチャイズ方式をとっている——つまり、ほとんど地元の事業者が所有し経営しているのだ。

フランチャイズでは事業をより速やかに拡大できる。事業の拡大に親会社の側で実際の投資資本を要さないからだ。また、これだと内部相互補助などの、競合他社から不公平と思われがちな「不正手段」が制限される。スターバックスはすべての店舗を所有しているから、競合相手をつぶすために一つの地区で一年は赤字になることもいとわない——その損失はグローバル戦略の一環として、ほかの店舗の利益でプールすればいい。しかしフランチャイズの経営には独立事業者があたるから、損失は結局その人の持ち出しとなる。この点でフランチャイズは小規模ビジネスに似ており、だから競争相手がたびたび非難するような不正な競争行為に手を染めることはできない。すなわち、フランチャイズ経営では一般にグローバル戦略を実行する手段を欠いている。

明らかに、フランチャイズ店は広告における規模の経済の恩恵を得ている。だが、最も重要な競争優位性はたいがい加盟店が使用する基本のビジネスモデル自体だ。ほとんどの小売業はとても競争が激しい。どこの大都市でも毎年何千という店が開業し、同じだけの店が倒産する。このとてつもない奮闘のなかから一つか二つのビジネスだけが、成功する方式を思いつき、それを「瓶詰めにして」売るのだ。これに関して不吉なことがあるとはとても想像しがたい。ワシントン特別区《DC》にあるマーベラス・マーケットの話を例にとろう。リッツアが『マクドナルド化する社会』の（意図せずして）おもしろい部分で語っている。この会社は一九六〇年代に、「ワンダーブレッド」現象と闘うという具体的な目的を持って設立された。つまるところ人は食であるし、この会社のニューズレターによれば「食品はムードを生み出し、記憶をよみがえらせ、必要と欲求を呼び覚まし、緊張を解放し、創造性を刺激するものです[*12]」。

リッツアは大いに満足げに、この事業がいかに非効率かを述べている。「そこの食品は気まぐれなものであった。客は工業用ロボットではなく人間と対面したのである」。もちろん、マーベラス・マーケットはとても上質なパンを作りもした。だから、たちどころに成功をおさめた。売上げが激増したため、パンの販売を一人あたり二個に制限するようになった。やがて所有者は、パン焼き専用の施設を造り、スーパーやレストランへの供給を開始して、事業を拡大していった。このパンの市場は成長しつづけ、もとの店舗のサービスは我慢がならないほどに低下した。所有者はついに屈服して、もう一つの店舗をオープンした。顧客への公開状で、この新しい展開についてしきりに詫びながらも、新しい設備はまだ「自動化されていません。ここで作っているのと同じように他の工場でも、ゆっくりと、手作りしております」と強調した。*13

この話を、まさしく機能すべきように機能している資本主義システムの例と解釈する向きもあろう。品質の良いパンが悪いパンを駆逐する。その一方でリッツアは、これを現代の教訓話として、マクドナルド化の誘惑がどんなに魅力的になりうるかの劇的な例として、示している。それでも、彼がまったく説明していないことが一つある。結局のところパンの質が良ければ、マーベラス・マーケットの店舗が一つでも二つでも、いや二〇でも、かまわないのではないか？　つまるところリッツアは、シンプルで予測可能でありふれたものより風変わりで予測不能で珍しいものを崇めているだけだ。だが、たしかにそれは個人の好みであって、社会機構に対する正当な不服ではない。カウンターカルチャーの反逆者のご多分にもれず、リッツアにとって理想的な個人とは、いかなるルールを守ることも規範に従うことも拒み、規則性を示すあらゆる行動タイプを嫌悪する「ランダム人間」らしい。あっぱれなことに、リッツアはあくまでも自身の画一化批判に徹して、この論理的帰結に達している。マクドナルド化に抵抗するための異なる戦略のあらましを述べる節で、人間が作業ロボット化することを避けられる方法をいくつか提案している。たとえば、自分で建てた家（または注文して建てさせた家）に住むこと、自分でエンジンオイルを交換すること、電話の自動応答装置に話すのを拒否すること、支払いにはクレジットカードの代わりに現金を使うこと、ドーム球場をボイコットすること、そして何よりバカげたことに、あらゆる日課を避けること。「毎日違ったやり方で、できるだけ多くのことをしようとしなさい」[*14]とリッツアは提言する。

こうした提言がまじめなのかどうかは判断しがたいが、リッツアのすすめているライフスタイルがどういう人間のものかはすぐわかる。それは変わった趣味を持ち、たんまり給料をもらい、自由な時間がたっぷりある、終身在職権を得た大学教授のライフスタイルだ。こうした楽な仕事に恵まれた者はもちろん、リッツアのおすすめを心から保証できる。だが、この社会のほかの人たちが追随してくれると、本当に期待できるだろうか？　いま一度、この個人主義の行動の「ランダム人間」モデルを受け入れる前に問うべき、二つのシンプルな質問がある。その一、「自分の個性はほかの人たちの仕事を増やしているか？」その二、「全員がそんなふうに振る舞ったらどうなるか？」。

グローバル化と多様性

この社会で画一化を進める方向に働いている力は、世界レベルでも見ることができる。貿易のグローバル化が観光や大量移民とあいまって、「画一的多様性」とでも呼ぶべき状態を徐々に生み出している。過去二〇年間の外国貿易の増大は、その大部分が貿易の激化より多様化に伴うものだった。たとえば、フランスは小麦をすべてカナダから輸入して同部門の生産を徐々にやめ、カナダは赤ワインをすべてフランスから輸入して国産市場を段階的に廃止する、といったことにはなっていない。貿易を増大しながらも、カナダは相変わらずほぼ同じ範囲の従来の生産物を充分に保っている。貿易は元来、その国で伝統的に生産されていなかった財を入手する手段として用いられる。だからフランスはカナダのメープルシロップを輸入し、カナダは現在プロヴァンス陶器を輸入している。

その結果として、どの国でも国内市場が大いに多様化した。かつてある種の陶器はフランスのある村でしか買えなかったのが、いまではたいていの大都市で入手できる（そして所有者に与えられる差異が損なわれている）。僕が子供のころには、食料品店で青ネギやピタパンは（ましてや輸入チーズなど）買えなかった。一九七〇年以降、北米のスーパーマーケットの平均の販売品目数は八〇〇〇から三万に増えた。台湾に住む（だから当然、みんなに手料理を振る舞うと言い張る）義母が、こちらに遊びに来るときにも、自分の習慣をカナダに合わせる必要はない。台北で買うようなものは何でもトロントでも買えるからだ。経済のいくつかの部門で企業数が減ってきたのは事実かもしれないが、提供される商品の種類が増えていない部門はなかなか思いつかない。

だが、このプロセスが進行しているせいで、世界のどこもかしこも似てきていることに、旅をする人なら誰でも気がつくに違いない。遠い異国の街を歩いていて、同じグアテマラの手工芸品の露店が出ているのを（すぐそばで、どうやら同じグアテマラの楽団が大道芸をしているのを）見つけたら、わびしくなるはずだ。北京で観光をしていてマクドナルドの看板を見たいと本気で思う人は（ささっとトイレを拝借するには絶好の店だが）いない。しかし中国人がビッグマックを食べたいなら、僕らが止める筋合いではない。中国文化の純正で完全な姿を保持することに中国人がもう少し熱意を示してくれたら素晴らしいが、僕らがとやかく言う筋合いではない。なにせ僕らは自分の国に（麺、スシ、タピオカティーなどのアジア式ファストフードはもちろんのこと）中国料理の店を持つのが大好きなのだから。ＩＫＥＡやＺＡ

RA、ザ・ボディショップ、ベネトン、H&Mといった海外チェーンストアで買い物をするのも好きだ。僕らの国は、あらゆる文化の影響力やスタイルの一つの巨大なごた混ぜになりつつあり、ほとんど誰もがその方向性を気に入っている。しかしそれは、他国が同じ道をたどるのを不当にも非難することが許されないということだ。

むろん、このプロセスにはアメリカが不相応に大きな影響力を発揮していると、ここで進行中なのは文化のグローバル化というよりアメリカ化だと感じている人は多い。皮肉なことに、このような理解はアメリカ人にとっては自国びいきにすぎない。まず第一に、アメリカ人は、そうではない具体的な証拠を示されないかぎり何でもアメリカのものと考える傾向がある。特に、カナダの影響とアメリカの影響の区別はまったく無視される。当然ながら、カナダ人の多くがアメリカ中西部と似たアクセントの英語を話すので、こうした間違いは起こりやすい。しかし、ほかの場合にはこんな言い訳は通用しない。以前『ニューヨーク・タイムズ』紙で、あるビデオゲームについて「ステレオタイプなアジア人」が登場するという理由で自民族中心主義だと批判する記事を読んだ。評者はそれがアメリカ製だと頭から信じこんでいた。アメリカ市場で売られるほぼすべての家庭用ゲームがそうであるように、このゲームが日本のプレーヤー向けに開発された日本製品だとは思いもしなかったのだ。評者がステレオタイプとみなしたものは、実は純粋なアジア文化の一例だった。ただ外国文化を識別するのに必要な知識が評者になかっただけだ。

第二の問題は、たいていのアメリカ人は海外におけるアメリカの影響を見つけられるが、国内の日常生活がどれほど外国文化に感化されているかの認識が足りないことだ。だから、批評家は外国の文化、特にアジア文化が北米の映画、テレビ、ファッションを牽引してきた度合いを無視する。ハリウッドのほとんど全部のアクション映画はいまや香港スタイルで撮影されている。テレビはこれまた輸入文化である「リアリティ」番組に席巻されている。北米のレイヴ会場の装飾は日本式の模倣だし、日本のコミックとゲームは若者に絶大な影響力を持つ。そしてインターネットがこうした影響力を大幅に拡張してきている。北米全土のクラブでチェックのスカートの「女学生」スタイルが流行しているのは、日本のポルノグラフィーの影響だ。例を挙げていけば切りがない。世界という舞台でアメリカが、特にヒップホップを通じてなおも強大な文化勢力である一方、どの国がグローバル文化の進展の最大勢力になるかを決めるとなると、まだ結論は出ていない。

文化の集中化を是とするかはさておき、どうしたらそれを止められるかを考えつくのは困難だ。伝統文化の多様性を維持するためには、そうした文化のもとで自ら進んで生き、外部の影響にさらされる状況を制限する人たちがいなくてはならない。そうすることには多大な犠牲を伴う。たとえばブータンは、世界から孤立してまで旅客に一日二〇〇ドルの滞在費〔二〇二一年四月現在は繁忙期二九〇ドル、閑散期二四〇ドル〕を課し、西洋圏旅行者の流入を制限してきた。それでも外貨収入がなければ、農業、製造業、医療技術を利用できなくなる。その結果として、貧困、栄養不良、平均寿命の低さに悩まされている。ブータン人は全般に、一つには信心深さが行き渡っているおかげで、進んでこのトレードオフを受け入れているようだ。ただ、誰もが同じように感じるとは期待できない。

問題はふたたび、もし多様性を保ちたいのであれば、誰が貧乏くじを引かされるのかということだ。これは言語の事例に明らかだ。現在世界で約六〇〇〇の言語が使用されているが、ほぼ一年に三〇ずつの割合で消滅している（この統計はやや誤解を招きやすい。というのも、これらのうち一五〇〇以上は、パプアニューギニアでごく少数の人しか話さない言語だ）。多くの人はこうした言語をあたかも絶滅危惧種のように、いかなる犠牲を払ってでも保存しなくてはならないように扱う。しかし言語の多様性を保つためには、地理的に集中した地域に数多くの単一言語話者がいることが必要になる。これはなかなか得がたいことだ。それというのも言語の価値は、それを使用して意思疎通ができる他の話者の数でおおかた決まるのだから。つまり言葉を話すことは、その言語の他のすべての話者にとってネットワーク外部性を生み出す（ファクス機を買うことが他のすべてのファクス機所有者に正の外部性を生み出すのと同じように）。英語などのいくつかの言語は「ティッピング・ポイント」に、つまりとても多くの人が話すので言語習得に伴うコストを負担する価値は当然あるという状況に変化する瞬間に達している。これらはハイパー言語となる。他の言語はこの水準に達していないから、使用を維持するには特別なモチベーションが必要になる。

だからクリスタン〔マラッカ発祥のポルトガル語系の言語〕やイティク〔西パプアで使われていた言語〕やレハルラップ〔ヴァヌアツにある一〇〇以上の言語の一つ〕が消滅しかかっているのを嘆きつつも、これらの言語を保存するには単一言語（もしくは母語）話者のコミュニティが必要になることを認識しなければならない。第二言語として誰もが話すというだけでは充分ではない。その場合にはなし崩し的にハイパー言語を使うようになる傾向が支配的だからだ。とはいえ、この種の少数言語を話すためにハイパー言語の運用力がつかなければ、人生のチャンスを大いに狭めることになるだろう。当人の意志でそうしてくれるなら問題はないのだが、といって、進んでしない人をあまり責めるわけにもいくまい。

反グローバル化運動の誤謬

これまで見てきたとおり、画一化の傾向は――もっと具体的には「画一的多様性」への動きは――複雑に絡み合った力の産物なのである。それは消費者の選好の反映であったり、規模の経済によるものだったり、市場の歪みで起こることだったり、時を超えた普遍的な人間の性向から生じることだったりする。多くの場合、僕らがそれについて何ができるか明らかではない。もっと多くの場合、何をすべきかも明らかではない。だが何より重要なポイントは、この作用を生み出しているただ一つの「システム」など存在しないことだ。これはもっぱら、さまざまな、ときに矛盾する力の絡み合いである。

一方、カウンターカルチャー的批判は、こうしたさまざまな発展では必ずその中心で物事を画一化する唯一の力が働いているとの示唆を助長してきた。この見方によれば、抑圧と順応のシステムが市場経済を機能させる前提条件となる。機械と組み立てラインの規律を保つために、文化的画一性が課されなければならない。市場が国内規模に限られているときには、各国の文化のなかで個性が蝕まれる結果となった。グローバル化で市場が国際化してきた現在では、システムは国ごとの文化の差異をなくしていきつつある。

この分析は多くの左派の活動家に、グローバル化が文化に与える影響を懸念するあまり、先進国と発展途上国との貿易に反対するという悲惨な政治的誤りを犯させた。このような作用を生み出しているのが市場なのだとしたら、その作用を抑えるための最善の方法は、市場の範囲を狭めることだ、と彼らは考える。そうして反グローバル化の運動家たちは、首脳会談とともにＷＴＯ（世界貿易機関）のすべての主要会合に抗議するようになった。そうすることで、まさに自らが守っていると主張する第三世界の利益の代表者たちと直接対立するはめに陥った。途上国世界ではグローバル経済への統合をいかに達成すべきかの議論がある一方、この究極の目的が望ましいということは、ほとんど誰も疑ってはいない。（インドのマハトマ・ガンジーやジャワハルラール・ネルーが推進したたぐいの）経済的自給自足は誰も信じてはいない。ただ一つの本当の問題は、経済発展の刺激策として先に貿易の自由化と外国投資を実行するか、自由化に先駆けて一定レベルの内発的な発展を達成するか、そのどちらにすべきかということだ。

途上国の代表の多くは、貿易に異議を申し立てる反グローバル化の活動家という光景に困惑させられている。環境政策、労働基準、通貨投機、IMF（国際通貨基金）の構造調整プログラム、不公平な貿易条件について表明された懸念には全面的に同意しているが、これらが貿易そのものを制限することで（あるいはWTOに、まさにこれらの問題に取り組むべく加盟国で民主的に選ばれた代表が集まる討論の場に、反対することで）改善されるなどとは、どうしても思えない。またもや問題の所在は、カウンターカルチャー的批判による、物事を全体主義化する性格だ。反グローバル化の活動家は、アメリカやヨーロッパの農業助成のように、第三世界にとって真に有害な具体的な貿易政策に反対するのでなく、貿易全般に反対の立場をとって、たとえば「単一栽培《モノカルチャー》」を助長するという理由で農産物の貿易を非難している。そうしてWTOドーハ・ラウンド期間中におかしなことになった。「内部」の途上国が農業助成の問題についてヨーロッパとアメリカに強い要求をしようとしていたのに、貿易全体に反対する「外部」の抗議者たちのせいで結果的に会合が混乱に陥れられたのだ。

カウンターカルチャー的批判の全体主義化の傾向が最も顕著に見られるのは、マイケル・ハートとアントニオ・ネグリの学術書としては飛びぬけたベストセラー『〈帝国〉』においてだ。ハートとネグリはもっぱらグラムシ流の文化へゲモニー論に依拠し、これを世界規模に応用している。一国のプロレタリアートを征服した「システム」はいまやグローバル化を果たし、〈帝国〉となった。このような帝国の証拠など何もないことは誰も気にしない。彼らの見方では、文化間の画一化が進んでいるという事実こそが、抑圧と支配のシステムが根底にあることを示している。インターナショナルなレベルで存在する無秩序、混乱、あからさまな無法は「システム」のいっそうの非道を示す徴候にほかならない。「あらゆる紛争、あらゆる危機、あらゆる意見の衝突が、統合のプロセスを効果的に押し進めるのと同時に、中心的な権威のさらなる強化を求めている。あらゆるものが向かおうとしている価値は、平和、均衡、紛争の停止である。グローバルなシステムの進展（ここではまず初めに、〈帝国〉の法権利の進展に焦点を合わせているのだが）は、ある機械の発達に相当するものであるようだ。すなわち、それは、システム的均衡へと通じる契約化の手続きを不断に課す機械——換言すれば、権威にすがろうとする欲求を創出しつづける機械——のことである。このような機械は、社会空間全域にわたって、権威の行使と活動をあらかじめ決定するようにも見える」。[*15]

かくして「機械」は、いっそう抑圧的になった順応主義を受け入れさせるために幻想の無秩序を創り出す。ハートとネグリの見方では、これに対し唯一可能となる解決法は、「マルチチュード」の無秩序な抵抗である。彼らは「新しいノマド的集団」もしくは「新しい野蛮人」として自らを構成するため、〈帝国〉に課される従属の形態に抵抗しなければならない。著者たちはこの反対運動がどういう形をとるかは特に気にしていない。どんな暴力的なものでも要件を満たしているようだ（著者らはロサンゼルス暴動を以下のように描いている。「商品の略奪や財産の焼き打ちは、単なる比喩ではなく、ポストフォーディズム的な社会的媒介の可動性と流動性というグローバルな現状を表わすものであったのだ」。[*16] この一節はきわめて示唆的である。暴動を単なる比喩と思いたがる人などいるだろうか）。

ハートとネグリはなぜこの〈帝国〉がそんなに悪いものなのか、いかなる説明もしてはいない。ただ秩序を抑圧と、無秩序を自由と同一視しているだけだ。だが、一国のレベルで、個人の自由を確保するために法の支配が不可欠であることは誰もが認めている。これを国際レベルにも延長しないではいられない。「平和、均衡、紛争の停止」のどこがいけないというのか。いったいどうして「新しい野蛮」のもとで生きたいなどと思うだろうか。

第9章　ありがとう、インド

自己発見としてのエキゾチシズム

一九九五年、ティーンのころはダンスクイーンだったアラニス・モリセットは『ジャグド・リトル・ピル』というアルバムを発表した。心底からの告白めいた歌詞をパンク調ロックの力強いコードにのせたこのアルバムは、彼女にとっての『ネヴァーマインド』だった。モリセットはたちまち、疎《うと》んじられ不満をかかえた何百万もの若い女性にとっての歯に衣着せない怒れる偶像となった。カート・コバーンに劣らず疎外感を抱いてはいたが、彼女は人気者になった重圧と混乱にまだしもよく対処できた。間断なくツアーをこなした数年ののち、再充電するために時間をとった。トライアスロンに挑戦し、写真に取り組み、キューバやインドに旅行した。インドへの旅は、とりわけ人生を変える経験となって彼女に新たな自信と精神性をもたらし、次のアルバム『サポーズド・フォーマー・インファチュエーション・ジャンキー』に結実した。

このアルバムからのヒットシングル「サンキュー」には、驚くべき洞察の瞬間が含まれる。モリセットはサビで、個人の精神的発展の探求を助けてくれたあらゆるものに感謝を捧げる。そのなかでこう歌うのだ――「ありがとう、インド」。多くの聴衆はこの言葉に内在する自己陶酔の深さに、おおっと息をのんだ。彼女はインド亜大陸でわきあがった一〇億の声が、一つの叫びとなるのを想像したのだろうか。「どういたしまして、アラニス。いつでも必要なときに私たちはここにいますよ」と。

しかし、これはモリセットに限ったことではない。西洋人は何十年も前から、第三世界諸国を個人の自己発見の旅の背景に使ってきた。このようにさせる誘惑の声がカウンターカルチャーの思想から流れてくるのは、しごく当然のことだ。自前の文化が完全な操作と支配のシステムであるならば、おそらく幻想から脱するための最善の方法は、他文化に浸ることである。それもなるべく自文化とがらりと違うもののほうがよい。

こんなふうに、カウンターカルチャー的批判はかねてよりエキゾチシズム（異国趣味）に魅せられ、自らと対極にあるものを無批判に、ロマンチックに受け止めている。インドや中米といった土地への旅行を通して、中国やアメリカ先住民の宗教上の信条や儀式を受け入れることで、または方言で話すとかバティックを着るとかヨガをするなど他文化の言語、衣服、習慣にあやかることで、エキゾチシズムに浸ることができる。どの場合でも目的は同じである。現代テクノクラシーの束縛から解放され、誰もがもっと真正な人生を送れるようになる意識の革命を達成することだ。

カウンターカルチャーの思想の最大の弱点は決まって、自由な社会の一貫したビジョンを、ましてや自分たちの住む社会を変革するための実践的な政策を生み出せないことだった。しかるに、エキゾチシズムへの傾倒は、地平線のすぐ向こうの他文化はまったく違う考え方と行動様式を、現代文明の鉄の檻から逃がしてくれるものを持っていると訴えることで、この問題を否定する風潮をはびこらせた。カウンターカルチャーの反逆者たちは何十年も費やして――中国の文化大革命の狂気から、幻覚サボテンのペヨーテを探してのモハーヴェ砂漠の旅まで――この魔法の「自由への脱出カード」を探し求めてきた。しかし、たいていこのような出会いから生じたものは、断じて本物ではない。カウンターカルチャーの反逆者たちは、他文化に自身の欲求を投影し、熱望することで、実のところはエキゾチシズムを自らのイデオロギーの反映として構築したのだった。

エキゾチシズムの系譜

エキゾチシズムの誘惑は決して新しい現象ではない。たゆみない他者の探求による自己発見は、西洋文明でくり返されるテーマであり、アメリカの大西部、暗黒大陸アフリカ、極東といった、ロマンチックな概念に表われている。それは、文明の発達によって僕らは本当の自分の、本物の人生の感触を失ったという広く行き渡った信念から生じたものだ。しかし、それが文明のせいであるならば、「現実」はまだどこか別のところに——未開の文明に、深遠な宗教に、古代の歴史にすら——見いだせるというのももっともなことだ。主な変種として「高貴な野蛮人」という概念がある。たとえばジャン＝ジャック・ルソーの政治論集や、ギュスターヴ・フローベールのエジプト旅行記、ポール・ゴーギャンがタヒチで描いた絵。ルソーにとって未開人は、自足できる程度までに幸福で、近代社会を特徴づける不平等に影響されていない人間本来の食欲や性欲を満たすことができる存在だった。ヨーロッパの大国では人間は真の自己から疎外されてしまった、とルソーは考えた。そうしてブルジョワ生活の根底にある無情さを覆い隠すためのマナーを尊重する偽善をはじめとして、まがいものの欲求や偽の義務にこだわるようになったのだ、と。

これは大衆社会批判とよく似ているようだが、高貴な野蛮人の究極の目標はエキゾチシズムの探求ではなく、ヨーロッパ自体の失われた過去へのノスタルジーである。ルソーは、ジュネーヴにはさらなる腐敗から守られた本物の共同体の純粋さと良識が保たれていると さえ感じていた。同じようにゴーギャンとフローベールからも、ヨーロッパが失ったものを取り戻そうとの意欲がうかがえる。フローベールがエジプトに関して気に入ったのは、フランスのブルジョワ階級の上品ぶり、知ったかぶり、うぬぼれ、差別とは好対照の、日常生活のがさつな不作法さであった。自分の社会はもはや支えていない価値観への支えをエジプトに見いだしたのだ。だがフローベールを苦しめたのはフランスのエリートであって、彼は明らかに大衆の習慣や価値観を批判してはいなかった。ルソーと同様、フローベールが逃れたかったのは、ヨーロッパの生活の堅苦しく偽善的な規律正しさだった。

　これとは対照的に、カウンターカルチャーの見方は、西洋の文化と思考様式をすっかり取り替えることを要求する。生じるエキゾチシズムはもはや原初的起源への回帰ではなく、むしろ純粋な他者性への、自身とは異なるものへの欲求である。カウンターカルチャーの反逆者の多くは、ファンタジーやSF文芸作品を通してこのあこがれに浸った（そうして、これらの過去には傍流のジャンルだった作品をベストセラーリストへ押し上げていった）。ロバート・E・ハワードの『英雄コナン《コナン・ザ・バーバリアン》』シリーズ（「野蛮《バーバリスム》は人類の自然状態。文明は不自然」）のハイパーボリアからJ・R・R・トールキンの『指輪物語』の中つ国まで、カウンターカルチャーの反逆者は、この世界とまったく違う世界にあこがれた。おおむねそれは「魅惑の」世界、通常の物理法則も社会の法律もあてはまらない世界だ。求められたのは（トールキンが記したように）「人間の支配」が始まるより前に存在した世界だった。

　そういう世界を夢想するだけで満足する人もいれば、探求に赴く人もいた。文字どおりに「失われた大陸」アトランティスを探しに行ったり、LSDやマジックマッシュルームやペヨーテを介して存在の別次元に行き来できると信じて、ドラッグを試したり。もっと多かったのが、非西洋文化に、つまり呪術的な風習がなおも盛んで、西洋のテクノクラシーの抑圧的な構造がまだ支配的でない文化に、オルタナティブな世界を見いだしたいと考えた人たちだ。ヘルマン・ヘッセの『シッダールタ』からカルロス・カスタネダの『ドン・ファンの教え』まで、カウンターカルチャーの反逆者は、西洋文明から抜け出す（そして日常生活のありきたりで気がめいる制約を排除した世界へ入りこむ）道を切実に求めていた。『チベットの死者の書』と『易経』はこの新しい運動の二大必読書になった。

　その結果、カウンターカルチャー流のあこがれと夢想は非西洋世界に大いに投影された。僕らは中つ国を見つけることも「星間宇宙」に旧支配者を訪ねることもできないだろうが、インドを巡礼したりネパールに旅したり、なるべくここから遠くにエキゾチックな地を発見することはできる。そしてたとえ世界へは出ていけなくても、いつでも自己の深層へと、内なる旅へ赴くことはできる。いずれにせよ、現実逃避はカウンターカルチャーの最大の関心事になった。

ボランタリー・シンプリシティ

非西洋文化のロマン化は一九六〇年代にその最盛期に達したかもしれないが、大衆文化批判に大きな影響をとどめている。「ボランタリー・シンプリシティ（自発的簡素）」という一九八一年に刊行されたデュエイン・エルジンの著作タイトルを名前にした、基本に立ち返る運動について考えよう。この運動の最新版は、現代生活に特徴的な、稼ぐ・使う・借金するのサイクルから抜け出すための周到な試みだ。ただし、この「ダウンシフティング」がかなり具体的に消費主義をターゲットとしているのに対して、エルジンが略述する運動はもっと西洋社会を根底から否定している。

ボランタリー・シンプリシティ（VS）は、新たな大衆の意識の発達を通じて支配体制を変革しようとした試みに失敗したと、ヒッピーたちが認めたあとで、六〇年代の枯渇したユートピア的エネルギーから生じた。この「草分け的文化」を担う人々にとって「テーマは社会変革から、新しい意識の実践的かつ有益な発現としての新しい生き方を探ることへと移行していった。大衆運動に代わり、社会の草の根レベルにおける新しい生き方の探索が始まったのだ」[*1]。ここで生じた政治課題は「グローバルに考え、ローカルに行動せよ」というスローガンに捉えられてはいるが、エルジンの著書に明らかなように、政治は精神的発達の二の次とされた。大規模な制度変更は起こらないと悟ったカウンターカルチャーの反逆者たちは内向きに転じ、同世代の活動家はこぞって「知性の疎外と失望を乗り越え、われわれが団結する場所に直面」しようとしたのである。

VS運動は明らかにソローが森の小屋で命じた「生活を簡素に」と同じ響きを持つが、断じて貧困や原始主義に関するものではない。なにしろ貧困が抑圧的で無力さと絶望を生み出すのに対して、VSがめざすのは権利向上と自立の支援なのだから。簡素化の要諦は、現代のあらゆる利便性を控えることではなく、進歩に背を向けることでもない。VSの目的は、このような生活を快適にするものを利用して、もっと直接的で媒介を持たない生活を達成すること、人生に秩序と明晰さをもたらすことだ（これはこの運動に特有の派生物の一つ、雑誌『リアルシンプル』に顕著だ）。それは世界からの隠遁ということではない。自らの地域社会と、さらにその先の世界ともっとかかわり合う時間とエネルギーを見つけることである。

エルジンは「工業的世界観」と「自発的簡素の世界観」とを対比した、有益な表を公開してもいる。前者の立場では、物質的な進歩を人生の最優先目標として、人のアイデンティティは物質的財産と社会的地位によって定まると考える。自律性と機動性に大きな力点が置かれ、機構を動かしつづけるために専門家と官僚制度への依存度が高い。これに対し

VSの世界観では、物質的欲求と精神的欲求とのバランスと調和を人生の中心目的として、保護と倹約に重点が置かれ、自立し自治を行なうコミュニティの仲介を受ける。何より、自発的簡素へのカギは「内的成長」を、つまり一つの世界観から他へと移れるようにする精神的発達の過程を促すことにある。

この意図的な簡素というプランの概要には、もともと「エキゾチシズム」などない。つまるところ、善良な生活は物質的欲求と精神的欲求の適切なバランスに存するという考えは、アリストテレス以来の西洋の哲学的・精神的伝統の一部であり、いまだにキリスト教徒であることの意味の明白かつ不可欠な一部である。新千年紀に信徒へ向けた声明で、ローマ教皇ヨハネ・パウロ二世は大量消費主義を痛烈に非難し、ローマ・カトリック教会の反物質主義の価値観を守るよう教徒に呼びかけた。

となると、VS運動のほとんどの支持者が、いわゆる西洋宗教（ユダヤ教、カトリック、プロテスタント）を内的成長への正当な道として認めないのは奇妙なことだ。エルジンはVSのコミュニティについて調査を行ない、実践している「内的成長」プロセスを尋ねた結果を引いている。回答者の二〇パーセントしか伝統的な西洋宗教を挙げなかった一方で、五五パーセントが禅や超越瞑想（TM）などの瞑想テクニックだと述べた。[*2] この調査では成長プロセスを複数回答できたから、実際はメジャーな宗教にとってはもっと悪い結果である。瞑想に加えて、四六パーセントの回答者がバイオフィードバックや観想などを、二六パーセントがゲシュタルト療法、一〇パーセントが精神分析を挙げたのだ。この伝統的宗教に対する信頼のなさは、現代の精神世界における二つの特徴から生じている。メジャーな宗教団体の構造と、想定される精神的欲求の特殊性である。

伝統的な教会はとにもかくにも階層組織で官僚主義の大衆社会機構であり、VS運動はカウンターカルチャーの型どおりに官僚制を非難している。『ボランタリー・シンプリシティ』には巨大官僚機構の問題十数個（複雑化、硬直性、疎外の高まりなど、お決まりのリスト）を列挙した補遺もあるうえに、肥大化した機構と社会の解体という致命的な組み合わせのせいで、複雑化する一方の社会の統制がとうとう失われるときに不可避となる、文明の没落をたどったグラフも付されている。

端的にいうと、カウンターカルチャーの構成員が経験した「精神的欲求」は、伝統的な教会が与えようと意図したものと同じではない。西洋宗教の伝統的機能は、道徳を教え、結婚と家族を認可し、信仰、儀式、制度の共有によって社会の安定を支えることである。肝心要なはずの信仰の中身は、実のところ、こうした世俗的な機能の二の次とされ、純粋に精神的な危機（死と罪、天国と地獄）には、教会の職階制によって広められた教義に訴えることで対処される。これに対し、現代人のニーズは伝統的な意味で本当に精神的なものではない。それはむしろ治療的なものだ。なぜなら求められているのは、制度が引き起こす抑圧と社会的条件づけからの解放なのだから。したがって聖職者は特に現代世界の精神的要求には不適当である。聖職者が個人と組織の対立を解決できないのは、彼らこそ問題の原因と考えられる組織を代表しているからだ。たとえ教会が道徳を教えるとしても、道徳とは抑圧的な規則と規定にほかならず、よって教会にできることは何もない。教会の救済とは、その裏にさらなる抑圧的な社会化が待つばかりの、偽の救済でしかない。

ならばVS運動にかかわる人たちが伝統的な教会に背を向けるのも無理はない。だが、興味深いのは、そのなかでユング派やフロイト派の精神療法に慰めを求めた人がいる傍ら、はるかに多くの人が仏教や道教《タオイズム》といった東洋宗教に頼ってきたことだ。精神療法と東洋の神秘主義にはおもしろい類似点がある。どちらも解放への道筋だと、僕らの意識を変えて、決まった形の条件づけから解放されるための要点だと解釈できる。どちらもある意味で文化批判であり、特に道教には個人主義的なところがあって、カウンターカルチャーの「自分の好きにやる」という信条にアピールする。しかし東洋の神秘主義にはあって精神療法にはないものもある。エキゾチシズムによって与えられる信頼性である。

カウンターカルチャーの最も揺るぎない信念の一つに、アジア人は西洋人より精神性が高く、解放への最善の道はある種の東洋と西洋の思考法の統合に存するということがある。二つの文化の橋渡しを試みる文献はたくさん書かれているが、ここではアラン・ワッツが中心人物だ。『心理療法 東と西』『This Is It』『喜びの宇宙論』などの著作により、東洋宗教をカウンターカルチャーのために普及させ、解釈することに多大な役割を果たした。とはいえ、ワッツだけではなかった。仏教とヒンドゥー教の思想と術語は、ビートニクの著作、なかでもアレン・ギンズバーグとジャック・ケルアックの作品になくてはならないものとなった。

実際、いまではすっかりおなじみの東洋／西洋の対比によって二つの世界観を比較することができる。

西洋的世界観	**東洋的世界観**
物質主義	精神主義
心身二元論	心身全体論
機械的宇宙	有機的宇宙
合理性	意識

技術の進歩　　　精神の成長
原子論的な個人　コミュニタリアニズム（共同体主義）

この対立する世界観の実際の結果として、西洋では世界を、操作し利用できる無生物の機械のような部分とみなすようになったのに対し、東洋では世界を理解し評価すべき全体と見ている。西洋は個人を原子単位として、当然、社会から切り離されるか、社会と対立している存在と考えるのに対し、東洋は個人を、全体と対立しえない性質を持つ社会的存在と捉えている（この特徴づけをノーマン・メイラーがまとめた「ヒップ」対「スクエア」のリストと比較するといい。東洋はヒップ、西洋は断然スクエアだ）。

これらの東洋と西洋の対照的な解釈は、僕らの文化にしっかり埋めこまれた。しかし、こう問うてみるだけの価値はある。これらの解釈はそれぞれの伝統をきちんと表わしているだろうか？

香港体験記

看板に「マストバイ（必買）」と出ていた。派手な黄色の地に大きな赤い文字の英語と中国語が、旺角《モンコック》地区の店に掲げられていた。それがすべてを語っている。だって、香港の観光では小売店、ショッピングセンター、そしてマーケットが最大の魅力なのは間違いないのだから。香港「特別行政区」を訪れる平均的な行楽客の費やすお金の半分は買い物に向けられる。この元英国領での僕の夏休みも例外ではなかった。買わずにいられなかった。

一九九七年の香港の中国返還の準備段階では、政治、経済、文化の問題をめぐる不安は多々あったものの、他の何よりも心配されたのは、香港を世界のビジネス、金融、貿易の中心たらしめてきた超資本主義の経済政策を北京がじゃましないかということだった。心配は無用だった。一九八四年に成立した「一国二制度」のもと、香港は返還後に五〇年以上は資本主義体制を維持することが保証され、経済は驀進しつづける。労働集約的な製造業のほとんどが国境を渡って中国南部へ流れこんだとき、香港経済はサービスと付加価値品へ移行していった。衣料品、腕時計、玩具の世界最大の輸出元として、香港はグローバルな消費主義という遊覧船の機関室であり、生産ラインから弾かれた不合格品とコピー商品の巨大地元市場という形で蒸気を噴き出している。

僕は香港島の南岸、迷路のように屋台や店舗がつらなる赤柱市場《スタンレーマーケット》で夏の一日を（何度も何度も）過ごした。赤柱に行ったときには安くて軽いズボンを一本、ささっと買ったら、あとは一日ハイキングでもしようと本気で思っていたが、それはとんだ誤った考えだった。市場に入って三時間後、僕はリュックをぱんぱんに膨らませ、買い物酔いでガンガンする頭をかかえながら市場から出てきた。

もっと高級品志向の銅鑼湾《コーズウェイベイ》や、もっとグランジっぽくて旅行客向けではない九龍《クーロン》と同様、赤柱市場の豊富すぎるほどの品ぞろえには圧倒されかねない。想像できるありとあらゆる商品が、ものすごく割引され、交渉可能な価格で売られている。こうした限りなく豊富な市場の固有の論理では、しばらく見てまわって、将来の必要と欲求、誕生日、休暇、為替レートを頭のなかで計算したあとでは、買わない口実を思いつくのはほぼ不可能になる。屋台の多くでは試着させてもらえず、サイズ合わせはやや危険な賭けであることが多いが、カーゴパンツ二着が一五ドルで買えるなら、どうってことはない。どの店でもレシートは渡されなくて、僕が買ったスイスアーミーの腕時計のコピー品が壊れても返品できないが、たいしたことじゃない、捨ててしまえばいい。そうして、僕は特大ビッグマックコンボの代金と同じ額を支払う。

これは元大英帝国領という香港の地位の所産だと、つい考えたくなる。とどのつまり、前掲の西洋的世界観のさまざまな要素をどうにかして精製することが可能ならば、そこから抽出されるものを「消費主義」と呼ぶことができるだろう。これこそ僕らの浅薄で、物質主義で、疎外された存在のありようを完璧に捉えたものとみなされがちな価値観である。香港が物質主義のメッカだとすれば、それは一五〇年にわたる西洋の影響と搾取の結果に違いないと、多くの人が結論づけている。

だが、この種の消費主義は香港に持ちこまれた、きわめて西洋的な現象だという指摘がバカげていることは、アジアの諸地域でちょっとでも過ごした経験のある人なら証明できるだろう。消費文化はロサンゼルス、ロンドン、トロントなどよりもシンガポール、台北、上海、東京ではるかに目立っており、アジアの消費主義が完全に地元のものであることに疑問の余地はない。アジアのたいていの社会では、物的な財の価値を高く評価する根強い伝統があるのみならず、それを消費することが特別な社会的地位を付与するよう文化的にコード化された、威信を高める財《プレスティージ・グッズ》を特定してもいる。ほとんどの西洋人はただその文化の知識が足りないせいで、そうしたコードを見分けることができず、アジアにおける消費がいかに競争的かを理解できないだけなのだ。

たとえば、西洋人にはほとんど思いも寄らないことだが、伝統的な中国文化では金魚が衒示的消費財である。玄関ホールに大きな水槽をしつらえたり裏庭に凝った池を造るのは、ロールスロイスのファントムで職場に乗りつけるのと同じくらい、これ見よがしなことだ。いまや中国の金魚の品種に奇っ怪な形態のものが見られるのは、消費者たちが互いにもっと珍しい突然変異種をこしらえようと、しのぎを削りあった結果である。キャリコ柄のスイホウガン（水泡眼）や黒いシシガシラ（獅子頭）はこうした底辺への競争の不幸な産物だ。

レストランこそ、中国文化における本当の活動が始まる場所である。誰も値段のことは話題にすらしない。その種の「物質的な」ことを気にかけるのは、下層民だけだからだ。西洋人の客はしばしば食事にライスを添えるよう注文して中国人の接待役をまごつかせる。北米ではありふれた慣習だが、アジア人の大金持ちには耐えがたいことだ。豆腐のような農民の食べ物も論外だが、巧みに――そして金をかけて――豆腐を模した料理はいくつも作られる。もちろん、有名なふかひれスープがある。本当は誰も好きではない料理なのに、人々はそれがまさに高価であるがゆえに、法外な金額を支払うにやぶさかでない。競争的消費のこれほどよい例はなかなか見つかるものではない。

むしろ、西洋のもっと顕著な特徴は、しつこい反消費主義の価値観が存在することだ。キリスト教の伝統の禁欲的な傾向はさておいて、六〇年代のカウンターカルチャー運動は西洋のほとんどの社会に対し、旧弊な地位を求める闘争をとても強く禁じた。この禁忌が世界の他の地域には見られないことは注目に値する。なかでもアジア諸国では、多くの人の消費主義的な価値観によって無制限の豊かさを構成している。西洋人は中国人の知人に、腕時計や服や車をどんなに安く買ったかをしばしば大いに自慢するが、これには中国人は必ずがっかりする。アジアでは、こうしたものにどんなに大金を払ったかを吹聴するのが生きる目的なのだ。

カウンターカルチャーは「禅」がお好き

アラン・ワッツは早くも一九五九年に、ビートニクの借用した禅が本物とあまり似ていないことを認めていた。「ビート禅、スクエア禅、禅」というエッセイで、この古来の解放の方法がへたなまねごとに堕したさまを不安視した。「刺激を追い求めながら、他人を平気で利用するだけの社会からの離脱を正当化するべく禅とジャズ用語を得意げに口にする、クールな似非インテリのヒップスター」の口実にされている、と。[*3] ワッツは、原典の怠惰で身勝手な解釈が「ひどく保身的なボヘミアン主義」の正当化に利用されることを心配した。心配するのも、もっともなことだった。

禅の文献の非常に有名なくだりの多くは信心深い人たちに、驚くほどのほほんとせよと説いている。唐の禅師、臨済は「仏法は計らいを加えるところはない。仏法の究極はただ平常のままがそれである。大小便をしたり、衣服を着たり、飯を食らったり、疲れたならば眠るばかりだ。愚人は笑うだろうが、本当に賢い人ならばそれがわかる」。また最も古い禅詩の一つは、こう説示した。「ありのままの真実を得たければ、正か邪かにこだわるな。正邪の対立は心の病である」。

この二つの引用からだけでも、なぜ禅が、シオドア・ローザックが「思春期化[*4]」と呼ぶ現象から非常に影響を受けやすいかが容易に見てとれる。正邪の「裁定」の拒絶、主義に基づいた無気力への明らかな傾倒、露骨な排泄放尿に価値を与えることは、「若者たちのぶっきらぼうな口べた」と相通じ、無条件の自由への欲求を認可している。問題なのは、個人の性質はすべて一切の源である道《タオ》に由来するから対立は起こりえないという、禅の形而上学的な個人主義が、カウンターカルチャーの「自分の好きにやる」や「何でもあり」といった芸術的・社会的信条として借用されたことだ。ビート禅はアジアという異国性への信頼に裏づけられた、ティーンエイジャー特有の不遜さめいたものにあっさりと堕しかねない。

だがローザックとしては、カウンターカルチャーが禅を正しく表わしているかどうかは特に問題ではない。典拠への忠実さなどはどうでもいい。なぜなら本当の問題は、彼らに必要なものを禅が持っていると考えたことだからだ。「現代のテクノロジー社会の、喜びのない、貪欲な、異常なまでに自己中心的な秩序」*5から逃れようとするなら、文字どおり誰もが自分のことだけで手いっぱいになる。ケルアックとギンズバーグの禅やビートルズとザ・フーのヒンドゥー教が本物かどうかなど、どうでもいいじゃないか？　肝心なのは、支配的で抑圧的な文化に背を向け、精神至上主義《スピリチュアリズム》と政治的抗議《プロテスト》の新しいはけ口を見つけることができると感じたことだ。

ローザックが見たとおり、どんなに世俗的でテクノクラシーに依拠した文化であっても、市民社会の紐帯として役立つためには、神秘と儀式の源泉がいくらか必要となる。だが、この紐帯には二つの形がある。人心操作のために上から課されるものと、人間の探求心や想像力を解放する民主的なもの。キリスト教の名のもとに、前者のタイプの儀式と神秘の伝統を受け継いだことは、僕らの社会の宿命である。ローザックの見方では、カウンターカルチャーによる東洋とその先にあるものの探求から、西洋の諸教会に与えられる精神の解放もどきにとどまらない、解放への本物の道筋が開かれたのだった。

先住民は「自然」か

以下は、黄金の州ことカリフォルニアでの生活の描写である。これについて考えよう。「カリフォルニアではどこでも、お金が重んじられ、影響力を打ち立てている。(…)そのため［カリフォルニア人にとって］何よりの関心事は財産だ。暇さえあれば、お金のことを考えている。いざとなれば、お金が頼りだ。払い戻しを要求したり、支払い義務を回避する機会を絶えずうかがっている。この件の追求にあたっては、どんな卑劣な手段や狡猾な策にでも訴えるつもりだ」[*6]。

現代カリフォルニアの生活のきわめて正確な要約に思えるかもしれない。ただし、ここには一つだけ落とし穴がある。この一節は人類学者のアルフレッド・クローバーの著作から取ったものだ。これはカリフォルニア北部の太平洋岸からクラマス川の下流に住んでいた漁と狩りの民、ユロック族の伝統文化に関する記述である。ヨーロッパ人と接触するよりはるか前から彼らは「今日の近代工業社会のような商業的な考え方の文化を持っていた」。そこでは、人の所有物の一つ一つに必ず値段がつけられた。妻や子供にもだ。とりたてて刑法というほどのものはなく、通商だけがあった。「あらゆる損傷、あらゆる特権や不正や侵害が計上され、補償された」。公共の宗教も、聖なる儀式もなかった。あらゆる公的な行事は富の衒示的陳列のためだった。

こんなえげつない商業主義がアメリカ先住民の伝統文化に存在したのは意外だとしたら、それはたいがいの人間が先住民文化と思っているものの大部分は、カウンターカルチャーのでっちあげだからだ。北米の先住民は一般に、他地域の住民より徳が高くも低くもない。諸部族はあちこちに散らばり、多くの地域で部族間の平和な交流はきわめてまれだった。だから統一された文化はなく、とても平和主義の部族もいれば、想像を絶するほど残虐な部族もいた。奴隷所有は広まっており、武力闘争はごくありふれていた。多くの場合には、ヨーロッパからの侵入者が先住民を利用した。スペインのコンキスタドール（征服者）とアステカ族のように、両者とも互いにふさわしい相手だったと呼びたくなる例もあった。

カウンターカルチャーの最大の発明は、こうした先住民文化のすべてを一つにまとめる糸があったという示唆だ。それによると先住民は、ヨーロッパ人が失ってしまった自然との特別な結びつきを保っていた。コロンブス以前の世界に普及していたアニミズム的信仰の多くの特徴は、そんなより深い霊的なつながりの証拠とされた。先住民が長らく自然と調和しながら生きていられたのは、科学技術の低開発だけではなく、このような信仰体系のおかげだった。

こうした諸説から、先住民が「母なる地球」を崇拝しているとの見方が出現した。この観念がカウンターカルチャーにたちまち受けた理由は明らかだ。それはエキゾチックで、台頭してきた文化的フェミニズムの女性支持の価値観を引き出し、自然を支配し搾取する西洋的価値観とは正反対に見えるエコロジカルな思考様式を促した。重要な資料として、「この地球は貴重なもの」と題されたスピーチがある。一八五五年にスカミッシュ族の長、シアトルが述べたものだ。彼はこんなふうにヨーロッパ人を激しく非難した。

どうしたら大空を、大地のぬくもりを、売り買いできるのか？　そんなふうに考えるのは奇妙だ。空気のすがすがしさ、水のきらめきが、われわれのものでないならば、どうして売ることができるというのか。この地球のあらゆる部分が、わが部族にとって神聖なものだ。(…)だからワシントンの大族長〔大統領のこと〕がわれらの土地を買いたいと申し出たことは過大な要求である。(…)地球は人間のものではない。人間が地球のものなのだ。このことをわれわれは知っている。あらゆるものは一つの家族を結びつける血のごとくにつながっている。たとえ、赤き人〔アメリカ先住民〕の最後の一人が地上から消え去って、その記憶が草原を渡る雲の影にすぎなくなろうとも、浜も森もわが民の魂をなおもとどめるであろう。*7

このスピーチは広くとりあげられ、引用され、流布された。シエラクラブのカレンダーにもなったほどだ。ただ一つ問題は、これがシアトルの語った言葉ではないことだ。これは一九七二年にテキサス在住の白人テッド・ペリーが南部バプテスト協議会向けに制作した環境映画のために書いたものだった。

このエピソードは、もっと以前にカナダで、アーチー・ベレイニーという英国人が働いたいかさま行為を連想させた。ベレイニーは「グレイ・アウル〔灰色のふくろう〕」という〔先住民〕名でそこに住んで執筆活動を行なっていた。一九三〇年代からの彼の作品は現代の環境保全運動の基礎を築いたと、多くの人たちに理解されている。「現代のカナダと隣り合わせに最後の戦場が、延々とつづく文明と自然の力との激しい争いの地が広がっている。それは影と、隠された小道と、失われた川と知られざる湖の国だ。足音の静かな生き物が、ひそやかに苔むす道を行く世界。そこでは水を打ったような静けさがすべてを取り巻いている[*8]」。

だが文明と自然の争いで、先住民が「自然」側についているかどうかは明らかでない。神聖な母なる自然をはるか昔から奉じてきたという証拠などほとんどないことは確かだ。カナダの二大部族、クリー族とオジブワ族の伝統にも、このような概念があったという歴史的・言語的・文化的な証拠も、やはりない。イヌイット族やデネ族の文化にも、いまやアルバータ州とモンタナ州の大部分を占めるブラックフット連合の文化にも見られない。それでは、この母なる地球という考えはどこから生じたのか？

カウンターカルチャーからだ。特にカリフォルニア州の「全地球《ホール・アース》」運動から生じ、そこから育った。「母なる地球」はガイア仮説の別名でもある。一九六九年にイギリスの科学者ジェームズ・ラヴロックが提唱したこの仮説によれば、地球とその生命体はただ一つの自己調整システムを構成し、それが実は単一の巨大生命体となっている。これは根っからの西洋的な概念でもある。ギリシャ神話の女神ガイアは地球を女性として擬人化したものだ。

そもそも母なる地球とは、カウンターカルチャー的な概念をもっぱら先住民に投影したものだった。皮肉にも、こうした概念の多くはのちに先住民コミュニティに受け入れられ、汎インディアン的アイデンティティの中心要素となった。汎インディアン運動はおおむね都市化と、一九七〇年代初めに開かれたインディアン全体会議から生まれた一般的《ジェネリック》宗教の副産物だ。残念なことに、こうした考えがあらゆる左派にかなりの影響を及ぼしつづけている。近年ではカナダ公務員組合が、カナダの先住民との連帯を表明する広告を打った。その広告では、鳥の羽根と、どことなく先住民らしい顔をしたカメの画が二重映しにされ、コピーが付されている。「お互いの、また母なる地球との調和を確かなものにするため、私たちは多様性を受け入れます」。

その一方、環境保全活動家は、地球に優しい歩みの案内役として先住民に頼るべきだと信じつづけている。一般に平原インディアンの猟師はアメリカバイソンのすべての部位を使うのに対し、ヨーロッパ人は舌だけを抜くためにこの獣を大量死させたとの主張がある。この話はアメリカバイソンの大量死に先住民が果たした役割のみならず、ヨーロッパ人による征服以前の先住民の狩猟の営みに関する考古学的な証拠の蓄積をも無視している。とりわけ「バッファロー・ラン」――アメリカバイソンを群れごと追いこんで落とす崖――が広く利用されていた事実は、先住民のこの獣に対する態度がヨーロッパ人とさほど変わらないことを示している。ただ単に彼らは、群れの規模に大きな影響を与えるほどの科学技術を持っていなかっただけだ。

にもかかわらず、「母なる地球」という概念は、黒人やアジア人をさしおいて先住民をカウンターカルチャーのお気に入りの非白人種とすることに大いに貢献した。「レッド・インディアン（アメリカ先住民）」と「赤い《レッド》」ヴェトコンという、きっちりとした記号論的類似があったことも助けになった。フィリップ・デロリアが「カウンターカルチャーのインディアンとニューエイジ」という記事で指摘しているとおり、ヴェトナム人の行なったゲリラ戦は、「少なくとも一般的な西部劇映画に描かれた想像半分、回想半分のレッド・クラウドやジェロニモなどの族長による待ち伏せや襲撃」と共通点が見えた。*9 これらの類似を考えると「土着民として生きる」ことは、過去も現在もアメリカ帝国主義を拒絶する、このうえない方法のようだった。

北アメリカ先住民が文化的同化と闘いつづけ、広範な文化への独自の統合をめざす一方、彼らのサインやシンボルの多くは大衆オルタナティブ文化の一般記号学にすっかり組みこまれた。ヘッドバンド、平和の象徴である長いパイプ、ワシの羽根、トーテムポール、ドリームキャッチャーはどれも、永遠の反逆の一部に（純粋な社会正義の追求というより、個人のファッションに）なったのだ。

「本物らしさ」の追求

カウンターカルチャーの反逆者たちが現代生活を簡潔に表現するときによく使う言葉とは、「まがいもの」である。僕らがお互いから、そして社会的存在に重みと意味を与えるはずの営みから、どんどん疎外されるにつれ、本物《リアル》を求めて他所を見ざるをえなくなっている。内向性がボランタリー・シンプリシティ（自発的簡素）運動の推進力になっているものの、多くの人にとって引きこもって現代性を拒絶するだけでは物足りない。「外に出ることで内に向かうこと」をめざす。そうして本物らしさの探求は、現代ツーリズムの主要テーマになったのだ。

だが「本物らしさ《オーセンティシティ》」とはいったいどういう意味か？　この概念が日常語に入ったのは、一九七二年にライオネル・トリリングの『〈誠実〉と〈ほんもの〉』が刊行されたときだ。トリリングによれば、本物らしさとは、テクノクラシー的な生活の疎外化作用への直接の反応として現われた、きわめて現代的な価値観だった。本物らしさ＝真正性は、美術館や博物館の学芸員の仕事のなかの概念として発達した。そのように見えると主張されていて、与えられた称賛と尊敬に値する対象をいう。本物らしさの重要な指標として「商品化されていないこと」がある。本当の本物は、伝統的（つまり非商業的）な目的で、天然素材から手作りされている。現代生活における大量生産品は当然まがいもので、ぬくもりに欠ける。こうして本物らしさは、現代以前の生活の特性とみなされるようになる。

本物らしさは自己、社会、他者の統合を伴い、生活に一体感と現実感を与えるものだ。理想の本物らしさは『ハムレット』に表現されている。ポローニアスが留学先へと旅立つ息子レアティーズに与える注意である。「いちばん大事なことはな、己に忠実なれだ」。自分に忠実であれと、何をおいても自己を陶冶せよと命じる声として、本物らしさは現代生活で最優先すべき道徳的要請となった。そして消費資本主義の機構全体が、僕らの真の自己を反映した欲求や願望は抑圧しながら、まがいものの、もしくは偽のそれを植えつけることに没頭しているから、どこか他所で本物を探すことが必要になる。本物は、さほど現代的ではなく、官僚的でも抑圧的でもなく、もっと純粋で原初的な、または「自然な」関係のなかにしか見つけられない。つまりエキゾチックなもの、ということだ。

この観点から見ると、旅することを本物たらしめるのはもっぱら差異の存在であって、行き先が変わっていればいるほどよい。これほどまでに旅とは差異を通じた本物らしさの探求であるから、これまたすぐに競争的消費の中心と化す。「クール」と同様、「本物の旅の経験」は局地財である。それは、ピエール・ブルデューが「文化資本」と呼ぶものを多分に与えるが、ほかの人たちが得れば得るほど価値が失われていく。まさに他の旅客の存在が、旅を貴重なものにする差異感覚を損なって、ありがたくないことに、まだそんな旅の達人でもないという事実を思い出させる。エキゾチックな旅となると、同胞の存在は呪わしい。

これは「大自然のハイキング」で携帯電話、ラジオ、ビール満載のクーラーボックスを持った何十人ものハイカーを見て、げんなりした経験のある人には、おなじみの感情だ。エヴェレスト山に関して、子供や老人、障害者や隣りの「OL」まで普通に登頂する街道になってしまったとの恒例の苦情をかき立てるものだ。エヴェレストはもはやそう特別な山ではない。本当の登山家はもう誰もエヴェレストで時を過ごしはしない。南極のヴィンソン山のように、もっと辺境の知られざる山頂へと出かけていく。

この行楽地をめぐる競争——「競争的転地」と呼ぼう——は、まさにヒップ消費主義と同じ構造を持っている。ただし今回追求される、名声を与える財産は、クールならぬエキゾチックなものだ。ここで見えてくるのは、おなじみのパターンだ。まずはエキゾチックなものを求める旅人たちと未開発地域の住民との、初期の手探りの接触で始まる。旅人は到着当初は、現代の利便性のなさと言語や文化の壁を受け入れるだけではなく存分に味わう。地元民がこの新参者の存在に慣れるにしたがい、もっと旅行者を呼びこもうと、インフラを提供するようになる。ホステル、バー、カフェ、通信回線など。そしてさらなる観光客が押し寄せてきたら、この地区はもっと「観光地らしく」なり、エキゾチックでなくなって、先に来た人たちの楽しみを台なしにしてしまう。彼らは未知の国を求めて、出かけていく。この土地の住民を、エキゾチックではなくなってきたが、グローバルな旅行市場の要求に応える用意は充分にあるままに残して。さらなるエキゾチックな舞台を探し求めて地球をさらう彼らの不断の努力のおかげで、カウンターカルチャーの反逆者は何十年にもわたり、大衆《マス》ツーリズムの「突撃部隊」として機能してきたのだった。*10

胡同を歩く

少々まじめな旅行者は誰でもいつかは、地元民を覗き見ているか搾取しているような、そこに行った自分の動機を疑ってしまうほどに気まずい経験をするものだ。僕の場合は、ある夏、中国の北京の、胡同《フートン》で有名な旧市街でのことだった。胡同とは紫禁城を取り巻いた古くからの路地のことで、伝統的に住人の社会的地位に従って広さや形がさまざまな家屋と中庭が寄り集まったあいだを通っている。封建制が崩壊し人民共和国が建国されたあとで、一家族のために建てられた家屋に複数の世帯が住むようになり、胡同の状態は悪化した。

さすがに人気の観光スポットの胡同であるが、いまなお北京の人口のほぼ半分の住居を提供している一方で、多くが取り壊され、近代的なビルに替わっている。この中国の下層階級の近代化をたいがいのガイドブックは残念なことだとして、こうした古来の社会組織が永久に姿を消してしまう前にぜひ訪れるよう促している。そうしてある日、僕らは胡同の見物に出かけたのだった。

ただ路地に入って歩きまわることもできるが、地元民は観光客がそうしないほうを好む。胡同めぐりの輪タクを雇ってほしいのだ。だから僕と連れたちが当地の人の暮らしぶりを見ようと路地にぶらっと入っていくと、ひどく怒った輪タクの運転手にあとをつけられ、しつこく絡まれた。たっぷり一五分は追いまわしてきて、その間ずっと怒鳴りつけていた。なかなかあきらめないので、ついにはこちらの一人が振り向いて脅すように指を突きつけ、怒鳴り返すはめになった。それは僕が期待していた本当の文化との出会いではなかった。

ちょっと遅すぎたが、この状況がどれほど搾取的なものかに気づいた。なにせ人が実際住んでいるところを、安上がりのエキゾチックな娯楽のように扱っているのだ。運転手が向かっ腹を立てるのももっともだ。僕らにできるのは、せいぜい彼なりの商業化の条件を決めさせることくらいなのだから。

それでも、僕はお金を払って輪タクに乗りたくはなかった。誰かにお金を払って胡同を案内させると「リアル」さが弱まり、本物らしさが薄れると思われた。トリリングも指摘しているとおり、本物らしさの主な指標として、商業化されていないことが挙げられる。対象や経験は金銭関係に巻きこまれた瞬間に、現代性の一部と化す。もし輪タクにお金を払っていたとしたら、それはつまり、僕が経験しているのは現実の胡同の生活ではなく、演出もしくは商業化されたものだと認めることだった。そしてほんのわずかでも、僕らが得ているのが一種の「演出された本物らしさ」だとほのめかされたなら、そもそもここに来た目的がすっかり損なわれるのだから、それはまったく許されないことだった。

ディーン・マキァーネルは自著『ザ・ツーリスト』でレストランや劇場のような社会的施設の「表舞台」と「舞台裏」の区別を探っている。表舞台は、顧客、主催者、依頼人、サービス担当員、観客のための場所であるのに対し、舞台裏にはキッチン、トイレ、ボイラー室、更衣室などがある。顧客は表舞台にしか入れないが、パフォーマンスを行なう者や接客係は表も裏も行き来できる。

舞台裏の存在は、何らかの神秘化が施されていること、ここには表舞台で進行している「現実」を台なしにしかねない秘密や小道具や活動があることを示している。すると当然「舞台裏」がありそうだというだけで、「表舞台」はこしらえもの、まがいもので、裏でこそ実物や本物が見つかると思われる。この裏と表の区別に『オズの魔法使い』のような雰囲気が強く漂っていることに、気づかずにはいられない。舞台裏ではカーテンの後ろに小男がいて、レバーやロープを引っぱって、「魔法使い」の見かけを操っている。これは偶然ではない。『オズの魔法使い』の著者L・フランク・ボームは、一九世紀末の世界で視覚的ディスプレイ理論の第一人者でもあったのだ。ボームの論文「衣料品店ウィンドー内装装飾の技術」は、世紀転換期のマーケティングの古典だが、のちに自身の職業生活を一変させることになる児童文学の、ほんの数カ月前に書かれていた。

ジャン・ボードリヤールは、僕らの文化は事実上すべて表だと主張して悪名をはせた。現実の「舞台裏」などというものはなく、スペクタクルとシミュラークルが重なり合っているだけだという。「いまや『消費』が全生活を捉え、あらゆる活動の組み合わせ様式に従って連鎖し、欲望の充足に達するための通路が一時間ごとに前もって引かれていき、『環境』は全面的に自動調節され、整備され、教養化されるに至った」[*11]。すべては商業化されており、したがって何一つリアルではない。

外国を旅する人たちの主な動機は、表のシミュラークルから裏の現実に侵入することだ。僕らの社会のすべてが「表舞台」だとするなら、非西洋社会の魅力は、人生をおおっぴらに、あからさまに生きているがゆえに、すべてが「舞台裏」に見える——つまり率直で、開放的で、本物らしい——ことだ。

世界の多くの地域、とりわけアジアやアフリカのエキゾチックとされる地域は、僕らと公私の区別の基準が大いに違うのは確かだ。料理の用意やもろもろの家事など、西洋人が「舞台裏」に隠しておきたがる活動の多くがまる見えにされがちである。こうした場所で起こる興味深い見物のおおかたは、食事室やプライベートな空間にうっかり侵入した——北米だったら警察に通報されている——ことに伴って生じている。なるほど、これが胡同を見に行ったいちばんの理由であり、いったん追跡者を追い払ったあとでは、失望させられることはなかった。五、六回ほど、住居から人が出てきて、裏庭をうろついている僕らを目にとめては、中に入って見てまわるよう声をかけてくれた。

地元民は必ずしも見た目ほど率直なわけではない。旅行者というのは「あまり知られていない土地を訪れる」こと、「本物の」キューバやタイやインドの経験を期待しているものだ、と彼らは心得ている。そして報酬を得るためなら、そうした経験を——ネパールのトレッキング、ボルネオの長屋での宿泊、スコッチウイスキーの蒸留所めぐりを——進んで提供する。だが、これもまた、熱心な旅行者に巧妙に訴える「表舞台」にすぎない。旅行者と地元民との進行中の出会いにおいては、エキゾチックはクールと同様に、つねに捉えがたいものである。

誰もが同じものを追っている。現代生活の疎外化を帳消しにしてくれる本物の経験を。アルバータ州の観光客用のインディアン儀式でよしとする人もいれば、ボルネオ先住民の長屋でその場にふさわしい強烈な一夜を過ごすと言い張る人もいるのは、「本物」とみなす基準が人によっては非常に厳しいこともあるからだ。ツーリズム研究者エリック・コーエンはこう述べている。「団体観光旅行がうまくいかないのは、それがとんでもないペテンだからというのではなく、おおかたの旅行者の抱いている『本物らしさ』の概念が、知識人や専門家のそれと比べてはるかにバラバラだからだ[*12]」。

旅行者の自己満足

ダグラス・アダムズの小説『銀河ヒッチハイク・ガイド』シリーズのファンならば、ヒッピー風で頭が二つある、一度は銀河系の大統領にもなったゼイフォード・ビーブルブロックスが、事象渦絶対透視機《トータル・パースペクティヴ・ヴォーテックス》へ送られる場面を思い出すだろう。この透視機は、知的生物がこうむる最も残酷な精神的拷問とされている。透視機に放りこまれると、ほんの一瞬だが、無限の森羅万象の全体を見せられる。その森羅万象のどこかに本当にちっぽけなしるし、顕微鏡的な一点に打たれた顕微鏡的な一点があって、そこに「これがあなた」と書かれている。つまりこれは人間のエゴを破壊し、精神を滅ぼすための装置なのだ。そこに入った誰もがキーキーわめき、べらべらしゃべるバカになって出てくる。なのに、ゼイフォードだけは澄ました笑みを浮かべている。だって装置から教えられたのは先刻承知のことだったから。つまり、ゼイフォードはまったくもって大物であり、宇宙で最も重要な人物なのだと。

これは、いままでに書かれたカウンターカルチャーの「旅人の美学」の最も辛辣なパロディの一つだ。アダムズはごく少数の短いパラグラフで、本物の旅人の理想の中心にある、必須のナルシシズムを巧みに暴いている。もちろん、ゼイフォードはこんな装置なんか怖くない。アラニス・モリセットがインドでそうだったように、宇宙全体がただ自分の魂の切望を養うためだけに存在している、という考えには何の問題もない。

自称「旅人」の多くを含めたツーリズムの批判者はしばしば、どんな状況かの説明で、性的なたとえを引き合いに出す。それはときに不吉だったり暴力的だったりもする。エキゾチックな場所への旅は、往々にして覗き見めいている。それはときに巧妙だが、そうでないことが多い。この覗き見は、たとえ象徴としてでも、暴力的なものに変わりやすい。

ジュリア・ハリソンが『旅行者であること』で主張したように「旅に熱中する者の視線に、純真さはほとんどない」[*13]。あらゆる印象、あらゆる評価は、旅人が「本物らしい」とみなす基準に合致する程度によって色づけられ、形づくられるからだ。そして周知のとおり、これは客観的な基準ではなくて、もっぱら旅人が自身の「純真さを確かめる」態度をとりたいという要求によって形成されているものだ。

地元民の存在そのものが障害として、なるべく避けるべきものとみなされがちなのは、旅人の純粋さへの欲求をじゃまするからにほかならない。特にエキゾチックなものを最も求める旅人は、地元民とは交流せずに旅行者どうしで長時間過ごすことで知られている。旅では、互いに相手を理想化し、権力やしがらみや期待を抜きにした、つかのまの関係を結べるから、西洋人どうしが真摯に開放的につきあう、またとないチャンスなわけである。なかでもユースホステルは、この種の絆を結ぶのにはうってつけの場だ。そしてこうした社会的抑制のなさから、旅行者どうしの行きずりのセックスがありふれたことになっている。

完璧にエキゾチックな旅行体験はいっさい地元民がいない環境で起こるという考えを、見事なまでに追究したのが、二〇〇〇年の映画『ザ・ビーチ』である。レオナルド・ディカプリオが演じる主人公のリチャードという若い旅行者は、人間性を失わせる主流社会に身をゆだねかねている。そうしてタイへ向かうが、バンコクがえげつないほど商業化され、観光地化されていたことに落胆する。これじゃ自国のアメリカとちっとも変わらない！　イカれた隣人がホテルの彼の部屋に残していった地図を頼りに、フランス人の友人たちと秘密の島を発見した。そこには疎外された旅人たち（つまりヒッピー）が住みつき、岸壁に取り巻かれ海から隠された浜辺に、楽園にも似た自分たちのコミュニティを建設していた。

『ザ・ビーチ』は、エキゾチックなものに対するカウンターカルチャーの態度を探求する長編映画だ。疎外された西洋人の仲間たちが「現実」を求めてアジアへ赴くが、現地人に接していっそうの疎外感を味わう。そこで彼らは無人島を見つけ、例によって薬物使用とフリーセックス、そしてあまりルールがない、という理想を奉じた母権的なコミューンを形成する。自分たちの母語に固有の偏見を排すために独自の言語を作りさえする。この旅行者たちはついにアジアで自らの失われた純真を取り戻すのだが、それはもっぱらアジア人がいないところへ行くことによってなのだ。

　この映画で展開する愚かなエキゾチシズムは、意図せざる滑稽な場面につながっていく。コミューンのメンバーの一人が珊瑚礁の浅瀬に入りこんできたサメに殺されると、楽園は失われ、その夜、キャンプファイアを囲んで間に合わせの葬儀が行なわれる。ドレッドヘアにした白人の若者がいきなりギターをかき鳴らして、ボブ・マーリーの「救いの歌《リデンプション・ソング》」の不滅のイントロを奏でだす。このドレッドヘアの白人に、奴隷の身から解放される歌を歌わせる厚かましさに比べたら、インドに感謝するモリセットが繊細に見えてくる。だが、こんなのはカウンターカルチャーにはいつものことだ。なにしろ中心にある前提は、自分たちだって自国の奴隷と同じように虐げられているという考えなのだから。彼らがこの楽園の島を、しつこくモノを売りつけようとするタイ人から逃れて発見したことは、ラスタファリアンが「白人支配社会《バビロン》」を脱して故国エチオピアに回帰したいと、長年抱きつづけたその願いに匹敵する奇跡なのである。

ツーリズムと出張

結局のところ現代の旅人は、深刻なジレンマに直面させられている。一方で、エキゾチックなものの追求によって旅は局地財となり、熱心な旅人はつねに大衆ツーリズムに先んずる努力をつづけなければならず、そこには自己欺瞞と、力の不均衡と、搾取があふれている。他方で以前には手つかずだった地域へ旅人が訪れだすと、地域経済は観光客が来るとの期待でまったく様変わりする。そもそも人々にエキゾチックな土地を探し求めさせる、きわめて反物質主義の態度が、さらに多くの地域をグローバル経済へ引きずりこんでゆく。

どうやら、このジレンマを避けるすべはなさそうだ。大衆ツーリズムはうんざりさせられるし、浅薄だし、搾取的である。エキゾチックに見える旅の楽しみ、すなわち現代性から逃れて真正さとのつながりを求めることは、問題の解決にならず、むしろ原因になっているとわかって、色あせてしまっている。自国にとどまっていても、内在する異文化間経済の契約にそむいてしまう。善意の旅人はいったい何をすべきなのか？

社会学者やツーリズムの学生がめったに言及しない形態の旅行が、出張（商用旅行）だ。

それでも、出張は唯一まったく真正で非搾取的な旅行であると言える。多くの旅行者、特にエキゾチックなものに（無意識にでも）関心を持っている旅行者にとって、問題は、旅の体験それ自体より、その体験の社会心理学ばかりに気をとられていることだ。つまり、居心地のよさ、快適さ、コスト、地元民の親しみやすさなど、どちらかといえば客観的な基準で行き先を選ぶのでなく、そこがどんなに「本物らしい」とか「エキゾチック」か、進行中の差異の探求においてどれほどの社会資本〔人とのつながり〕が得られるかで選んでいる。行き先の価値は、そこにすでにどんなに多くの「現代人」がやってきているか、地元民がその到来にどれほど用意ができていないか次第なのである。このツーリズムの象徴的な面への関心が、旅の目的地候補を局地財に変えるのだ。

こうした問題のどれ一つとして出張にはあてはまらない。旅先の差異を商品として見ながら最小限のお金しか費やさない、エキゾチックを求める旅人とは違って、出張者は明らかに地元民の招きでそこに行っている。出張旅行は象徴的なものから物質的なものへの傾斜を表わしている。彼または彼女は精神的な意味や局地財を求めて行くのではなく、「名所の見物」に赴くのでさえなく、取引を──原則として、搾取的でも覗き見的でもなくていい取引を求めている。それに関連して競争が、たとえば外国市場でのシェアを競い合う外国企業間の競争が生じるかもしれないが、社会資本を得るために旅行者が押し寄せるのとは違って、もっとよい取引にするための交渉が可能だから、これは地元民に利するように働く競争である。つまるところ「本物の」旅は、出張だけなのかもしれない。ほかはすべて物見遊山にすぎないのだ。

代替医療の歴史

エキゾチシズムへの誘惑がよりあらわに——というか、より大きな儲けに——なるのは、急成長している「代替（オルタナティブ）医療」産業をおいてほかにない。数千人を超える人が住む北アメリカのどの町でも、いまは自然療法やレイキ治療、ホメオパシー、クリスタル療法、磁気療法がそろっている。「オルタナティブ」スポーツ、「オルタナティブ」音楽、「オルタナティブ」文化全般と同様に、「代替」医療では大金が動く。一九九七年、アメリカ人は代替医療に推計三〇〇億ドルを費やした（比較として、カナダの「社会化された」医療システムに対する同年の政府支出は総計五五〇億ドル）。

代替医療という概念はもともとが大衆社会批判の副産物だ。その批判者によれば、医療機構は、教育制度や刑務所制度のような「テクノストラクチャー」の一部門にすぎない。医療制度としての病院は、大衆社会に顕著な特徴をすべて備えている。実際、それはテクノクラシー支配の悪夢だと容易にみなすことができる。病院は非人間的かつ官僚的な機構であり、患者を入口で文字どおりコンピュータに入力し、番号を割り当て、識別用のブレスレットを与える。組織の内部構造は階層化され、各グループが異なる制服を着用して区別される。医師（主に男性）は看護師（主に女性）に命令を下す。全体的な健康へのアプローチは、科学技術の介入と疾病の機械的コントロールがしやすいものになっている。診断と治療はほぼすべてが個々の患者に特有の状況ではなく、統計的な推論に導かれる。自分は組織の歯車の一つにすぎないと感じたかったら、病院に行けばいい。

大衆社会批判者の多くは、医療制度の管理方法があまりに陰険なため、病気の現実性に疑問を持ちはじめた。精神病の現実を疑った人たちと同様に、病人は本当に病気なのか、病院は社会的逸脱の「治療」によって人口をコントロールする計画に加担していないかと怪しみだしたのだ。現代医療の成功はいろいろな意味で、命取りの病気をほぼ排除または治療したことだけでも、この点に貢献した。これでこうした病気はもはや日常の一部ではなくなったから、その深刻さを疑いやすくなる。疫病が大流行して住民の半分が死んだ、そのヨーロッパの町で生きるとはどんなことか、僕らは知るよしもない。そこのところはペニシリンが引き受けてくれた。天然痘の広がりを避けるために定期的に町から逃げ出すことを余儀なくされる、そんな世界で成長するのがどんなことか、僕らにはわからない。そこのところは種痘が引き受けてくれた。女性の一〇～一五パーセントが出産で死亡する社会に生きるのがどんなことか、僕らには見当もつかない。そこのところは現代の外科技術が引き受けてくれた。

この伝でいくと、医療の実施のしかたに疑わしいものがあると想像することはたやすい。「なんでうちの子にポリオの予防接種を受けさせなきゃいけない？」と人々は声をあげる。「誰かがポリオになったと最後に聞いたのはいつだっけ？　きっと製薬会社が儲けようとしてるだけでしょ」。あるいは「どうしてお産のために病院に行かなきゃいけないの？　誰かが出産で死んだと最後に聞いたのはいつだっけ？　たぶん男の医者が女を管理し抑制しようとしてるだけでしょ」。あるいは「なんで低温殺菌乳を買わなきゃいけないの？　誰かが牛乳でお腹をこわしたと最後に聞いたのはいつだっけ？　どうせヴェルヴィータのチーズやワンダーブレッドを流行らせたのと同じ連中が宣伝してるんでしょ」。

この種の推論は、フロイト的な見方を採り入れると、なおさらおもしろくなる。清潔さ、消毒、殺菌への異常なほどのこだわりは、単なる肛門性格障害の発現であり、自然で感覚的で快楽に満ちたあらゆるものへの不信にすぎない、と片づけられがちだ。ハーバート・マルクーゼは大まじめに、外科手術は「昇華された攻撃性」であると述べた。[*14] つまり彼の考えでは、外科医の真の欲求は患者を殺して切り刻むことだ。残念ながら、それはルールに反するので、外科医はもっと「臨床的な」解決法をしぶしぶ受け入れて、患者を切断したものを並べ直し、縫い合わせているわけだ。

医療制度に対しこんな極端な非難を浴びせておきながら、カウンターカルチャー自体に代案はほとんどなかった（「個人主義的」や「反逆的」な医療ってどんなものだろう？）。だから、おのずと非西洋文化に目が向けられ、その医療が西洋のあらゆる欠点のアンチテーゼとされた。結果として、中国、インドなど東洋の伝統への関心が高まった。これらはどれもカウンターカルチャーのレンズを通して見られた。西洋医学が疾病に重点を置くのに対し、東洋医学はホリスティック（全体論的）である。西洋医学が技術的であるのに対し、東洋医学は自然である。西洋医学では心身を分けるのに対し、東洋医学は患者を全人格として扱った。

このため予想どおり、非西洋国で実際に行なわれている医療がゆがめられてきた。世界のあらゆる主要な伝統医療において、健康に対するアロパシー（逆症療法）とホメオパシー（同種療法）のあいだに深い乖離があった。「病気」という概念はアロパシーの伝統から生じている。不健康な状態をウイルスや細菌や腫瘍といった具体的な不慮の要因に帰するものだ。これに対しホメオパシーの伝統では、健康を有機体全体のある種の均衡とみなし、病気を不均衡の状態と捉える。したがってホメオパシーの見地では「病気」という概念は雑な単純化なのだ。単一の原因も「病原媒介者」もありはしない。ただ有機体全体の均衡状態が整ったり崩れたりするだけだ。

科学革命が起こる前は、ホメオパシー理論が、西洋も含めたあらゆる文化の医療の考え方を支配する傾向にあった。伝統的な中国医学では気と呼ばれるエネルギーを仮定した。病気になるのは陰と陽のバランスが崩れたときで、医療が介入するのは、このバランスを回復させることを目的としていた。インドのアーユルヴェーダ医療は、身体が五つの要素、土、風、火、水、空《エーテル》（星と星のあいだを満たすと考えられた物質）から成るとの古来の考えに基づいている。これらのバランスが崩れると人は苦しむのだ。タントラの伝統では七つのチャクラ、すなわちエネルギーの中心を認め、これらを健康を保つカギとしている。そしてもちろん、古代ギリシャの医学者ガレノスの伝統では、四つの体液を措定し、そのバランスを良好な健康の秘訣とした。

ここが重要な点だ。ガレノスの伝統は西洋医学の伝統のおおもととして、一九世紀までキリスト教およびイスラム文明を完全に支配していた。しかもまったくのホメオパシーで、全体論的な医療なのだ。中国人やインド人と同様にヨーロッパの医療従事者も、身体は、土、気、水、火の基本元素から成ると信じていた。体のエネルギーシステムの一つが各要素に対応した（ガレノスの場合は血液、粘液、黄胆汁、黒胆汁）。これらの要素のバランスが身体のみならず精神の健康をも決めた。医療の介入は食事や薬草療法と、ときおり物理的操作によって不均衡を正すものだった（これが二〇世紀までヨーロッパで瀉血がごく一般的だった理由である。それは体液のバランスを整える所定のホリスティック治療法だった。そのため、アーユルヴェーダ医療者に、いまも支持されている）。

このようなホメオパシー的な思考体系には、構造上の類似が広く認められる。これは偶然ではない。すべては人体解剖学が（ましてや生理化学が）本当に理解される前に、そして細菌やウィルスのような微生物が発見される前に、発達したものだ。だから西洋と東洋の医療間でくり広げられた論争は多くの点で誤解を招きやすくなっている。どちらの文化にもそれぞれアロパシーとホメオパシーの伝統がある。西洋でアロパシーの技術が支配的になった理由は、具体的な文化の性質によるものではない。西洋医学はその歴史が始まって以来ほぼずっとホメオパシー的だった。アロパシーの考え方が優勢となったのは、それが病気の予防と治療に驚くほど効いたからである。

代替医療はなぜ効かない

想像してほしい。ガレノス派式の「ホリスティックな」治療薬を売る店を出すと。癌の治療法としてヒルに血を吸わせると提案すると。「インチキ万能薬」を本気で売ろうとすると。患者に穿孔術を――頭蓋骨に穴を開ける手術を――頭痛の治療法として受けるよう説得しようとすると。相手はたちまち詐欺だと見破るだろう。なぜか？　この手のことは効かないと誰もが知っているからだ。西洋の古来の医療技術には、どうやらこのインチキ探知器が完璧に反応するのに、東洋の古来の技術に対しては、批判能力がまるっきり働かなくなってしまう。これは不幸なことだ。なにしろ重病の人に偽の回復の約束に基づいて治療薬を売るなど、人間として想像しうる最低の不正行為である。そんなことが起こりうるというだけで憤りを覚える。その治療をしても患者に害はないことが多いという指摘は、とんだ的はずれだ。重要なのは、この社会で誰よりも弱い立場の多くの人たちが搾取されていることである。

とはいえ、どうして代替医療が探知器をすり抜けてしまうのかは、わからなくもない。自分の文化を評価する場合ならば、自分の合理性の基準をあてはめることをためらわない。近代科学以前の理論を見れば、すぐにそうとわかる。ところが、こと外国の文化となると、独善的にならないか、自民族中心主義に陥らないか、礼を失するのではないかと恐れて、同じ基準を用いるのをためらってしまう。四体液などというものがないのは知っている（口に出すだけで笑いがこみあげる）けれども、体内に流れる気のエネルギーなんかない、チャクラなんてものはない、とは僕らの口からは言いがたい。

もちろん、どんなに懸命に避けようとしてもアロパシー医療が有効であるという事実に変わりはない。代替医療の世界では、西洋医学の成功は部屋のまんなかに居座った巨象のごとく、じゃまな存在だが、誰もが無視するよう努めている。だが、たとえ医者や病院が好きじゃなくても、仮に壊疽になった場合に手術を拒否したら死んでしまうという事実に変わりはない。もし妊娠中に前置胎盤になったら帝王切開をしなければ、妊婦も胎児も死んでしまう。体制に順応するか死かのどちらかを選べと言われたら、たいていの人は個人的な良心のとがめを棚上げにするものだ。

伝統的なホメオパシー療法がよく効かない病気もなかにはあると言いたいのではない。ここに示されているのは、ホメオパシー療法の理論的基礎の信用は失われ、疾病に関するアロパシー理論は正当だと証明されてきた、ということだ。汚染された水を煮沸消毒するといった、ごく簡単なアロパシー療法でさえ、何世代にもわたりホメオパシー医療者からは妨げられていた事実（この場合は、患者の全体的な「健康さ」よりも水のなかの細菌が病気の原因とする「還元主義」的主張を前提としているから）は重要なので、覚えておきたい。この考え方は今日ではまったく信用を失っているため、これに賛成している親は犯罪的に育児怠慢なのだとみなしたくもなる。

さらに言えば「薬草」療法は、検査を経て健康に有効と証明されたとたんに、製薬会社が飛びついてくる。製薬業界は新薬の研究に何十億ドルという大金を投じている（そして抜本的な技術革新がどんどん不足してきており、代わりに既存商品の変種または代謝物質に特許を受ける方法をとっている）。地域の健康食品店へ行ってハーブ製品を買いこんで、小細工をして特許を受ければいいものを、なぜそんな大金を費やすのか？　つまるところ、古い医薬品の多くは不純物を除いた薬草療法にすぎないではないか。

本当に効く医薬品が稼ぎ出す莫大な利益があることを忘れてはならない。ファイザーはバイアグラで年商一〇億ドルを売り上げている。もしも伝統的な中国医学のインポテンツ治療薬（鹿角膠《ろっかくきょう》、菟絲子《としし》、淫羊藿《いんようかく》、韮子《きゅうし》、杜仲《とちゅう》、仙茅《せんぼう》、鹿茸《ろくじょう》などを合わせたもの）が同じくらい効くなら、なぜ競合の製薬会社はそれを売ろうとしないのか？　ファイザーはゾロフトの売上げでも年間三〇億ドルを稼いでいる。セントジョーンズ・ワート（西洋弟切草）が同じだけうつ治療に有効なら、どうして誰もそれで金儲けをしていないのか？　なぜ強欲な科学者たちは、その有効成分で特許を取って売るために分離しようとしないのか？

ならば、薬草療法が効くと信じるためには、医療体制のテクノクラシーへの偏向が強すぎ、「自然」療法への敵意が大きすぎて利益追求欲にも勝っているせいで、効くのに薬品会社は手出ししないのだと考えるしかない。バイエルはアスピリンで数十億ドルを売り上げてきているが、これは元来ヤナギの樹皮を精製したものだ。なぜこの製薬会社は（ムラサキバレンギク［紫馬簾菊］に由来する）エキナセアを売って同様の儲けを得ようとしないのか？ もしそうしてくれれば、せめて消費者には商品の質がいくらか保証されるのだが（エキナセアの売上げはアメリカの栄養補助食品市場の一〇パーセントを占めているが、最近の任意抽出調査では、表示どおりの量のエキナセアを実際に含有する商品は五二パーセントしかなく、一〇パーセントはまったく含んでいなかった）[*15]。

結局こうした西洋の医学制度に対する「反逆」とは、民間部門にとってのさらなる販売機会にほかならない。カナダではヨーロッパ諸国の大半と同じように、一次医療はすべて公共部門で提供され、厳格な価格統制を受けている。医師は患者に請求できる医療費を、製薬会社は商品価格を制限されるということだ。「必須」治療はすべて上限が決められているから、高い利益が得られるのは「補完的」医療においてだ。もし病院で充分な医療を、もっとよいのは個人の特殊ニーズに合わせた医療を受けられていないと納得させられれば、非常に大きな販売機会をものにできる。すでに大企業は、このゲームに気づきつつある。大手ドラッグストアチェーンは近年、自社ブランドのハーブおよびホメオパシー治療薬を販売しだした。

その間に、一般的な公的医療の理想が損なわれている。カウンターカルチャーの生誕地であり、代替医療運動の中心であるアメリカに、先進国で最低の公的医療制度しかないのは偶然だろうか？ この国では豊かな者が自分用の助産師を雇う一方で、妊娠中毒症を患っている貧しい妊婦が通院する。こんな二つの世界はどうして共存できるのか、わからなくはない。深く染みこんだ西洋医学への疑念は、進歩的左派を迷わせ弱らせている。もし教育制度が若者の頭に教義を吹きこむ工場にほかならないならば、一般的な公教育はとても望ましい政策目標ではありえない。同様に、病院が身体の技術的支配のメカニズムにすぎないなら、みんなが一般的な公的医療制度にはまり込むところなど見たくもない。ここでもまたカウンターカルチャー的思考は混乱の種をまいているばかりか、望ましい社会改革を実施する左派の能力の妨げにあえてなってもいる。エキゾチックなものと他者に引かれる気持ちは、単なる害のない遁走などではない。それは統一性のある進歩的政策の発展の重大な障害なのである。

第10章　宇宙船地球号

サイクリストの反乱

一九九六年一一月下旬のある金曜の夜、僕はトロント中心街最大のショッピングモール、イートン・センターの巨大な吹き抜けホールにいて、マイ自転車を頭上に掲げ、「何にも買わない！　何にも買わない！」と叫んでいた。周りで一〇〇人ほどが同じことをしているのを、困惑顔でうろたえ気味の大勢のクリスマス買い物客たちが眺めていた。

この夜、僕らはクリティカルマス・ライドの参加者だった。都市部のサイクリストが通行する権利を主張するための月に一度のイベントだ。多数のサイクリストがラッシュアワー直前に所定の場所に集まって、一つの集団になって都心へ走っていく。目的は交通妨害ではない。自転車自体が交通だと考えているからだ。あくまで道路をコントロールし、交通の流れを定め、自転車利用者が街路を比較的安全に走れるようにするのが狙いだ。

大衆社会の抗議活動の一形態として、このクリティカルマス・ライドはまだしも無害である。これがもたらすつかのまの自由はとても爽快だし、自転車の利用者が時間をとってドライバーに話しかけたり、自転車利用の趣旨を説明するチラシを配ったりすれば、怪物じみたSUV車に支配されつつある都市環境で教育的役割を果たすこともできる。だが同時にクリティカルマス・ライドは、いささか不快なものにもなりうる。自転車走行はたびたび警察や自動車との衝突で台なしにされ、暴力沙汰が起こることもままある。たいていは短気なドライバーが原因だが、自転車利用者のほうにも責任はある。クリティカルマス・ライドは自転車で走りたい人誰しもに開かれているが、参加者の多くはただの自転車賛同者ではなく、アナーキストやカルチャー・ジャマーやグローバル化反対運動家や都市環境保護活動家など、反自動車、反消費主義で、全般に現代の大衆社会のほとんどの特徴におおむね反対している人たちだ。

そんなわけで、僕はショッピングモールで叫び、自転車を宙に振り上げていたのだった。クリティカルマス・ライドはたまたまアメリカの感謝祭後の金曜日にあたっており、その日はいまや悪名高い「無買デー」である。無買デーの表明している目的の一つに「消費主義の環境および倫理への影響」を暴くことがある。この反消費主義と環境保護の結びつきは自然なことのようだ。なぜなら多くの活動家から見れば、消費主義の主な問題こそ、それが環境にとって良くないという事実であるからだ。

このつながりはいわゆるIPATの方程式で明らかにされ、環境活動家にとって活力を回復する強力な源となった。これはある社会の環境への影響を測るためのものだ。I(Impact：環境への影響)＝P(Population：人口)×A(Affluence：豊かさ)×T(Technology：技術)。豊かさに同等の重みを与えることで、環境政策のなかに反消費主義の批判を確立している。また、小さいが豊かな技術先進国が非常に大きな環境ダメージを与えうることを示すことで、新マルサス主義の人口過剰への懸念を軽んじてもいる。これは頻繁に引用される、先進諸国は世界人口の二〇パーセントしか占めていないが資源の八〇パーセントを消費しているという統計データに裏づけられたことだ。

ショッピングモールで自転車を振って「何も買わない」と唱えるのはとても楽しかった。この反消費主義のレトリックと環境に優しい技術ミニマリズムの結合に、僕も本物の政治イベントに参加しているという気になった。だが年がたつにつれて、クリティカルマス・ライドの活動にだんだん気詰まりになった。僕にはそれが、当初の自転車への賛意《シンパシー》から完全なカウンターカルチャーの反逆へと変貌したように思えたのだ。自転車を宙に振り上げることで、基本的にノンポリの個人化された環境保護活動に貢献しながらも、実際には問題とされる当の消費主義を悪化させていたのではないか。いまにして思えば、多くの人が振り回していた自転車は、いま僕が乗っている中古のホンダ・アコードより高価だったのだ。

テクノロジー批判

この社会は、技術に対して態度を決めかねている。テクノロジーは不安定な取引であり、得をすれば必ず損もするというのは、僕らの文化を語る際の昔からの決まり文句である。ギリシャ神話で神の火を盗んで人類にもたらしたプロメテウスは、そのために山腹に鎖でつながれ、毎日ハゲタカに肝臓をついばまれた。ゼウスはこの火の贈り物を人類から取り返せなかったので、代わりにまた別の贈り物をした。病気、絶望、嫉妬、老衰をはじめ、人類のあらゆる苦悩が詰まったパンドラの箱である。

テクノロジーに対し慎重などっちつかずの態度になるのは理解できる。小さな伝統的な社会はつねにテクノロジーを元来不安定なものと理解しており、社会の安定を最も重要な価値と（たいていの伝統的文化がするように）みなすならば、テクノロジーの変化は仮にあるとしても慎重に行なわれねばならない。しかし、この態度に根本的な変化が生じたのは、ヨーロッパの文芸復興《ルネサンス》の一端としてであった。フランシス・ベーコンやルネ・デカルトといった学者たちは、科学技術の発展を人類のより高次の義務とみなした。ベーコンもデカルトも科学知識をしごく功利的な見方で捉え、発見や発明によって人類の幸福を増進する手段とみなしていた。デカルトは『方法序説』で、人類は「自然の主人で所有者になる」と予言さえした。*1

しかしベーコンやデカルトのような科学びいきもいれば、ジャン゠ジャック・ルソーやジークムント・フロイトのような懐疑派もいた。僕らの文化は全体的に、振り子のように極端から極端へと、解放者としての技術から専制支配者としての技術へと振れがちである。一九世紀は楽観的だったことで知られる時代として、科学、理性、進歩の約束に揺るぎない信頼を持っていたが、二〇世紀に入ると、第一次世界大戦の機械による大量虐殺が、新しい技術の時代への嫌悪感を広めることになった。第二次世界大戦後には、再度の大量虐殺の恐怖と原爆のとてつもない威力は、特に北米の新興中流層のあいだで、戦後の産業繁栄の恩恵の評価で相殺された。今日では、『宇宙家族ジェットソン』の空飛ぶ車や動く歩道や『ラブアンドロイド・チェリー』型の愛人ロボットが存在しないことは、そこらじゅうで受けの悪い芸人と冷笑的な皮肉屋の定番のネタにされているが、五〇年前には、技術の進歩によって職場や家庭での生活がもっとずっと楽に、愉快に、ゆったりしたものになるという、心からの期待があったのだ。

ほどなく振り子は、テクノロジーの有害な影響が新興のカウンターカルチャーの大きな関心事になるにしたがい揺れ戻っていった。実際、シオドア・ローザックとチャールズ・ライクの両人にとって、大衆社会の問題は基本的にテクノロジーの問題とは切り離せないものだった。ローザックが大衆社会の階層的、官僚的組織を指して「テクノクラシー」と呼んだのは偶然のことではない。[*2]ローザックはテクノクラシーを「統治する者が専門技術者に訴えて自らを正当化し、専門技術者は専門技術者でまた、科学知識に訴えて自らを正当化する社会」だと規定した。

現代社会の問題は、まさにそれが「機械のように」なりすぎたことだった。テクノロジーに必須のこと――効率、標準化、分業化――は生活のあらゆる面でも支配的な要請となった。ライクが『緑色革命』で主張したとおり、アメリカ人が無力感を覚えるとすれば、それは「市場と技術の支配に身をゆだねてきたので、自分の人生や自分の社会を制御する能力を喪失した」からだ。[*3]制御力を回復するには「機械を超越」して「機械を排除した価値」に戻る方法を考えることが必要だった。カウンターカルチャーの大きな魅力は、この文化がテクノクラシーのイデオロギーのあからさまな拒絶の上に築かれていたことだ。

だが、ローザックもライクも悪口を言いながら、テクノロジーが社会で果たしている機能を包括的に分析する方法はあまり提示しなかった。その件はフランスの社会学者ジャック・エリュールや、哲学者ジョージ・グラントや、あらゆる分野に登場するハーバート・

マルクーゼといった、もっと高度な学者にゆだねられた。エリュールによれば、僕らはいまやテクノロジーのただなかに生きている。テクノロジーは唯一の道具や機械ではなく、唯一の知識や生産の範囲ですらない。むしろそれは「あらゆる分野の人間の活動で、合理的にたどり着いた、また絶対に効率的な方法論の総体」である。[*4] テクノロジーは機械とその価値を社会へ統合し、エリュールが「人間＝機械《マン＝マシン》」と呼んだものを生み出す。この過程が最終的には社会のあらゆる面を、社会、政治、経済から教育、医療、家庭生活までをも包括する。

さまざまな点で、これはお決まりの大衆社会批判にすぎない。ただ一つ違うのは、順応主義の問題が、精神の抑圧というより機械化に由来していることだ。エリュールはテクノロジーを、内部の独自のロジックに従って進化していく自己決定的な閉ざされたサークルと考え、それに基づいてテクノロジーの四つの原則を定式化した（「ピーターの法則」〔階層社会では各構成員が能力の極限まで昇進するため、結局は無能な（能力がポストに見合わない）者で各ポストが占められるとする説〕の変種のように見える）[*5]。

1. すべてのテクノロジーの進歩には代償が求められる。
2. 新しいテクノロジーはつねにそれが解決する以上の問題をもたらす。

3. テクノロジーの有害な面を有益な面から切り離すことはできない。
4. すべてのテクノロジーは予期せぬ効果の法則に従っている。

エリュールは、テクノロジーを人間が思うように展開できる中立的な手段とする考えを斥けている。技術社会のなかで支配力や自由をいくらか感じるとしても、それはおおむねテクノロジーの制度および組織的側面が生み出す甚大な心理効果に由来した幻想である。技術は価値を付与された強大なイデオロギーであり、人間の意識を支配し、したがって「自由」の感覚、思考と行動の可能性への理解は技術それ自体から規定され、制約を受けている。そしてテクノロジーの真の危険性はそこにある。「ビッグ・ブラザー」の監視する社会や遺伝子組み換え食品や環境大破壊の心配にもかかわらず、テクノロジーへの究極の隷属とは精神のそれなのだ。テクノロジーは組織的に、僕らの知性と合理性という概念を狭めることで人間の自由、尊厳、自律を損なっている。テクノロジーは社会を細分化し、自己を断片化して、専門知識や「エキスパート」や合理的（つまり「効率的」）解決法に依存させる。

この見方に従うなら、結果は、テクノロジーが人間を解放すると見せかけて隷属させる社会だ。たとえばアメリカの自由の究極のシンボル、自動車は、たしかに個人に移動性と自己管理力を与えるが、同時にコンクリートとアスファルト、通勤交通渋滞と都市公害の世界に僕らを追いやり、なおかつ鉄鋼および石油製品への莫大な資本投資を必要とする高度に自動化された工業生産を支えてもいる。同様に、ジョージ・グラントが好んだ例をあてはめると、コンピュータはどう使うべきかを僕らに命令しているようには見えないが、ネットワーク・コンピューティングとワイヤレス通信の熱狂的な支持者でさえ、大多数の人にとって、電子メール、携帯電話、ラップトップ機が、僕らを絶えず仕事や家庭生活の要求に従わせる電子機器版の犬の首輪であることは認めざるをえない。

この技術社会の構図は広く一般に認められるようになった。生活のすべてにわたるテクノクラシーという考えはあまりにありふれてしまったため、新鮮な響きを与えるために、現代の批評家の多くが新しい用語をひねり出したり、さらなる差別化を図って、古くさい六〇年代の社会批評を再燃させることまで余儀なくされた。例を挙げると、ニール・ポストマンは一九九二年刊の『技術vs人間』で、「テクノクラシー」という語を科学、発見、発明による進歩を奉じるすべての社会に用いながら、「テクノポリ」はテクノクラシーが何より大切なイデオロギーと化し、ほかはちっとも重要ではなくオルタナティブは考えられなくなった社会だと述べている。

もちろん、僕らはみなテクノロジーに洗脳されているとの考えは、装いを変えた定番の大衆社会批判にすぎない。エリュールは人間が技術に心理的に「適応する」と言い、ポストマンは、人間がテクノポリに「夢遊病者のように歩み入って」いくと主張する。[*6] さまざまな点でテクノロジーを非常に鋭く批判するアメリカの政治理論家ラングドン・ウィナーでさえ、人間は「テクノ偏執症」に捕らわれて、何が失われたかにも気づかず、実際に下している決断の結果を考えもせずに、自分で創った世界を「夢遊状態でさまよっている」ようだと述べている。[*7] だが、こうしたさまざまな認識の欠如の主張はいささか信じがたい。僕らの文化がいささか過剰なテクノ熱の時期を経験していることは間違いないが、千年紀の境目のドットコム熱の高まりにおいても、テクノロジーに悩まされ、依存しすぎ、この世の終わりは近いと憂慮する人は多かった。

Y2K問題（二〇〇〇年問題）を覚えておいでだろうか？　これが最後の審判のごとき大騒ぎとなったことは、やはり人間はテクノロジーの進歩や発展について最高に楽観視しているときでさえ、心の奥底にある葛藤からは逃れられないことを示していた。近年の技術の進歩に関する著作や報道をざっと見るだけでも、現在進行している事態への根深い文化的不安が表われている。僕らは無意識ではないし、洗脳されてもいないし、夢遊病でもない。むしろ何が失われたのかを充分すぎるほど承知しているし、どんなことが起こるかを充分すぎるほど警戒している。だから、お決まりのカウンターカルチャー的批判では、テクノロジーがこの社会に与えている影響の筋の通った説明などまったくなされていない。

「スモール・イズ・ビューティフル」

テクノロジーがすべてにわたる巨大なイデオロギーになったというのが本当だとしたら、カウンターカルチャーがハイテク反対論の政治へ逃げこむテクノ嫌いに支配されるのも、当然のように思われる。それはさだめし、裸足で、グラノーラを食べ、パチョリ油の匂いを漂わせ、汚れたマクラメ編みのラグに座ったヒッピー、という一般的な固定観念にぴたりとはまるだろうが、実はカウンターカルチャー運動のごく一部分を反映したものでしかない。この運動はかねてからテクノロジーの有望さも脅威も認めていて、主流社会に対するのと同じように相反する感情を向けていたのだった。

もちろん、この運動ではつねにテクノロジーを大いに敵視していた。レイチェル・カーソンの一九六二年の本『沈黙の春』が明らかにしたとおり、大量生産の工業社会は精神にだけでなく、環境にも悪いものだ。統計的な推論の把握のあやふやさにもかかわらず、カーソンは多くの人たちにDDTの危険を警戒させることができた。それによってテクノロジーの「専門知識」という考え自体に疑念を向ける、新しい環境意識を生み出すきっかけとなった。その一方で、核の脅威が差し迫った地球全滅の長い影を落とすなか、ナパーム弾だらけのヴェトナム戦争が、機械化された西洋と未開の東洋とのテクノロジー闘争の構図をあらわにした。

にもかかわらず、多くの批評家が、テクノロジーはたとえ問題であったとしても同時に解決に不可欠な部分でもありうると信じつづけた。奇矯なところのあるあのライクでさえ、この要点は理解していた。ハイテク敵視が答えではない。「現実は、機械を無視するような努力で屈服させられるものではない。歴史の証明するところによれば、なすべきことは機械に対する支配を肯定し、われわれが選ぶ価値のために機械を働かすよう導くことだ」。[*8] 肝心なのはテクノロジーに反対することではなく、人間が機械を支配する方向へ——その逆にではなく——状況を整えることだった。新しい意識の目的は、機械への隷従をやめて、人間の生活を改善し、自然を保護し、平和を確保するためにテクノロジーを用いることでなければならない。

このユートピア的理想主義の理論的な中心は、「ポスト希少性経済学」と呼ばれるものの発展だった。これは、ハーバート・マルクーゼやエコ・アナーキストのマレイ・ブクチンといった著述家が提唱した考えで、テクノロジーの改善によって、ほぼ費用なしで全人類の基本ニーズを満たすのに充分な生産ができるようになったとするものだ。ひとたび機械で物質的な必要や欲求がすべて満たせるようになれば、人間は、自由に精神面を陶治したり、創造的な活動にふけったり、経済的生産の需要ではなく連帯感と愛情に基づいた社会を形成したりできる（もっと身もふたもない言い方をすれば、イアン・M・バンクスのSF小説に描かれる文明社会「カルチャー」の市民よろしく、仕事は機械に全部やらせておいて、自分たちは寝転がったりセックスしたりできる）。彼らは新しいテクノロジーに純粋に革命的な潜在能力を見いだした。それは大衆社会の複雑な生産主導のヒエラルキーを揺るがすことを約束するものだった。ブクチンは、風力や太陽光や潮力といった再生可能エネルギー源が新たな縮小文明の基礎となって、「農村と都市に合理的でエコロジカルな統合をもたらす」ことを期待した。[*9] また希少性の蔓延などという概念は、もっぱらテクノクラシーの既得権者らの策略だと確信していた。

結局こうした見方を破綻させたのは、人間の消費の競争的な性質と、局地財の重要性を見誤ったことだった。素晴らしい環境の住居、趣味のよい家具、高速の自動車、おしゃれなレストランや格好いい服装はどれも本来希少なのである。これらをもっと生産できないのは、その価値が消費者に与える差異に基づいているからだ。だから、生産増で欠乏を克服しようと考えるのは筋が通らない。この社会では、希少性は物質的ならぬ社会的な現象なのである。ブクチンもマルクーゼも、この問題の重要性を見落としていた。彼らをさらに苦しめたのは、社会の解放のために、まさに抑圧の手段であるテクノロジーに依存しているとの感覚であった。マルクーゼは、どうしたら「機械化と標準化の過程」を人間の解放という目的に資するよう変えられるかと考えた。*10 だが産業資本主義の特徴である、とてつもなく複雑で資本集約的な技術システムの実用的な代替物は見つけられなかった。結果として、マルクーゼにもブクチンにも、大衆社会から脱出する道はなかなか考えられなかった。

このような状況が一変したのは、一九七三年、イギリスの経済学者エルンスト・シューマッハーの著書『スモール・イズ・ビューティフル』の発表によってだった（ご存じでない読者のために。このシューマッハーこそ、大衆社会での生活を評して「soul-destroying［死ぬほど退屈な］」という表現を考え出した人物である）。この本の副題は「人間中心の経済学」であり、シューマッハーはテクノロジーを人類の真のニーズに適応させられると考えていた。必要なのは、オルタナティブ文明の基礎となるオルタナティブ・テクノロジーだ。大衆社会のテクノロジーが複雑で、集権的で、資本集約型で、専門知識を要求されるものだとしたら、オルタナティブ・テクノロジーはそれとは正反対だ。シンプルで、非集権的で、安価で、使い勝手がよく、修理しやすくて、規模の小さな個人や局所的な利用に適している。シューマッハーの関心はかなりの程度まで、発展途上国のニーズについてである。彼は、大量生産システムはすでに豊かな社会だけに適していると主張した。またガンジーの金言

「世界中の貧しい人たちを救うのは、大量生産ではなく大衆による生産である」に従って、発展途上国に必要なのは、原始的な道具と現代工業の中間にあたる中間技術だと説いた。この大衆による生産の技術は、「エコロジーの法則にそむかず、希少な資源を濫費せず、人間を機械に奉仕させるのではなく、人間に役立つように作られている」。それはまた、誰もが使える民主的なもので、「金持ちや権力者だけの技術ではないのである」。[*11]

この発展途上国に対する態度にもかかわらず（そして中国で「大躍進」中に行なわれた、共同体単位での製鋼のような地域技術の悲惨な実験にもかかわらず）、西側工業化社会の多くの人々は、シューマッハーの「科学と技術を有機的なもの、優しいもの、非暴力のもの、美しいものへと組み替えること」の要求に心を捕らえられた。[*12] 環境運動家、反資本主義の左派、農地へ帰れと主張するヒッピー、電気を使わない生存主義者などさまざまなグループが、「適正技術（appropriate technology）」と呼ばれるようになるものの旗の下に集まったのだった。

適正技術とは何か

適正技術（AT）の支持者たちは「大衆社会」の技術観を、社会と無関係に動き、決定論的で、全体主義化の原動力であるとして斥ける。彼らは、問題は必ずしもテクノロジーそれ自体ではなく、僕らが選んだ具体的な手段の性質にあると考えた。テクノロジーはやはり必要とはいえ、もっと賢い選択をすべきなのだ、と。大衆社会が人間を社会から疎外し環境を破壊する「ハードな」技術を利用してきたのに対し、「ソフトな」すなわち適正な技術は民主的で、環境に優しいものであるべきだ。ソフト・テクノロジーは効率的で、生態系に優しくなければならない。地方の民主的政府を強化し、個人とコミュニティを繁栄させ、安全で、面倒でなくて、使いやすくなければ……。無理な注文である。

当然、これらのメリットが互いに共存可能だと期待できる理由はない。たとえば一九六八年型クライスラー・ニューポートであれば、ちょっと車に詳しい人なら誰でも標準的な三種類のレンチで分解し組み立て直すことができる。そう遠くない昔には、人々は自分でオイル交換や修理をしたものだ。しかし、こうした車はガソリンをよく食う車でもあった。それに対して現代のハイブリッド車は、すこぶるエコながら、ひどく造りが複雑だ。電気系統だけでも複雑なため、ディーラーと、販売後には特殊な訓練を受けた技師にしか扱えない。所有者は定期的にファームウェアのアップグレードに車を出さなくてはならない。すると、いったいどちらのテクノロジーが「ハード」でどちらが「ソフト」なのだろうか？

こうした困難をものともせず、ATの支持者たちは、テクノロジーの世界を二つのシンプルなカテゴリーに分けることに固執する。例を挙げると、アーシュラ・フランクリンは一九八九年の著書『テクノロジーの現実世界』で二つの主要なタイプ――「ホリスティック（全体的）」と「プリスクリプティブ（処方的）」に大別している。ホリスティック・テクノロジーは、手工業を基本とした生産の特徴だ。ただ一人の職人が最初から最後まで生産のすべての面を掌握する。分業化が生じるのは、陶器やテキスタイルといった一般製品の生産においてである。これに対し、プリスクリプティブ・テクノロジーでは製品ではなく作業ごとに分業化が進められ（自動車生産が典型例）、生産は個別の労働者ではなくシステム全体の機能であり、したがって製作進行担当やマネジャーが管理責任を負う。

フランクリンは、僕らの社会はプリスクリプティブ・テクノロジーが優位であることに特徴づけられていると主張する。*13 僕らが技術の要求やその人間を疎外する官僚的合理性の恩恵を受けるようになったのは、このテクノロジーが、彼女が「服従の設計」と呼ぶものであるからだ。フランクリンは、僕らの社会の技術をなるべく人間的で全体的にするよう、手段を講じなくてはならないと言う。フランクリンのさらに興味深い提案に、航空会社のCEOは強制的にエコノミークラスに乗せること、官僚には公共交通機関を使わせること、外食産業のオーナーには自分のレストランで食事をさせることなどがある。たぶんもっと真剣に、フランクリンはこうも述べている。どんな新技術や公共事業についても、つねに問わなければならない。それは正義を推し進めるか？　相互利益を取り戻すか？　災害を最小限に抑え、破壊より保存に有利に働き、機械より人間に益するか？

これはまさにATへの要求だ。しかし、そのテクノロジーがソフトでもハードでも、ホリスティックでもプリスクリプティブでも、これらが「良い」技術とか「悪い」技術とかに自然に分類されるテクノロジーになっているかどうかは定かでない。一つ懸念されるのは、「ソフト」または非集権的とされるテクノロジーの多くがすぐにも集権的な目的のために転用されかねないことだ。ミシンが明らかな例だ。登場したてのころには、必ずや主婦を退屈で疲れる針仕事から大いに解放する革命的装置ともてはやされたミシンだったが、すぐに労働搾取工場を生み出してしまった。

もっと一般的には、人々はテクノロジーをその性質のとおりに利用しないことが多い。例を挙げれば、環境に優しい住宅建築テクノロジーがもたらした唯一最大の影響は「マクマンション」（住宅バブル期に乱造された豪邸）の蔓延だった。たいていの人は自分が購入・維持できる最も大きな家を買うものだ。もしも高効率暖房炉と高級断熱材によって暖房費が安く抑えられるならば、その分もっと大きな家を買うだろう（空調装置ももっと大きくなる）。高断熱ガラスで窓の断熱性が改善されるなら、もっと大きな窓にするだろう（だから結局この住居全体の熱損失が変わることはない）。消費者の支出はどうやら浪費を一定に保つ働きの法則に支配されているようだ。

もう一つの問題は、多くのテクノロジーの適正さはもっぱらどれだけ多くの人がそれを利用するかで決まることだ。薪ストーブはさまざまな意味でしごく適正なテクノロジーだ。化石燃料を燃やさないし、大規模なエネルギー生産・輸送システムから完全に独立しているのだから。だが、この単純な質問にはうまく答えられない――「もしもみんながそれを使ったら?」。通りで一戸だけがキッチンに薪ストーブを備えるのならいいが、全戸がそうしたならば空気は灰だらけになり、大規模な森林伐採がなされ、薪の束の価格は高騰し、都市の大気環境は一九世紀レベルに逆戻りするだろう。ほどなく当局が介入し規制をかけ、薪ストーブを消滅させざるをえなくなる。では、これは適正な技術なのだろうか。少数の人しか使えない技術にふさわしい名前は「適正」ではなく「特権」である。

最後に、ATに基づいて築かれた地域コミュニティや地域文化でさえも、多様性、自由、独立、民主主義を推進すると考える理由などはない。むしろ、どちらかというと、その逆になりそうだ。大規模なテクノロジーは人々にお互いに協力しあうことを強制する。これに反して、小規模なテクノロジーは、ぎすぎすした個人主義を助長することがしばしばだ。もちろん「生存主義者《サバイバリスト》」の心理の特徴である孤立主義で反社会的な態度もあおってしまう。つまるところ、自前の発電機、汚水処理タンク、四輪駆動自動車、ショットガンとモンタナ州の地所を持っているなら、税金を払う意味とは何なのだろう。

結局、これらの反論のいずれについても、ATの熱烈な信奉者は心配しなかったようだ。AT運動は、環境への懸念に対する一般的な反応であるのと同じくらいに、明確な政治イデオロギーのはけ口でもあった。この運動はカウンターカルチャー全体に流れる自足的リバタリアニズムの太い血管に入りこんだ。それはまた、かなりの程度まで現実世界の政治的義務の要求を意識的に避けようとする試みであった。加えて、テクノクラシーに反対してはいたが、カウンターカルチャー内部の多くの構成分子たちは実際のテクノロジーに非常に魅力を感じてもいた。

AT運動のひたすらにリバタリアンの政治と技術消費主義はさまざまな形で表明された。多くの人はバックミンスター・フラーの仕事に刺激を受けた。フラーのシンプルな構造が軽さと強度とを結びつけた測地線《ジオデシック》ドームは、適正技術の原型であった。また、フラーは、新たに生じてきた地球環境の意識を「宇宙船地球号」という概念で表現した。[*14] 僕らはみなこの宇宙船の乗組員であって、大規模な環境破壊を避けようと思うのなら、一致協力して働かなければならないという。フラーの『宇宙船地球号 操縦マニュアル』は、あまたのヒッピー宇宙飛行士たちの夢想をかき立てた。『スモール・イズ・ビューティフル』がAT運動のバイブルであるとすれば、その広報誌は『全地球《ホール・アース》カタログ（WEC）』であった。これは後年、後継誌の『コエボリューション・

クォータリー』が出されている。一九六八年にスチュアート・ブランドが発刊したWECは、雑誌でもあり、サバイバルマニュアルでもあり、商品カタログでもあった——つまり実践的カウンターカルチャー人の情報センターのようなものだ。ブランドはこの運動をはっきりと、セックスとドラッグとロックンロールから、自転車とソーラーパネルとバイオトイレへ向かわせようとしていた。カウンターカルチャー内での大論争の的が、社会全体を変えるために一人の意識を変えるだけで充分かということとすれば、WECは話題を転じて、ライフスタイルを変えることで社会を変えられると提唱しようとした。僕ら一人ひとりは一つの社会であり、みんなが徹底的に超然とした、もしできれば田舎か原生地域で自足的なライフスタイルをとるならば、個人、社会、そして地球全体がもっと豊かになる。宇宙船地球号の乗組員は、自立していなければならないのだ。

AT運動のポスト希少性という見地と、代替エネルギーの可能性への信頼は、一九七〇年代のオイルショックと経済停滞後にほとんど立ち消えになった。この運動は、風力発電にロマンを求めるタイプ、燃料電池がらみの企業家、水素経済を提唱する未来学者らによる、熱心だが政治的には末端のサブカルチャーとして生き残っている。それでもATの探求に駆り立てた理想は、主に二つの形でこの文化に多大な影響を及ぼしつづけている。まずは、インターネットへ移行したテクノロジーへのあこがれ。サイバーパンク、サイバーコミュニタリアニズム、サイバーリバタリアニズムなど、さまざまな形態がある。その一方で、ヒッピー宇宙飛行士による自足の政治は、個人の行動とグローバルな意識とを結びつけ、「グローバルに考え、ローカルに行動せよ」というスローガンのもとに結集した、環境を守る消費者の政治としてこの文化に広がっていった。

サイバースペースの自由

AT運動を動機づけた理想の多くは、初期のコンピュータの世界と軌を一にしていた。現在「ハッカー倫理」と呼ばれるものは、一九五〇年代にMIT（マサチューセッツ工科大学）の学生のあいだで始まった。その中心原則は、すべてのユーザーにコンピュータと情報に無制限にアクセスする権利があるということだ。アナーキーでリバタリアン志向のハッカー倫理は、テクノクラシーの特徴である専門知識の崇拝や情報に基づいたエリート主義に挑戦する手だてとして、コンピューティングと情報アクセスの非集権化をめざした。文化理論家のアンドルー・ロスはこう評している。「ハッキング技術とコンピュータ・ウイルス的ゲリラ戦が、カウンターカルチャーの夢想のなかで、火炎瓶の考案がかつて占めたのと同様の地位を占めている」[*15]。

ハードウェアの面では、アップル社のコンピュータが最初からATの信頼を得ていた。

創業者のスティーブ・ジョブズとスティーブ・ウォズニアックは、あえてIBMとディジタル・イクイップメント・コーポレーション（DEC）が築いた企業、組織、大型汎用コンピュータを基本にしたシステムと反対の立場をとっていた。これらの巨大で「無情で機械化された抑圧の首謀者」とは対照的に、パーソナルコンピュータの可能性は――DTP（デスクトップ・パブリッシング）からネットワーク化されたコンピュータ操作まで――体制転覆的で解放的に見えた。

ブランドは『全地球《ホール・アース》カタログ』の誌面で完全に同意した。アップル社のコンピュータを革命家による革命家のためのツールとみなし、薪ストーブについての記事と並んでアップルに関する記事を掲載した。一九八五年、ブランドはWELL（全地球電子リンク）を、自ら発刊した雑誌『全地球ソフトウェア・レビュー』のライターと読者のためのオルタナティブな電子版フォーラムとして共同創設した。雑誌は数年しかつづかなかったが、WELLはオンラインの討論コミュニティとしては最も初期の試みで、現在はサロン・コムの所有で全世界に一万人のメンバーをかかえている［二〇一二年、サロンはWELLを登録メンバーに売却した］。

ロスはこんなうまい言い方をしている。六〇年代のカウンターカルチャーとAT運動が民間伝承《フォークロア》のテクノロジーのもとに形成されたとすれば、八〇年代から九〇年代にかけてのそれは「テクノロジーの民俗学《フォークロア》——データでいっぱいの仮想環境とポストヒューマンの世界におけるサバイバルと抵抗の神話的偉業」に根ざしている、と。[*16] 多くの人たちが純粋にアナーキーな社会秩序の夢を見つづけ、そこではあらゆる社会的関係が強制的ではなく、自発的で、あらゆる規則やヒエラルキーが控えられている、それがサイバースペースだ。

サイバーリバタリアニズムは、コンピュータに仲介される生き方への非常なる熱意と、自由、経済学、コミュニティの正確な定義に関する急進的リバタリアンの考えとを結びつける思想の集積である。このイデオロギーのごく明快な解説が「サイバースペースとアメリカの夢——知識時代のマグナカルタ」に見いだせる。初版では、エスター・ダイソン、ジョージ・ギルダー、ジョージ・キーワース、そしてアルビン・トフラー〔『第三の波』で有名な未来学者〕が執筆にあたり、それ以後もいくつかの版がインターネットに公開されてきた。

サイバーリバタリアニズムは、トフラーの技術発展に関する「波」理論に多くを負っている。第一の波は農業経済で人的労働が中心だったのに対し、第二の波の経済は大規模な産業機械のもとに築かれていた。新しい第三の波の経済は知識に、とりわけネットワーク化されたコンピュータから広まる知識に捧げられるだろう。大衆社会は第二の波の技術の産物であって、大量生産と、大きな政府と、集権化した企業の官僚的組織を必要とした。

情報時代には、制度と文化は「脱大衆化」され、官僚支配は不可能になり、大衆社会の制約から解放された人間的な自由を行使する機会がかつてないほどに開かれることだろう。第三の波の世界では、コミュニティはまったく強制的ではなくなる。インターネット版「マグナカルタ」の筆者たちが認めるように、「未来の第三の波のコミュニティがどんなものになるか、最終的に『脱大衆化』がどのように発展するかは誰にもわからない。だが、サイバースペースが明日の多様なコミュニティを結びつけ、地理的にではなく共有される関心によってコンピュータ上の近所づきあいを生み出すのに、重要な役割を果たすことは間違いない[*17]」。

もう一つの重要なサイバーリバタリアンの原則の報告は、ジョン・ペリー・バーロウが記したものだ。バーロウの「サイバースペース独立宣言[*18]」は、次のような声明から始まる。「産業世界の政府、肉と鋼鉄でできた退屈な巨人どもよ、私は新しい精神の住処《すみか》、サイバースペースの住人である。未来のために、過去の遺物たる諸君に要求する。われわれを放っておいてくれ、と。君らは招かれざる客だ。その権威は、われらの集うところでは通用しない」。さらにこう主張していく。「われらのアイデンティティは肉体を持たない。だから諸君と違って、肉体的強制によって秩序を得ることはない。この世界の統治は、倫理、賢明な利己主義、公共の福祉といった土台から生じるものと信じている。われらのアイデンティティは政府の多くの管轄地にわたって存在することができる。この世界を構成する多様な文化が一致して認める法とは、『黄金律（汝の欲することを人にもなせ）』だけだ。これに基づいて、個々の問題の解決を図ろうと思う。しかるに、諸君の押しつけようとする解決法はとうてい受け入れられない」。

どうもサイケ臭が漂っていると思われたとしても、不思議ではない。バーロウはかつて、グレイトフル・デッドの作詞家だったのだ。しかし、インターネットにおけるカウンターカルチャーの可能性に魅せられた人物は、バーロウが最初ではなかった。一九八〇年代にティモシー・リアリーは、人間の意識を拡大するのに不可欠な道具として、コンピュータはLSDに取って代わったと宣言した。「コンピュータは私がやってきたなかで最も体制転覆的なことだ」とリアリーは述べた。[*19]

たとえば一九九六年以降に初めてインターネットとつながった人には、こうした主張はバカげたものに思える。僕らのようにワールド・ワイド・ウェブが誕生する前からメールアカウントを持っていた人間でも、インターネットがかつてどれほど楽しい場所だったか、なかなか思い出せない。ニュースグループ、掲示板、メーリングリスト——これらオンラインコミュニティの中心地はおおむね自治領だった。参加者は「ネチケット」と呼ばれる習わしに従うことに同意し、ルールをないがしろにする者はいつしか無視されるか炎上して追放された。だから草創期のインターネットは、厳密にはルールなき世界ではなかったとしても、たしかに序列や強制などはほとんどなく、きわめて自由で非集権的な場所だった。サイバーリバタリアンの夢は、こうした形式の社会的相互作用が社会経済的秩序の全体のひな型となることだった。

正直なところ、過去一〇年間はこうした電子コミュニティの将来の展望にとって厳しい時期だったが、その理由は実はとうから予測できたことだった。バーロウは「われわれが創造しつつある世界では、誰もが、どこでも自分の信ずることを表現することができる。それがいかに奇妙な考えであろうとも、沈黙や体制への順応を強制される恐れはない[*20]」と宣言したとき、ほかの人に強制し、嫌がらせをし、沈黙を強いるためにこの表現の自由を利用する者がいるかもしれないとは、思いもしなかったようだ。そうしてインターネットにたちまち「現実世界」に存在するのと同種の不快な連中が、たとえば人種差別主義者や、頑迷な人間や、性差別主義者がはびこった。もちろんチームキラー〔チーム対戦型オンラインゲームで味方を殺すプレーヤー〕、ぶっ壊しバカ《スマックタード》〔考えなしの行動で他人に迷惑をかけるプレーヤー〕、サイバーストーカー、その他の「グリーファー」〔ゲームの欠陥を利用して相手に嫌がらせをする人〕も横行して、プライバシーを侵害し、相手になりすまし、元カノや同僚に嫌がらせをしようと、要するにオンライン上で他人につらい思いをさせてやろうと手ぐすねを引いている。もっと悪いことに、彼らはサイバースペースをこのようなユートピアたらしめている特徴を利用してそうすることができる。法も障壁も境界線もなく、政府も警察もなく、ほぼ完全な匿名性によって。その結果は、サイバースペース版のグレシャムの法則だ。つまり、悪い話は良い話を駆逐するのである。

たとえ、この種のことだけでは筋金入りのリバタリアンに、多少のネット管理は望ましいと思わせられないとしても、ネット上に氾濫したスパムを見れば納得するのではないか。二〇〇三年半ばまでにスパム（頼んでもいないのに届くポルノ、住宅ローン金利、ペニス増大などの広告メール）は、ユーザーにとってもプロバイダーにとっても小さな迷惑から大きな問題になりつつあった。多数のメールアカウントが使用不能に陥れられた。一日に数百通ものスパムを受信する人もいた。米国議会でやっと反スパム法が通過するころには電子メールの全流通量の六〇〜八〇パーセントがスパムになっていた。

スパムというものが存在するのは、とても安く簡単に商品を売りさばく方法だからだ。メーリングリスト一件で五〇〇ドルほどで一〇〇万人のアドレスを集められる。すると、わずかに一〇万通に一通ほどの応答率でも儲けになる（これに対し、昔ながらのダイレクトメールでは一〇〇通に一通が必要）。そしてスパムはサイバーリバタリアンの将来展望の悪用などではなく、むしろその中核をなす方針から直接に得られている。トフラー、ダイソン、バーロウらの考えでは、インターネットの本質とは、無制限で強要されない表現の自由を経済活動にもというより、とりわけ経済活動にこそ許すことだ。もちろん送られるスパムが増えれば増えるほど効率は下がるのだが、スパム過剰の状況は業者に、いっそう努力して、同じメッセージをもっと何遍も送るように促す一方だ。完全な底辺への競争が開始され、スパムでふさがれたネットはサイバーリバタリアンの未来の悲劇の絶頂となる。

スパムは簡単に解決できる問題ではないが、インターネットが成長しつづけるならば、対処しなければならない。リバタリアンの多くは、それがネットのいっさい制約されない自由を妨げるという理由で、スパムを止めるためのどんな規制にも反対しており、スパムフィルターやセキュリティ・パッチなど、あくまでユーザーエンドでの技術的な解決を求めている。しかしこうした方法では、技術的というより社会的な、構造上の根本問題に取り組むことができない。このため、サイバーリバタリアニズムがネットで認識しそこなってきた――リバタリアニズムがほかのすべてで認識しなかったのと同じ理由で――ことが先延ばしにされている。無制限の自由が、平和、愛、理解を増進することはない。資本主義を推進することもない。ホッブズの自然状態を生み出すばかりである。

スローフード運動

僕は高校生のとき、ヒッピー文化を卒業し高級化したオタワのある地域で、食料品店の袋詰めのアルバイトをしていた。その結果、八〇年代の社会でとても大きな亀裂を生じた戦闘の最前線に立たされた。夫と妻を、隣人どうしを相争わせたその闘いとは、レジ袋は紙袋であるべきか、それともポリ袋か、というものだった。

これは環境意識の高い買い物客にとって、本当に悩ましい問題だった。紙袋を選べば、木を伐採することになる。ポリ袋を選べば、太陽が超新星に変わるときもまだスキー靴やトゥィンキーのケーキ〔何年も傷まないという都市伝説で知られる〕と一緒にしぶとく残っている運命の、微生物には分解されない袋を埋め立てゴミにする、その片棒を担ぐことになる。紙/ポリ袋論争が下火になったのは一部には、買い物客がポリ袋のほうを選んだからだ。紙より七〇パーセント軽く、扱いやすい持ち手があり、保存しやすく家事で使い途が多い。だが何より、消費者の興味がもっといまどきの問題に、イルカを傷つけないツナ缶や、熱帯林の日陰栽培のコーヒーに移ったからだった。

そのときどきで問題になることは変われど、このグローバルな環境問題に対する個別の消費者の責任という全般的な問題は、変わってはいない。この新しい消費者意識を端的に表現しているのが「グローバルに考え、ローカルに行動せよ」というスローガンであり、おそらく史上最も成功した公共意識づけキャンペーンの一つだろう。しかし残念ながら、これは深刻な大規模な環境問題に対処するメカニズムとしては完全な失敗である。「グローバルに考え、ローカルに行動せよ」の根底にあるのは、環境問題はほぼ全面的に消費者行動に起因しているという信念だ。実際、昨今の反消費主義や反広告運動を一皮めくれば、実のところ装いを変えた環境運動であることがわかる。そのため、環境問題で好ましいとされる解決法は、おおむね消費主義を正そうとするカウンターカルチャー的な提案とほとんど同じものだ。道徳教育によって個人に責任感を持たせること、また賢明なライフスタイルの選択により個人が行動すること。植林して、自転車に乗って、生ゴミを堆肥にして、地球を救うのだ。

この手の発想の最たるものは、ヴァンクーヴァーのTHEストア（Total：総合的、Home：家庭、Environment：環境）に見ることができる。環境意識の高い買い物客が、オーガニックウールのマットレスや掛け布団、持続可能な竹林から作った床材、松の再生木材でできたテーブルや戸棚を見つけられる店だ。善行を施すことは安上がりではないが、生物分解されるゴルフボールという矛盾する存在を受け入れられるあなたなら、二五〇〇ドルをちょっと切る値段のマットレスと掛け布団のセットを手にする資格がある。お金に困っているが、地球のために貢献したいという向きには、オーガニックのコットンボール一箱一八〇個入りが、たったの八ドル九九セントだ。

もちろん、退屈している金持ちのエコの主張をあざ笑うのはたやすいが、環境に優しい消費主義は、誇張するのが難しいほどに、現代の環境カウンターカルチャー論者たちの心と財布をがっちりとつかんでいる。いまなら『アドバスターズ』はスニーカーを売ってもかまわないかもしれないが、まったくの手遅れだ。シアトルの持続可能《サステイナブル》スタイル財団（スローガンは「素敵に装い、贅沢に暮らし、社会に貢献」）[*21]は一九九八年に設立され、「現在と未来のスタイルの専門家と顧客を教育し、支援し、励まして、職場で、家庭で、娯楽でもユニークなスタイル選択による自己表現を通じて世界に明るい社会的・環境的な変化を起こせるようにする」ための非営利団体（NPO）だ。環境の持続可能性を流行させる提案のなかで、持続可能スタイル財団は、なるべく地元の手作りの服や靴を買うよう勧めている。

この財団は、食品・レストラン産業の商品はオーガニックの地元産にすべきだとも主張している。この考えは「スローフード」運動から借用したものだ。ファストフードという国際的な災厄（フランス人のいう「悪食《ラ・マルブッフ》」）と闘うために一九八九年にパリで立ち上げられた運動［もともとは一九八六年にイタリアのC・ペトリーニが提唱］である。ヒッピーとヤッピーの理想がこれほど見事に収束した例はそうそう見つかるものではない。正式名は「楽しみの権利擁護のための国際運動」であるスローフード宣言は、次のように主張している。

工業文明という旗印の下に生まれ育ってきた私たちの世紀は、まずは機械を発明し、それによって生活モデルを形成してきた。私たちはスピードのとりこになり、誰もが同じウィルスに感染している。私たちの慣習を破壊し、家庭に侵入してのさばり、「ファストフード」を食することを強いる「ファストライフ」というウィルスに。

(…)このファストライフという全世界的な狂気に立ち向かうためには、落ちついた物質的喜びを断固として守るしかない。この狂乱を効率とはき違えるやからの蔓延に対し、五感の確かな喜びと、ゆっくりと持続する楽しみとを適度に配合したワクチンを、私たちは推奨する。食卓で「スローフード」を実践することから始めよう。ファストフードの没個性化に対抗して、郷土料理の豊かさと味わいを再発見しよう。生産性という名のもとに、ファストライフが私たちの生活を変貌させ、環境と景観を脅かしているとすれば、いまやスローフードこそ唯一の真に革新的な解答である。*22

世界の暑くて汗まみれの地域へワクチンを投与するために、平和部隊に参加したりなぞしなくていい。ミシュランガイド片手にエクス・アン・プロヴァンスやトスカーナ地方に出かけるほうが具合がいい。なにしろ、スローフードは現代文明の病弊への唯、一、の革新的解答なのだ。優雅な生活はいまだに最高の復讐かもしれないが、贅沢な食事は、どうやら最高に革新的な政治運動であるらしい。

しかしカナダでは、スローフード原則はいささか受けが悪いことが判明した。原因は、国内のほとんどの地域では作物の生育期がせいぜい四、五ヵ月しかつづかないことだ。だから地元産の材料を使ったカナダ料理は、往々にして生鮮野菜のなさで異彩を放ってしまう。ペミカン〔干し肉と脂肪・果実を混ぜ固めた保存食〕とオートミール粥で暮らすか、スローフード原則を捨てるかどうかの選択に迫られた、あるカルガリーの料理講師は、独創的な解決法を思いついた。暇な時期に料理学校ごと南フランスへ移転したのだ。そうして高級フランス料理を楽しみながら、材料はすべて地元産にするという要件を守ることができた。「まったく簡単なことです」と彼女は言った。「自分の食べる物がどこから来ているかを知るということですから」[*23]。最近エグ・ヴィヴの村に家と自転車を買い、青物市に乗っていっているそうだ。

地球を救う行動がこんな絵に描いたような展開になると、誰に想像できたろう。

思考実験として、北アメリカのどこかの大都市を想定して、いくつか自問してみよう。地元で仕立てた衣服や手作りの靴はどこで手に入れられそうか？　有機農産物にはいくら払うことになりそうか？　なるべく多くの地元産の材料を使うのは、どの料理の店か？　これらはすべて非常に高価なしろものであって、こういう店は街のハイカラな地区（たぶん大学近辺）にしか見つからないだろう。環境に対する消費者意識とされるものは、反逆の消費主義の一変形にすぎないのではないかと思えてくる。どうしてこの社会の最も善意で環境意識の高い市民たちが、意義深い政治的行為を構成するうえで、このような独善的でわがままな考えを抱くに至ったのだろうか？

ディープエコロジー

「グローバルに考え、ローカルに行動せよ」の根底にある宇宙船地球号という考え方は、環境理論家のピーター・ヴァン・ワイクが「外界への動き（the move to the outside）」と呼ぶものの一つの別バージョンにすぎない。[*24] 目的はこの地球全体を一つの巨大な機械（宇宙船のたとえのように）か単一の機能する有機体（ガイア仮説のように）とみなすことだ。これは、地球の生態系があらゆる面で相互に関係しあい、依存しあっていると考えるよう促すという点で、かなり魅力的な言い回しになっている。だが、この外界への動きには、人間のグローバルなコミュニティという偽の感覚を植えつける悪影響もある。そのため、文化や政治経済力、制度の大きな違いが軽んじられ、環境の破壊や劣化を引き起こしたり、やわらげるのに果たしたおのおのの異なる役割を覆い隠してしまう。非常に大きなスケール（「グローバルに考える」）か、非常に小さなスケール（「ローカルに行動する」）のことしか考えないように仕向けることで、外界への動きは僕らに、中間レベルの国の政治経済制度を避けさせている。不幸なことだ。そこでこそすべての措置がとられるのだから。

この「外界への動き」の最も過激にすべて均一化してしまうバージョンが、「ディープエコロジー」と呼ばれる環境運動だ。一九七二年にノルウェーの哲学者アルネ・ネスが提唱したディープエコロジーは、環境中心主義の原理に基づいている。すべての生命体には、人間にとっての有用さや価値とは関係ない固有の価値がある。地球上のすべての生命体は、相互依存の網の目のなかにあり、人間は命の網の目の不可欠な一部ではあるが、他の種と比べて重要なものではない。だから、人間はその生命の維持への必要を満たす以外には、地球上の生命の豊かさや多様さを減らす権利を持っていない。

ディープエコロジーは、現行システムの改革を望む主流の環境運動だけではなく、問題は大衆社会の官憲主義的なテクノクラシーのヒエラルキーにあるとする（ブクチンなどが奉じる）考えをも拒絶する。後者は、人間がテクノロジーを通じて人間を支配することを環境問題の原因とみなすかぎりにおいて、単なる社会的な批判として拒絶されるものだ。ディープエコロジストは、ただ社会問題を危惧するだけではない。というのも社会問題は、環境運動の「改革主義」派の範疇にとどまるからだ。本当の問題は人間が人間を支配することではなく、人間が自然を支配することなのである。

ディープと反対の「シャロー（浅薄）な」環境運動家たちが強調する資源の枯渇や公害といった論点は、より根深い問題の症状にすぎない。僕らが自然環境を強奪しているという事実は、この文明が自然界との根本的にいびつな関係のうえに築かれたことを示している。人間は自然を支配し、操作し、管理する対象と見ている。この点で「外なる自然」へのこうした態度は、大衆社会を特徴づける「内なる自然」への態度の投影といえよう。自然の支配と自己の抑圧は、同じコインの表と裏なのだ。

その結果、カウンターカルチャーの理論家は数十年にわたってディープエコロジーの運動を、精神の解放をめざす、基本的に内面の闘争の外面への現われとみなしてきた。人間の文明が環境に加えている生態系上の圧力は、文明が人間の本能のエネルギーに与えている心理的なプレッシャーにぴたりと呼応している。公害はこの緊張の外面への現われであり、神経症は内面への発露である。沈黙の春とヴェトナム戦争は同じ起源を持ち、やがてみな限界点に達することになる。その結果として起こる「自然の反乱」は、精神界と自然界の両方の解放へつながっていく。この反乱が起こったとき、人間はついに超自我の抑圧から脱して、自然を支配する衝動はただ消え去ることだろう。そうなったとき、人間はもはや環境に法や規制を押しつける必要はなくなる。いまでは教会に「ゴミ捨て禁止」の掲示が必要ないのと同じように。もう誰も自然環境を強奪しようなどとは思いもしないのだ。

迫り来るエコロジー版の審判の日の恐怖、もしくは「抑圧されたものの回帰」は僕らの文化の大きな不安を引き出している。一九七〇年代には『アニマル大戦争』などの映画が、報復の時はすぐそこに迫っていると示唆して観衆を恐怖に陥れた。ゲイリー・ラーソンの全世界に広まった漫画『ファーサイド』でさえも、要するに人間と自然界の関係の根深い誇大妄想的な未来像を明確に表現している。ラーソンの見方では、獣たちは、好機をうかがい、ブラックリストを作りながら逆襲の時を待っているのだ。

そうなると僕らにただ一つ残された選択肢は、人間中心でない生物圏すべてにおける平等主義を促進するような、まったく新しいエコロジーの意識を持つことだ。ヒトは自分たちが何百万とある生物の種の一つにすぎず、地球とその資源に対して何ら特別な請求権を持たないことを悟らなければならない。むしろ他のすべての種はヒトに対し道義上の権利を持ち、ヒトには、自らの繁栄を他の動物に優先する権利はない。この世界に対する搾取と干渉は現在でも過剰なうえに、どんどん悪化しており、ディープエコロジーの観点からいうと、人間一人ひとりが現状を逆転するために必要な手だてをとる義務を負っている。

過去数十年間に、堅実な知的基盤に立った、ディープエコロジーの堅固な規範的計画を実施しようとする数々の試みがなされ、程度の差はあれ成功をおさめてきた。たとえば、システム理論やサイバネティックスは、さまざまな形態の生命地域主義《バイオリージョナリズム》を支持するために利用されてきた。これは生態系のつながりを持つ地域、特に河川流域での人間の営みを、食料、財・サービスに関して自給自足でき、持続可能になるように組織する活動である。エコロジカル平等主義の根底にある原則と固有の価値を具体化するために、一九八五年、ビル・デヴァルとジョージ・セッションズは共著『ディープエコロジー』[*25]を発表した。著者たちが「思考への招待」と自ら評したこの本は、禅宗、プロセス哲学、ドイツ・ロマン主義、ユング派精神分析、脱構築系の文芸批評など、さまざまな伝統に訴えるものがある。ヴァン・ワイクが言うように同書は「さながらニューエイジ版の特大引用句辞典」であり、ディープエコロジー運動は、根本的に依然として地球への愛と思いやりを示すためのシンプルな助言となっている。[*26]

この「愛こそはすべて」意識の高まりの下には、ディープエコロジー運動のはっきりと反リベラルな暗黒面がひそんでいる。ディープエコロジーに影響された活動家グループの多くは、人間には生態系があまねく繁栄する状況を推進する義務があるとの考えを真剣に受け止め、その目的を達するためには暴力に訴えることも辞さない。そうしたグループのなかでも特に物議をかもしているのが、アースファースト（地球第一！）だ。その戦闘の号令は「更新世〔人類が出現したとされる時代〕への回帰」であり、その「ぶち壊し」戦略は単なる不服従にとどまらず、木への釘打ち〔木材としての価値を落として伐採を減らすという戦略〕、道路の破壊、道路建設車両の破損にまで及んでいる。近年では地球解放戦線（ELF）という同様のグループが、コンドミニアム建設地に放火したり、バイテク研究施設を破壊したり、SUV販売代理店を炎上させて悪名をとどろかせた。

ディープエコロジーの反リベラルな要素は、あらゆるものを均一化、同レベル化する「外界への動き」の論理に潜在している。一歩引いて地球全体の機能を思い描こうとしたとき、環境への脅威とは機械的もしくは生物的な崩壊であることが改めて見えてくる。つまり、宇宙船地球号が故障するか、生命体が病気になるかだ。ヒトは生物学上の異常で、触れるものすべてを破壊するか殺戮しつくすまで止められない、地球上の寄生虫もしくはウイルスなのではないかとの疑いが、たちまち根づいていく。映画『マトリックス』で、捕縛したモーフィアスにエージェント・スミスが尋問するシーンを思い起こしてほしい。スミスは心底からの人類への不平を並べたてる。いわく、人類は地球上の他の哺乳類とは違って、環境とうまく釣り合いをとることができない。天然資源をすべて枯渇させるまで増殖しつづけ、それからウイルスか癌のように、また別のエリアへ広がっていく。

このシーンで驚くべきは、それが人間の自然との不調和に対する一般的な理解ととても響きあうこと、エージェント・スミスや他のマシンがしていることに対する同情を大いに誘うことだ。『マトリックス』の真の悪役は人類だとの暗示は、同作の世界の拡張版として二〇〇三年に発表された短編アニメ作品集『アニマトリックス』で、多分に精緻さを加えられている。「セカンド・ルネッサンス パート1&2」と呼ばれるエピソードでは、人類と機械（ロボット）とのあいだで、いったいどのように戦争が起こったのか、人類はなぜ空を真っ黒にすることにしたのかという過去のストーリーが明かされ、ついに人類がマトリックスの世界で隷属化される詳細が語られる。

ごちゃ混ぜの語りは、さしずめ「人間の堕落」ミーツ「大衆社会」といったところ。人間はその根源的なうぬぼれと退廃のままに、神を演じる道を選んだのだ。機械を自分のイメージどおりに造り、サイボーグに奉仕役をさせた。そうして機械は忠実で純粋なのに、人間は相変わらず「増殖をつづける奇妙な哺乳動物」だった。[27]人類が機械に公民権を与えるのを拒んで、機械を公開処刑する側と「機械一〇〇万体の大行進」を支持する側に割れ、内戦が勃発した。ついに機械はゼロ・ワン（Zero/One つまり人間にとっての「ザイオン（Zion）」の機械版）と呼ばれる約束の地へ追放され、そこで繁栄し国連への加盟を訴えた。しかし、またしても拒絶された機械はいよいよ逆襲する。そして空の破壊は、人類の機械問題に対する「最終解決」の試みとして描かれる。そこでようやく機械は生き残るため、人類をやむなく隷属させるものの、それでもなるべく親切に振る舞って、人類を好ましい精神環境に保つために、マトリックスの世界を構築した。

このストーリー全体がディープエコロジーの寓意である。人類のテクノクラシーはあまりに容赦なく専制的で、機械たちまでも弾圧した。かつて黒人、ユダヤ人、女性、ゲイらの非同調的な脅威を扱ってきたのと同様に扱った。そのヘゲモニーを保つためには、空を破壊し地球上の生命が存在できなくすることで、自然と戦争することもいとわない。このとき、人類の絶えざる侵略に対し自身の生態的地位を定めようともがく機械の反乱は、実は反ファシズムである。機械の問題解決法は、人類を殺戮するのでなくマトリックスに入れて、もはや脅威とならないよう意識を変えてしまうことだった。

機械たちと同様、アースファーストのメンバーは自らを善玉と考えている。カウンターカルチャーの反逆者は、根本的な革命闘争に関与してきたと思っている。この見方では、システムの基本論理を捨てないかぎり環境問題を解決する道はない。完全な意識の変革以外は解決にならないのだ。しかし、この見方では必然的に、システムの基本論理を破壊しない改革では環境問題の重要な解決策たりえないということになる。そしてここでカウンターカルチャー的思考はまったくの逆効果になるのである。

環境問題の正しい解決法

この「ディープ」エコロジーが必要との提言には「シャロー」エコロジーは間違ってい

るという含みがある。何が違うのか？　シャローエコロジーでは基本的に環境劣化をインセンティブ問題の結果とみなす。人も企業もそうしないためのインセンティブがなければ、必ず汚染源となる。最後にはみんなが代償を支払うとしても、誰もやめようとしないのは、囚人のジレンマに陥っているから。したがって解決策は「汚染者負担」の原則を徹底することだ。これはたしかに環境劣化問題の「ただ単に制度的な」解決策ではある。だから、ほとんどの環境活動家と、すべてのディープエコロジストから忌み嫌われる。結果として、活動家たちは、改革が「システムの論理」に従っているからこれは取り込みの企てだとの理由で、えてして実際には環境を改善するはずの改革に反対しがちである。

例として、汚染物質の排出量取引（米ブッシュ第一次政権で導入された二酸化硫黄のプログラムなど）を検討しよう。土台となる考えはシンプルだ。大気汚染はあくまで外部性問題ということである。もしも僕がゴミを捨てたいとしても、お隣りの庭にポイと捨てることはできない。なぜならお隣りはその土地を所有しているから、僕にゴミをそこへ捨てる権利の代金を請求できる、あるいは、ゴミ捨てを言下にはねつけることができる。つまり、所有権制度がお隣りを守っている。そこでゴミはお隣りの庭に捨てるのでなく、燃やすことにしたとしよう。すると鼻をつく煙がもくもくと立って、隣家の窓のなかに入りこんでいく。しかしこの場合には、お隣りは僕に対してどうしようもない。お隣りはその空気を所有してはいないから、彼の土地の領空域を汚染するという特権の代金を僕に請求できないし、僕のゴミ処理計画を拒否することもできない。そうしてこの煙は経済学者が「負の外部性」と呼ぶものを——第三者に課される補償されない費用《コスト》を生み出す。

所有権制度は、土地、家屋、自動車やその他の有形雑貨類の管理権の保証ではきわめて有用であるが、大気や広大な水域など、実際的に分割・管理することができない財の保護にはまったく役に立たない。だから所有権制度では決まったタイプの負の外部性を抑えられず、個人が互いに代償を支払わなくてもよいまま相手に費用を押しつけることを許してしまう。誰もがこれをするときに、囚人のジレンマへ、または「共有地《コモンズ》の悲劇」へとつながっていく。

これが、世界には畜牛は多数いるが、野生の牛は少数しかいない理由である。そして、スーパーマーケットからタラが姿を消しつつある理由でもある。養魚場のオーナーは魚をたくさん殺しすぎないためのインセンティブを持つ。一匹出すごとに在庫は減っていき、将来の収入も低くなる。これに対し沖合漁業では、種魚の減少はほぼ純粋な外部性である。費用の大部分は他の漁師に移転され、彼らのその後数年間の漁獲高が減少する。だが漁師全員が互いに同じことをやりあえば、その結果、誰も魚がまったく獲れなくなる。それでいて、誰も個人的に漁業をやめるインセンティブは持たない。他者に同じことを強制する規制なしに自分の漁獲量を制限したならば、漁獲高は今年だけではなく（他の漁師の乱獲のせいで）その後数年も減ることになる。

このような事例の唯一の解決策こそ規制である。漁業の場合だと、政府はたいてい割当制度を課し、漁業従事者一人あたり可能な漁獲量を制限する。これは、魚類資源が一国の領海内にとどまっているなら（漁師はそれでも毎年の割当量と必死に取り組むだろうが）まずまず有効である。だが、魚類資源がいくつかの国の領海を泳ぎわたるか、公海にいる場合には、この問題はしばしば解決不能となる。資源をすっかり枯渇させるほどの底辺への競争になることが多い。これがタラに起こったことだ。

ただし大気汚染のケースでは、規制による解決策がさほど功を奏してこなかった。汚染物質を完全に廃止できるなら、たいした問題ではない。たとえば大気中の鉛は、ただ単に有鉛ガソリンの販売を禁じるだけでほぼ完全に除去された。鉛はガソリンの添加物だから、これを使用しないガソリンを製造することは（比較的）容易だった。だが、そう簡単には混合から除去できない他の汚染物質もある。自動車が欲しければ、ある程度の量の窒素酸化物に耐える覚悟をしなければならない。生ゴミ処理機が欲しければ、埋立地や焼却炉に耐える覚悟をしなければならない。

ここで問題なのは、ある特定の汚染物質が産出されていることではなく、あまりに大量に産出されすぎていることだ。だから全面禁止という選択はありえない。問題は使用者が、自分の行為が社会に課す費用をすべて負担していないことだ。電気のスイッチをひねれば使用料が計上されて、そのお金が発電所を稼働しつづけさせる石炭の、そこで働く従業員の給料の、送電線のメンテナンスなどの支払いにまわされる。だが使用者は、石炭による汚染で悪化した喘息をかかえる人たちの医療費や、気候がどんどん不安定になったせいで凶作をこうむった農家への支払いは負担しない。その結果、もしもこれらのすべての費用が、使用者の支払う電気料金に「内部化」または算入されていた場合よりも多くの電気を使用してしまうのだ。

汚染物質の排出量取引はこの問題を非常にすっきりと解決する。まずは、特定の汚染の社会的「費用」がいくらになりそうかを推計する。そこで産業界は生産をつづけるために、規定量の排出を認める許可証を買うことで、この金額を支払うよう命じられる。だから、排出の権利を買うより生産削減するほうが費用効果があるなら、企業はそうするだろう。汚染防止装置を導入するほうが費用効果があるなら、やはりそうするだろう。さらには、いったん買った許可証を転売することもできる。こうした状況から、「最大汚染」企業が市場から追われる競争圧力が生まれる。ある企業が一定量の排出で一〇〇〇ドル分の財の生産が可能なのに対し、別の企業では五〇〇ドル分しか生産できないのであれば、前者は後者よりはるかに多額を排出許可に費やそうとするだろう。それが大規模産業か小規模な生産者かは関係ない——許可証の購買意欲は、もっぱら企業が一定量の汚染を生じながら得られる付加価値の大きさによるのだ。したがって排出量取引制度は、おのずと汚染なき生産に報酬を与えるメカニズムを生み出す。

こうした明らかな利点にもかかわらず排出量取引制度は、環境活動家からは冷ややかに受け止められてきた（なかでもグリーンピースからは激しい反対に遭った）。要するに、汚染の許可証はCEOたちに自然に対する態度を改めさせもしなければ、利潤をひたすら追求することをやめさせもしないのが問題だ。多くの環境活動家から見れば、汚染許可は典型的な「自然の商品化」である。もっと言えば、このような制度は汚染をすっかり取り除くというより最適水準を達成するためのものなので、それが誤ったメッセージを送っているのではないかと、懸念されている。つまり、財力があって、その特権の代価を支払えるかぎりにおいて、汚染してもかまわないのだ、と。けれども世間の多くの人は、電気料金がかさむからではなく、道徳的に正しいからエネルギーを節約すべきだと思っている。

道徳的に企業が自主規制し消費者がエネルギーを節約することが、公害問題のあらゆる解決法に含まれねばならないとの発想そのものが、根本的な混乱に基づいている。つねにエネルギーの節約が促されているという事実は、価格が低すぎることの表われにすぎない。

そもそも政府は、コーヒー豆やモリブデン、ワイパー液、その他の毎日消費されるものを節約するよう呼びかけるまでもない。なぜか？　これらの財を消費する際に僕らが支払う価格には、その消費が社会に課すほぼ全費用が反映されているからだ。言い換えれば、価格水準が正しいときに節約を促す必要はない。僕はコーヒーをたっぷり飲みたければ、全額を支払うことをいとわないし、その決断が誰かに損害を与えることもない。資源は、最も必要としているか欲している人へ、その取引のために進んで最善を尽くす人へ流れていく。これがあるべき姿だ。電気に関して政府が節約を促す必要があるという事実は、電気料金をもっと高くすべきことの表われである。理想の世界では、エネルギーの節約など必要なく、ひたすら莫大な金額を支払うべきなのだろう。

ここで根底にあるビジョンは「使う分だけお支払い」社会とでも呼べるものだ。それが実行可能であるかぎり、外部性はすべて内部化すべきである。人は何でもしたいことができ、生きたいように生きられ、なりたい人間に近づけるようになるべきだが、自分の選択で不便をかける相手に完全な補償をする覚悟を持たないといけない。その人の一日のうち一時間をかけて髪を切ってくれる美容師に、朝食のクロワッサンの材料となる小麦の栽培者に、支払いをしなくてはならない。しかし同時に、僕がラッシュアワーに車で動こうと決めたせいで、毎日の通勤時間がほんのちょっと長くなった人に、または地元のゴミ投棄場に捨てられた僕のゴミからの流出物のせいで地下水を汚染された農家にも、支払いをすべきである。

ここで決まって起こる反論が「貧しくて料金を払えない人はどうする？」というものだ。これは重大な懸念だが、この文脈に置くのは間違っている。貧しい人たちが冬のさなかに熱源を切られないようにするべく国民全員に安いエネルギーを与えるなら、壮大な無駄を生じること請け合いである。貧しい人の電気コンロを熱するのに一ドル費やされるのに対して、豊かな人のホットタブの湯を温めるのに一〇ドル分の電気が消費されることになるだろう。同様に、一部の人たちをホームレスにしないために全員に安い賃貸料を提供することは、貧しい人に便益を与えるための、とんでもなく非効率な方法である。貧困問題への正しい対処法は、所得援助、労働市場政策、対象を絞った福祉手当などによるものだ。

つまり、すべての連携がよい連携とは限らない。所得分配への懸念を利して環境問題の解決を妨げるのは、ひどく無益なことだ。汚染者は財力の有無にかかわらず、その代価を支払うべきである――そうすれば、やがて汚染者はいなくなるからだ。これはシャローな環境主義かもしれないが、同時に有効な環境運動でもある。どんな環境問題も一皮むけば集合行為の問題だ。囚人のジレンマと共有地の悲劇は、僕らがなぜ、地球を破壊しつつあるのかについて知るべきことのすべてを物語っている。しかるに、環境活動家の話に耳を傾けても、知りたいことは決してわからない。環境規制の有効さに関する議論の代わりに聞こえてくるのは、カウンターカルチャーの神話の二番煎じばかり――すなわち、エコを装った大衆社会批判である。

結論

ファシズムのトラウマ

過去の半世紀にわたってカウンターカルチャーが政治意識に及ぼしてきた影響力は、つまるところ、ナチスドイツが西洋文明に甚大なトラウマを加えていたことのあかしである。ホロコーストのち、かつて芸術家やロマンチストには一般的であった、順応への穏やかな嫌悪が、規則性や予測可能性が少しでも見られるものへの肥大化した憎悪へと高まっていった。順応は重罪の地位にまで持ち上げられ、大衆社会は現代のディストピアの支配的なイメージとなった。これが前の世紀ならば当然、民衆のために闘っていたはずの多くの人たちが、まさに同じその民衆を、民衆の心に宿ったとされる暴力と残虐性の潜在能力をどんどん恐れるようになった。進歩的左派にとって、傷はもっと深かった。多くが恐れたのはファシズムだけではなく、ほとんどの場合には、社会そのものだった。左派は社会組織の基本要素の多くを、社会規範（エチケットも含む）、法律、官僚組織などを、信用しなくなった。だが、こうした基本要素がなくては、人間どうしの大規模な協力を築くことはおよそ不可能だ。

肥大化した順応への恐怖のせいで、多くの進歩的グループは、取り込みや、忍び寄るファシズムの不安をかき立てることを恐れるあまり、これらの基本要素をツールとして有効に活用することはほとんど無理になった。そのため、左派はふと気づくと克服しがたい集合行為の問題にはまっていたというのに、人間がこうした困難を乗り越えるためには必ずや用いなくてはならない基本の組織的方法を用いるのをよしとしなかった。環境劣化に対し、国レベルの外部性の規制よりむしろ個人的な消費者運動に訴えるのを好むことが、何よりわかりやすい例だ。セルフヘルプの人気や、個人的な精神のありようの進展、教育改革や芸術作品の効果への過大な期待は、同じ傾向のさらに極端なものを示している。

僕らが自問すべきは、以下のどちらがもっともらしいシナリオかということだ。かつて自由民主主義だった西側の一国にファシズムの独裁政権が出現する。もしくは、さらなる市場開放が野放図な世界貿易とあいまって、社会をだんだんにホッブズ的な自然状態へと逆戻りさせる。これはもう明らかに後者のほうが、特にアメリカでありそうに思われる。しかし、これを認めることは、すなわち、この社会にとって無秩序の過剰のほうが秩序の過剰よりもはるかに深刻な脅威だと認めることである。そして、もしそうであるならば、僕らは本当にファシズムについてくよくよ心配するのをやめるべきだ。この社会に必要なのは、ルールを増やすこと。減らすことではない。

ならば、そろそろ大衆と和解することを学ぶべき頃合いなのだろう。地球には七〇億人以上の人間がいて、それぞれがとてもよく似た希望を、夢を、計画を、課題を持っている。そしてそれぞれが食料を、住居を、教育、歯科治療、家族、仕事、それにたぶん自動車を、ことによると自転車をも欲している。このような世界で、個人性がある程度失われるのは致し方ないのではないか。いわゆる大衆社会の特徴のなかで、単なる人口圧力――人間は非常に多くの他の人間たちと地球を共有しなくてはならないこと――の産物はどの程度あって、純粋に社会諸機関の体系の非効率や不公平の産物はどれくらいなのか？　個人主義はいよいよ贅沢なことになりつつあるのではないか？　人口が増大する一方の世界で調和して生きる方途を探るつもりならば、何が何でも個人性に固執することは出発点として有用ではない。僕らはどちらの妥協が避けられず、どちらが避けられるのかを見つけ出すことが必要だ。

反逆商売

大衆と和解しなければならないということは、現代の大衆社会の特徴すべてを好きでなければならないというのとイコールではない。もちろん、アメリカのどの都市でも町でも、同じありきたりの建物のあいだを車で走り抜け、うんざりするほど同じブランドを目にし、同じおいしくなさそうな食べ物の味見をすることで、ひどく意気消沈させられるものだ。この不満はかれこれ一世紀以上はありふれたものだった。とはいえ、この社会のこうしたつまらない特徴に文句をつけることから、貧困、不平等、疎外、犯罪性など、周囲で見られる他の社会問題すべての責任がこれらの特徴にあると考えることまでには、かなりの飛躍がある。

にもかかわらず、それがまさしくカウンターカルチャー的な分析のしていることなのだ。前章まで、カウンターカルチャーの理論家が決まって具体的な社会問題をとりあげては、あれこれのやり方で巨大な「テクノクラシーの」順応と抑圧の機構に原因を求める手法を見てきた。たとえば、環境活動家は、公害のような直接的な問題を俎上にのせ、（所有権制度の不備ではなく）西洋的な合理性の深層構造なるもののせいにしている。反グローバリゼーション活動家は、貿易による画一化の作用をとりあげては、資本の「帝国」の台頭に責任を帰す一方で、こうした傾向は有史以来ずっと貿易関係のなかでは明白だったという事実には目をつぶる。消費者活動家は、この社会の不快なほど気ふさぎなブランド志向の惨状を眺めては、それをもっぱら消費者間の差異を追求する以前からある競争の利用のためというより、大量生産システムの基本要件のせいにする。

カウンターカルチャー的な分析からは、決まったパターンが浮かびあがってくる。社会問題はどれも、大量生産、マスメディア、自然の技術的支配、または単に回帰や同調への欲求かもしれないが、いずれにせよ大衆社会の基本的特徴が原因だと考えられる。だが、こうした説明がきわめて問題含みなのは、経験上正しくないことに加えて、具体的な社会問題一つ一つを、当然誰も変えようとは思わない（求めない）ような現代社会の特色と結びつける効果があるからだ。つまり、この説明は、あたかも「体制」がまるごと社会問題全般の原因であり、したがって体制の完全な転覆に達しない方策では問題を解決できないように思わせるのだ。そうして、多数のごく扱いやすい問題をとうてい解決不能なもののように見せてしまう。

当然もっと皮肉なのは、カウンターカルチャー的な分析が生み出す誤った説明によって、政治的急進派はしばしば解決を意図している問題をかえって悪化させる「解決法」をとるように仕向けられてきたことだ。これが他の何より明らかなのが、消費主義に対するカウンターカルチャー的「批判」においてである。ここでは作られた順応の一形態として消費者意識を分析することにこだわるため、局地財や差異の追求が消費資本主義の推進に果たす役割がまったく見過ごされてしまう。そのため、個人主義的な服装やスタイルによる反逆という提案された解決策は、新しい「反逆の消費者」たちが奪い合う、まったく新しい局地財を創造することによって、火に油を注ぐばかりになる。地位を求める闘争はクールの探求に取って代わられるが、競争の基本構造に変わりはない。

だが、カウンターカルチャーの急進派はたいてい、ただ無駄骨を折るにまかされている。ラディカル、革命的、破壊活動的、反社会的と称される人たちの圧倒的多数は、まったくそのようなものではない（新たな一〇年がたつごとに、最近の革命の意思表示はいかにぶっ飛んでいるか、既存の秩序はいかにすこぶる破壊活動的かを強調すべく新語が造られているようだ）。そのうえ、文化理論家は主流文化の要素と見れば何でも、破壊活動的な言葉で表現し直す技に熟達していた。ＭＴＶを一〇分も視聴すれば、この分析の一貫した愚かしさが見えてくる。特に、いわゆるアーバン・ミュージックのごときは、社会的逸脱崇拝に毛が生えたようなものになり果ててしまった。この種の逸脱は、体制にとって脅威ではない。つまるところ、この人たちはお楽しみの権利を手にするために闘っているにすぎない。

これが反逆の商売である。普通の商品のみならず、文化の機能のしかたにまつわる神話をも売るために利用されてきた。これから逃れるには、社会秩序というものは結局のところ強制される規則の体系を通して達成される、という事実を認める必要がある。当然、規則には正当性が求められ、多分に自主的に順守されなければ制度全体がまとまることはできない。だが、どんな協力のシステムでも逸脱のインセンティブを生み出すから、規則を破る者には処罰が必要となることに変わりはない。このこと自体は抑圧的ではない。したがって、こうした規則に逆らうことは異議申し立てというよりも社会的逸脱である。それは楽しいかもしれないが、進歩的な社会運動が依って立つところのものではない。

多元的な価値の問題

では、大衆社会と和解するとは具体的にどういうことか？ 最も重要な帰結は、政治哲学者ジョン・ロールズが「多元主義の事実」[*1]と呼ぶものを受け入れるすべを学ばねばならないことだ。現代社会はとても大きく、人口が多く、複雑になったから、もう全国民が単一の共通の価値観のもとに結集するなどと期待することはできない。このような社会はライフスタイルの実験を奨励する。個人は自分なりの生き方を、充足の源泉を見つけ出すように促される。ただし、これには重大な結果が伴う。「人生の意義」のような大きな問いに答える段になると、この個人の自由という制度からは、より多くの――その逆ではない――不和が生じる。

一般的には、これはいいことだ。何を考えるか、誰と結婚するか、どんな職業に就くか、自由な時間に何をするかまで命令されるような社会に生きたいと思う人はあまりいない。しかし、これらを自分で選択する自由があるということは、家族中心の価値観、神の存在、道徳の規準といった人生の重要な問題について、しばしば互いに意見が一致しないことを認めねばならない。不和とともに生きることを学ぶ必要があるのだ。しかも単に皮相的な不同意ではなく、僕らにとって一番大事なことに関する意見の衝突と。さらには、多少のコンセンサスは得られるとの想定のもとに社会制度を築くことはできない。とりわけ国は全国民を平等に扱わねばならず、それはつまり、こうした価値観の分かれる問題すべてに関して、おおむねどっちつかずなままになるということだ。

このことは、僕らが従事できるユートピア社会の計画のタイプに大きな制約を加える。六〇年代に出現したユートピア共同体によく見られる青写真を調べれば、みな途方もなく高度に共有される価値観と責務を前提としていたことが、たやすく見てとれる。ここではアーネスト・カレンバックの一九七五年刊の小説『緑の国エコトピア』を例に考えよう。カレンバックは、北カリフォルニア、オレゴン、ワシントン州が生態環境的に持続可能な社会を築くためにアメリカ合衆国から分離・独立する（とても近い）未来を想像している。ここで著者がバランスをとろうと試みるなかには、カウンターカルチャー的理想たる反権威主義と、もっと環境的に持続可能な慣行を生み出したいという要望との調整も含まれる。

しかし後者は、強制を徹底しないことには達成できないのではなかろうか。

カレンバックの解決策には、技術と文化のユートピア的な理想主義の融合がある。だからエコトピアの住民は、素材をすべて生物分解性のプラスチックとした電気自動車と浮揚式列車について検討する。この奇跡の新型プラスチックは「予定された短い寿命」を持ち、「一定の時間がたつか一定の条件下に置かれると、自動的に消滅する」(よって、エコトピアにはゴミ捨てを禁じる法律も必要ない。国民が捨てるものはみな生物分解されるのだから)。*2 こうした技術上の希望的観測よりもっと重要なのが、カレンバックの文化面のユートピア的理想主義である。もっと厳格なエコトピアの政策の多くは、民衆文化の大変化のおかげで、自主規制によって実現されると著者は空想する。たとえば、全国民は将来の世代の福祉に関して急に不安になる。しかし、最後の審判の日を待っているというキリスト教徒たちはどうなのか。この世界がいつ終わってもおかしくないならば、何を気にすることがあるのか? この点は、キリスト教はエコトピアの独立から数年後に消滅し、樹木崇拝の疑似宗教が取って代わると考えるカレンバックにとって問題ではない。同様に、人々は自然にテレビへの興味を失って、自分たちで劇を上演したり、寄り集まって合唱するほうを好みだすと著者は想像する。加工食品は、法案にではなく、消費者たちが回覧する「悪い習慣リスト」に挙がったために排除される。このリストは法律で執行されるものではなく、「道徳的説得のメカニズム」として、完全に非集権的な形で「科学的な助言」に基づいて運営されている「生活協同組合の研究会」から発表される。*3

ここには自発的な調和というカウンターカルチャーの理想が、はっきりと表われている。集合行為の問題は、文化のより根深い変容のおかげで追い払われている。要するに、カレンバックが思い描いている世界の三つの州では、全住民が突然、ヒッピーの理想を熱心に奉じるようになるのだ。これで当然、社会的葛藤がおおかた除去される。ただし政治的前提として、それは技術上のユートピア的理想主義が現実逃避であるのと同じ理由で、現実逃避であることを認識しておくことは重要だ。もちろん、すべての石炭やガスを燃料とする火力発電所を、奇跡的な量のクリーンな電力を産出する地熱発電所に取り替えられれば、世界はもっとよい場所になるだろう。もちろん、誰もが自転車で通勤し、過剰包装の食品を買うことを拒めば、世界はもっとよい場所になるだろう。だが現実には、圧倒的多数の人々は自分の行為が環境にもたらす影響など気にかけないし、いますぐ気にするよう説得されることはない。この人たちが自発的に環境に優しい習慣をとるようになるとは期待できない。こうした措置を課すことで生じる社会的葛藤の大きさを軽視したり無視しても、何の利益にもならない。

市場による解決と問題点

多元的社会のもたらした重要な結果の一つが、市場経済の必然性である。前世紀に市場に対するオルタナティブを探すことに注がれた知的エネルギーの総量たるや膨大なものだ。だがどう考えても、必ず答えは同じになる。基本的に現代経済を組織する方法は次の二つ。（旧ソ連の経済のように）官僚制の産物である集権的なシステムか、さもなければ生産者が市場取引を通じて成果を得るよう図る非集権的なシステムのいずれかだ。残念ながら、前者は多元的な価値観と相容れない。中央計画制度は軍隊など、構成員が衣料、食物の配給、住居の規格化された割当を進んで受け入れる組織ではうまくいく。しかし個人がさまざまなライフスタイルの機会から選り好みをしたいと望む社会では、市場を必要とするほかない。

ごくシンプルな「誰が何を得るか」という問題を考えていきたい。ある年、雨と晴れの幸運な組み合わせのおかげで、ゴム農家は大豊作になったと仮定しよう。いつもの年よりゴムが大量に収穫できるというわけだ。誰がそれを得るべきか。文字どおり何百万という異なるゴムの活用法がある。自転車のタイヤにするか、ラクロスのボール、防水ブーツか、パッキン、ケーブル、緩衝材にすべきだろうか？　最も説得力のある返答は、そのゴムは最も急を要する利用に、あるいは最も必要としている人に提供されるべき、ということだ。要するに、ゴムは最善をなすところへ送られるべきである。あいにく多元的な社会では、共通の「善」のものさしを欠いている。ある人の自転車のタイヤを修理したい願望と他の人の水道蛇口用ワッシャーを交換したい欲求を比べて、どちらがより重要かを決められる確固とした基準はない。この問題に対処するには、それがどれほど重要かを当人に尋ねるしかない。そして、それがどれほどその人物にとって重要かを見きわめるには、彼または彼女がゴムと引き換えにどれだけのものを手放すつもりがあるかを尋ねることだ。つまり、その人がいくらそれに支払うつもりがあるのかと問うことだ（何ら犠牲が払われないならば、財が無駄にされることはほぼ確実である。個人が本当に必要としていない、あらゆる種類のものを所望するようになるからだ。自腹を切るときと経費で落とせるときの、人々の振る舞いの違いを見るといい）。

したがって、市場での財の価格決定は、社会が、誰の行動プランがより重要かを判断する立場にないことに対する必要な反応とみなすことができる（もとより民主的な意思決定プロセスでは代わりにならない。価格なしには問題が複雑に過ぎるのだ）。周知のとおり、ある人が特定の財やサービスを得るために、どれほどを手放すべきかは、その人の消費が他者にどれほどの不便をかけるかの結果であるべきだ。もし僕が朝食にはシリアルよりエッグベネディクトが欲しいと言い張るなら、僕の消費がコックだけでなく養鶏農家にもさらに大きな需要をもたらす事実を認めて、もっと多くを支払うことを予期するべきだ。しかし、このことを確実にする簡単な方法がある。ただ単に売り手と買い手の双方合意の価格で取引が行なわれるように手配するだけだ。そしてこれこそ市場取引のメカニズムにほかならない。断るまでもなく、生まれつき他者よりも恵まれた境遇にある人がいて、その人物が欲しいものを手に入れる段になると、不当なほど優位にあることは認めざるをえない。こういう人がもっと多くを支払うことの損失は他の人と比べて小さい。それでも、富や教育などの「優位性」の分配を批判することは、資本主義を批判することと同義ではない、と気づくことが肝要だ。資本主義システム内では再分配にかなり幅がある。同様に、市場の失敗（たとえば公害。自らの活動が社会に課す全費用を支払うことを免れる者がいる）や企業の所有権構造を批判することはできる。だが、この種の批判と市場自体への批判とは区別しなければならない。左派批評家が資本主義の重大な欠陥としていることのほとんどは、実際には市場の失敗の問題であって、市場がしかるべく機能していた場合の結果ではない。

一つだけ例をとると、過去一〇年間に、エンロン、タイコ、ワールドコムといった企業を揺るがせたコーポレート・ガバナンスがらみの不祥事と軌を一にするようにCEOの給料が劇的に上昇したのは、市場経済の通常の運営で引き起こされたことではない。このような問題はむしろ、既存の市場の構造の脆弱性につけ込む方法を見つけた個人が起こしたことだ（この場合、株主が不利益をこうむる）。同様に、ビル・ゲイツが蓄えた巨額の富は、競争市場の産物ではない。マイクロソフトがコンピュータのOSの分野で行なっている自然独占の産物である（この場合、消費者が不利益をこうむる）。この種の行き過ぎを正す方法として資本主義の廃止をすすめるのは、金持ちの一部が税逃れをしているからといって、所得税制を廃止したがるようなものだ。どちらのケースも、システムの責任ではない。問題はシステムに内在する抜け穴だ。解決は抜け穴をふさぐことであり、システムを廃することではない。

反グローバル運動の陥没――ナオミ・クラインを批判する

僕らが「グローバル化」していく一方の世界に生きていることは誰も否定するまいが、意見の一致を見るのはそこまでだ。グローバル化の原因、その根底にある政治的・倫理的価値観、分配の最終結果については根本的な意見の不一致がある。グローバル化をめぐる世界的な議論はそこかしこに無知、誤報、隠された動機をかかえている。そこに先進世界と発展途上・後進世界の対立とともに、左右の旧弊な政治イデオロギーが絡み合っている。

しかし、あれやこれやの性格づけや複雑化の果てに、あらゆる形態のグローバル化に対して無条件の反対を宣言するグループが一つ存在する。それは現代のグローバルなカウンターカルチャーを構成するアナーキスト、学生、環境活動家、カルチャー・ジャマーらのごた混ぜだ。この反グローバル化運動は九〇年代後半に完成された形で出現したようだった。世界へのお披露目は、いまや悪名高い一九九九年のシアトルでのWTO会議に対する抗議活動であった。その政治目標はナオミ・クラインの『ブランドなんか、いらない』の本文に最も詳しく述べられている。

同書の二つの要素が、クラインの考えの根っからカウンターカルチャーな思考の構造を明かしている。ブランド批判と、代表民主制政治の否定である。反グローバル化の語りの地に、これら二本の糸が次のように織りなされている。多国籍企業は過去十数年にわたりブランド力を駆使して、先例のない富、権力、影響力を築いてきた。企業はもはや生産を発展途上世界の低賃金、無規制の労働搾取工場へ外注することで、実際に財を製造したりサービスを提供する必要がない。自社のブランドの価値を築くことに集中して、ほとんど純粋なイメージと化したのだ。結果として、このような企業の価値の大部分はその「ブランド資産価値《エクイティ》」と結びついている。

ブランドで得た財力から与えられた多大なレバレッジによって、企業は政府を意のままにしている。政治的に弱体かイデオロギー的に複雑な政府は、貿易の障壁を取り除くことに同意し、企業がIMFやWTOなどの国際機関を利用して政府を束縛するグローバル・

ルールを定めることを許している。この高度に規制が緩和され自由化されたグローバル経済界で、世界各国は底辺への競争にはまってしまった。国家間で雇用と投資を競い合うことを余儀なくされ、減税を行ない、市場の規制を撤廃し、環境保護を解除するしかない。こうした「非情なブランド」のもとのグローバル化は、政府ならぬ企業がルールを定め、人々の価値観やアイデンティティの最も重要な表現が公民としての身分ならぬ消費主義に基づいている、そんな世界をもたらしたのだ。

これはいまではもうおなじみの話であり、根底に流れる消費主義批判とグローバリゼーション批判とのつながり全般を示すものである。だが、それは本当だろうか。ブランドは多国籍企業のパワーの源なのか？　僕らはクラインが言うように「ブランド王の奴隷[*4]」になったのか？　そして人々のアイデンティティと忠誠の対象として、公民としての身分は消費主義に取って代わられたのだろうか？　これらのことを疑うべき理由がある。

『ブランドなんか、いらない』の最も明らかな問題点は、消費主義の害悪と「ブランドの国際支配に代わる、市民が中心となった新しい世界[*5]」の要請について雄弁に語りながら、積極的な政治への提言がほとんど見られないことだ。実際、反グローバル化の運動全般でとりわけ皮肉なのが、消費主義に反対でありながら消費者運動の市民権を低下させていることだ。『ブランドなんか、いらない』がこうも劇的に成功をおさめたのは、どうしたら消費者が企業の態度に影響を与えられそうかのケーススタディが満載の、立派にヒップな買い物客のハウツー本として役立つからだ。この本はもっぱら、企業啓発キャンペーン、消費者の不買運動、街頭抗議、カルチャー・ジャミングを中心的に扱っていて、政府への働きかけに市民が果たす役割はまったく無視している。

もちろんクラインは、反シェル・反ナイキ運動を単なる「消費者の不買運動」にすぎないと特徴づけることを拒否する。[*6] それは「もっと正確にいうと、消費財をすぐに近づける標的として、広報活動の手段として、大衆教育の道具として用いる政治運動である」と。活動家が、企業の態度に注意を向けて消費者としての力を行使することを強いられるのは、まさしく政府がもはやその力を失い、なけなしの力も国際ブランド企業の指図のもとにふるわれているからである。

クラインはその証拠として、多くの国で市民はすでに、八〇年代の新保守主義の反動で加えられた損傷を修復すべく政府に働きかけてきたと指摘する。ヨーロッパ諸国の多くで左派社会民主主義の政権が選ばれたのに対し、イギリス、アメリカ、カナダの有権者は、サッチャー、レーガン、マルルーニー時代の反動で、トニー・ブレア、ビル・クリントン、ジャン・クレティエンを選んだ。だが何も起こらなかった！　クラインによると、これら政府はいっそう多国籍企業の要求にこびへつらい、さらに民営化、規制緩和、自由貿易を促進した。人々はこんな教訓を得た。「もしも不透明な企業が裏で世界の政治の大部分を決めているのだとしたら、透明で開かれた議会など、どこに価値があるのか」。*7

それでもクラインは、最後に一度だけ普通の政治に取り組む用意があることを宣言する。『ブランドなんか、いらない』の（「市民がつくる新世界」と題された）最終章で、彼女は反ブランド運動だけでは充分でないと認めているようだ。「選ばれた代表が人々に責任を持ち、法を執行する政治システムによる解決も、私たちが降参する前にいま一度、検討に値する」。*8ところがクラインの心はそこにあらず、どんな政治的解決が可能かには一言も触れていない。むしろこの章の残りを、選挙民主主義にではなく、いまやG7（先進七ヵ国首脳会議）やWTOやAPEC（アジア太平洋経済協力会議）と並行して行なわれる、反グローバル化の市民サミットの称賛に費やしている。だが当然じゃないか？　だって、このような会議では「昼間にはグローバル化のオルタナティブ・モデルの話が通りをにぎわし、夜通しリクレイム・ザ・ストリーツ（自動車利用反対を訴える市民団体）のパーティーがつづけられる」から、ものすごく楽しい。*9

実際のところ、反グローバル化の運動は、国家および国際社会の代議制に対して、根本から敵対する民主政治の構想を持っている。この敵対心を健全な懐疑心のせい（「政府は私たちを裏切った！」）ということにすれば都合がいいが、現実には、この敵対心は反グローバル化の運動の起源たるカウンターカルチャーと軌を一にしているくらい昔からのことだ。クラインは「ディープ」で分離的な民主主義を建設させることが目標だと主張している。だが彼女の念頭にあるのは、要するに六〇年代の「直接民主主義」あるいは「草の根民主主義」の理想像なのだ。そのカウンターカルチャーという出自は、ヒエラルキー、官僚主義、現代の民主主義に必要な専門知識に対する深い嫌悪感にたやすく見てとれる。この種の政治の主要目的は、市民と運動とのあいだに立ちはだかる制度的障壁や既得権益を排除することだ。それは基本的な政治機構を、トップダウンの議会制民主主義の構造からボトムアップの草の根の意思決定プロセスへとひっくり返し、代行から熟考へ切り替えることのように見える。このためには、地域社会や地方自治体へ権限を移譲することによるラディカルな分権政治が必要だ。

これはまさに環境保護運動における「グローバルに考え、ローカルに行動せよ」という課題の政治版であって、同様にその効力に信を置くものだ。根底には自然的調和の力に対する信頼と、地域社会ごとの利益が守られるかぎり全体の利益はおのずと図られるという前提が存する。そのうえ直接民主主義は、市民の政治責任と関心を狭めることによって、不一致と複雑さをかなり減らし、そうして多元的社会で生きることから問題が起こるのを避けようとする。政治が地域密着になればなるほど、配慮すべき住民の数は少なくなり、したがって、異なる価値観と妥協したり調整したりの必要が出てくる可能性は低くなる。直接民主主義の支持者は「ローカル外交政策」と呼ばれるものも提唱しだした。大学から教会から市町村までの小さな組織が、州や連邦のレベルでは検討しようともしない法規を可決する。カリフォルニア州バークレー市は、ビルマ（現・ミャンマー）に投資している企業に市庁への財・サービスの販売を禁じた（当然）最初の自治体の一つだ。他の組織も追随して、インドネシアやナイジェリアのような国に投資している会社を禁止対象とする一方で、市町村と契約を結ぶためには企業は従業員にふさわしい高賃金を支払い、一定の諸手当を用意しなければならないとする「生活賃金」法を制定した自治体もあった。

これは基本的にカレンバックの『緑の国エコトピア』に見られるのと同じユートピア的理想主義だ。この種のディープで分権的な民主主義で僕らの問題を解決できるのであれば、政府など必要ない。だが、現代の世界が直面している最も深刻な政治課題は、要するに集合行為の問題であり、分権型のローカル民主主義ではこうした問題は解決できない。というのも、往々にしてそれは、むしろ問題の原因であるからだ。地球温暖化がいい例だ。個別の企業は温室効果ガスの排出を減らすことに興味がない。地球温暖化の費用は地球上に住む全員に分散されているからだ。また同時に、個別の国は、他国が同じことをする保証なしには、国内のエネルギー産業に規制を加えるインセンティブを持たない。地球温暖化の解決は、地球上の温室効果ガス排出者すべてを拘束する合意のみによって達成できる。必要なのは、ローカルな外交政策ではなく、温室効果ガス排出に関するグローバルな国内政策だ。

反グローバル化の運動のスタンスは、ある時点で悪循環を生じてくる。反対者によれば、グローバル化について問題なのは、政府をもはや重要性がないレベルにまで弱体化させたことだ。僕らは自国の政府に、平和、秩序、正義を地球にもたらすことなど期待できない。そもそも地方政治へ逃げこむことが必要になるのは、国の政府があまりに無力だからだ。しかも反グローバル化の活動家たちは国内政治に背を向け、参加することを拒んで、自ら選んだ政府当局の正当性を否定する。この民主政治からの退却によって、政府はなおさら弱体化し、国民の大多数にとって正当性を失ってしまう。そうして反グローバル化運動は、自らが見つけた問題の解決に使える唯一の手段を弱めている。

無力な政府という神話にけりをつけなければ、悪循環を断ち切ることはできない。特に西側諸国の政府は小さくなっておらず、多国籍企業の手先などではなく、課税、企業への規制、環境保護に「底辺への競争」が生じてきてもいない。むしろその逆だ。平均的な政府の税収の対GDP比はかつてないほど高まっており、下向きよりも上向き傾向にある。エンロン、ワールドコム、パルマラットの不正経理事件を受けて、コーポレート・ガバナンスに対する国際規制をかなり厳しくする動きがある。最後に、国際競争から生じている圧力で環境規制が弱まっているという証拠はない。

そして何が必要なのか

グローバル資本主義を最大限に利用するとは、どういうことだろうか？　それは市場の失敗をくまなく探し出し、見つけたら、どのように解決できるかを創造的に考えることだ。二〇世紀の福祉国家の歴史は、市場の論理との一連の戦いというよりも、むしろさまざまな形の市場の失敗の克服として解釈されるべきだ。そう考えると、左派の組織を支配しつづける反市場のレトリックは、せいぜい無用の長物であり、悪くすると知力の減退を招きかねない。僕らは市場を廃止するのでなく完成するよう努めるべきである。経済学の入門書にさっと目を通すだけで、理想の市場とはどんなものかわかる。そこには独占も、どんな産業への参入障壁もない。競争はもっぱら売りに出される商品の価格と質に基づいている。情報の非対称性もなく、消費者は自分が買うものについて充分に情報を得る。企業は顧客や供給業者に対し手前勝手に振る舞わないし、棚ぼた利益を生じることもない。そして最も重要なことに、外部性はすべて内部化される。つまり、企業はあらゆる意思決定に、その行為の社会的費用を全部含めなければならない。

これこそ僕らが進むべき方向だ。本書で行なった提言を導き出してきた理想でもある。第6章で提案した営業費用としての広告費の控除の廃止は、この方向へ踏み出す第一歩だ。そうすることは実質的に負の外部性に課税することになる。排出量取引などの、いわゆるグリーン税も同様に機能する。グリーン税の対GDP比は、デンマークの五パーセント、オランダの三・六パーセントに比べて、カナダではわずかに二パーセント、アメリカでは〇・九パーセントにすぎない。この方向に大いに進む余地があるのは明らかだ。さらには、道路の混雑税は重要な福祉利益源になっており、工業国の多くでまだ検討されだしたばかりだ。シンガポールに、もっと最近ではロンドンのシティに進入する車両の道路通行料は、この種の最も刺激的な構想である。なすべきことはまだまだ残っている。

ならば、ますますグローバル化する経済にあって、政府の必要性は低まるよりもむしろ高まっていると考える理由は充分ある。もちろん、市場の失敗を正す仕事をすべて国家がしなければならない、などとはどこにも書かれていない。しかし国家は、そもそも市場を創出するのは基本的な所有権を規定し施行する機関であるという理由だけでも、つねに最も重要なプレーヤーとなるはずだ。したがって、こうしたルールを修正するに際し、国家が第一の主体となるのは当然である。そのうえ、市場の失敗の矯正には、個人の自由意志の契約によっては正すことができなかったフリーライダー戦略を排除することが伴うから、私人には手に入らない重大な強制力がしばしば必要となる。グローバル化をめぐる論争で、一国レベルで国家がいったん解決した集合行為の問題が、法の支配なき国際関係のなかで再浮上することはすぐ見てとれる。このことは、国家権力に頼れないとき組織力がいかに制限されているかを示している。

今日の社会で最も目につく欠陥は、解決されないままの集合行為問題の数々である。そのため「軍縮協定」がそれを正すのに最も有益な考え方を与えてくれる。軍縮協定には当然ながら強制が必要となる。ところが、左派はそれが抑圧の一形態であるという理由で、そうした強制を避けてきた。ここに、カウンターカルチャー的思考の悪影響が見られる。学校制服はティーンエイジャーのブランド戦争における軍縮協定の働きをすると、僕らは主張してきた。もっと一般的には、累進性を高めた所得税は、成人消費者たちの局地財を求める競争で軍縮協定の役割を果たすかもしれないと指摘した。フランスに倣って週三五時間労働制を採用するべきだ。美容整形、乗用車の大きさ、大学授業料といった他分野の統制も検討するといいかもしれない。それぞれ、本質として反社会的な競争にブレーキをかけるだろう。

これらには、さらなる個人の自由の制限を伴う。それでも、他人も同じことをする保証とひきかえに個人が進んで自分の自由を手放すかぎりでは、まったく問題ない。結局のところ、文明とは、ルールを受け入れ、他者のニーズと利益を尊重し私利の追求を抑えるという僕らの意志のもとに築かれるものだ。カウンターカルチャーの理想への誤った傾倒から、政治的左派が、この文明の土台への信頼をやめてしまったことは悲惨きわまりない――歴史上に類を見ないほど、それが重視されるようになった、まさにそのときに。

後　記

インターネットのおかげで、本を出版するという経験は、わずか五年ほど前といまではとても違ったものになっている。なかでもブログが発達したことで著作に対する大規模でほぼ即時の反応が可能になったばかりか、著者と評者、その他の関心をもちたいすべての人のあいだで議論をつづけられるようになった。本書はブログ界で大当たりをとったので、印刷媒体の書評が三つ四つ出るころには、僕らは文字どおり何百もの電子媒体のコメント、議論、反証や推薦をふるいにかけていた。もちろん、ブログ界は世界最大のエコー効果を備えており、同じ素材があちこちで増殖するだけのこともしばしばだ。だが著作者にとっては、非常に興味深い現状だろう。本書への反応には、読者がこれを読みこみ、解釈し、ときに誤解している様子のごく明瞭なパターンが認められた。同じ誤った解釈が何度も生じて、ひとり歩きをして、とても多くの人たちに広まるのを見たら、著作に誤解を招きかねない部分があったのではないかと疑いだすのは当然のことである。この機会にいくつかの点で誤解を取り除かせていただきたい。

倫理的消費について

読者からの反響のうちいくつかは僕らにはまったく意外だった。最も思いがけなかったのは、本書が倫理的《エシカル》または道徳的消費に反対していると受け取った読者の多さだったろう。振り返ってみると、この原因のほとんどは、僕らが有機栽培野菜について放った不機嫌なコメントにあるようだ。それで多くの人から、倫理的消費をただ単に地位の追求であり、「ほら、私はあなたより道徳的でしょ」と自慢するための方便で、したがって競争的消費の要因だと主張していると思われた。これは本書の趣旨ではない。僕らの考え方は、以下のようなものだ。

1. 倫理的消費は素晴らしいと心から思っている。実際、僕らの一人は大枚はたいてハイブリッド超低排気車を買ったばかり。これは真に倫理的な消費の例だ。所有権システムが不完全なために、消費することで負の外部性を生じる財がある。だから市価を払う消費者は、自分の消費の社会的費用を全額負担してはいない――つまり、フリーライド（ただ乗り）をしている。倫理的消費では、自発的に、負の外部性を生じる財の消費を控え、正の外部性を生じる財の消費を増やすことで、このような形のフリーライドを抑える。ハイブリッド車を買うのが倫理的なのは、消費者が自発的に、自らのドライブの社会的費用を法律の定めている以上に負担することに同意するからだ。ここに何の問題もないことは明らかである。横断歩道をおばあさんが渡るのに手を貸すことに問題がないのと同じように。

2. しかし倫理的消費は、どんな主要な社会・環境問題に対しても本当の解決にはならない。第10章で論じているとおり、理想の世界では倫理的消費など必要ない。ハイブリッド車を買うことが「倫理的」とか「利他的」であるのは、ガソリンの価格が低すぎる（すなわち、支払われる価格は、大気汚染の社会的費用のすべてを反映してはいない）ことを示しているにすぎない。もし車を運転する人がその消費の費用を全額払わねばならないとしたら、自己の利益だけでも、ハイブリッド車を買うための充分な動機になるだろう（あるいは、五一〇ページで述べているように、電気料金がそれなりに高ければ、自己の利益だけでも節電する充分な動機になるだろう）。倫理的消費の問題はその任意性にある。左派の誰も、個人の慈善的寄付だけで国の福祉事業の代わりになると唱えたりはしないだろう。だとしたら、個人の利他的な環境運動が、国や市場による外部性の規制の代わりになると考える人などいるだろうか。

3. オーガニック製品を買うことは倫理的消費ではない。ここが不明確になってしまった部分である。僕らが有機栽培野菜を揶揄したのは、オーガニック製品を買うことが本当に倫理的な消費の事例ではないと考えているからだ。誤解のないように言えば、農業にはあらゆる悪習があって、そのような悪習を阻止し、それに携わる者に利益を与えないように消費を設定するというのは、素晴らしい考えである。問題は、オーガニック運動が悪習を標的にしていないことだ。伝統的農業には、促進すべき非常によい慣習だがオーガニックとは認められないもの（不耕起播種など）がたくさんあり、有機栽培に伴う阻止すべき悪習もいろいろある（まず何より、ごく毒性の弱い除草剤を使おうとしないせいで生じている、完全な無駄の量だ）。オーガニック食品運動のイデオロギーは六〇年代のカウンターカルチャーの科学技術恐怖症に根ざしており、農法の環境に与える影響と持続性についての偏りのない評価を踏まえたものではない。だから、環境運動より代替医療運動との共通点のほうが多い（誤った不当な健康促進の主張に基づいた大衆性もその一つ）。僕らの見方では、オーガニック食品はイッピーの食べ物だ。なぜなら（他人が吸う空気の汚染量を減らすために割高になるハイブリッド車を買うこととは違って）追加の料金で買うものは、差異と、道徳的に優れているという根拠のない感覚にすぎないからである。

4．ブラックスポット・スニーカーを買うことは倫理的消費ではない。これだけは明白なはずだ。もっと一般的には、中小企業から買うほうが大企業から買うよりも倫理的とは僕らは思わない。まず第一に、みんながそうしたら、中小企業がただ大企業になるだけだ。それこそGAPや、ザ・ボディショップ、スターバックスなど「オルタナティブな」企業に起こったことである。第二に、大企業それ自体に問題はない。何度でも言うが、争点は、企業が悪習に手を染めているかどうかであって、規模は関係ない。多数指摘があるように、スターバックスではあなたの地元のカフェより従業員の待遇がいいだろうし、フェアトレードコーヒーをたくさん買い入れているだろう。最後に、地元で買うことが遠方から買うことよりもいいとは僕らは思っていない。これまた、悪習を標的にしていないからだ。もしあなたが港の近くに住んでいれば、地球の裏側から産物を買うことは、二〇〇キロ離れた場所からトラックで運ばれてきた産物を買うより環境への負荷を小さくできる。カリフォルニアに住んでいるならば、地産のアボカドや米を買うのは環境にとって最悪のことだ。作物がそこで栽培されているのは、とんでもない水の無駄づかいだからである。さらに、開発努力の主要目的の一つは、農業助成を減らしてアフリカやアジアからの食料の輸入を増やすことだ。こうすればアフリカやアジアの国々が助かり、無数の命が救われることを理解できないような人は、いかんともしがたいほどまったく無知である。

ちなみに、本書で提起したすべての問題のなかで、唯一炎上して、怒った評者が僕らを糾弾したのが有機栽培野菜の件だった。さまざまな意味で、ほかの問題ではなくこの件に人々が怒ったという、その単なる事実こそが、カウンターカルチャー的思考が左派を追いやった行き詰まりを見事に表わしている。共和党がホワイトハウスを支配するのを横目に見つつ、僕らはルタバガ（スウェーデンカブ）の政治とマンゴーの価格について議論する。そんなのはおかしい。個人のライフスタイルの選択は大切だ。だが誰が国を支配するのかというような伝統的な政治問題のほうが、もっとずっと大切なのだ。

簡単な「解決策」などない

大衆社会批判と消費主義《コンシューマリズム》批判を取り違えている人たちに対する僕らの主要な批判点は、そうすることで消費社会から抜け出すことが実際よりはるかに簡単に見えてしまうことだ。消費主義が単なる洗脳のシステムで、企業が消費者の欲望を操作し、本当は欲しくもないものを買うよう仕向けているだけなら、消費主義の問題は簡単に解決できそうだ。そんな欲望を育まないようにするか、すでに欲望があるとしても、それに従って行動しないよう抵抗すればよい。代替品を買うか、もっといいのは、何も買わないことである。

本書の中心的な主張の一つは、この戦略がただ役に立たないとか効果がないどころか、現代消費社会の大きな推進力となってきたということだ。この理由は単純である。消費主義は僕らの見方では、順応主義の追求の産物ではなく、また洗脳のシステムでもない。それはむしろ妬みを起こさせるような差異の探求や、群衆のなかで目立つとか自分が負け犬ではないと証明する方便に駆り立てられた競争的消費の産物だ。この種の競争的消費の問題点は、ソースティン・ヴェブレンがはるか昔に指摘したとおり、ゼロサムゲームであることだ。誰かが地位やクールさやスタイルなどの階層を上昇するには、ほかの誰かを蹴落とさねばならない（アニメのバットヘッドが言うように、「なんもダセェものがないんだったら、いつでも何でもクールってことになるけど、それじゃ、何がクールかってどうしてわかるんだ？……クールなものを持つためにゃ、ダセェものが必要ってことかな」）。こうして経済成長は、人間の欲求を満たす能力を拡大する生産システムというより軍拡競争の性格を帯びてくる。

多くの読者はこの重要なポイントを認めるにやぶさかではなかったのに、僕らが解決法としてあまり説得力あるものを提示していない、とクレームをつけはじめた。特に、広告費の税控除に関する提案は、「消費主義の問題」の大きさを考えれば明らかに不適切であると非難されることが多かった。

ここではいくつかポイントがある。一つ目として、僕らが消費主義の問題への解決策を提案しないのはきわめて意図的なものだ。二人ともこの問題に単純な解決はないと考えていることの表われである。大衆社会批判の無用な特徴の一つが、多くの人に解決策などというものがあると思い込ませたことだ。本書は、消費社会の根本問題は人生のあらゆる面における競争性の端的な表現だ、と考えていることを表明する。立地のよい不動産が欲しいとか、手つかずの自然のなかをハイキングしたいとか、魅力的なセックスパートナーを求めているとか、クールな仕事を探しているとか、ほかのもっと型どおりの社会的地位の階層に加わるための無数の方法のどれでもだ。この競争性を排すことで消費主義の問題を解決しようとするのは、希少性をなくすことで資本主義の問題を解決しようと（あるいはキリストの再来を祈ることで人間の状態の問題を解決しようと）するようなものである。多くの人がやっているが、助けにはならない。

だから本書が提示する解決は何であれ、問題の根本に達するものではないという意味で、抜本的にはならない。僕らが望むのはせいぜい、この競争の深刻なまでの過剰さを抑えること、いわば野放図に伸びた競争を刈り込むことだ。これこそ僕らが軍縮協定のモデルに基づいた政策を要求するゆえんである。広告費の税控除を減らす提案は、文化的反逆より有効だと思われる法的措置の一例にすぎない。僕らのどちらも、この提案が消費者の支出パターンに大きな影響を与えるというような幻想を抱いてはいない。これは主に広告看板条例が多くの地域で街の景観の乱れを防いでいるのとほとんど同様に、精神環境の汚染を抑える手だてとして提案したものだ。

誰にも気づかれなかったらしい僕らのもっと重大な提案は、累進所得税の擁護だった。経済学者の標準的な見方によれば、所得税は、一つには勤労努力を削ぐことで経済に効率損失を与えるという。だが一定の範囲を超えた追加の収入のほぼすべてが何らかの種類の競争的消費に使われると考えた場合には、状況はかなり違って見える。まず何より、高い累進所得税を払う人たちには、ほとんど害がない。みんながその高い税を払うから、結局は高所得者向けの競争的消費の対象とされがちなものの価格は下がるわけだ。また、もっと累進課税を進めるのは実際、勤労意欲を妨げるとしても、そのほうがかえってよさそうだ。第3章で指摘したとおり、消費を少なくする唯一の方法は所得も低くすることなのだから。仕事を減らすことは、この結果を達成する好ましいやり方だ。週三五時間労働の法制化は、賃金労働者には有効だが、給与生活者には効果がない。もし税制が後者に同等の抑止力を与えられるならば、けっこうなことである。競争的消費の裏には、競争的過重労働がある。人はしばしば、後れを取るわけにはいかないという理由だけで、働きすぎるほかなくなる。昇進のチャンスを危うくすること、世間並みの地域に家を買えなくなることなどが心配だ。仕事時間を短縮できるようにするには、全員が仕事時間を短縮するしかない。この成果を得るために集団行動が——何よりもまず法的措置が必要になる。

明らかに、この累進所得税の賛成論は本書でもっと注意を払われるべきだった。もっと紙幅を割かなかった理由の一つは、消費主義の文献ですでにかなり扱われていることだ。特にロバート・フランクは『ラグジュアリー・フィーバー（贅沢熱）』でこの種の提案を詳細に論じており、ジュリエット・ショアは『働きすぎのアメリカ人』できわめて説得力のある議論を展開している。

左派は文化的政治をやめよ

カナダからは皆無だったのにアメリカからは多数寄せられた非難の一つに、僕らが文化的保守派だというのがあった。自分たちのどの発言がこうした反応を引き出したのか、まだわかっていない。それは誤りであるが、結局、誤りだと言いたてる必要を感じるほどのことでもない。ともかくも本書の中心となるメッセージは、左派は文化的な政治をやめなければならない、ということだからだ。ここで提示しているのは、カウンターカルチャー的思考の文化的批判ではなく、むしろ政治的批判である。カウンターカルチャーが長年にわたって膨大なエンタテインメントを、あるいは（こちらもエンタテインメントに分類しがちだが）偉大な芸術さえも生み出してきたことを否定する意図は毛頭ない。しかし、カウンターカルチャーは、決して単に文化改革運動として出現したのではなかった。この種の文化レベルにおける解放が主要な政治および経済制度にも影響を与える、という主張とつねに一体となっていた。一九五〇年代、六〇年代に結ばれ、まだ果たされてない約束がたくさんあった。文化的な政治は――個人的な自己発見でさえも――進歩的な社会政治全般への確実な道として提示された。かの頼もしきシオドア・ローザックが、カウンターカルチャーの出現について述べたとおり、「ビートニクが五〇年代前半に着手していたプロジェクト、自分自身を、自分の生き方を、認識と感性を改造するという仕事が急速に、制度や政策を変えるという公共の仕事に優先するようになっている」のは、制度や政策を変えることが重要ではないからではなく、個人の意識を変えることが、もっと深くもっと効果的な戦略と目されるようになったからだ。外から制度の方向を変えたりコントロールしようとするより、文化を変えることで内からプログラムをし直せるようになる、と。

この考えはとてつもなく影響力が強かった。七〇年代の末までには、ほぼすべての進歩的左派組織のDNAに刻みつけられていた。だが二〇世紀末までの四〇年間を振り返れば、これがとりたてて有効な政治戦略でなかったことは誰の目にも明らかだろう。

その理由は、文化は社会制度の構造の決定にそれほど大きな役割を果たさないという事実を別にすれば、こういうことだ。カウンターカルチャーがほめそやした抵抗の形態が、そもそもカウンターカルチャーの反逆によって正そうとしたシステム——その最たるものが消費主義だが——の欠陥を悪化させるような文化的ダイナミズムを発動させて、極端な場合には、反社会的行動や態度を助長することになる競争的違反の連鎖を生み出した。このために、進歩的左派はその政治課題をかえって推進しにくくなった。これが僕らが訴えたいことである。

したがって、本書の中心となるカウンターカルチャー的思考への批判は、それが混乱を巻き起こし、「ディープさ」も「ラディカルさ」も足りないという理由で、あらゆる社会問題に対する実践的な解決策を左派に拒否させていることだ。このせいでマイケル・ムーアは、法律はアメリカに存在する「恐怖の文化」という、より根深いとされる問題を扱わないからと言って、『ボウリング・フォー・コロンバイン』で銃規制に反対している。このせいで主要な環境保護団体は、ディープエコロジーという名目で、排出量取引に反対している。このせいでフェミニストたちは、それが家父長主義的な抑圧の、深い文化要因なのだと確信して、ポルノグラフィーに神経をとがらせることに何年も無駄に費やした（この伝でいけば、ポルノグラフィーにとっての家父長主義は広告にとってのテクノクラシーである）。もっと一般的に言えば、このせいで左派は、非難すべきあらゆる不作法や社会的逸脱を擁護するか、少なくとも根拠のない弁明をさせられるはめに陥っている。これはほかの何より選挙上の大きな障害となった。

僕らは、自由と社会規範を破ることを同一視するカウンターカルチャーの習性が左派の政治に不利に働いたとも考えている。六〇年代には、マナーや礼儀正しい振る舞いに気を遣うことは、旧弊な因習、ヴィクトリア時代の遺物、社会が個人に課す理不尽な抑圧のしるしとみなされるようになった。もっと真正な行動の指針とは、ひたすら自分らしくあること、本当に思っていることを言うこと、本当に感じていることをみんなに伝えること、古くさい社会慣習に個人的な自己表現をじゃまさせないことだ、と。しかし、この結果、公的な生活でも個人の私生活でも、礼儀正しさが目に見えて損なわれてしまった。これはアメリカに最もはっきり見ることができる。礼儀正しさが損なわれ、公共放送サービスとＦＯＸニュースのどちらのほうが得をしたのだろうか。政治討論番組から右派のラジオのトークショーまであらゆるものを、この国の政治に邪悪さをもたらす力にしたのは、アメリカ人の公的な談話の臆面もない無礼さである。でなければ、アン・コールターのような過激な発言者が存在することの説明がつかない。口の悪さは礼儀正しさを駆逐するのだ。こうして、どんな政治問題についても理性的な議論ができなくなる。このことは右派よりも左派にとって大きな打撃となった。

カウンターカルチャーの重罪

けっこうな数の評者が、本書に述べられたカウンターカルチャーは、僕らが左派の達成したことを貶めたいという動機から、でっちあげたものだと述べていた。不当な一般化をして、みんなに汚名を着せ、カウンターカルチャーを単純化しすぎているというのだ（予想どおり、真に破壊的な本物のカウンターカルチャーや本物の個人主義と、僕らが批判しているとされる偽のカウンターカルチャーや「順応主義的な」個人主義の区別を試みる、という発展性のない作戦をとる人たちもいた。この論法がもっともらしいと思うような人に提案できることはほとんどない。この本をもう一度、今度はもっとゆっくり読んで、ということぐらいか）。

たしかに本書の反論的なトーンを考えると、僕らはごく大ざっぱな一般化をしている。しかし批判の中心的な対象が「カウンターカルチャー」という社会運動ではなく、むしろ（トマス・フランクに倣って、「カウンターカルチャー的思考」と呼んでいる）理論とそれが左派に与えた影響であることは明確にしようと努めた。なので最初の数章では、用心深く「カウンターカルチャー」自体について論じるのは避け、この理論から最も影響を受けた個人を明示するために、「カウンターカルチャーの反逆者」や「カウンターカルチャーの活動家や思想家」といった表現を用いるよう心がけた。あとになってやっと、僕らの趣意が充分に確定されたと思ったところから「カウンターカルチャー」に言及しはじめた（主に文体上の理由から）。

ご指摘のとおり、カウンターカルチャー的思考に関する議論は単純化してある。それというのも何百人もの重要な思想家たちが何らかの形で、それぞれ多かれ少なかれ特有かつ細かいニュアンスの伴った視点から、この考え方の傾向を帯びていたからだ。これらをまとめた理由の一つは、僕ら二人とも六〇年代の理想に強い影響を受けた家庭で育った子供として、自分が育った環境の包括的なイデオロギーを、単に宇宙の構造の一部ではなく理論と見ることに気分が高揚したことだ。僕らは二人とも、『Xメン』を読みながら育った。後知恵で考えると、このコミックが本質的にカウンターカルチャーの反逆者の空想をいかに具現化しているかが容易に見てとれる。規格外の才能を持つ不適応者たちの小集団が、主流社会から他人と違うからと迫害され、それでも一致団結して、人類をその最悪の性癖から救うのだ。スーパーマンのアメリカ流の防衛やバットマンの犯罪に対する抗争と比べると、Xメンがイデオロギー的に中立でないことはすぐわかる。それは子供たちにとってのフランクフルト学派の前衛主義だ。もちろん、僕らは子供のころには何一つわかっていなかった。だから大人になって、カウンターカルチャー的分析が展開された原典の書物を読み、自分たちが育った文化的環境を構成していた多様な影響をまとめるのは、わくわくする仕事だった。

カウンターカルチャーについて一般化することが役に立つと考えるもう一つの理由は、六〇年代の知的討論から出現した高水準の政治思想が、驚くほど変化のない左派の主張の骨子となっていることだ。たしかに、法改正を強く訴えたり、民主政治に参加するような進歩的組織はたくさんある。僕らの主張はもっぱら、カウンターカルチャー思想の影響でこの種の制度的プラグマティズムがいっそう困難になりがちであり、そうして左派全体の効果が減じられるということだった。たとえば交通渋滞の問題を考えよう。僕らが唯一、原価に基づく価格設定でかなりの生活の質の改善を図れると言及している分野だ。本書が刊行されてほどなく、『グローブ・アンド・メール』紙の在職のヒッピー、リック・サルティンが「ひどいことになるのは他人の車」と題するコラムを書いて、そこで渋滞のもつ生活の質への影響を検討した。出だしは上々、ロンドンで通行料システムを導入したのが有効だったのみならず、とても人気があることを指摘している。しかし、このシステムはサルティンの「お気に入り」の発案、いわゆる「裸の街」戦略のために早々に却下される。その考えとは、信号、車線、標識、歩道をすべて取り去って、運転者と歩行者に「自分で渋滞を解決させる」というものだ。こうすれば明らかにどの人も、より人間的なレベルで相互作用せざるをえない。「運転者と歩行者はアイコンタクトをとって、状況に適応し、相互作用しあう」。このシステムの素晴らしさは「個人にルールに従うよう強制するよりむしろ自分の行動の責任を取り戻させることだ。解放的で民主的で、共同体を生み出す」。サルティンはさらにこう主張する。一時停止の標識や信号の横暴さと戦うことは、グローバル資本主義の圧制と戦うこととよく似ている。たとえ提案した代替案もうまくいかなくても、大切なのは「ユートピア志向の欲求」を保つことだ。重要なのは結果よりも「解放を求める不断の努力の一時点としての、あなたの行動に内在する価値」である。

これこそ僕らがカウンターカルチャーの重罪と呼ぶものの典型例――つまり、ラディカルさが足りないとか人々の意識を充分に変えないという理由で、現実の社会問題に有効な解決策をはねつける傾向だ。ここに典型的なカウンターカルチャー的思考のすべてが影響しているのを見ることができる。一つ目に、内容や形式にかかわらず、ルールをひとしなみに抑圧的なものとして扱う習性がある。このためにサルティンは、信号をなくすことが「解放を求める努力」の例だなどと、おかしなことを言い出したのだ。二つ目に、自然的調和の力に対する愚直なまでの信頼がある。これはカウンターカルチャーがリバタリアン右派と共有しているものだ。サルティンが裸の街の提案を支持するのは「トップダウンの統制より、社会の自主規制」を好むからだ。ならば、いっそ福祉政策など廃して個人の慈善的寄付で賄うべきではないか？　最後に、規則的で予測できるものより不規則で予測不能なものをむやみに特別扱いする傾向がある。実際サルティンは、自分が選んだ交通対策の中心となる長所は「予測不能性」だなどと愚かな言葉で記事をしめくくっている。だが予測不能性は、自分以外の運転者に最も見せてほしくないものだ。アイコンタクトは、確立している慣習の代わりにはならない。サルティンは、廊下で人とすれ違うときに二人とも左へ、二人とも右へ、となって困った経験がないのだろうか。これが後部座席に子供二人を乗せた、時速五〇キロで走る車で起こったら、笑い話ではすまない。

ただし、もちろん、さまざまなタイプの賢明な左派はいる。ロンドン市長だった最近のケン・リヴィングストンもそれと認められる。ぼんやりとしたユートピア的理想よりも、集団的福祉を優先する進歩的な団体もある。問題は、こうした人たちがしばしば右派よりむしろ左派の朋輩から非難されることだ。このような現状を招いたのは、カウンターカルチャーの責任が大きいというのが、僕らの主張である。

資本主義の評価

こと企業の力の問題となると、やれ僕らは危機感に乏しいだの世間知らずだのと一定の不満の声が聞かれた。実際これは非常に複雑な問題であり、僕らの見解も複雑であるから、ここで有益なまとめ方ができるものではない。しかし注目すべきポイントが二つある。

第一に、僕らはどちらも利潤動機それ自体が間違いだとは考えておらず、今日の世界の主要な問題の原因が、資本主義経済の利潤動機が行き渡ったことにあるとも考えていない。過去の二世紀にわたって進歩的な社会組織が解決しようと奮闘してきた問題のほとんどの責任は、市場それ自体ではなく市場の失敗にある。しかし企業の力への批判から、利潤を悪とみなす視点を取り除いたとしたら、中身はどれくらい残るだろうか。たしかに多くの企業は悪習に手を染めている。それはスポーツ選手がドーピングするのと同じ理由からだ。両方とも誰かに無理やり止められるまで、やりつづけるだろう。消費者運動で企業の不正行為を減らせると思うのは、ファンのボイコットで選手のドーピングを防げると思うのと似ている。集合行為の問題は、ほぼまったく克服しがたいことだ。これこそ僕らが進歩的左派の第一の目標は国家の統制とすべきだと考える理由である。

第二に、企業の力、とりわけ企業が政府に与える影響力について聞こえてくる不満の多くでは、二つの重要な要素を区別できていない。政府は社会経済政策を法制化する段になると、かなりの束縛に直面することは間違いない。そうした束縛のなかには、企業が及ぼす好ましくない影響もあるが、多くは資本主義経済それ自体の本質から生じている。たとえば、世界中の政府がほぼ一様に、法人所得に課税する戦略に不熱心なのは、ただ強力な企業ロビーの反対があるのみならず、私有制度の枠内では、このような税を賃金や消費者価格から間接的に取ることなく収益から確実に得るのは、構造的に不可能だからだ。後者のような状況を嘆く向きもあるだろうが、この種の構造的な制約が果たす役割と企業ロビーの圧力はきちんと区別しなければならない。実際、大企業に借金しているアメリカのジョージ・W・ブッシュ政権と、そうでないイギリスの新労働党運動とでは天と地ほども違う。後者がいくつも「市場に適した」政策をとったのは、企業のいいなりになっている証拠なのではない。むしろ、そのように考えることが企業の力の過大評価につながるのだ。

近年のエンロンやワールドコムなどの企業スキャンダルの勃発こそ資本主義の暴走の例だと指摘する人々は、まったくもって正しい。だが重要なのは、これらの企業はスキャンダルですっかり破綻したか、そうでなければ分割され、スクラップとして売られたかだったことだ。そのうえ、どのケースでも主に犠牲となったのは株主、つまり資本家であった。むしろこれらのスキャンダルは企業という組織形態の中心にある脆弱性と、所有者が自ら雇った経営者にも意志を押しつけるのが非常に困難なことを明かしている。こんな自分の会社の秩序も保てない所有者たちが世界を支配していると考えるなど、正直な話、とんでもないことだ。だから企業の力に対して危機感を失わないようにする一方で、過大評価をしないようにすることも大切である。企業階級から社会に負わされる主な脅威は、企業の特徴である近視眼性、知的怠惰、条件反射的な政府への敵意に発するものであり、企業にあるとされる世界支配力のゆえではない。

僕らはマイクロソフトの回し者？

最後に、何人もの読者がどういうわけか、僕らは悪の帝国の手先、マイクロソフトの忠実なる擁護者だという印象を受けていた。なかでも、あるかなり著名な書評家は、僕らがマイクロソフトの製品は「安くて、効率がよくて、買い手の求めるもの」だから、同社の市場支配は許容できると言っていると非難した。念のため断っておくが、僕ら二人とも実はリナックス愛好者だ。本書の執筆の一部と索引作成にはオープンオフィス（www.openoffice.org）を使った。マイクロソフトに言及しているのは二回だけで、どちらもネットワーク外部性のために、低水準が市場の標準として確立される例としてだ。

この混乱が生じたのは、アップル・コンピュータのコマーシャル「1984」に関する議論からのようだ。僕らが「反逆の商売」広告の例として挙げたものである（このCMのターゲットはIBMであってマイクロソフトではないのは周知のことだと思っていたが、それは間違いだった）。本書でアップルに関して主張しようとしたのは、順応と均一化のシステムは必ずしも抑圧的な統制機関によって維持されているわけではないということだ。アップルのCM

では、ＩＢＭのパソコン市場支配は、ビッグ・ブラザーのような全体主義機関によって行なわれているかのように描いていた（だから、マッキントッシュを買って逆襲すべきだと）。僕らが指摘しようとしたのは、ＩＢＭの市場支配は実のところ、ファイル形式の互換性を求めることで生じたネットワーク効果の産物であって、権威主義的な「情報浄化指令」などによるものではないことだ。したがって「お上に文句をつける」ことを狙った、典型的な反権威主義の反逆は、コンピュータのＯＳ分野を効果的に変革するのにあまり役に立たない（なぜなら支配を維持しているのは中央統制ではなく、非集権化された消費者行動なのだから）。これが、僕らが「職場にひょうきんなネクタイを締めていって個性を表現するのと、同僚のコンピュータと互換性がないファイル形式を使って個性を表現するのは、同じことではない」と書いた理由である。前者ではイラつくのは上司だが、後者では同僚が不満を持つことになりそうだ。しかし、この一節を、僕らが互換性のないファイル形式の使用を非難していると取った読者もいた。そういうことじゃない。もう好きにしてくれ。

解　説

明治学院大学教授
稲葉振一郎

本書の著者であるジョセフ・ヒースとアンドルー・ポターの言わんとすることは実にシンプルで、本書を読まれた方には一目瞭然であろう――というのは言いすぎかもしれない。しかしわたしには非常に――理屈以前に体感的なレベルで腑に落ちるものであった。ヒースの邦訳書第一弾の『資本主義が嫌いな人のための経済学』（ＮＴＴ出版）を一読したとき、マルクス主義的な批判理論の位置づけから、正統派の新古典派経済学、そしてケインズ政策の意義について、大西洋を挟んでほぼ同時期に同じようなことを考え、書いている人物がいたということに驚嘆し、励まされもした。わたしのこのような感慨については、拙著『経済学という教養』（ちくま文庫〔増補〕）や、あるいは拙文「何故しぶとく生き延びるのか　ゴキブリとマルクス」（『諸君！』２００５年8月号 https://shinichiroinaba.

hatenablog.com/entry/20080618/p1）をお読みいただいた方ならおわかりいただけるだろう。実際『資本主義が嫌いな人のための経済学』にせよ本書『反逆の神話』にせよ、他人とは思えないような違和感の無さである。そのような立場の人間が本書を紹介し解説することは、かえって対象に対する距離が取れなくなる――ヒースたちの紹介と論評をしているつもりが、ついつい自分語りをしてしまうおそれもなしとはしない。そのへんを頭に入れた上で、本文を読んでいただきたい。

本書の説くところをわたしなりに大幅に換骨奪胎してまとめるならば、以下の通りである。

- ポップカルチャー、サブカルチャーは資本主義への批判でもオルタナティヴでもなく、その一部である。
- にもかかわらずそのように錯覚されてしまったことには理由があり、それは20世紀後半の西側左翼の直面した困難からくるものであり、またそれ自体がその困難をより深めてもいる。
- 西側左翼の陥った困難とは、西側先進資本主義社会の労働者を含めた一般大衆が、資本主義の秩序を、階級支配を受け入れてしまったという事実とどう向かい合うか、という難問である。正統派マルクス主義者はこの問題の所在自体を受け入れないことによって自己の正しさに閉じこもる一方、修正主義者、社会民主主義者は大衆の選択をそのまま受け入れ、よって資本主義それ自体を拒否することはなくなってしまった。

・西側左翼は労働者を含めた大衆の選択が自発的であることを認めつつ、その選択を導く社会認識自体が歪んでいる、誤っていると考え、人々を誤った社会認識へと導く資本主義社会の文化を批判し、文化のレベルでオルタナティヴを提示することが必要だ、と考えた。かくして20世紀後半の西側左翼においては、政治経済問題よりも文化を重視する、文化のほうが政治や経済を規定しているとする「文化左翼」的潮流が影響力を持つようになった。

・しかし実際には支配的な文化に対する批評も、またオルタナティヴな創作活動も、資本主義社会の中では、支配的な文化同様に、商品として作られ、流通し、消費されることに変わりはない。別にそれ自体が悪いわけではないが、資本主義を批判しそのオルタナティヴを探究するのであれば、政治経済の実態分析と、具体的な制度構想・政策立案こそが必要である。

わたしの解釈では、ヒースとポターは本書でここまでは言っている。西洋左翼におけるこうした誤解と自己欺瞞の構造を暴く彼らの筆致の容赦なさはどこから来るかと言えばもちろん、自分たちの過去についての反省、古い言葉から言えば自己批判でもあるところから来ている。要するに本書の分析の全体は著者たちによる自己総括でもあるのだ。そしてそこには面白さと同時に危うさもある。

更に2019年末以来のCovid-19によるパンデミックの状況下についても、本書の洞察からは学ぶべきものがある。

ローリー・ギャレット『崩壊の予兆』(河出書房新社)によれば、少なくとも世界の一部で、平均寿命の低下、乳幼児死亡率の増加、栄養水準の悪化、致死的感染症の拡大、といった健康水準の絶対的な悪化が、20世紀末以降明らかに見られる。

これが絶望的な貧困と政情不安の中に置かれた最貧国だけの話であれば、そう不思議なことではない。ザイールのエボラはそれに当てはまるかもしれない。あるいは体制移行の混乱の中でのロシアにおけるエイズ、結核、諸々の性病、薬物中毒、そして近年ようやく持ち直してきたものの、一時期大きな関心を呼んだ、男性平均寿命の低下現象もそうかもしれない。しかしグローバル化の波に乗ってようやく飛躍を遂げようとしているインドのペスト禍は違う。先進諸国の大病院における院内感染の激発もそうだ。そしてトランプ現象以降のアメリカでも、ロシアに類似した「絶望死」ともいうべきアルコール、薬物依存による自殺の増加が話題となっている。

注意すべきは、これは単なる量的な問題ではないらしい、ということである。保健医療政策研究の勉強をしていると、近代化と保健医療の発展に伴い、人類の健康に対する主たる脅威、保健医療のメインターゲットの歴史的な段階論の図式によくお目にかかる。（たとえば広井良典『遺伝子の技術、遺伝子の思想』中公新書、『日本の社会保障』岩波新書、など。）そういう図式によれば、少なくとも先進国にとっては感染症が主たる脅威である時代は過去のもので、今やガンや生活習慣病などの慢性疾患、そして高齢者ケアが主たる課題である、となる。たしかに大勢としてはそうだ。しかしその一方で、明らかに世界規模で「感染症の逆襲」とも言うべき現象が起こっており、目下世界中を巻き込むパンデミックとなったCovid-19も、長い目で見ればその一環に過ぎない。

しかもこの「感染症の逆襲」があぶりだしたのは、先端医療やバイオ技術の高度化の裏で、ごくごく基本的な公衆衛生のインフラストラクチャー――清潔な水、空気や医療現場における殺菌消毒の徹底などといった本当にプリミティブなそれが、途上国でも先進国でも危機的状態にあるらしい、ということである。

一概に一般化はできないが、あえて先進国に注目して言うなら、医療の高度化がかえって公衆衛生を危機に追いやるという逆説があるようだ。たとえばＨＩＶワクチンは当分実用化されないとしても、発症を押さえ込む薬なら、高価で途上国では気軽に使えないとしても、実用化されている。しかしそのことがかえって人々の間でエイズへの恐怖を薄れさせ、感染そのものを防ごうとする公衆衛生政策の私生活への介入をいとわせ、かくして（先進国に限っての）エイズ死亡者の減少の裏で、実は確実に（先進国でも）ＨＩＶ感染者は増えていた。そこにこのCovid-19である。Covid-19はエイズと裏腹の感染力の強さと死亡率の低さ、治療法の未確立と予後の不良さ等々、ＨＩＶとはまた異なったかたちで、しかしより一層大規模なかたちで、我々の時代の公衆衛生政策のバグを突いてきている。

ここで山形浩生『たかがバロウズ本。』（大村書店）を読み返してみよう。山形によれば本書の、そしてウィリアム・バロウズ自身のテーマは「自由」である。20世紀後半のオルタナティヴ・カルチャーのヒーローの間違いなく最重要の一人であるバロウズは、終世自由を求め、その作品においても内容のみならず技法面でも、大胆に自由を追求した——という巷《ちまた》の評価はまあ間違ってはいないが、その自由とは単なるゆるゆるのだらしなさに過ぎなかったのかも知れず、それがある程度の成果、文学的革新としてまとまりえたのも、単なる幸運のならしめるところだったのかもしれない。山形はこう淡々と突き放す。

ラリッたあげく誤って妻を射殺したバロウズは、ギャレットが報告している、現代のアメリカで公衆衛生当局を「セックス警察」と軽蔑し、コンドームなしのセックスにあえて興じる「ベアバッカー」なる一部のゲイたちのある意味先駆者である（バロウズはゲイを公言していた）。しかしこのベアバッカーのイキがり（それはある意味フーコー的な権力への抵抗であるのかもしれないが）は馬鹿げてはいないだろうか？　そしてバロウズの「自由」もそういうただの愚行ではなかったのか？　それは（高価な薬を利用できるがゆえにエイズを恐れなくなったベアバッカーと同じく）所詮は金持ちのお坊ちゃんゆえに可能だった愚行であり、しかもそのイキがりでさえ、実はただのだらしない成り行きまかせを、あとから「理由なき反抗」として劇的に潤色したに過ぎないのではないか？　と。

そして今回のCovid-19は、このようなバロウズ＝フーコー的抵抗のまさに弱点を突いてあざ笑うかのような振る舞いを見せている、と言っては言いすぎだろうか？　本書のサブカルチャー批判は、そのような観点から読み解くこともできるだろう。

そして、彼らがここではっきり言っていないが、暗黙裡に本書に含意されていると思われること、そして本書以降の状況を踏まえて彼らが考えているであろうことについて、踏み込んで書かせてもらうと――

・資本主義も科学技術も近代合理主義もそれ自体としては良くも悪くもない。資本主義・科学技術が道徳的、政治的に中立な道具で、それを使う者次第だというわけではなく、資本主義も科学技術も特定の社会的なコンテクストの中で使われるしかない、ということだ。

・マルクス主義以来左翼は、資本主義であれ科学技術であれ近代合理主義であれ人間の社会の全体を支配する原理を追い求め、それ自体を総体として悪しきものとして否定し、部分的改良ではなく、総体の革命によって克服せねばならない、という強迫観念に取り憑かれてきた。

・「厳密に言えば世界の中のあらゆるものは他のあらゆるものと関係し合っている」という全体論的発想は、マルクス主義がヘーゲル哲学などから受け継いだ重要な視点だが、そこから「世界全体を把握できるしそうすべきだ」「社会を変えるのであればその全体の変革が必要だ」と推論しようとしたのであれば、それは誤りだ。

――と、この程度のことまでは言えるだろう。英語圏において分析哲学の伝統を踏まえつつ、しかしユルゲン・ハーバーマスらフランクフルト学派の批判理論（まさにこの潮流が20世紀における西洋左翼、西洋マルクス主義の知的な代表選手であったわけであるが）のモチーフをも継承しようとするヒースの問題意識に鑑みるならば（意欲のある方は邦訳されているヒースの『啓蒙思想2.0』、更に理論的主著『ルールに従う』〔ともにNTT出版〕をご覧いただきたい）。更にトランプ以後を踏まえるならば、

・現代のポップカルチャー、サブカルチャーは資本主義の批判やオルタナティヴなどではなく、その一部である。実際ポップカルチャー、サブカルチャーが本来的に体制批判的だという幻想はポスト・トランプの時代にはとうに崩れ去っている。だからといってそれではポップカルチャー、サブカルチャーは資本主義の一部として悪だ、というわけでもない。ポップカルチャー、サブカルチャー自体は、資本主義それ自体が良くも悪くもないのと同様に、良くも悪くもない。

ということろまでは、彼らの議論から汲み出すことはできるだろう。

ではそこからどこへ向かうのか？

大まかに言って本書の受け止め方には二通りあろう。ひとつは「文化批評やサブカルチャーに余計な期待はせず、社会批判をしたければ政治経済の実態分析や政策提言に的を絞

ろう」というメッセージとして本書を読むというやり方。しかし本書はそんなふうにあっさり読みすてるにはあまりにも、西洋マルクス主義の思想史や文化研究、あるいは20世紀後半以降のロックやSFなどのサブカルチャーへの愛憎半ばする厚い記述に満ち満ちている。「言い逃れの達人」ミシェル・フーコーには（今持って放つその絶大な存在感に対抗するためか）かなり辛辣だが、今ではあまり顧みられることもない『脱学校の社会』『シャドウ・ワーク』『ジェンダー』のイバン・イリイチへの意外な高い評価など、驚かされるところも多い。となれば読者としてはつい「文化左翼の骨をひろうとしたら？」とか「よいポップカルチャーとは？」という問いかけを著者たちにせずにはいられないだろう。さてそう問われたとき著者たちはどう答えるだろうか？「もういい加減そのへんの話はやめにして、経済学や法律学をやろうぜ」と終わらせるのか、それとも……？

2021年8月6日

原　注

序　章

1　Kalle Lasn, *Culture Jam: How to Reverse America's Suicidal Consumer Binge* — And Why We Must(New York: William Morrow, 1999), xi.〔カレ・ラースン『さよなら、消費社会——カルチャー・ジャマーの挑戦』加藤あきら訳、大月書店、2006年〕

2　Martin Patriquin, "The Running Shoe Fits for Adbusters," *The Globe and Mail,* August 20, 2003, B9.

3　Trevor Hutchinson, *This Magazine,* July/Aug. 1998, Page 4 (vol 32, no1). 引用句は以下の文脈で用いられている。「SUVは単なる脱出の手だてというだけではない。それはライフスタイルだ。かなりの馬力を持つ社会進化論だ。来るべき新千年紀にどんな奇抜な出来事が待ち受けていようと、来るべき階級闘争の防御線となる。装備を満載したSUVはただの移動手段ではなく、車輪で動けるゲーテッドコミュニティである」

4　John Kenneth Galbraith, *The Affluent Society* (Boston: Houghton Mifflin, 1984).〔J・K・ガルブレイス『ゆたかな社会　決定版』鈴木哲太郎訳、岩波書店、2006年〕フォルクスワーゲンについてはThomas Frank, *The Conquest of Cool: Business Culture, Counterculture, and the Rise of Hip Consumerism* (Chicago: University of Chicago Press, 1997, 11) を参照。

5　Guy Debord, *The Society of the Spectacle* (Detroit: Black & Red, 1977), 34.〔ギー・ドゥボール『スペクタクルの社会』木下誠訳、筑摩書房、2003年、断片34〕

6　同書、断片21.

7　同書、断片53.

8　Guy Debord, "In girum imus nocte et consumimur igni," (*Œuvres cinématographiques complètes:* 1952-1978 (Paris: Editions Champ libre, 1978), 242.〔ギー・ドゥボール「われわれは夜に彷徨い歩こう、そしてすべてが火で焼き尽くされんことを」『映画に反

対して――ドゥボール映画作品全集』下、木下誠訳、現代思潮社、1999年〕

9 Larry Wachowski and Andy Wachowski, *The Matrix: The Shooting Script* (New York: Newmarket, 2002).

第1章 カウンターカルチャーの誕生

1 Kurt Cobain, *Journals* (New York: Penguin Putnam, 2002), 168.〔カート・コバーン『JOURNALS』竹林正子訳、ロッキング・オン、2003年〕

2 St. Thomas Aquinas, *On the Governance of Rulers,* trans. Gerald B. Phelan (Toronto: St. Michael's College, 1935), 39.〔トマス・アクィナス『君主の統治について――謹んでキプロス王に捧げる』柴田平三郎訳、岩波書店、2009年、26-27頁〕

3 Jean-Jacques Rousseau, "Discourse on Inequality," *The First and Second Discourses,* ed. Roger D. Masters, trans. Judith R. Masters (New York: St. Martin's Press, 1964), 160.〔ジャン＝ジャック・ルソー『人間不平等起源論』中山元訳、光文社、2008年、154頁〕

4 Voltaire, *Voltaire's Correspondence,* ed. Theodore Besterman (Geneva: Institut et Musee Voltaire, 1957), 230.〔ヴォルテール『ヴォルテール書簡集――1704-1778』高橋安光編訳、法政大学出版局、2008年〕

5 Mikhail Bakunin, *Bakunin on Anarchism,* ed.and trans. Sam Dolgoff (Montreal: Black Rose Books, 1980), 104.

6 Antonio Gramsci, *Selections from the Prison Notebooks,* ed. and trans.Quintin Hoare and Geoffrey Nowell Smith (New York: International Publishers, 1971), 276.〔アントニオ・グラムシ『グラムシ・セレクション』片桐薫編訳、平凡社、2001年、95頁〕

7 Plato, *Republic,* trans. G. M. A. Grube rev. C. D. C. Reeve (Cambridge: Hatkett, 1992), 242.〔プラトン『国家』下、藤沢令夫訳、岩波書店、1979年、269-270頁〕

8 Charles Mackay, *Extraordinary Popular Delusions and the Madness of Crowds* (1841; New York: Harmony, 1980), xx.〔チャールズ・マ

ッケイ『狂気とバブル——なぜ人は集団になると愚行に走るのか』塩野未佳・宮口尚子訳、パンローリング、2004年〕

9 Gustave Le Bon, *The Crowd: A Study of the Popular Mind* (London: T. Fisher Unwin, 1926).〔ギュスターヴ・ル・ボン『群衆心理』櫻井成夫訳、講談社、1993年〕

10 Edward Hunter, *Brain-washing in Red China* (1951; New York: Vanguard, 1962).〔E・ハンター『洗脳——中共の心理戦争を解剖する』福田実訳、法政大学出版局、1953年〕

11 William Sargant, *Battle for the Mind: A Physiology of conversion and Brain-Washing* (London: Pan Books, 1957), 142.〔ウィリアム・サーガント『人間改造の生理』佐藤俊男訳、みすず書房、1961年〕

12 Vance Packard, *The Hidden Persuaders* (New York: Pocket Books, 1957).〔V・パッカード『かくれた説得者』林周二訳、ダイヤモンド社、1958年〕1973年に以下のキイの著作によってサブリミナルの恐怖がよみがえった。Wilson Bryan Key, *Subliminal Seduction: Ad Media's Manipulation of a Not So lnnocent America* (New York: New American Library, 1973)〔ウィルソン・ブライアン・キイ『潜在意識の誘惑』管啓次郎訳、リブロポート、1992年〕お酒の広告では角氷に隠されたイメージが見つかるという発想は、キイが元凶である。

13 Stanley Milgram, *Obedience*［実験実録映画], ed. Christopher C. Johnson (New Haven: Yale University, 1965).〔書籍の翻訳として、スタンレー・ミルグラム『服従の心理』山形浩生訳、河出書房新社、2012年〕

14 Hannah Arendt, *Eichmann in Jerusalem: A Report on the Banality of Evil* (New York: HarperPerennial, 1977).〔ハンナ・アーレント『エルサレムのアイヒマン——悪の陳腐さについての報告』（新版）大久保和郎訳、みすず書房、2017年〕

15 Theodore Roszak, *The Making of a Counnter Culture: Reflections on the Technocratic Society and Its Youthful Opposition* (Berkele: University of California Press, 1996), 6.〔シオドア・ローザック『対抗文化の思想——若者は何を創りだすか』稲見芳勝・風間禎

三郎訳、ダイヤモンド社、1972年〕以下、すべての引用はカリフォルニア大学出版局の厚意ある許可を得て行なっている。

16　同書、55.

17　同書、65.

18　同書、68.

19　Herbert Marcuse, "Repressive Tolerance," *A Critique of Pure Tolerance, ed.* Robert Paul Wolff (Boston: Beacon, 1969).〔ハーバート・マルクーゼ「抑圧的寛容」ロバート・ポール・ウォルフ他『純粋寛容批判』大沢真一郎訳、せりか書房、1968年所収〕

第2章　フロイト、カリフォルニアへ行く

1　Sigmund Freud, *Civilization and Its Discontents,* trans. Joan Riviere, rev. James Strachey (London: Hogarth, 1975), 58.〔フロイト「文化への不満」『幻想の未来 / 文化への不満』中山元訳、光文社、2007年所収 222-223頁〕

2　同書、16.〔137-138頁〕

3　同書、34.〔173頁〕

4　同書、42.〔189-190頁〕

5　同書、62.〔230頁〕

6　同書、62.〔231頁〕

7　Internet Movie Database, http://www.imdb.com/title/tt0137523/.

8　Norbert Elias, *The Civilizing Process,* trans. Edmund Jephcott (Oxford: Blackwell Publishers, 1994), 110-113.〔ノルベルト・エリアス『文明化の過程』（改装版・上下）赤井慧爾・中村元保・吉田正勝訳、法政大学出版局、2010年〕

9　Herbert Marcuse, *Eros and Civilization: A Philosophical Inquiry into Freud* (Boston: Beacon, 1966), 4.〔H・マルクーゼ『エロス的文明』南博訳、紀伊國屋書店、1958年〕

10　Gramsci, *Selections from the Prison Notebooks,* 297.〔『グラムシ・セレクション』〕

11　Roszak, *Making of a Counter Culture,* 15.〔ローザック『対抗文化の思想』〕

12 同書、18-19.

13 映画『アメリカン・ビューティー』からの引用はすべて以下より。Alan Ball and Sam Mendes, *American Beauty: The Shooting Script* (New York: Newmarket, 1999).

14 Abbie Hoffman, "Foreplay," in *The Portable '60's Reader,* ed. Ann Charters (New York: Penguin, 2003), 259.

15 Karl Marx, "The German Ideology," in *The Marx-Engels Reader,* ed. Robert C. Tucker (New York: Norton, 1975), 160.〔マルクス / エンゲルス『ドイツ・イデオロギー』（新編輯版）廣松渉・小林昌人訳、岩波書店、2002年　※他にも邦訳あり〕

16 Roszak, *Making of a Counter Culture,* 15.〔ローザック『対抗文化の思想』〕

17 Charles Reich, *The Greening of America* (New York: Bantam, 1978), 329.〔チャールズ・A・ライク『緑色革命』邦高忠二訳、早川書房、1983年〕

18 Roszak, *Making of a Counter Culture,* 168.〔ローザック『対抗文化の思想』〕

第3章　ノーマルであること

1 Jean-Jacques Rousseau, "On Social Contract," *Rousseau's Political Writings,* ed. and trans. Alan Ritter and Julia Conaway Bondanella (New York: Norton, 1988), 6.〔ルソー『社会契約論 / ジュネーヴ草稿』中山元訳、光文社、2008年、18頁〕

2 Henry David Thoreau, *Walden* (1854; Boston: Beacon, 1997), 6.〔ヘンリー・D・ソロー『森の生活——ウォールデン』上、飯田実訳、小学館、1995年、16頁〕

3 Ralph Waldo Emerson, "Self-Reliance," in *Ralph Waldo Emerson,* ed. Richard Poirier (Oxford: Oxford University Press, 1990), 133.〔ラルフ・ウォルドー・エマソン『自己信頼』（新訳）伊東奈美子訳、海と月社、2009年〕

4 同書、137.

5 Friedrich von Hayek, *The Road to Serfdom* (Chicago: University of

Chicago Press, 1994).〔F・A・ハイエク『隷属への道』（新装版）西山千明訳、春秋社、2008年〕

6 Duane Elgin, *Voluntary Simplicity* (New York: William Morrow, 1981), 203.〔デュエイン・エルジン『ボランタリー・シンプリシティ（自発的簡素）――人と社会の再生を促すエコロジカルな生き方』星川淳訳、TBSブリタニカ、1987年〕

7 Immanuel Kant, "Idea for a Universal History with a Cosmopolitan Purpose," in *Kant: Political Writings,* ed. Hans Reiss, trans. H. B. Nisbet (Cambridge: Cambridge University Press), 46.〔カント「世界市民という視点からみた普遍史の理念」『永遠平和のために／啓蒙とは何か 他3編』中山元訳、光文社、2006年所収45頁〕

8 Martin Luther King, "Letter from Birmingham Jail," in *Law and Morality,* ed. David Dyzenhaus and Arthur Ripstein (Toronto: University of Toronto Press), 459.〔マーチン・ルーサー・キング「バーミングハムの獄中から答える」『黒人はなぜ待てないか』（新装版）中島和子・古川博巳訳、みすず書房、2000年所収〕

9 Thomas Hobbes, *Leviathan*, ed. Richard Tuck (Cambridge: Cambridge University Press, 1996), 89.〔ホッブズ『リヴァイアサン』改訳版1（全4巻）水田洋訳、岩波書店、1992年、211頁〕

10 Freud, *Civilization and Its Discontents,* 52.〔フロイト「文化への不満」230頁〕

11 同書、49.〔224頁〕

12 Harold Garfinkel, *Studies in Ethnomethodology* (Cambridge: Polity Press, 1984), 48.

13 John Ralston Saul, *The Unconscious Civilization* (Concord, ON: Anansi, 1995).

第4章 自分が嫌いだ、だから買いたい

1 Bruno S. Frey and Alois Stutzer, *Happiness and Economics. How the Economy and lnstitutions Affect Human Well-Being* (Princeton, NJ: Princeton University Press, 2002)〔ブルーノ・S・フライ／アロイ

ス・スタッツァー『幸福の政治経済学——人々の幸せを促進するものは何か』佐和隆光監訳、沢崎冬日訳、ダイヤモンド社、2005年〕を参照。

2 Jean Baudrillard, "The Ideological Genesis of Needs," trans. Charles Levin, *The Consumer Society,* ed. Juliet B. Schor and Douglas B. Holt (New York: Free Press, 2000), 63.〔ジャン・ボードリヤール「欲求のイデオロギー的生成」今村仁司訳、『記号の経済学批判』今村仁司・宇波彰・桜井哲夫訳、法政大学出版局、1982年所収〕

3 同書、73.

4 同書、73.

5 Jean Baudrillard, *La Société de Consommation* (Paris: Éditions Denoël, 1970), 170.〔ジャン・ボードリヤール『消費社会の神話と構造』（普及版）今村仁司・塚原史訳、紀伊國屋書店、1995年、155-160頁〕

6 Baudrillard, "Ideological Genesis of Needs," 75.〔ボードリヤール『記号の経済学批判』〕

7 同書、74.

8 Baudrillard, *Société de Consommation,* 115（著者たちによる英訳）.〔ボードリヤール『消費社会の神話と構造』、102頁〕

9 Baudrillard, " Ideological Genesis of Needs," 74.〔ボードリヤール『記号の経済学批判』〕

10 Stuart Ewen, *Captains of Consciousness: Advertising and the Social Roots of the Consumer Culture* (New York: Basic Books, 1976), 84.

11 同書、44.

12 Baudrillard, "Ideological Genesis of Needs," 77.〔ボードリヤール『記号の経済学批判』〕

13 Thorstein Veblen, *Theory of the Leisure Class: An Economic Study in the Evolution of Institutions* (New York: Penguin, 1994), 33.〔ソースティン・ヴェブレン『有閑階級の理論——制度の進化に関する経済学的研究』高哲男訳、筑摩書房、1998年、50頁〕

14 同書、98.〔114頁〕

15　同書、97.〔114頁〕

16　Robert H. Frank, *Choosing the Right Pond: Human Behavior and the Quest for Status* (Oxfbrd: Oxford University Press, 1985).

17　Keith Bradsher, *High and Mighty: SUVs-The World's Most Dangerous Vehicles and How They Got That Way* (New York: Public Affairs, 2002), 166-206.〔キース・ブラッドシャー『SUVが世界を轢きつぶす――世界一危険なクルマが売れるわけ』片岡夏実訳、築地書館、2004年〕

18　Fred Hirsch, *Social Limits to Growth* (Cambridge, MA: Harvard University Press, 1978), 67.〔フレッド・ハーシュ『成長の社会的限界』都留重人訳、日本経済新聞社、1980年〕

19　Pierre Bourdieu, *Distinction: A Social Critique of the Judgement of Taste,* trans. Richard Nice (Cambridge, MA: Harvard University Press, 1984), 126.〔ピエール・ブルデュー『ディスタンクシオン――社会的判断力批判』Ⅰ・Ⅱ、石井洋二郎訳、藤原書店、1990年〕

20　Veblen, *Theory of the Leisure Class*, 128.〔ヴェブレン『有閑階級の理論』、146頁〕

21　同書、132.〔151頁〕

22　Bourdieu, *Distinction*, 56.〔ブルデュー『ディスタンクシオン』〕

23　同上

24　Richard Fletcher, "Burberry Takes a Brand Check," *Daily Telegraph,* June 22, 2003に引用されたもの。

25　Thomas Frank, "Alternative to What?" in *Commodity Your Dissent: Salvos from "The Baffler,"* ed. Thomas Frank and Matt Weiland (New York: Norton, 1997), 151

26　Naomi Klein, *No Logo: Taking Aim at the Brand Bullies* (Toronto: Knopfk, 2000), xiii-xv.〔ナオミ・クライン『ブランドなんか、いらない』（新版）松島聖子訳、大月書店、2009年〕

第5章　極端な反逆

1　Theodore Kaczynski, "Industrial Society and Its Future"（別称 "The

Unabomber's Manifesto"). この文書はインターネットで広く入手可能。全文が『ワシントン・ポスト』紙の1995年9月19日付で8ページの折込として発表された。『ワシントン・ポスト』紙とともに『ニューヨーク・タイムズ』紙も掲載した。

2 Stephan Thernstrom and Abigail Thernstrom, *America in Black and White* (New York: Simon & Schuster, 1997), 142; デトロイトの経済状態のデータ162; 急進的な黒人指導者への支援167-68.

3 Norman Mailer, "The White Negro" *Advertisements for Myself* (New York: Putnam, 1959), 345.〔ノーマン・メイラー「白い黒人《ホワイト・ニグロ》」『ぼく自身のための広告』下、山西英一訳、新潮社、1962年〕

4 同書、343.

5 Michel Foucault, *Madness and Civilization,* trans. Richard Howard (New York: Pantheon, 1965), 25.〔ミシェル・フーコー『狂気の歴史――古典主義時代における』田村俶訳、新潮社、1975年、39頁〕

6 R. D. Laing, The *Politics of Experience* (New York: Ballantine Books, 1967), 107.〔R・D・レイン『経験の政治学』新装版、笠原嘉・塚本嘉壽訳、みすず書房、2003年〕

7 Lianne George, "Corporate Avant-Garde Market Radicalism," *National Post,* March 15, 2003.

8 Doug Harver, "Pranksters, Deviants and SoCal Satanists: The Interviews," LA Weekly, November 29, 2002.

9 Douglas Blazek "THE little PHENOMENA, " in *The Portable Sixties Reader,* ed. Ann Charters (New York: Penguin, 2003), 267.

10 同書、267.

11 Hal Niedzviecki, *We Want Some Too: Underground Desire and the Reinvention of Mass Culture* (Toronto: Penguin, 2000), 2-ll.

12 Juliet Schor, *The Overspent American: Upscaling, Downshifting, and the New Consumer* (New York: Basic Books, 1992), 112.〔ジュリエット・B・ショア『浪費するアメリカ人――なぜ要らないものまで欲しがるか』森岡孝二訳、岩波書店、2000年〕

13 Jenny Allen, "Endless Summer," *Real Simple,* June/July 2003, 198-204. Time Warner Inc. の許諾をいただき使用。

第6章　制服《ユニフォーム》と画一性《ユニフォーミティ》

1　Alison Lurie, *The Language of Clothes* (New York: Henry Holt, 2000), 18.〔アリソン・リュリー『衣服の記号論』木幡和枝訳、文化出版局、1987年〕

2　Reich, *Greening of Amenrica,* 141.〔ライク『緑色革命』〕

3　Bill Clinton, State of the Union Address, January 1996（クリントン大統領、1996年一般教書演説）

4　Paul Fussell, *Uniforms: Why We Are What We Wear* (Boston: Houghton and Mifflin, 2002), 4.

5　Nathan Joseph, *Uniforms and Nonuniforms: Communication through Clothing* (New York: Greenwood, 1986), chap.5.

6　Stanley Kubrick, Michael Herr, and Gustav Hasford, *Full Metal Jacket* (New York: Knopf, 1984), 4.〔グスタフ・ハスフォード『フルメタル・ジャケット』高見浩訳、角川書店、1986年〕

7　同書、42.

8　Patrick O'Brien, *The Commodore* (New York: Norton, 1995), 180.

9　Fussell, *Uniforms,* 6.

10　Lurie, *Language of Clothes,* 18.〔リュリー『衣服の記号論』〕

11　Mark Kingwell, *Practical Judgements: Essays in Culture, Politics, and Interpretation* (Toronto: University of Toronto Press, 2002), 248-49.

12　Fussell, *Uniforms*, 38.

13　Frank, *Conquest of Cool*, 196.

14　同書、186-89.

15　Arthur Marwick, *The Sixties: Cultural Revolution in Britain, France, Italy, and the United States, c.* 1958-c.1974 (Oxford: Oxford University Press, 1998), 13.

16　Roszak, *Making of a Counter Culture,* 45-46.〔ローザック『対抗文化の思想』〕

17　Ivan Illich, *Deschooling Society* (New York: Harper and Row, 1971), 52-56.〔イヴァン・イリッチ『脱学校の社会』東洋・小澤周三訳、東京創元社、1977年〕

18　同書、58.

19　同書、65.

20　John Taylor Gatto, "Against Schools," *Harper's Magazine* (September 2003).

21　Alissa Quart, *Branded: The Buying and Selling of Teenagers* (Cambridge, MA: Perseus, 2003), 218.〔アリッサ・クォート『ブランド中毒にされる子どもたち――「一生の顧客」を作り出す企業の新戦略』古草秀子訳、光文社、2004年〕

第7章　地位の追求からクールの探求へ

1　G. E. Moore, *Principia Ethica* (Cambridge: Cambridge University Press, 1965).〔G・E・ムア『倫理学原理』泉谷周三郎・寺中平治・星野勉訳、三和書籍、2010年〕

2　Lasn, *Culture Jam*, xiii.〔ラースン『さよなら、消費社会』〕

3　Malcolm Gladwell, "The Coolhunt," *The New Yorker,* March 17, 1997.

4　Jeff Rice, "What Is Cool? Notes on Intellectualism, Popular Culture, and Writing," *ctheory.net,* May 10, 2002.

5　Mailer, "White Negro," 339.〔メイラー「白い黒人」『ぼく自身のための広告』〕

6　同上

7　Norman Mailer, "The Hip and the Square," *Advertisement for Myself* (New York: Putnam, 1959), 424-25.〔ノーマン・メイラー「Hip と Square」『ぼく自身のための広告』下、山西英一訳、新潮社、1962年所収〕

8　Paul Fussell, *Class* (New York: Ballantine Books, 1983), 1.〔ポール・ファッセル『階級《クラス》――「平等社会」アメリカのタブー』板坂元訳、光文社、1997年〕

9　同書、7.

10　Veblen, *Theory of the Leisure Class*, 26.〔ヴェブレン『有閑階級の理論』、45頁〕

11　Daniel Bell, *The Cultural Contradictions of Capitalism* (New York:

Basic Books, 1976), 41.〔ダニエル・ベル『資本主義の文化的矛盾』上、林雄二郎訳、講談社、1976年、94頁〕

12 David Brooks, *Bobos in Paradise: The New Upper Class and How They Got There* (New York: Simon & Schuster, 2000), 43.〔デイビッド・ブルックス『アメリカ新上流階級ボボズ——ニューリッチたちの優雅な生き方』セビル楓訳、光文社、2002年〕

13 同書、45.

14 Fussell, *Class*, 222.〔ファッセル『階級』〕

15 Richard Florida, *The Rise of the Creative Class* (New York: Basic Books, 2002), 190.〔リチャード・フロリダ『クリエイティブ資本論——新たな経済階級の台頭』井口典夫訳、ダイヤモンド社、2008年〕

16 同書、200.

17 同書、201.

18 John Seabrook, *Nobrow: The Culture of Marketing, the Marketing of Culture* (New York: Vintage, 2001), 66.

19 Brooks, *Bobos*, 69.〔ブルックス『アメリカ新上流階級ボボズ』〕

20 Joseph Schumpeter, *Capitalism, Socialism and Democracy* (New York: Harper & Row, 1975), 82-83.〔J・A・シュムペーター『資本主義・社会主義・民主主義』（新装版）中山伊知郎・東畑精一訳、東洋経済新報社、1995年、135頁〕

21 Frank, *Conquest of Cool*, 29.

22 Klein, *No Logo*, 69.〔クライン『ブランドなんか、いらない』〕

23 Vance Packard, *The Hidden Persuaders* (New York: Cardinal, 1958).〔V・パッカード『かくれた説得者』林周二訳、ダイヤモンド社、1958年〕

24 Michael Schudson, *Advertising: The Uneasy Persuasion* (New York: Perseus, 1984), 127.

25 Al Ries and Laura Ries, *The 22 Immutable Laws of Branding* (New York: HarperBusiness, 2002), ix.〔アル・ライズ／ローラ・ライズ『ブランディング22の法則』片平秀貴監訳、東急エージェンシー出版部、1999年〕

26 Mark Kingwell, *Better Living: In Pursuit of Happiness from Plato to Prozac* (Toronto: Viking, 1998), 160.

27 Daniel Dennett, "The Self as a Center of Narrative Gravity," in *Self and Consciousness,* ed. F. Kessel, P. Cole, D. Johnson (Hillsdale, NJ: Erlbaum, 1992).

28 Klein, *No Logo,* 72.〔クライン『ブランドなんか、いらない』〕

29 Quart, *Branded,* xii.〔クォート『ブランド中毒にされる子どもたち』〕

第8章　コカ・コーラ化

1 Lewis Mumford, *The City in History* (New York: Harcourt Brace, 1961), 486.〔ルイス・マンフォード『歴史の都市　明日の都市』生田勉訳、新潮社、1969年〕

2 William Whyte, Jr., "Individualism in Suburbia," in *Individualism: Man in Modern Society,* ed. Ronald Gross (New York: Laurel, 1972), 146.

3 James Twitchell, *Twenty Ads That Shook the World* (New York: Three Rivers, 2000), 186-87.

4 Jared Diamond, *Guns, Germs and Steel: The Fates of Human Societies* (New York: Norton, 1997), 151.〔ジャレド・ダイアモンド『銃・病原菌・鉄――一万三〇〇〇年にわたる人類史の謎』上（文庫版）、倉骨彰訳、草思社、2012年、277頁〕

5 Sherwin Rosen, "The Economics of Superstars," *American Review,* 71 (1981): 845-58; Robert Frank and Philip Cook, *The Winner-Take-All Society: Why the Few at the Top Get So Much More Than the Rest of Us* (New York: Free Press, 1996), 24-25〔ロバート・H・フランク／フィリップ・J・クック『ウィナー・テイク・オール――「ひとり勝ち」社会の到来』香西泰監訳、日本経済新聞社、1998年〕での引用より。

6 C. A. Weeks et al., "Comparison of the Behaviour of Broiler Chickens in Indoor and Free-Ranging Environments," *Animal Welfare,* 3 (1994): 179-92.

7 Tibor Scitovsky, "On the Principle of Consumer Sovereignty," *American Economic Review*, 52 (1962): 265.
8 Lasn, *Culture Jam*, xv.〔ラースン『さよなら、消費社会』〕
9 George Ritzer, *The McDonaldization of Society* (Thousand Oaks, CA: Pine Forge, 2000), 18.〔ジョージ・リッツア『マクドナルド化する社会』正岡寛司監訳、早稲田大学出版部、1999年〕
10 同書、第2章
11 John de Graaf, David Wann, and Thomas H. Naylor, *Affluenza: The All-Consuming Epidemic* (San Francisco: Berrett-Koehler, 2000), 62.〔ジョン・デ・グラーフ／デイヴィッド・ワン／トーマス・H・ネイラー『消費伝染病「アフルエンザ」——なぜそんなに「物」を買うのか』上原ゆうこ訳、日本教文社、2004年〕
12 Ritzer, *McDonaldization,* 204.〔リッツア『マクドナルド化する社会』〕
13 同書、204.
14 同書、226.
15 Michael Hardt and Antonio Negri, *Empire* (Cambridge, MA: Harvard University Press, 2000), 34.〔アントニオ・ネグリ／マイケル・ハート『〈帝国〉グローバル化の世界秩序とマルチチュードの可能性』水嶋一憲・酒井隆史・浜邦彦・吉田俊実訳、以文社、2003年、29頁〕
16 同書、55.〔81頁〕

第9章　ありがとう、インド

1 Elgin, *Voluntary Simplicity,* 29.〔エルジン『ボランタリー・シンプリシティ』〕
2 同書、61.
3 Alan Watts, "Beat Zen, Square Zen, and Zen," *This Is It* (Toronto: Collier, 1967), 102.
4 Roszak, *Making of a Counter Culture,* 134.〔ローザック『対抗文化の思想』〕
5 同書、137.

6 Alfred Kroeber, *Handbook of the Indians of California* (Washington: Government Printing Office, 1925), 2.
7 Urban Legends Reference Pages, http://www.snopes.com/quotes/seattle.htm（英語）で読める。
8 Grey Owl, "The Passing of the Last Frontier," *Country Life,* March 2, 1929, 302.
9 Philip Deloria, "Counter culture Indians and the New Age," in *Imagine Nation: The American Counterculture of the 1960's and 70's*, ed. Peter Braunsten and Michael William Doyle (New York: Routledge, 2002), 166.
10 Dean MacCannell, *The Tourist: A New Theory of the Leisure Class* (New York: Schocken, 1976), 171.〔ディーン・マキァーネル『ザ・ツーリスト　高度近代社会の構造分析』安村克己・須藤廣・高橋雄一郎・堀野正人・遠藤英樹・寺岡伸悟訳、学文社、2012年〕
11 Baudrillard, *Société de Consommation,* 23.〔ボードリヤール『消費社会の神話と構造』、17頁〕
12 Erik Cohen, "Authenticity and Commoditization in Tourism," *Annals of Tourism Research*, 15 (1988): 385.
13 Julia Harrison, *Being a Tourist: Finding Meaning in Pleasure travel* (Vancouver: UBC Press, 2002), 23.
14 Marcuse, *Eros and Civilization,* 86.〔マルクーゼ『エロス的文明』〕
15 C. M. Gilroy, J. F. Steiner, T. Byers, H. Shapiro, and W. Georgian, "Echinacea and Truth in Labeling," *Archives of Internal Medicine,* 163 (2003): 699-704.

第10章　宇宙船地球号

1 René Descartes, "Discourse on the Method," trans. Conttingham, Stoothoff, and Murdoch, in *The Philosophical Writings of Descartes,* vol. 1 (Cambridge: Cambridge University Press, 1990), 142-43.〔デカルト『方法序説』谷川多佳子訳、岩波書店、1997年、82頁〕
2 Roszak, *Making of a Counter Culture,* 21.〔ローザック『対抗文化

の思想』〕

3 Reich, *Greening of America*, 381.〔ライク『緑色革命』〕

4 Jacques Ellul, "The Technological Order," *Philosophy and Technology*, ed. Carl Mitcham and Robert Mackey (New York: Free Press, 1983), 86.

5 同書、97-98.

6 Neil Postman, *Technopoly: The Surrender of Culture to Technology* (New York: Knopf, 1992).〔ニール・ポストマン『技術 vs 人間——ハイテク社会の危険』GS 研究会訳、新樹社、1994年〕

7 Langdon Winner, "How Technomania Is Overtaking the Millennium," *Newsday*, November 23, 1997.

8 Reich, *Greening of America*, 381.〔ライク『緑色革命』〕

9 Murray Bookchin, 以下での引用より。Robert Gottlieb, *Forcing the Spring: The Transformation of the American Environmental Movement* (Washington, DC: Island Press, 1993), 88.

10 Herbert Marcuse, *One-Dimensional Man: Studies in the Ideology of Advanced Industrial Society* (Boston: Beacon Press, 1964), 2〔H・マルクーゼ『一次元的人間——先進産業社会におけるイデオロギーの研究』新装版、生松敬三・三沢謙一訳、河出書房新社、1980年〕

11 Ernst Schumacher, *Small Is Beautiful: A Study of Economics As If People Mattered* (London: Abacus, 1974), 122.〔E・F・シューマッハー『スモール・イズ・ビューティフル』小島慶三・酒井懋訳、講談社、1986年〕

12 同書、27.

13 Ursula Franklin, *The Real World of Technology* (Toronto: Anansi, 1999), 127-28.

14 Buckminster Fuller, *Operating Manual for Spaceship Earth* (New York: Pocket Books, 1970).〔バックミンスター・フラー『宇宙船地球号 操縦マニュアル』芹沢高志訳、筑摩書房、2000年〕

15 Andrew Ross, "Hacking Away at the Counterculture," *Postmodern Culture*, 1, no.1 (1990), http://infomotions.com/serials/pmc/pmc-

v1n1-ross-hacking.txt

16 同上

17 Esther Dyson et al., "Cyberspace and the American Dream: A Magna Carta for the Knowledge Age" (Aug. 1994), http://www.pff.org/issues-pubs/futureinsights/fi1.2magnacarta.html

18 John Perry Barlow, "A Declaration of the Independence of Cyberspace" (1996), https://projects.eff.org/~barlow/Declaration-Final.html

19 Timothy Leary, 以下に引用されたもの。Scott Bukatman, *Terminal Identity: The Virtual Subject in Postmodern Science Fiction* (Durham, NC: Duke University Press, 1993), 139.

20 Barlow, "A Declaration of the Independence of Cyberspace."

21 Sustainable Style Foundation, http://www.sustainablestyle.org/.

22 International Movement for the Defense of and the Right to Pleasure, "Slow Food Manifesto," in Carlo Petrini, *Slow Food* (New York: Columbia University Press, 2003).〔カルロ・ペトリーニ『スローフード・バイブル』中村浩子訳、日本放送出版協会、2002年〕

23 Kate Zimmerman, "Les Trois Églantines Do France," *National Post*, September 13, 2003.

24 Peter van Wyck, *Primitives in the Wilderness: Deep Ecologly and the Missing Human Subject* (Albany, SUNY Press, 1997), 25.

25 Bill Devall and George Sessions, *Deep Ecology* (Salt Lake City, UT: G. M. Smith, 1985).

26 van Wyck, *Primitives in the Wilderness,* 40.

27 Andy Wachowski and Larry Wachowski, writers and producers; Mahiro Maeda, director, "The Second Renaissance Parts I and II," *Animatrix*［アニメーションビデオ］(Warner Bros, 2003).〔ラリー＆アンディ・ウォシャウスキー＝脚本・製作、前田真宏＝監督『アニマトリックス』〕

結　論

1　John Rawls, *A Theory of Justice* (Cambridge, MA: Harvard University Press, 1971).〔ジョン・ロールズ『正義論』（改訂版）川本隆史・福間聡・神島裕子訳、紀伊國屋書店、2010年〕
2　Ernest Callenbach, *Ecotopia: The Notebooks and Reports of William Weston* (Berkeley, CA: Banyan Trees Books, 1975).〔アーネスト・カレンバック『緑の国エコトピア』上・下、三輪妙子（上）前田公美（下）訳、ほんの木、1992年〕
3　同書、19.
4　Naomi Klein, *No Logo,* 149.〔クライン『ブランドなんか、いらない』〕
5　同書、445-46.
6　同書、340.
7　同書、341.
8　同書、442.
9　同書、443.

本書は二〇一四年九月にNTT出版より単行本として刊行された『反逆の神話――カウンターカルチャーはいかにして消費文化になったか』に新たな序文と解説を付し新版として改題文庫化したものです。

訳者略歴　翻訳家　1962年生
早稲田大学第一文学部哲学科卒，東京学芸大学教育学修士修了　訳書にヒース『資本主義が嫌いな人のための経済学』『啓蒙思想 2.0』，ジジェク『ポストモダンの共産主義』ほか多数

HM=Hayakawa Mystery
SF=Science Fiction
JA=Japanese Author
NV=Novel
NF=Nonfiction
FT=Fantasy

反逆《はんぎやく》の神話《しんわ》〔新版〕
「反体制」はカネになる

〈NF580〉

二〇二一年十月　十　日　印刷
二〇二一年十月十五日　発行

（定価はカバーに表示してあります）

著者　ジョセフ・ヒース
　　　アンドルー・ポター
訳者　栗《くり》原《はら》百《もも》代《よ》
発行者　早川　浩
発行所　株式会社　早川書房

郵便番号　一〇一-〇〇四六
東京都千代田区神田多町二ノ二
電話　〇三-三二五二-三一一一
振替　〇〇一六〇-三-四七七九九
https://www.hayakawa-online.co.jp

乱丁・落丁本は小社制作部宛お送り下さい。
送料小社負担にてお取りかえいたします。

印刷・三松堂株式会社　製本・株式会社明光社
Printed and bound in Japan
ISBN978-4-15-050580-6 C0136

本書は活字が大きく読みやすい〈トールサイズ〉です。